Karin Bell & Kurt Höhfeld (Hg.)

# Psychoanalyse im Wandel

Karin Bell & Kurt Höhfeld (Hg.)

# Psychoanalyse im Wandel

Psychosozial-Verlag

Die Deutsche Bibliothek – CIP-Einheitsaufnahme

**Psychoanalyse im Wandel** / Karin Bell & Kurt Höhfeld (Hg.) -
Giessen : Psychosozial-Verl., 1995
(Edition Psychosozial)
ISBN 3-930096-34-X
NE: Bell, Karin [Hrsg.]

1995 Psychosozial-Verlag, Dr. H.-J. Wirth
Friedrichstraße 35, 35392 Gießen

Satz: Focus, Gießen
Umschlagabbildung: Michael Prechtl: Die Befragung der Sphinx
Umschlaggestaltung: Till Wirth nach dem Reihenentwurf
des Ateliers Warminski, Büdingen
Printed in Germany by Druckkollektiv GmbH, Gießen
ISBN 3-930096-34-X

# Inhalt

# Vorwort der Herausgeber

Die Psychoanalyse als eine Wissenschaft vom Menschen steht im Spannungsfeld zwischen den wechselvollen, gesellschaftlichen Rahmenbedingungen und der individuellen Entwicklung und Geschichte. Sowohl die Außeneinflüsse mit ihren zum Teil grundlegenden Veränderungen als auch der stetige ›Drift‹ des inneren Rahmens führen zu einer oft kaum wahrnehmbaren Wandlung der Psychoanalyse, die der Reflexion bedarf.

Die ›Rahmen-Metapher‹ erscheint für eine Standortbestimmung und Diskussion in besonderem Maße geeignet.

Folgt man der Metapher und betrachtet die Psychoanalyse als Bild, so kann der Rahmen ihre Entfaltung und Darstellung begünstigen und behindern.

Dies gilt für die Theorie und Technik der Psychoanalyse als Krankenbehandlung, für ihre Vermittlung in der Weiterbildung und für die psychoanalytischen Institutionen.

Der Rahmen als Grenze, als Begrenzung entsteht durch innere und äußere Bedingungen.

Manche sind bewußt und gewollt, sie sind beeinflußbar und können gestaltet werden, wobei diese Gestaltung innerhalb eines bestimmten Spielraums nicht selten beinahe selbstverständlich erfolgt. Wegweisend sind die Leitlinien der Psychoanalyse als Wissenschaft. Die individuellen Möglichkeiten der Patienten stellen ebenso wie die der Psychoanalytiker und Psychoanalytikerinnen eine weitere Rahmenbedingung dar, die in der therapeutischen Beziehung zu einer heilenden Begegnung gestaltet werden muß.

Schmerzhafter und herausfordernder ist die Auseinandersetzung mit Grenzen, die von außen vorgegeben werden. Hier reiben sich Vorstellungen von Freiheit, Selbstbestimmung und notwendigen Spielräumen für Therapeuten und Patienten mit gesellschaftlichen und gesundheitspolitischen Rahmenbedingungen. Verlust und Einschränkung konkurrieren mit Anreizen für eine kreative Bewältigung.

In den psychoanalytischen Institutionen und der Weiterbildung kann die innere Spannung zwischen Tradition und Fortschritt polarisieren: der Wunsch zu bewahren kann zur Starrheit werden, Weiterentwicklung zu gefälliger Konformität entarten.

Um das Bild des Rahmens nochmals aufzugreifen: manche erschlagen das Bild, für das sie gedacht sind, manche hingegen sind so beliebig wie Wechselrahmen.

Eine lebendige Wissenschaft hat zwei Feinde: Dogmatismus und Konformismus. Schon 1940 schrieb Walter Benjamin: »In jeder Epoche muß versucht werden, die Überlieferung von neuem dem Konformismus abzugewinnen, der im Begriff steht, sie zu überwältigen.«

Die Beiträge in diesem Buch stehen für diese Auseinandersetzung.

Karin Bell
Köln

Kurt Höhfeld
Berlin

# 1. Die Auswirkungen gesellschaftlicher Veränderungen auf Theorie und Praxis der Psychoanalyse

Helmut Enke

# Zum Selbstverständnis der Psychoanalyse angesichts der ökologischen Herausforderungen.

## Zur Einführung.

Das Dialog-Buch von Hillman und Ventura (1993): »Hundert Jahre Psychotherapie«, dessen beabsichtigte ›Zügellosigkeit‹ diesem œuvre dann auch wirklich zum Fallstrick wurde, beginnt mit einem Gespräch zwischen den Autoren während eines Spaziergangs an den Pacific Palisades in Santa Monica (Sn. 13/14).

V.: »Das Meer da draussen ist krank, der Fisch ungenießbar.« – Zuvor H.: »Die Seele, die Psyche ist nach wie vor nur *in* und *zwischen* den Menschen ..., aber dabei übergehen wir etwas, ... indem die Psychotherapie ... die Seele aus der Welt herausnimmt und nicht erkennt, daß die Seele auch *in* der Welt ist.« – Später: »Ich muß diese FCKW-Spraydosen loswerden, ich muß diese Möbel loswerden, weil sie Formaldehyd enthalten.« – V.: »Wie wenn wir den Geist in den Dingen geleugnet hätten und der beleidigte Geist als bedrohend zurückkommt. Weil wir zu den Dingen ... gesagt haben: »Ihr habt keine Seele«, haben sich die Dinge umgedreht und gesagt: »Paßt nur auf, was für eine Seele ich habe, Ihr Idioten««.

Eingefordert wird von den Autoren (in ihrer schlicht-eigenwilligen Diktion) ein *erweiterter Humanismus*, der die Welt und die Dinge einbezieht. Geäußert wurde der Gedanke »nicht-menschliche Objekte« könnten als hassend (vice versa: als liebend) erlebt werden, in der »psychischen Realität« lieben und hassen.

Wenn man – auch in diskreterer Form – Überlegungen dieser Art im Kolleginnen/Kollegen-Kreise äußert, so erfolgt zumeist recht rasch der Verweis auf die Naturreligionen, die vorchristlichen Religionen, den Buddhismus (s.d.z.B. Fromm et al. 1972), die Mystik, die Romantik oder aber auch den Neospiritualismus des New Age. – Es scheint naheliegender zu sein, die Weltanschauung zu wechseln, als, wie beabsichtigt, die Psychoanalyse selbst zu befragen.

## Grenzen des Anthropozentrismus

Selbstverständlich ist die Psychoanalyse eingebettet in die abendländische, christlich-jüdische Tradition des Anthropozentrismus. Der Mensch ist das

Maß aller Dinge. Erinnert sei an das berühmte Entsetzen des Tacitus: »Profanum illis omnia quae apud nos sacra« (alles ist ihnen profan, was uns geheiligt ist) (zit. n. Schiwy 1987, S. 27).

P. Hahn (1994) hat für die Psychoanalyse kürzlich daran erinnert, daß deren eigentlicher Stammvater, Ödipus, das Rätsel der Sphinx löste: »Es ist der Mensch, der gemeint ist ... «.

Nun kann es allerdings einen vollständigen Anthropozentrismus angesichts der vitalen Angewiesenheit des Menschen auf seine lebende und nicht lebende Umwelt nicht geben. Es gibt ihn auch nicht in der christlichen Religionsgeschichte. Die Erinnerung an Franz von Assisi (1182–1226) und sein Gebet an die Sonne – »Die ... Erde, ..., die uns erhält und heget« mag an dieser Stelle genügen.

*Auch in der Psychoanalyse kann der Anthropozentrismus nicht ›vollständig‹ sein: Es ist erklärte Absicht dieses Referates anzuregen, jene Orte aufzusuchen, in denen die Psychoanalyse selbst über ihre Bindung an das Menschliche und Zwischenmenschliche hinausweisen könnte.*

Das kann ganz rational geschehen. Mit dem in der sogenannten »Umweltszene« (s. u.) nicht unbedingt populären Verzicht auf die Akklamation regressivistischer (Rousseau) oder progressivistischer (Wassermann-Zeitalter) Ideologien kann man sich natürlich den Vorwurf scientistischer Beschränktheit einhandeln.

Da die Bindung an die Ratio zur Unvoreingenommenheit verpflichtet, muß man allerdings auch – gewiß befremdet – jene speziell in Japan diskutierten Denkmöglichkeiten aufnehmen können, denen zufolge durch einen weiteren, gewaltigen technischen Fortschritt ein für die Menschen nicht mehr gefährliches und auch lebenswertes Ökosystem hergestellt werden könne, und sei es durch Schaffung künstlicher Welten (Krupp 1994).

## Schulpsychologie und Umweltethik.

Die Schulpsychologie kennt seit Anfang dieses Jahrhunderts durch Hellpach eine *›Umwelt-Psychologie‹*. Seit dem allgemeinen Bewußtwerden der Umweltbedrohung (Club of Rome) ist die einschlägige Literatur quantitativ gewaltig angewachsen. Gleichzeitig nahm die Umweltpsychologie, jetzt auch als *»ökologische Psychologie«* (s. d. Kruse et al. 1990) eine kühne Kurve von der früher eher drögen, deskriptiven Grundlagenforschung zur programmatisch-moralischen und auch aktionalen sogenannten *»Umwelt-Ethik«*.

Das bedeutsame und gute Ziel der Umwelt-Ethik ist es, die große *Kluft* zwischen dem nachgewiesenermaßen überwiegend vorhandenen *Umweltbewußtsein* einerseits und der unübersehbar ganz vorherrschenden *Unfähigkeit zu entsprechendem Handeln* (der Einzelnen, aber auch der gesellschaftlichen Kräfte – Politik, Industrie) andererseits zu erklären und überwinden zu helfen (s. d. Schahn 1993). Besonders bekannt wurde das Buch von Sigrun Preuss (1991): »Umweltkatastrophe Mensch«. Sie sieht die besagte Kluft unter Inanspruchnahme eines Begriffes von Alexander Mitscherlich als Folge einer »Erlebniskatastrophe«. An anderer Stelle (1994) fordert sie, ökologisches Handeln solle »vom Lustprinzip geleitet sein« (S. 28). Eine weitere Umwelt-Ethikerin, Beate Seitz-Weinzierl (1994) vermerkte, es sei »erstaunlich, wie wenig diese Gesetze der menschlichen Natur, die paradoxe Logik des Unbewußten, die Erkenntnisse der Verhaltensforschung, der Tiefenpsychologie und der Psychoanalyse in der Umweltszene (s.o.) . . . beachtet werden.« (S. 29).

## Der Weg der psychoanalytisch fundierten Gesellschaftsanalysen.

In der Tat hat sich – von Sigrun Preuss ausführlich und korrekt referiert – bekanntlich die Psychoanalyse in die Beschreibung und Ergründung des defizienten und deletären Umwelt-Umgangs, der diesbezüglichen »Sozialpathologie« (Leithäuser 1987/1989) seit längerem prominent eingeschaltet. Zu erwähnen sind die umfassenden Reflexionen von H. E. Richter (1986) über den ›Gotteskomplex‹; Thea Bauriedel (1989) diagnostizierte eine globale narzißtische Störung unserer Gesellschaft und sprach – im Anschluß an Tschernobyl – von der »atomaren Sucht« zur Betäubung von Ohnmachtsgefühlen. Dieckmann und Springer (1988) machten im Umgang der Menschheit mit ihrer Umgebung eine »Borderline-Störung« aus.

Diese sehr wichtigen Beiträge, die auch die Analyse der Verleugnungs- und Spaltungsvorgänge in der Gesellschaft mit einbeziehen, werden hier (in diesem Referat) nicht weiter vertieft und verfolgt werden.

## Der konzeptionale, ›klinische‹ Weg.

An dieser Stelle tritt der Versuch der Ausschöpfung von in den psychoanalytisch-psychodynamischen Konzeptionen bereits enthaltener Potentiale zur Psychodynamik der Umweltbeziehungen in den Vordergrund.

Der Referent wird sich eingehender mit Michael Balint (Philobatismus) und Donald W. Winnicott (Übergangsobjekt) auseinandersetzen. Dabei ist er sich bewußt, daß man – selbstverständlich – auch an anderen Stellen umweltrelevante Potentiale auffinden kann, zumal wenn man die analytische Psychologie C. G. Jung's einbezieht. Zu denken ist auch an die von in Kliniken arbeitenden Psychoanalytikerinnen und Psychoanalytikern geschätzten und geförderten Verfahren, wie Körpertherapie, speziell die konzentrative Bewegungstherapie, die Gestaltungstherapie, Musiktherapie usw. Es gibt – in psychoanalytisch orientierten Suchtkliniken – auch bereits eine ausdrückliche »Umwelt-Therapie« (Gärtnern, Tierpflege, Werken).

Alle diese Verfahren, aus denen zweifellos Beiträge zu unserem Thema abgeleitet werden könnten, unterliegen einer hohen Pragmatik und haben kaum ihrerseits einen Einfluß auf die grundlegenden psychodynamisch-psychoanalytischen Konzeptualisierungen genommen. Möglicherweise hängt dies mit ihrem vergleichsweise geringeren ›Akademisierungsgrad‹ zusammen.

Weil der hier beschrittene Weg nicht nur als konzeptionaler, sondern bewußt auch als klinischer bezeichnet worden war, sei an dieser Stelle eine kleine kasuistische Vignette eingeschaltet. Sie stammt aus einer meiner Analysen.

**Der graue und der eiserne Vorhang.**

Der Analysant, Mitte Dreißig, war ein wackerer, anal anankastisch Determinierter mit gravierenden neurotischen Kontaktsperren. Er war stets beflissen und sehr bemüht. Lange Zeit lag er kerzengerade auf der Couch: Er stand stramm. Nur manchmal – und ich lernte das sehr genau zu beobachten und im Kontext zu bewerten –, lockerte er sich zur ›Rührt-Euch-Haltung‹, die Beine wurden übereinandergeschlagen.

Und nun die Sequenz, soweit ich sie rekonstruieren kann: Analysant: »Ich betrachte gerade Ihre grauen Vorhänge«. Dabei war er entspannt, in ›Rührt-Euch‹. – Ich: »Wie geht es Ihnen, wenn Sie sich mit den Vorhängen beschäftigen?:« Analysant: »Ich fühle mich sehr wohl, es geht mir gut, obwohl die Vorhänge ja wirklich nichts besonderes sind« (das stimmte: Es waren hellgraue Staats-Vorhänge). Und nach einer Pause: »vielleicht ist es gerade das, daß die Vorhänge so schlicht sind. Sie behindern den Blick nach draussen nicht, auf diesen schönen Baum ...«. (Ich phantasierte schwere Brokat-Vorhänge im elterlichen Studien-Direktors-Haushalt des Analysanten). Doch dann strammte er sich wieder: »Ich denke jetzt, der Baum sind vielleicht Sie und ich möchte mit Ihnen lieber draussen spazierengehen als hier in Ihrem Büro sein.« Er lag wieder stramm; ich erlebte diesen vorauseilenden Deutungs-Gehorsam des psychoanalytisch Belesenen als Widerstand und intervenierte: »Das klingt gut, doch Sie erlebten den Vorhang als angenehm, weil er kein Hindernis für Sie ist, ins Freie zu gelangen, selbst freier zu sein.« – Auch im weiteren Verlauf der Analyse tauchte der Vorhang immer wieder einmal auf und ich erfuhr, daß die Eltern die Fenster des Kinderzimmers, das er im Alter von etwa drei Jahren bezogen hatte, mit einem Gitter versehen hatten, damit der Kleine nicht herausfiele, einem ›eisernen Vorhang‹.

– Die skizzierte Passage enthält nichts Besonderes, Ähnliches kommt in vielen Analysen vor; es ging hier nur darum zu diskutieren, welcher Stellenwert dem Vorhang eingeräumt wird, ob er bewertet werden kann als interagierendes, »gutes« Objekt (besser: Ding s. u.), ob es folglich sinnvoll und auch weiterführend sein kann, unserem recht festen Reflex zu widerstehen, Gegenstände als Symbole oder Stellvertreter für menschliche Objekte zu sehen. Der Analysant war ja mit dem Baum (den ich allerdings als Selbst-Objekt verstand) so verfahren.

## Umwelt. Welt. – Philobatismus: Eine Reduktion.

Es wird Bezug genommen auf Michael Balint's Grundstörungskonzept: Oknophilie (= ›Anklammerungs-Bestrebtheit‹) versus Philobatismus (= ›Wagnis-Betrebtheit‹).

Balint (1959, 1970) hat bekanntlich den Begriff des *primären Narzißmus*, (den schon Freud selbst relativiert hatte mit seiner Anmerkung, einen ›vollständigen Narzißmus‹ könne es selbstverständlich nicht geben (1914)) durch den Begriff der ›primären Liebe‹ ersetzt.

Balint ging (wie andere auch) davon aus, daß vor der Geburt eine ›vollständige Harmonie‹ denkbar sei. Fötus und Umwelt seien harmonisch ineinandergefügt. Es gibt nur ›Substanz und Raum‹, noch keine ›Objekte‹. Mit der Geburt endet diese Harmonie. Begehrt wird jetzt die *›primäre Liebe‹* zu ihrer Wiederherstellung als »... eine Beziehung, in der nur der eine Partner Forderungen und Ansprüche stellen kann; der oder die anderen – nämlich die gesamte Welt – dürfen keine eigenen Interessen, Wünsche oder Ansprüche geltend machen.« (1959, S. 19). Diese primäre Liebe ist jedoch durch das nachgeburtliche Auftauchen der Objekte nicht (mehr) herstellbar. Um der illusionären Wiederherstellung der primären Liebe willen müssen die unabhängigen Objekte *verleugnet* werden. Der Oknophile verleugnet die Unabhängigkeit der Objekte dadurch, daß er sich an sie klammert. Der Philobat entwickelt besondere Fähigkeiten (›skills‹), mit deren Hilfe er die Objekte übergehen und übersehen kann.

Die philobatische Welt besteht aus freundlichen Weiten, die mehr oder weniger dicht mit gefährlichen und unvorhersehbaren Objekten durchsetzt sind. Sichere Distanz und Fernsicht herrschen vor. Aufgrund seiner Ausrüstung (den skills) hat der Philobat das Gefühl, mit jeder Situation fertig zu werden. Ihm ist seine Freiheit wichtig und er kümmert sich wenig darum, ob er geliebt wird oder nicht (nach Hopf 1993). Er versucht also, unmittelbar mit der Umwelt zu interagieren: Reisen, Bergsteigen, Tauchen, Weiten, Höhlen ...

Balint betont, daß zwar die oknophile Haltung mit ihrer Objekt-Überbesetzung als primitiver im Vergleich zur philobatischen Haltung mit ihrer Überbesetzung der primären Ich-Funktionen anmute, doch aber wohl die *philobatische Haltung die ontogenetisch frühere Prägung* sei, weil auf die allerfrüheste Form der Weltbeziehung, die harmonische Verschränkung regrediert werde.

Eine solche Regressions-Tiefe hatte bereits Sigmund Freud (1930), wenn auch unausdrücklich, für möglich gehalten in seiner berühmten Auseinandersetzung mit dem »ozeanischen Gefühl« des Romain Rolland: Nachdem ihm, Romain Rolland, Freud 1927 seine Schrift über die »Zukunft einer Illusion« übergeben hatte, schrieb Romain Rolland an Freud über das religiöse Grundgefühl, das er das ozeanische Gefühl nannte. Er wollte es ausdrücklich als subjektive Tatsache, nicht als Glaubenssatz verstanden wissen. Freud reagierte – natürlich – befremdet, setzte sich aber damit auseinander: »Die Idee, daß der Mensch durch ein unmittelbares, von Anfang an hierauf gerichtetes Gefühl Kunde von seinem Zusammenhang mit der Umwelt erhalten solle, klingt so fremdartig, fügt sich so übel in das Gewebe unserer Psychologie, daß eine psychoanalytische, das ist genetische Ableitung eines solchen Gefühls, versucht werden darf.« (S. 423). Diese »genetische Ableitung« führt Freud zu folgender Zwischenbilanz: »Unser heutiges Ich-Gefühl ist also nur ein eingeschrumpfter Rest eines weitumfassenderen, ja – eines allumfassenden Gefühls, welches einer innigeren Verbundenheit des Ich's mit der Umwelt entsprach« (S. 425).

Balint hat es uns sehr schwer gemacht, seine Konzeption der Grundstörungen zu perzipieren oder auszubauen. Und so wurde sie denn auch nicht von den main-streams (Kernberg 1991) der Psychoanalyse aufgenommen: Da sind die schwer nachvollziehbaren Begriffsbildungen und auch die Unklarheit, ob nun wirklich konsequent eine psychodynamische Konzeptualisierung beabsichtigt wurde, oder doch vielleicht eher eine (wenn auch psychoanalytisch begründete) psychologische Typenlehre, entsprechend Balint's eigenem Untertitel von »Angstlust und Regression« (s. d. Hopf 1993).

Das *Hauptproblem* aber dürfte sich aus der obligaten Koppelung der beiden Bestimmungsstücke des Philobatismus, der Welt/Umweltverbundenheit einerseits und dem Wagemut (der leider begriffsgebenden Akrobatik) andererseits ergeben. Schon die Fallschilderungen der beiden Balint's weisen aus, daß auf das Bestimmungsstück ›Akrobatik‹ durchaus verzichtet werden könnte.

Zentriert man primär auf die Welt/Umwelt-Liebe (versus Welt/Umwelt-Flucht), so löst sich auch eine weitere mit der dualen Konzeptualisierung verbundene Komplikation: Es entfällt die von Balint sehr ausdrücklich *nicht* gewünschte Nähe von Oknophilie und Weiblichkeit einerseits, Philobatismus und Männlichkeit andererseits. Die in empirischen Untersuchungen (z. B. an Kinderträumen (Hopf 1989)) nachgewiesene hohe Korrelation von Philobatismus und männlichem Geschlecht kommt ausschließlich durch die Akrobatik-Komponente zustande. – Eine Nähe von Philobatismus und Männlichkeit widerspricht ja auch diametral dem fraglosen Verbundensein von Natur, Heim, freundlicher Umgebung mit Weiblichkeit.

Um das libidinös-Zarte im Philobatismus zu zeigen, hatte der Ref. a.a.O. bereits früher einige Zeilen aus Walter Benjamin's (1991) »Berliner Kindheit um 1900« zitiert. Es sei wiederholt. Benjamin schreibt über die Erinnerung über seine Kindheit: »Nichts kräftigte die meinige inniger als der Blick in Höfe, von deren dunklen Loggien eine, die im Sommer von Markisen beschattet wurde, für mich die Wiege war.« Und an anderer Stelle: »Der Takt der Stadtbahn und des Teppichklopfens wiegte mich in Schlaf. Es war die Mulde, in der sich meine Träume bildeten, zuerst die ungestalten, dann die langgesponnenen, Reise- und Regenträume.«

*Selbstverständlich* werden die *zwischenmenschlichen* Beziehungen ihre psychodynamische Priorität behalten. Aus dem Philobatismus kann aber die Aufforderung abgeleitet werden, den interaktiv-libidinösen Beziehungen zur Um-Welt eine zwar zusätzliche, gleichwohl aber genuine Bedeutung einzuräumen.

Untersucht und ausgebaut werden könnte eine psychodynamische Genetik der Um-Welt-Beziehungen, deren denkbare Umrisse skizziert seien: Die Primär-Um-Welt des Säuglings, der das ›Licht der Welt erblickt‹ hat. Temperatur. Luftbeschaffenheit. Raum-Fühlen. Die Wiege. Das Bett. Das Bewegtwerden. Die Raum-Bedeutung von Annäherung und Separation. Die anal-muskuläre Distanzfindung. Das Eingeschlossen- und Ausgeschlossensein. Später die (gesunde und pathologische) Umweltgestaltung, insbesondere in der genitalen Phase (Discos, Cyber-Space). Die Besetzungen von Fahrzeugen, dem Reisen, dem Wohnen. Ausdrücklich erinnert sei auch an die Drogen-Sucht, in der das Motiv der Erschaffung anderer, vermeintlich erträglicherer Umwelten unübersehbar ist.

## Die Dinge. Übergangsobjekt: Eine Differenzierung.

Die maßgebliche Abhandlung von Donald W. Winnicott ›Übergangsobjekte und Übergangsphänomene‹ hat den Untertitel: Eine Studie über den ersten *Besitz*, der »Nicht-Ich« ist. In einer Fußnote vermerkt W. sodann, es sei ihm an einer Stelle unterlaufen, versehentlich das Wort ›Objekt‹ (anstatt ›Besitz‹) benutzt zu haben. Diese kleine Komplikation führt zum hier zu diskutierenden Problem.

Winnicott (1965, 1976) hat dem *Übergangsobjekt* offenkundig *zwei* unterscheidbare Bedeutungen zugewiesen: Die erste Bedeutung (in Winnicott's Darstellungsabfolge nachgeordnet) ist eine eher anthropozentrische: Das Übergangsobjekt ist ein dynamisch wirksames Stellvertreter-Objekt, indem es die Brust der Mutter symbolisch vertritt, zum Beispiel um diese zu »verbessern«, gut zu machen. Diese Bedeutung ist allenthalben breit aufgegriffen worden. Sie bestimmt die Bewertung der Übergangsobjekte in den meisten Falldarstellungen. In seiner *zweiten*, umfassenderen Bedeutung ist das Übergangsobjekt (sind die Übergangsphänomene) eine *Frühform der Realitätsprüfung und Realitätsgestaltung*. Sie markieren den Beginn der psychodynamischen Verknüpfungsarbeit zwischen innerer und äußerer Realität.

Folgender Satz Winnicott's hätte ohne weiteres diesen Beitrag einleiten können: »Es wird allgemein anerkannt, daß eine Aussage über die Natur des Menschen ganz unzureichend ist, wenn sie sich nur auf Beziehungen zwischen Personen bezieht, auch wenn man den Aufbau der Funktionen in der Einbildung, die ganze bewußte und unbewußte Fantasie, einschließlich der verdrängten unbewußten Fantasie, mit einbezieht.« (1976, S. 294).

Im Anschluß an die Beschreibung des Umgangs des Säuglings mit den Übergangsobjekten, der Faust, dem Teddybär usw. resümiert Winnicott: »Es ist klar, daß hier etwas anderes als orale Erregung und Befriedigung wichtig ist, wenn diese auch die Grundlage von allem anderen sein mögen. Man kann noch viele weitere wichtige Dinge untersuchen; dazu gehören: – die Art des Gegenstandes. – Die Fähigkeit des Säuglings, das Objekt (Anm.: es müsste heißen: Den Gegenstand) als »Nicht-Ich« zu erkennen, der Ort des Objektes (des Gegenstandes): Draussen, drinnen, an der Grenze. Die Fähigkeit des Säuglings, ein Objekt (einen Gegenstand) zu schaffen, sich auszudenken, zu erfinden, zustande zu bringen, hervorzubringen. – Der Beginn einer zärtlichen Art der Beziehung.« (Sn. 293/294).

Weil Übergangsphänomene und Übergangsobjekte den Beginn der lebenslangen menschlichen Aufgabe der Verknüpfung von innerer und äußerer Realität markieren, erkennt Winnicott die 'Weite' seines Themas: Es beziehe » ... das Spiel, die künstlerische Kreativität und den Kunstgenuß, das religiöse Gefühl, das Träumen, ebenso aber auch Fetischismus, Lügen und Stehlen, Ursprung und Verlust zärtlicher Gefühle, Drogensucht, den zauberhaften Schutz von Zwangsritualen usw. mit ein.« (S. 299).

*Es ist offenkundig, daß diese Überlegungen die Grundlegung einer Psychodynamik der (interaktiv-libidinösen) Beziehungen des Menschen zu den Dingen sind.*

Deshalb und auch um aus der Verwirrung: Objekt versus Besitz/Gegenstand herauszukommen, ist es naheliegend, eine *Differenzierung* vorzunehmen.

Sinnvollerweise sollte der Begriff »Übergangs-Objekt« reserviert bleiben für die erstgenannte, anthropozentrische und klinisch nach wie vor sehr wichtige Bedeutung als dynamisches Sellvertreter-Objekt (Mutterbrust/Mutter). Es ist gewiß kein Zufall, daß er in dieser Weise auch allgemein perzipiert worden war (s.o.)

Führt man die Gedankengänge Winnicott's zur Entwicklung der Realitätsprüfung auf den Punkt, wäre es konsequent, in diesem umfassenden Bezug den Begriffs-Übergangsobjekt fallen zu lassen und ihn durch »Primärbesitz« oder, weil ohne Implikation, durch *»PrimärDing«* zu ersetzen.

Auch *Werkzeuge* sind Dinge: In der Paläo-Phylogenese ist bekanntlich die Mensch-Werdung nicht nur durch den aufrechten Gang und den Spracherwerb markiert, sondern ausdrücklich auch durch den Erwerb der Fähigkeit, *Werkzeuge zu erschaffen* (nicht nur zu benutzen, das können auch Schimpansen). – Von Anfang an wurden diese Werkzeuge verschönert, geschmückt, warm und zugänglich gemacht. Sie waren und sind libidinös besetzt.

Ähnlich wie für die Welt/Umwelt-Beziehungen könnte m. E. für die Psychodynamik der (immer: interaktiven) Beziehungen zu den Dingen, den Gegenständen, dem Besitz eine (onto)genetische Entwicklungsreihe untersucht und entwickelt werden. Dabei würde man auf Bekanntes stossen, auf die Besitz-Kot-Geld-Komplexität in den analen Determinationen, auf die phallischen Gegenstands-Verwendungen (Motorräder) und auf genitale Manifestationen, unter ihnen den Fetischismus. Bislang vernachlässigt ist auch die Psychodynamik des Schenkens, speziell auch des Verführens durch Schenken. Die liebenswert-humanistische Schrift von Paul Tournier (1961) über das Schenken beabsichtigt und enthält keine psychodynamische Konzeptualisierung.

## Schluß.

Die beiden hier vorgelegten Ableitungen, der Welt/Umwelt-Beziehung aus dem reduzierten Philobatismus und der Ding/Gegenstands-Beziehung aus dem Globalaspekt des Übergangsobjektes sind selbstverständlich (nur) paradigmatische.

Doch hatte – im Sinne der ›Umwelt-Ethik‹ – der Referent auch die Hoffnung, Ergänzungen und Erweiterungen für den klinischen Alltag angeregt zu haben. Dies gilt sowohl für die analytische Arbeit als ›permanente Forschung‹ über den Weg, die ›nicht-menschlichen Beziehungen‹ mehr zu beachten und – sei es probeweise – gesondert zu reflektieren als auch für das Therapieren: Vielleicht können wir hie und da immer wieder einen kleinen Beitrag dazu leisten, daß die Patientinnen und Patienten die Beziehung zu der Umwelt und den Dingen mehr ›zulassen‹, daß diese an Echtheit (Authentizität) gewinnt. Man darf vermuten: Hätten die einzelnen Menschen eine interaktive, auch wechselseitig Liebe und Haß einschließende, gleichwohl tragende Beziehung zur Umwelt und zu den Dingen gehabt, so wäre es wohl nicht zu jener Abspaltung gekommen, durch die die Umweltbedrohung jetzt als Absolutum erscheint.

## Eine Gegenüberstellung:

»Vieles Gewaltige lebt und nichts ist gewaltiger als der Mensch« (Sophokles). »Der Krieg reicht weit wie düsterer Urwald, der Frieden beginnt auf einem einzigen Stuhl.« (Aus Pablo Neruda's Oden an die Dinge).

## Literaturverzeichnis

Balint, M. (1959): Angstlust und Regression. Stuttgart (Klett).

Balint, M. (1970): Therapeutische Aspekte der Regression. Reinbek (Rowohlt).

Bauriedl, T. (1989): Spaltbares Bewußtsein. In: Wirth, H.-J. (Hg.): Nach Tschernobyl, Frankfurt a.M., Fischer TB, 152–161.

Benjamin, W. (1991): Berliner Kindheit um Neunzehnhundert. Frankfurt a.M. (Suhrkamp).

Dieckmann, H. & Springer, A. (1988): Weltzerstörung – Selbstzerstörung. Olten (Walter-Verlag).

Freud, S. (1930): Das Unbehagen in der Kultur. GW Bd. 14, Frankfurt a.M. (Fischer).

Freud, S. (1975): Psychologie des Unbewußten. Zur Einführung des Narzißmus (1914) aus Studienausgaben, Bd. 3, Frankfurt a.M. (Fischer).

Fromm, E.:, Suzuki, D.T., Martino de R. (1972): Zen-Buddhismus und Psychoanalyse. Frankfurt a.M. (Suhrkamp).

Hahn, P. (1994): Drachen, Sphinx und Ödipus. Vortrag: Lindauer Psychotherapiewochen. Lindau.

Hillman, J., Ventura, M. (1993): Hundert Jahre Psychotherapie – und der Welt geht's immer schlechter. Solothurn und Düsseldorf. (Walter-Verlag.)

Hopf, H. (1989): Inhaltsanalytische Erfassung von Oknophilie und Philobatismus in den Träumen von Kindern und Jugendlichen. Dissertation. Universität Ulm.

Hopf, H. (1993): Oknophilie und Philobatismus – zwei psychologische Typen und andere verwandte Persönlichkeitstheorien. 28-43. Beiträge zur analytischen Kinder- und Jugendlichenpsychotherapie ehemals Kind und Umwelt. Heft 77, 28–43.

Kernberg, O.F. (1991): Wandlungen psychotherapeutischer Konzepte. In: P. Buchheim, M. Cierpka, Th. Seifert (Hg.) Psychotherapie im Wandel, Abhängigkeit, 8–19, Berlin, Heidelberg usw. (Springer).

Krupp, H. (1994): Interview in ›Psychologie heute‹ 21, Heft 6, 58–63.

Kruse, L., Graumann, C.-F., Lantermann, E.-D. (1990): Ökologische Psychologie. Ein Handbuch in Schlüsselbegriffen. München. (Psychologie Verlags Union).

Leithäuser, T. (1987): Politische Psychologie als Friedens- und Konfliktforschung. In: Moser, H.: Bedrohung & Beschwichtung 228–244. Weinheim. (Deutscher Studien Verlag).

Leithäuser, T. (1989): Beruhigung und Verblendung. Kleine und große Fluchten aus der Ohnmacht. In: Wirth, H. J. (Hg.): Nach Tschernobyl, 62–76. Frankfurt a.M. (Fischer TB).

Neruda, P. (1987): Seefahrt und Rückkehr. Darmstadt, Neuwied (Luchterhand).

Preuss. S. (1991): Umweltkatastrophe Mensch. Über unsere Grenzen und Möglichkeiten, ökologisch bewußt zu handeln. Heidelberg. (Asanger).

Preuss, S. (1994): Interview in ›Psychologie heute‹ 21, Heft 5, 27–28.

Richter, H. E. (1986): Der Gotteskomplex. Reinbek. (Rowohlt).

Schahn, J., Giesinger, T. (1993): Psychologie für den Umweltschutz. (Beltz Psychologie Verlags Union).

Schiwy, G. (1987): Der Geist des Neuen Zeitalters. New-Age-Spiritualität und Christentum. München. (Kösel-Verlag).

Seitz-Weinzierl, B.: Der weite Weg vom Kopf zur Hand. Psychologische Barrieren in der Umweltethik. In: ›Psychologie heute‹, 21, Heft 5, 29–31.

Tournier, P. (1961): Geschenke und ihr Sinn. Zürich, Stuttgart. (Rascher).

Winnicott, D. W. (1965): Familie und individuelle Entwicklung. München. (Kindler).

Winnicott, D. W. (1976): Von der Kinderheilkunde zur Psychoanalyse. München. (Kindler).

*Tilo Naatz*

# Psychoanalyse und Wirklichkeit – Gefahren und Möglichkeiten des Wandels ihrer Beziehung

Sehr geehrte Damen und Herren;
liebe Kolleginnen und Kollegen!

Wenn wir dem Rahmenthema unserer Tagung entsprechend über die Psychoanalyse im Wandel reden, dann tun wir dies heute nicht in der gemütlich-kontemplativen Haltung etwa von Eltern, die die gesunde Entwicklung ihrer Kinder und die damit verbundenen eigenen Veränderungen erlebend sichten und nun den verbalen Austausch über diesen erfreulichen Sachverhalt genießen. Wir diskutieren vielmehr unter dem fatalen und auch von Optimisten kaum noch zu verdrängenden Eindruck: Die Psychoanalyse ist in Gefahr! In Gefahr nicht nur, was das bevorstehende – wenn auch vorläufig gescheiterte – Psychotherapeutengesetz anbelangt, in dem die Psychoanalyse als eine unter mehreren fundierten und anerkannten Psychotherapiemethoden in Erscheinung tritt, denen gegenüber sie künftig stärker als je zuvor ihre therapeutischen Vorzüge oder auch nur ihre therapeutische Existenzberechtigung unter Beweis zu stellen haben wird. In Gefahr auch – und das muß uns besonders beunruhigen –, was ihre Akzeptanz, ihren Einfluß weltweit angeht: So hören wir, daß ihre Bedeutung in den USA während der letzten beiden Jahrzehnte dramatisch gesunken ist, eine Tendenz, die etwa auch in Skandinavien und in der Schweiz zu beobachten sein soll. Es ist hier nicht meine Sache, die vielfältigen Gründe oder Bedingungen für diesen Bedeutungsverlust im einzelnen zu untersuchen, etwa die Enttäuschung über die Nichterfüllung mancher hochgespannten und nicht zuletzt von uns Analytikern in Verkennung der Grenzen unserer Methode mitgeschürten Heilungserwartungen z. B. im psychosomatischen Bereich, oder die manchmal etwas grotesk anmutende Überschätzung psychoanalytischer Erklärungskraft für fast alle Lebensbereiche. Immerhin wird das für uns Psychoanalytiker seit eh und je rasch bei der Hand liegende Argument, Psychoanalyse in ihrem genuin aufklärerisch-subversiven Charakter erzeuge nun mal in jeder Gesellschaft zwangsläufig Widerstände und Anfeindung, inzwischen von den meisten von uns als allenfalls partiell richtig, als insgesamt aber womöglich durchaus kurzschlüssige Selbstberuhigungsstrategie erkannt und vermieden. Aber wie gesagt: ich möchte hier die Vielfalt der Gründe für den Bedeutungsverlust der Psychoanalyse nicht im einzelnen erörtern. Ich will vielmehr versuchen, uns ein Grundproblem der Psychoanalyse deutlich zu machen, das mit unseren heutigen Schwierigkeiten m. E. zentral zusammenhängt und dessen Bewältigung oder Nichtbewältigung für die Zukunft der Psychoanalyse nach meiner Einschätzung eine wesentliche Rolle spielen wird. Dazu aber muß ich etwas weiter ausholen, wofür ich Sie um Geduld und erkenntnistheoretische Selbstkritikbereitschaft bitte.

Ausgangspunkt meiner Besorgnis ist die uralte philosophisch-erkenntnistheoretische Polarität von Realismus und Idealismus: Während der naiv in seiner Welt lebende und diese Welt kennenlernende Mensch der naiv-realistischen Meinung war und ist, die Welt sei eben so, wie er sie sieht, kann sich der nachdenkende, verschiedene eigene und fremde Beobachtungen und auf denselben Gegenstand bezogene Überzeugungen vergleichende und dabei Diskrepanzen feststellende Mensch der Einsicht nicht verschließen, daß er Realität nie als solche vor Augen oder in den Händen und dann im Kopf hat, daß vielmehr gesehene und erkannte Realität immer in Abhängigkeit vom Betrachtungsstandpunkt und Blickwinkel des Erkennenden steht. Und auch wenn wir im Laufe unserer individuellen kognitiven Entwicklung lernen, gewisse kognitive Egozentrismen, wie sie sehr schön von Piaget beschrieben worden sind, mehr oder weniger zu überwinden und dabei zunehmend zu gemeinsamen, eben auch die Sicht des anderen miteinbeziehenden Realitätsvorstellungen kommen, so bleibt dennoch der erkenntnistheoretische Relativismus bestehen: besagte Tatsache nämlich, daß wir Realität nie als solche, das Ding nie an sich, sondern immer nur im Lichte unserer jeweiligen Erkenntnismittel zu sichten vermögen. Dieser Sachverhalt ist nun wenigstens seit altgriechischen erkenntnistheoretischen Reflexionen bekannt und schuf zugleich – ausgestaltet und weiterentwickelt in jahrtausendelanger philosophischer Tradition – einen erkenntnistheoretischen Gegenpol zum naiven Realismus, der jedoch nicht weniger problematisch als dieser selbst ist: In Umkehrung nämlich des Glaubens an eine uns unverfälscht in Erscheinung tretende Realität versuchte man nun, die Idea, das vorgestellte Bild, die Anschauung, und damit das infragestehende Erkenntnismittel selbst zum Wahrheitsgaranten von Erkenntnis zu machen. Auch dieser Versuch ist gemäß dem erkenntnisphilosophischen Motto »De omnibus est dubitandum (an allem darf gezweifelt werden)« natürlich zum Scheitern verurteilt: Weder sensualistische und induktivistische noch rein rationalistische Positionen sind in der Lage, Wahrheitsgaranten zu formulieren: kein auf Anhieb noch so einleuchtendes Apriori, kein noch so überzeugendes dialektisches Denkprinzip etwa schafft uns zweifelsfrei Wahrheit. Und selbst der erkenntnistheoretisch ziemlich aussagearme Satz des Descartes »Cogito ergo sum (ich denke, also bin ich)« beinhaltet neben dem Cogitans, dem Phänomen des Denkens, bereits als Prämisse ein Cogitatum, ein Erkanntes, eben das schon im Cogito enthaltene Ich, entpuppt sich also bei genauerer Betrachtung als zirkulär argumentierende Leerformel. Den einzigen Ausweg aus diesem erkenntnistheoretischen Dilemma – nicht im Sinne seiner ja prinzipiell unmöglichen Beseitigung, sondern im Sinne seiner Anerkennung – finde ich im sogenannten »kritischen Rationalismus« Poppers (vgl. 1936, 1962, 1969) bzw. in dem mit diesem nicht ohne Grund bedeutungsgleichen »kritischen Realismus« seines Schülers Albert (1968), weil in dieser Position auf Letztbegründungen, die schließlich immer in vitiose Argumentationszirkel führen, verzichtet wird, sowohl der Realität als auch unseren Erkenntnismitteln aber insofern Rechnung getragen wird, daß ersterer die logische Möglichkeit eingeräumt wird, zu letzteren, also unseren Erkenntnisbehauptungen, etwas salopp ausgedrückt, nein zu sagen. Welche methodologisch-wissenschaftstheoretischen Kriterien dabei zu beachten sind, will man zu intelligenten Einsichten in Wirklichkeit gelangen ohne sich in den Fallstricken mythisch-metaphysisch-idealistischer Glaubensbehauptungen selber zu fesseln, darüber haben Popper und seine Schüler wichtige Aussagen gemacht, die uns hier aber nicht im Detail beschäftigen können.

Zentral wichtig für uns Psychoanalytiker ist nun (und ich betone dies so gerne, weil es meiner Identifizierung sowohl mit Freud als auch mit Popper entspricht), daß diese kritisch-rationalistische oder kritisch-realistische Position genau diejenige ist, die der alte Freud (1932) im letzten Kapitel der »Neuen Folge der Vorlesungen zur Einführung in die Psychoanalyse«, das er mit »Über eine Weltanschauung« betitelt hat, zweifelsfrei und darüber hinaus sehr kämpferisch als die seine zum Ausdruck gebracht hat. Insofern war er m. E. zu Recht Szientist – aller Kritik von Habermas (1968) und Lorenzer (1974) zum Trotz. (Daß seine szientistische Grundhaltung über sein Wissenschaftsverständnis hinaus auch seine Vorstellung vom psychoanalytischen Heilungsprozeß i. S. von Bewußtmachung und Aufklärung, also von Erweiterung bewußten Wissens, prägte – eine Auffassung, die ich wie die meisten von uns heute so nicht teile – steht auf einem anderen Blatt.) Jedenfalls ging es Freud stets darum – und das ist an vielen Stellen seines Werkes nachlesbar –, seine wissenschaftlichen Aussagen und theoretischen Konstrukte empiriebezogen zu halten bzw. an anderen mitteilbarer und mit anderen teilbarer Empirie zu messen. Daß er selbst dieser eigenen methodologischen Überzeugung nicht immer konsequent Rechnung trug (man denke z. B. an seine Todestrieb-Konzeption), sehe ich als verständlichen Triumph menschlicher Spekulationsfreude über kritisch wissenschaftstheoretische Einsicht. Für uns interessanter aber als das Verständnis des Freudschen Zwiespalts von wissenschaftlichem Entdeckerstolz und nüchterner Methodologie erscheint mir ein Blick auf die Gründe, aus denen gerade die Psychoanalyse bis in die jüngste Zeit (bzw. sogar: in jüngster Zeit zunehmend) gefährdet ist, als Erfahrungswissenschaft – und als solche hat sie Freud (z. B. 1923), wie gesagt, verstanden – hinter erfahrungswissenschaftliche Bewertungskriterien ihrer Aussagen wieder zurückzufallen und sich mit der metaphysisch-idealistischen bloßen Denkmöglichkeit ihrer Behauptungen zu begnügen und so nun wirklich zum Aberglauben des Jahrhunderts, zu einer der dramatischen Kolossalmythen zu werden, wie sie Zimmer (1986) respektlos bezeichnet hat. Daß übrigens einige Mythologen unter uns einen Mythos-Vorwurf nicht weiter beunruhigend finden unter dem Motto, jeder Mythos enthalte auch seine Wahrheit, verstärkt nur meine Sorge um den möglichen Verlust der bewährten Unterscheidung zwischen Dichtung und Wahrheit.

Einen Grund nun für die Gefahr eines solchen Verlustes sehe ich in der Tatsache, daß die in der Psychoanalyse zu betrachtende und wissenschaftlich zu erfassende Realität oder Wirklichkeit – beide Begriffe verwende ich synonym – vor allem eben die Psyche des Menschen, also sein bewußtes und unbewußtes Erleben, Denken und Handeln und deren Veränderung ist. (In Parenthese merke ich an, daß ich bezüglich dieser wissenschaftlichen Erfassung keinen Unterschied mache zwischen Erklären und Verstehen, da letzteres nach meiner Überzeugung immer auf ersteres – allerdings mit Hinzufügung emotionaler Bewertung – zurückzuführen ist, sofern es nicht – wie in der Alltagssprache häufig – die emotionale Bewertung alleine zum Ausdruck bringen soll, was aber dann völlig ohne wissenschaftlichen Erkenntniswert wäre.) Da nun der wissenschaftliche Gegenstand der Psychoanalyse die menschliche Psyche ist, erscheint es vielen von uns offenbar unnötig oder sogar abwegig, dieser Realität, dieser Wirklichkeit ein in den sonstigen Erfahrungswissenschaften selbstverständliches Widerspruchsrecht gegen unsere wissenschaftlichen Zusammenhangsbehauptungen über sie einzuräumen – als sei jede wissenschaftlich verallgemeinernd Zusammenhänge postulierende Idee über menschliche Psyche schon eo ipso wahr, schon deshalb wahr, weil sie (also die Idee über menschliche Psyche) ja selbst zur menschlichen Psyche gehört. Ein derartiges in meinen Augen naives Wissenschaftsverständnis von Psychoanalyse, daß diese denn auch folgerichtig eher den Geisteswissenschaften als den Objekt- oder Realwissenschaften (ich vermeide den allerdings unzutreffenden Begriff Naturwissenschaften) zurechnen möchte, verkennt aber völlig, daß wir uns auch mit unseren Theorien über die Psyche und ihre Funktionen irren können; auch dies ist eine der Einsichten, die unserer menschlichen Kränkbarkeit offenbar erhebliche Mühe machen. Besonders kompliziert wird das Ganze noch dadurch, daß bezüglich des wissenschaftlich zu erfassenden bewußten und unbewußten menschlichen Erlebens wiederum unterschieden werden kann und muß zwischen Erleben, das sich auf frühere tatsächliche Erfahrung des betreffenden mit äußerer Realität (die res factae i. S. des Überblicks von Cremerius, 1981b) bezieht, oder »lediglich« seinen früheren Vorstellungen, Wünschen und Befürchtungen bzw. deren späterer Bearbeitung (den res fictae) entspricht –

eine Unterscheidung, die für Freud in der Frage realer Verführung versus kindlicher Phantasie seiner hysterischen Analysandinnen bekanntlich von eminenter Wichtigkeit war. Trotz dieser möglichen und notwendigen Unterscheidung ist festzuhalten und entspricht dem Freudschen Forschungsanliegen: Auch die Phantasien, sofern es sie gibt, die res fictae, sind wissenschaftlicher Gegenstand der Psychoanalyse, sind als psychische Realität und Wirklichkeit in ihrer Existenz und ihren Zusammenhängen psychoanalytisch zu klären und zu hinterfragen. Bleiben wir beim konkreten Beispiel eines der fundamentalen Bausteine der Freudschen Theorie: Auch die unbewußten inzestuösen ödipalen Phantasien i. S. des Freudschen Ubiquitätspostulats und damit natürlich auch ihre neurosenpsychologische Bedeutung sind keineswegs selbstevident, sondern bedürfen der empirischen Prüfung an den Einfällen unserer Analysanden. Wir wissen ja spätestens seit der viele Aspekte umfassenden Untersuchung von Bischof (1985) über »Das Rätsel Ödipus«, daß es ernst zu nehmende Gegenargumente gegen die Freudsche Auffassung gibt. Jedenfalls haben wir als Erfahrungswissenschaftler den Verdacht zu entkräften, daß es sich bei dieser wie auch bei anderen unserer Theorien nun selbst lediglich um res fictae handelt. Wo diese Entkräftung prinzipiell nicht möglich ist bzw. wo dieser Verdacht durch neuere entwicklungspsychologische Befunde erhärtet wird (ich denke hier z. B. an die ausgezeichnete Übersicht von Dornes, 1993, »Der kompetente Säugling«, in Kontrast zu einigen unserer durchaus merkwürdigen Frühstkindlichkeitstheorien), sollten wir uns die Schwäche unserer Konzeptionen eingestehen und uns nicht unter dem Motto ihrer vermeintlich nützlichen Heuristik daran festklammern.

Ein solches Festhalten an oft recht bizarren theoretischen Vorstellungen beruht also m. E. nicht zuletzt auf einem überzogen idealistischen und dabei realitätsunkritischen Erkenntnisverständnis, und das damit bezeichnete Problem potenziert sich noch dadurch, daß im Falle der Psychoanalyse sich die jeweiligen Theorien wechselseitig gegen empirische Überprüfung an den wirklichen Einfällen und Äußerungen unserer Analysanden immunisieren können: So kann etwa die ihrerseits m. E. empirisch gut bewährte Theorie der Verdrängung von tabuierten Triebrepräsentanten und Erlebnissen dazu verwendet werden, das durchaus nicht unübliche Ausbleiben sexuell geprägter Inzestphantasien nicht als Gegenbeleg gegen diesbezügliche ursprüngliche Freudsche Annahmen zu begreifen, sondern unter Voraussetzung des auch in diesen Fällen Zutreffens der Verdrängungstheorie eben im Sinne einer tiefen und nicht aufhebbaren Verdrängung zu interpretieren. Damit aber befänden wir uns in einem Erklärungszirkel, der – so geistreich und erfreulich als Gedankenspiel er auch sein mag – zur intelligenten erfahrungswissenschaftlichen Erfassung tatsächlicher psychischer Wirklichkeit nichts beizutragen vermag, sondern lediglich ein theoriesystemimmanentes Eigenleben führt.

Das Gegenmittel gegen diese Gefahr liegt für mich neben der Berücksichtigung von nachbarwissenschaftlichen Befunden in unseren Theorien vor allem in einer kritisch-methodologischen Reflexion der Beziehung zwischen unseren übergreifenden psychoanalytischen Modellen, Theorien und Begriffen und unseren tatsächlichen psychoanalytischen Erfahrungsdaten, die ja nach Freud (1915, 210f; 1925, 58) der Unterbau, d. h. die unverzichtbare Prüfungsinstanz unserer theoretischen Vorstellungen sind. Die Diskussion darüber, was wir in einer solchen kritisch-methodologischen Reflexion in Betracht zu ziehen hätten, habe ich (Naatz, 1991) in einer in der Z.psychosom.Med. veröffentlichten Arbeit anzuregen versucht. Ich nenne hier nur stichwortartig folgende Punkte:

Haben wir wirklich vor, unsere psychoanalytischen Theorien anhand unserer psychoanalytischen Empirie (also vor allem der Einfälle und Äußerungen unserer Analysanden) kritisch zu prüfen, oder reicht uns die bloße Denkbarkeit unserer Annahmen schon für deren Für-wahr-halten aus?

Haben unsere Beobachtungen wirklich, d. h. logisch stringent, mit unseren Theorien zu tun, oder handelt es sich da bisweilen eher um einen freiassoziativen Bedeutungsbezug, wie er z. B. (aber nicht nur) in manchen Examensarbeiten feststellbar ist?

Haben unsere Beobachtungen als solche auch unabhängig von unseren Theorien Bestand, oder existieren sie ausschließlich im Lichte dieser Theorien, sind also möglicherweise bloß deren Artefakte?

Weiten wir unsere Theorien und Begriffe in ihrer Bedeutung derart aus, daß sie nun fast alles und damit nichts mehr erklären?

Halten wir unsere Theorien und Begriffe in ihrer gesamten Bedeutung auch dann schon für bestätigt, wenn wir tatsächlich nur einen Teil ihrer Bedeutung bestätigt finden?

Sicherlich gibt es noch andere Ansatzpunkte kritisch-methodologischer Reflexion des psychoanalytischen Theorie-Erfahrung-Zusammenhanges. Nicht haltbar jedenfalls ist die Illusion, daß alles, was wir Psychoanalytiker sehen, fühlen und tun, gleichsam a priori Bestandteil übergreifender wissenschaftlicher psychoanalytischer Wahrheit ist. Insofern hilft die unter uns gern gestellte Frage: »was tun wir Psychoanalytiker wirklich?« bei der Klärung des Wahrheitsanspruches unserer psychoanalytischen Theorien und Sichtweisen und einem darauf beruhenden Vergleich unserer unterschiedlichen und z. T. kontroversen Konzeptionen nicht wesentlich weiter.

Genau diese Frage bzw. richtiger: das mit dem Invordergrundstellen dieser Frage verbundene Abrücken von der doch so nötigen Geltungs- i.S.v. Gültigkeitsklärung unserer Theorien, also die m. E. zunehmende Vernachlässigung der Frage nach deren Wahrheit gibt Anlaß zur Sorge. Dabei möchte ich nur (und auch dies nur kurz) von der Entwicklung innerhalb der

DPG, wie ich sie sehe, sprechen. Ob etwa entsprechendes auch für die DPV – vielleicht i. S. der von Thomä (1994) angesprochenen Kleinianisierung – zu konstatieren wäre, wage ich nicht zu beurteilen.

In der DPG jedenfalls scheint mir mit der Abkehr von Schultz-Hencke und seiner ausdrücklich und im Vergleich mit Freud strenger erfahrungsbezogenen Wissenschaftsintention auch eine Abkehr vom Erfahrungsbezug bzw. Wirklichkeitsbezug der Psychoanalyse überhaupt verbunden zu sein. Ich will hier nicht näher diskutieren, warum eine solche Abkehr vom Wirklichkeitsbezug für jeden von uns ihre Verlockungen enthält, denn natürlich bildet die Realität (einschließlich der psychischen Wirklichkeiten) und die zu ihrer wissenschaftlichen Erfassung notwendige Logik mit ihrem Zwang sowohl wunschgeleitetem Denken als auch sonstigem freien Spekulieren unliebsamen Widerstand; nicht von ungefähr hat Freud (1911) bekanntlich Realitätsprinzip und Lustprinzip gegeneinandergestellt. Die Abkehr vom Wirklichkeitsbezug oder vorsichtiger gesagt: eine gewisse Aufweichung des Realitätsprinzips sehe ich nun zum Beispiel in den wissenschaftlichen Veröffentlichungen der beiden zumindest im institutionellen Sinne »führenden« Psychoanalytiker der DPG, in den Arbeiten Körners und Ermanns, so verbal ansprechend und zweifellos geistreich diese Untersuchungen und so sympathisch die beiden Autoren auch sind. M. E. viel zu sehr zentriert auf die Frage »was tut der Analytiker wirklich?« und viel zu problemabstinent in der Frage der Wahrheit unserer Theorien und Annahmen werden von Körner (z. B. 1985: Vom Erklären zum Verstehen in der Psychoanalyse; 1986: Drei Menschenmodelle in der Psychoanalyse; 1994: Die Abstinenz des Lehranalytikers) tiefenkommunikative Interaktionsmodelle aufgegriffen und ausdifferenziert, die zwar beschreiben, was sich zwischen Analysand und Analytiker möglicherweise ereignen könnte, bezüglich der Wahrheit der in diesen psychoanalytischen Interaktionen verwendeten Theorien des Analytikers wie auch bezüglich der Wirksamkeit solchen tiefenkommunikativen Interaktionsgeschehens aber fast völlig aussagenleer bleiben (vgl. dazu auch Naatz, 1987). Nicht anders ist es bei Ermanns Konzeption (Ermann, 1992: Die sogenannte Realbeziehung), in der der Aspekt der Realbeziehung zwischen Analytiker und Analysand und damit auch seine verschiedenen – z. T. heilsamen! – Komponenten gegenüber einer m. E. hypertrophierten Übertragung-Gegenübertragung-Vorstellung nur noch als Abwehr des Analytikers betrachtet wird. Worin ich die Hypertrophie dieser Konzeption erblicke, z. B. in der Annahme der Symmetrie von Gegenübertragung und Übertragung, kann ich hier nicht im einzelnen erörtern (vgl. Naatz, 1993). Schon aus der Tatsache, daß Übertragung und Gegenübertragung ja per definitionem unbewußte Prozesse sind (und auch von Ermann so verstanden werden), wird aber deutlich, daß wir mit dieser Konzeption den Boden des objektivierenden und prüfbaren Wissens über den anderen und jeweils uns selbst sowie, damit verbunden, über angebbare und prüfbare Veränderungsprozesse zunehmend verlassen; dadurch könnte die Psychoanalyse nun tatsächlich zu einer eigenen und eigentümlichen Weltanschauung werden, wogegen sich Freud, wie gesagt, zu Recht vehement verwahrt hat.

Um nicht mißverstanden zu werden, muß ich betonen: Die Sackgasse, in die wir uns mit solchen Konzeptionen begeben, sehe ich nicht in der Tatsache, daß personenspezifische und lebenssituative – und als solche natürlich nicht verallgemeinernd-wissenschaftlich zu erfassende – Variablen der bewußten und unbewußten Analytiker-Analysand-Interaktion bei der Betrachtung des analytischen Prozesses i. S. von Körner und Ermann genannt und gewürdigt werden. Und ebenso nicht als Sackgasse erscheint mir unser intentionales Zugehen und Uns-einstellen auf den Patienten, wobei ich hier den Begriff intentional i. S. Schultz-Henckes (vgl. 1951) meine, als gefühlsbegleitetes Kontaktaufnehmen bzw. kognitiv-emotionales Sich-in-Beziehung-setzen, wie es einerseits heute durch die neuere Säuglingsforschung (vgl. Dornes, 1993) für die Psychoanalyse sozusagen wiederentdeckt wird (vgl. auch Palmowski, 1993), und wie es andererseits schon vor über 10 Jahren von Cremerius (1981a) als menschliche Natürlichkeit Freuds in seinem tatsächlichen Umgang mit seinen Analysanden für wichtig gehalten wurde.

Wenn aber der Analysand aufgrund dieser Intentionalität des Analytikers und im Durcharbeiten seiner Triebkonflikte und Abwehrmechanismen emotionale Neuerfahrungen macht, dann sind dieses Durcharbeiten und diese Neuerfahrungen nicht zuletzt abhängig vom neurosenpsychologischen Wissen seines Analytikers und dessen damit verbundener Kenntnis von und Aufmerksamkeit für zu erwartende Zusammenhänge. Das den Patienten Gernhaben allein reicht nicht aus. Und es reicht auch nicht aus, lediglich die Erlebensinteraktion zwischen Patient und Analytiker einschließlich ihrer jeweils vermuteten vorbewußten und unbewußten Determinanten zu beschreiben, wenn diese Determinanten nicht mit allgemeinen neurosenpsychologischen Erkenntnissen verbunden sind – Erkenntnissen, die wir in unseren konkreten Analysen also einerseits anwenden, andererseits aber auch immer wieder zu überprüfen bereit sein müssen.

Deshalb besteht für mich die Sackgasse mancher neueren wie älteren psychoanalytischen Konzeptionen eben darin, daß hier unsere vielfältigen psychoanalytischen Zusammenhangsbehauptungen und Erklärungsmodelle unter dem Blickwinkel eines derartigen Verständnisses von Psychoanalyse als Wissenschaft zu korrekturimmunen Erzählfolien werden, deren Wahrheitsprüfung für manche dann nur noch im Nachlesen dessen besteht, wie Freud diese oder jene seiner Konzeptionen offenbar gemeint bzw. wie sie sich in seinem Denken entwickelt hat. Anders ausgedrückt: Ich sehe die Sackgasse darin, daß bezüglich des analytischen Interaktionsprozesses vermeintlich wissenschaftliche Behauptungen aufgestellt und tradiert werden, die als solche nicht belegbar sind bzw. auf deren Belegung auch gar nicht Wert gelegt wird, weil solcher Belegungsversuch als vermeintlich unanalytischer objektivierender Zugang zum anderen und zu mir selbst diskreditiert wird. Und daß dann etwa Fragen nach den Zielen des psychoanalytischen Prozesses wie verbesserte Gesundheit und vitalerer Lebensgenuß des Analysanden und Fragen nach dem optimalen Modus, diese Ziele zu erreichen, aus dem Blickfeld einiger Psychoanalytiker zu geraten drohen, versteht sich schon fast von selbst.

Mit dem Aufgeben des objektivierenden, gleichermaßen Theorie anwendenden wie Theorie prüfenden Blickes auf meinen Analysanden und auf mich selbst würde sich die Psychoanalyse aber aus dem Kanon der Erfahrungswissenschaften, denen Freud (z. B. 1923, 229) sie noch eindeutig zugeordnet hat, nun endgültig verabschieden. Und auch wenn zur Zeit das Irrationale, das Mythische, Esoterische allerorten überhaupt und in der Psychoszene insbesondere eine gewisse Renaissance zu haben scheint, glaube ich doch wie Freud (vgl. z. B. 1927) an die leise Stimme des Intellekts i. S. der Einsicht in Wirklichkeit und ihre Veränderungsmöglichkeiten und an das schließlich Lauterwerden dieser Stimme. Hüten wir uns davor, daß sich diese Stimme des Intellekts berechtigterweise gegen die Psychoanalyse selber wenden muß!

Ich danke Ihnen für Ihre Aufmerksamkeit und für Ihre vielleicht bisweilen erlebte Frustrationstoleranz. Ich hatte gehofft, daß Sie mir mein Plädoyer dafür, wunde Punkte der Psychoanalyse in Angriff zu nehmen, nicht verübeln werden. Unsere Liebe zur Psychoanalyse und unsere Befriedigung darüber, in der Arbeit mit unseren Analysanden zu deren Gesundheit und Lebensfreude beizutragen, brauchen wir einander wohl nicht immer wieder zu versichern.

Ich danke Ihnen!

## Literatur

Albert, H. (1968): Traktat über kritische Vernunft, Tübingen: J.C.B. Mohr

Bischof, N. (1985): Das Rätsel Ödipus. München: Piper

Cremerius, J. (1981a): Freud bei der Arbeit über die Schulter geschaut. Seine Technik im Spiegel von Schülern und Patienten. In: Ehebald, U. und W. F. Eickhoff (Hrsg.): Humanität und Technik in der Psychoanalyse. Beiheft 6 zu Jahrbuch der Psychoanalyse. Bern-Stuttgart-Wien: Huber

Abgedruckt in: Cremerius, J. (1984): Vom Handwerk des Psychoanalytikers: Das Werkzeug der psychoanalytischen Technik. Bd. 2, Stuttgart-Bad Cannstatt: Frommann-Holzboog, 326–363

Cremerius, J. (1981b): Die Konstruktion der biographischen Wirklichkeit im analytischen Prozeß. Freiburger literaturpsychologische Gespräche 1.
Abgedruckt in: Cremerius, J. (1984): Vom Handwerk des Psychoanalytikers: Das Werkzeug der psychoanalytischen Technik, Bd. 2, Stuttgart-Bad Cannstatt: Frommann-Holzboog, 398–425

Dornes, M. (1993): Der kompetente Säugling. Die präverbale Entwicklung des Menschen. Frankfurt/M.: Fischer

Ermann, M. (1992): Die sogenannte Realbeziehung. Forum Psychoanal 8, 281–294

Freud, S. (1911): Formulierungen über die zwei Prinzipien des psychischen Geschehens. G. W. 8, 230–238

Freud, S. (1915): Triebe und Triebschicksale. G. W. 10, 210–232

Freud, S. (1923): »Psychoanalyse« und »Libidotheorie«. G. W. 13, 211–233

Freud, S. (1925): Selbstdarstellung. G. W. 14, 31–96

Freud, S. (1927): Die Zukunft einer Illusion, G. W. 14, 325–380

Freud, S. (1932): Über eine Weltanschauung. G. W. 15, 170–197

Habermas, J. (1968): Erkenntnis und Interesse. Frankfurt/M.: Suhrkamp

Körner, J. (1985): Vom Erklären zum Verstehen in der Psychoanalyse. Göttingen: Vandenhoeck & Ruprecht

Körner, J. (1986): Drei Menschenmodelle in der Psychoanalyse. Dargestellt am Beispiel des Übertragungsbegriffs. Forum Psychoanal 2, 277–293

Körner, J. (1994): Die Abstinenz des Lehranalytikers. Zsch. psychosom. Med. 40, 188–200

Lorenzer, A. (1974): Die Wahrheit der psychoanalytischen Erkenntnis. Ein historisch-materialistischer Entwurf. Frankfurt/M.: Suhrkamp

Naatz, T. (1987): Psychoanalyse als Wissenschaft – eine Methodologie des Erzählens? Bemerkungen zur Arbeit von Jürgen Körner »Drei Menschenmodelle in der Psychoanalyse«. Forum Psychoanal 3, 340–345

Naatz, T. (1991): Überlegungen zur Prüfung psychoanalytischer Theorien an der psychischen Wirklichkeit unserer Analysanden. Zsch. psychosom. Med. 37, 105–114

Naatz, T. (1993): Auf dem Wege zu einer realitätsfreien Psychoanalyse? Bemerkungen zu Michael Ermann: »Die sogenannte Realbeziehung«. Forum Psychoanal 9, 76–79

Palmowski, B. (1993): Ergebnisse der Säuglingsforschung und ihre klinische Relevanz für die Psychoanalyse unter dem Blickwinkel des Konzepts der Intentionalität (Schultz-Hencke). Zsch. psychosom. Med. 39, 265–283

Popper, K. R. (1936): Logik der Forschung. 2. erw. Aufl. 1966. Tübingen: J.C.B. Mohr

Popper, K. R. (1962): Die Logik der Sozialwissenschaften. Köl. Zsch. Soziol. Sozialpsychol. 14, 233–248

Popper, K. R. (1969): Conjectures and refutations. The growth of scientific knowledge. London: Routledge and Kegan Paul

Schultz-Hencke, H. (1951): Lehrbuch der analytischen Psychotherapie. Stuttgart: Georg Thieme

Thomä, H. (1994): Frequenz und Dauer analytischer Psychotherapien in der kassenärztlichen Versorgung. Bemerkungen zu einer Kontroverse. Psyche 48, 287–323

Zimmer, D. (1986): Tiefenschwindel. Die endlose und die beendbare Psychoanalyse. Reinbek b. Hamburg: Rowohlt.

*Jürgen Körner*

# Der Rahmen der psychoanalytischen Situation

Ein Rahmen hebt hervor, indem er unterscheidet: Ein Bilderrahmen trennt das Kunstwerk vom Hintergrund, ein Theaterstück bedarf eines Rahmens, um nicht mit der Wirklichkeit verwechselt zu werden und ein Ritual bliebe uns ohne unsere Einsicht in seinen Rahmen unverständlich. Soziale Situationen stehen in einem Rahmen, der festlegt, welche Handlungsregeln nun gelten und wie das Geschehen hier und jetzt verstanden werden soll. Wenn wir den Rahmen einer Situation kennen, dann wissen wir, wie Goffman (1974) sagt, »was hier eigentlich los ist«.

Der Rahmen einer Situation ist uns präsent und er ist wirksam, obwohl – oder gerade weil – wir ihn nur selten bewußt wahrnehmen. Er ist – in einem Bild von Green (1975) gesprochen, wie ein gesunder Körper, der »schweigt«, so daß wir ihn selbst kaum bemerken. Nur in unklaren Situationen spüren wir, daß wir uns nun über den Rahmen vergewissern müssen. Wenn wir z. B. im Theater sitzen und das Licht verlöscht und ein ernsthaft blickender Mensch tritt vor den Vorhang und erklärt, das Stück falle heute aus, so fragen wir uns, ob diese Szene in den Rahmen »Theaterstück« fällt (dann bleiben wir sitzen) oder außerhalb dieses Rahmens steht (dann gehen wir nach Hause). Irritiert suchen wir nach Hinweisen, die uns Gewißheit geben könnten: Ist es ein modernes Theaterstück, das in mancherlei Weise aus dem Rahmen fallen kann, sah der Ansager wie ein Schauspieler aus? Oder wir halten uns daran, was die anderen Zuschauer tun, das wird schon richtig sein.

Vieldeutige Situationen oder solche, die sich vom Alltagsleben kraß unterscheiden, bedürfen gut erkennbarer Zeichen, die auf den Rahmen hinweisen: Im Theater wird es dunkel, der Vorhang öffnet sich und wir wissen: Jetzt kommt ein Spiel.

In sozialen Situationen informieren wir uns gegenseitig darüber, in welchem Rahmen wir uns bewegen. Immerfort geben wir uns feine Hinweise, nach welchen Regeln wir unser Handeln verstehen und verstanden wissen wollen und wir machen Vorschläge, wenn wir den Rahmen zu ändern wünschen.

Zwei kleine Jungen etwa, die bei einer spielerischen Rangelei heftig werden und erkennen, daß sie dabei sind, den Rahmen der Situation in eine gefährliche Richtung hin zu ändern, halten vielleicht inne und fragen ausdrücklich: »Ist jetzt Spiel oder ist jetzt Ernst?« und stellen in aller Regel den alten Rahmen »wir spielen nur« wieder her.[1]

Wir kennen den Rahmen der uns vertrauten Standardsituationen und wechseln von einem zum anderen, ohne diesen Wechsel selbst zu bemerken.

Aber zuweilen mißlingen auch diese Übergänge oder die Beteiligten können sich über den Zeitpunkt des Wechsels nicht einigen. Der Patient sagt z. B. bei der Begrüßung: »Sie haben ja einen neuen Pferdekalender im Wartezimmer«, und wir müssen entscheiden, in welchen Rahmen diese Mitteilung gehört: Ist sie eine Äußerung alltäglicher Begegnung oder ist sie schon Teil der Analysesituation?

Soziale Situationen sind uns unverständlich, wenn wir ihren Rahmen nicht kennen. Ethnologische Forscher befinden sich regelmäßig in dieser Lage: Sie hören einen Dialog oder betrachten eine Szene, aber sie verstehen ihren Sinn nicht, selbst wenn sie der Sprache mächtig sind: Handelt es sich jetzt um ein Ritual, üben die Beteiligten nur, oder führen sie ein Theaterstück auf? Der Betrachter muß sich erst vergewissern, »was hier eigentlich los ist«, bevor er den Sinn des Miterlebten erfassen kann. Und das gelingt durchaus nicht immer: Theaterleute, die es wagen, ihre dramatischen Stücke in Ländern der »Dritten Welt« aufzuführen, riskieren, daß die Zuschauer auf die Bühne stürmen, um Laios oder Ödipus im Kampfe beizustehen oder zumindest doch Cäsar über die Verschwörung zu informieren. Diese Zuschauer haben den Rahmen »hier wird nur gespielt« nicht verstanden, und sie haben auch nicht verstanden, worauf sie der Vorhang und das verlöschende Licht hinweisen sollten. Für sie verbarg der Vorhang ein Geheimnis, vielleicht eine schändliche Tat, die nun endlich, da er sich öffnete, ins Licht der Öffentlichkeit rückt.

Für Psychoanalytiker ist die Theorie des Rahmens sozialer Situationen deswegen so bedeutsam, weil der Rahmen nicht nur angibt, welche Deutungsregeln für das Verständnis unseres Handelns im Augenblick gültig sind. Innerhalb eines Rahmens herrscht auch Gewißheit darüber, welche Phantasien jetzt hierher gehören – und welche aus dem Rahmen fallen. Im Rahmen einer ärztlichen Untersuchungssituation z. B. phantasieren wir in der Regel nicht, was uns die Handgriffe des Arztes bedeuten könnten, außer daß wir sie vielleicht schmerzhaft finden oder über ihren Zweck nachgrübeln. Wenn wir hingegen alles das phantasieren würden, was uns bei solchen Handgriffen im Alltag durch den Sinn ginge, könnten wir uns nicht derart behandeln lassen. So aber wissen wir: Hier, im Rahmen der ärztlichen Untersuchungssituation wird nicht über Sadismus oder Lüsternheit oder Geldgier phantasiert, und darum ist das, was hier geschieht, auch »nichts besonderes« (Emerson, 1974).

Indem wir den Rahmen einer Situation akzeptieren, wehren wir ab, was aus dem Rahmen fallen könnte. Und andersherum: Indem wir uns auf gemeinsame Abwehr einigen, definieren wir den Rahmen und wissen, was »hier eigentlich los ist«. Der Rahmen stellt Unbewußtheit her, und Unbewußtheit sichert den Rahmen sozialer Situationen.

## Der Rahmen der psychoanalytischen Situation

Den Rahmen der psychoanalytischen Situation markieren auffällige Zeichen: Der Patient liegt auf der Couch, der Analytiker sitzt in der Regel außerhalb seines Gesichtskreises – eine von alltäglichen sozialen Interaktionen kraß abweichende räumliche Anordnung. Die Aufgaben zwischen ihnen beiden sind sehr asymmetrisch verteilt, und der Analytiker beansprucht allein das Recht, die Mitteilungen des Analysanden in ihrer Bedeutung auch gegen dessen bewußte Absicht umzuinterpretieren.

Mit diesen spektakulären Merkmalen ließe sich also die psychoanalytische Situation äußerlich charakterisieren. Aber es läßt sich auch andersherum sagen: Die psychoanalytische Situation unterscheidet sich von alltäglichen sozialen Situationen in einer so radikalen Weise, daß sie eines gut erkennbaren – und insofern auch spektakulären – Rahmens bedarf. Weil wir mit Hilfe eindrücklicher Zeichen des Unterschiedes zur Alltagssituation sicher sind, können wir innerhalb der psychoanalytischen Situation ganz Außergewöhnliches tun, nämlich unbewußte Beziehungsphantasien zur Geltung bringen, und umgekehrt: Weil wir unbewußten Phantasien folgen, benötigen wir einen Rahmen, der uns sicher sein läßt, daß wir diese Phantasien außerhalb der 50 Minuten und außerhalb dieses Raumes nicht zur Geltung bringen werden.

## Eine kurze Historie

Wir sind in der günstigen Lage, auf Fallgeschichten zurückgreifen zu können, die im Übergangsfeld zwischen voranalytischen und psychoanalytischen Situationen liegen. Gemeint sind die frühen Fallerzählungen von Sigmund Freud, insbesondere der Bericht über die Behandlung jener Emmy von N. aus dem Jahre 1895 (Freud 1895, S. 162). Freud hatte seine Emmy von N. zweimal täglich in einem Sanatorium aufgesucht, er behandelte sie hypnotisch, d. h. sowohl »kathartisch« als auch mit eindringlicher Befragung, und er massierte sie »am ganzen Körper«, wie er schreibt (a.a.O., S. 102). Hinzu trat der »mürrisch vorgetragene« Wunsch der Patientin, »sie erzählen (zu) lassen, was sie mir zu sagen habe« (a.a.O., S. 116).

Aus heutiger Sicht hatte diese Patientin einen radikalen Wechsel zwischen grundverschiedenen Situationen zu bestehen. Welch eine Anforderung wäre das heute: Erst in der Hypnose wer weiß was erzählen, dann in der freien Assoziation über die Schamschranken des Alltags hinweg sexuelle und aggressive Phantasien preisgeben, aber dann in der Massage ganz mit dem Phantasieren aufzuhören und plötzlich glauben zu müssen: Diese Berührung, dieses Streicheln ist nicht erotisch oder sadistisch gemeint! Was für eine

Überforderung, wenn man erst verstanden hat, was es heißen kann, frei zu assoziieren! Je ernster jeweils der Rahmen einer Situation der Hypnose, des freien Phantasierens und der Körpermassage genommen wird, desto weniger kann es gelingen, diese Situationen zu vermischen. Wir lernen daraus, oder wir können daraus lernen, wie schwierig es heute sein muß, »Körperarbeit« und freie Assoziation zu kombinieren.

Die Entwicklung der psychoanalytischen Methode ging einher mit einer immer deutlicheren Unterscheidung zwischen der Behandlungssituation und anderen sozialen Situationen der ärztlichen Sprechstunde oder des Alltages. Auch umgekehrt läßt sich sagen: Indem Freud in seinen Behandlungen die »freie Konversation«, wie er zunächst sagte, so hervorhob und von anderen Situationen unterschied, entwickelte er die psychoanalytische Methode.

Allerdings vertrat er niemals jene starre Auffassung über den psychoanalytischen Rahmen, wie sie von vielen Psychoanalytikern nach ihm – Stone (1973) nennt sie die »Neoklassizisten« – bevorzugt wurde. So diskutierten z.B. die Psychoanalytiker am alten Berliner Institut zu Beginn der dreißiger Jahre ernsthaft, ob man dem Analysanden bei der Begrüßung die Hand geben solle. Man dachte wohl, der Unterschied zur Alltagssituation sei sonst nicht genügend hervorgehoben. Eine Verweigerung dieses Begrüßungsrituals sollte wohl signalisieren: Achtung! Jetzt überschreiten sie die Schwelle zu einer gänzlich anderen Situation!

Die Dialektik von psychoanalytischer Situation und Rahmen, von Inhalt und Kontext läßt auch hier eine zweifache Sichtweise zu: In der Betonung des Rahmens, in der übertriebenen Unterscheidung zwischen analytischer Situation und Alltagssituation mag wohl zum Ausdruck kommen, daß sich der Analytiker darum bemüht, die unbewußten Beziehungsphantasien (die eigenen und die des Patienten) wahrzunehmen, aber anders herum mag er auch deswegen einen so spektakulären Rahmen wählen, weil er befürchtet, der Patient könnte die Grenzen der psychoanalytischen Situation überschreiten und im Alltag so tun, als sei jetzt Analyse. Auch der umgekehrte Fall kommt vor, nämlich daß ein Patient innerhalb der Analysestunden den Rahmen »jetzt ist Alltag« wählt. Auch das ist mißlich, beunruhigt den behandelnden Psychoanalytiker aber weniger.

Was ist nun das Beunruhigende der psychoanalytischen Situation, so daß wir uns einen gut erkennbaren äußeren Rahmen suchen? Das Beunruhigende wird von einer Regel gestiftet, die auch Teil des Rahmens dieser Situation ist, nämlich der Regel der freien Assoziation. Obgleich optisch weniger spektakulär als etwa die räumliche Anordnung im Standardverfahren, ist sie doch diejenige Regel, welche den psychoanalytischen Dialog radikal von einem Alltagsdialog unterscheidet.

Wir fordern den Patienten ja nicht nur auf, einfach alles zu erzählen, auch wenn es ihm peinlich oder unzusammenhängend erscheint, obgleich schon das im Alltag sehr selten vorkommt. Es ist auch nicht der Umstand, daß wir uns jeder moralischen Bewertung enthalten, obgleich auch das schon schwierig genug ist. Sondern es ist unsere Erlaubnis, daß unser Analysand über uns und die psychoanalytische Situation so phantasieren darf, wie es im Alltag und unter Berücksichtigung von Realität und Wahrscheinlichkeit gar nicht möglich wäre. Mehr noch: Der Analysand spricht nicht nur vor sich hin und versucht, gemeinsam mit uns das Gesprochene, Erzählte zu verstehen, sondern er beansprucht auch festzulegen, wie das Gesprochene verstanden werden soll. Er überläßt uns nicht die Deutungsarbeit, will uns gar nicht außerhalb des »Materials«, als einen Betrachter oder Interpreten stehen lassen.

Indirekt entwirft der Patient fortlaufend einen Rahmen der Situation, er bestimmt den Kontext, innerhalb dessen das Gesagte verstanden werden muß: Wenn er sagt »Ich muß gestehen, daß ich in der Geschichte gestern etwas ausgelassen habe...«[2], so will er den Analytiker nicht nur anregen, über die Semantik des Wortes »gestehen« nachzudenken, sondern er will ihn auch an jenen Ort stellen, von dem aus dieses »Geständnis« verstanden werden muß: Der Ort eines Vernehmungsoffiziers, eines Richters vielleicht oder eines Kriminalbeamten beim Verhör. Der Text des Analysanden wird also nicht nur »fiktionalisiert« (Raguse 1992), er wird nicht nur wie eine Novelle oder eine Kurzgeschichte betrachtet, sondern der Analysand entwirft in der freien Assoziation auch den Kontext, er definiert die soziale Situation, deutet an, wie er die Frage »Was ist hier eigentlich los?« beantwortet wissen will.

Das Subversive der Regel der freien Assoziation liegt also darin, daß sie nicht nur quasi-literarische Texte hervorbringt, sondern auch den sozialen Kontext definiert (vgl. Streeck 1994, S. 181) und ausgestaltet – in weit höherem Maße, als dies in alltäglicher Kommunikation möglich ist. Darin erst erscheint uns die Übertragung, also die Wirkung unbewußter Beziehungsphantasien. Wir erfassen sie nicht allein dadurch, daß wir unserem Analysanden zuhören und in seinen Erzählungen den Einfluß infantiler Beziehungsphantasien erfassen, sondern dadurch, daß wir uns angestoßen fühlen, an diesem Beziehungsgeschehen teilzunehmen, selbst nicht nur Hörer einer Novelle zu sein, sondern in dieser Novelle auch leibhaftig vorzukommen.

Die freie Assoziation entfesselt die Übertragung, sie stellt den Rahmen der psychoanalytischen Situation in Frage, der Patient kämpft darum, wie wir diesen Rahmen (den Kontext), unserer Situation verstehen sollen. Sollen wir der allwissende und darum gefährliche Zuhörer sein? Sollen wir das neidische Geschwister sein, der verführerische Vater, die überforderte Mutter? Das ist die Rollenübernahme, von der Sandler (1976) spricht, die Übertragung als die persönliche, großenteils unbewußte Ausgestaltung des Rahmens der psychoanalytischen Situation.

Nicht wenigen Psychoanalytikern geht diese Auffassung zu weit. Sie glauben, es genüge, den Erzählungen des Analysanden zuzuhören und sie zu verstehen, wie der Leser eine Novelle oder eine Erzählung versteht. Insofern der Analysand über den Analytiker spricht, läßt sich die Übertragung dann als »misperception«, als Fehlwahrnehmung, als Irrtum in der Zeit, als falsche oder zumindest inadäquate Beziehungsphantasie erkennen. Mit diesem objektivierenden Standpunkt stellt sich der Analytiker außerhalb des Rahmens der psychoanalytischen Situation. Von dort aus ist es nur seine Aufgabe, diesen Rahmen und seine konkreten Merkmale aufrechtzuerhalten.

In dieser Auffassung, die innerhalb der psychoanalytischen Tradition u. a. von Harald Schultz-Hencke und seinen Schülern geprägt wurde, liegt der Rahmen der psychoanalytischen Situation weitgehend fest, er ist die Voraussetzung für die gemeinsame Arbeit. Der Rahmen, so ein Bild von Goffman, verhält sich dann zum Inhalt wie die Tasse zum Kaffee: Man braucht ein Gefäß, um sich dem Inhalt zuwenden zu können. Der Rahmen mag wohl der Anlaß sein, an dem sich die Übertragung gleichsam entzündet, etwa wenn der Patient agiert, also trotzig schweigt, wenn er die Stunde mit Träumen auffüllt, oder wenn er zu spät kommt. Aber der Rahmen erfüllt diese Funktion nur dadurch, daß über ihn selbst nicht verhandelt wird. Der Patient darf ihn angreifen, aber der Analytiker muß ihn wahren. Der Rahmen selbst ist nicht Gegenstand der Analyse, er ist ihre Voraussetzung[3].

Ich meine hingegen, daß wir es dem Analysanden erlauben müssen, uns und unsere Auffassung vom Rahmen der Situation, also von der Natur unserer Beziehung miteinander infragezustellen. Dann aber stehen wir nicht nur vor der Frage: »Was hat der Patient gerade gemeint?«, sondern vor der schwierigeren Frage: »In welche Lage bringt ich der Patient denn nun?« Und, da wir uns nicht nur subjekthaft betrachten lassen, sondern die Situation auch mit unseren Phantasien ausgestalten, lautet die Frage schließlich: »In welche Lage haben wir uns beide nun gebracht?« Psychotherapeutische Veränderung zielt dann nicht nur auf die Einsicht des Patienten in das Unzeitgemäße und Neurotische seiner Beziehungsphantasien, sondern wir ringen mit unserem Patienten um eine Antwort auf die Frage »was ist hier eigentlich los?« und hoffen, mit ihm gemeinsam einen Rahmen auszuhandeln, in dem wir für ihn als hinreichend gutes, genügend kohärentes inneres Objekt vorkommen dürfen. Und darin fühlen auch wir uns dann gut aufgehoben. Das ist »Arbeit *in* der Übertragung« (Körner, 1989).

Wieder kann man von zwei Seiten aus betrachten: Indem wir mit dem Patienten unsere Beziehung durcharbeiten, gewinnen wir einen neuen Rahmen der Situation, und umgekehrt: Indem wir einen neuen Rahmen mit ihm aushandeln, regen wir ihn an, seine inneren Objekte umzugestalten. Daß der Patient selbst konstruktiv mitwirkt, liegt auch daran, daß er die projektiv aus sich herausgeworfenen Objekte oder Teilobjekte nicht einfach loswerden möchte. Der Begriff der »projektiven Identifizierung« beschreibt sehr genau, daß der Patient nicht haltmacht, wenn er eine gefürchtete Objektrepräsentanz im anderen »untergebracht« hat. Er identifiziert sich nachfolgend mit den im anderen »wiedergefundenen« Eigenschaften, versucht, sie dort zu kontrollieren, zu bekämpfen, aber er versucht doch auch, mit diesen projizierten Teilobjekten über uns ins Gespräch zu kommen. Es mag im konkreten Falle also sein, daß er uns abweist, weil wir so überkritisch und entwertend sind, aber möchte er nicht auch, daß wir einlenken, so daß er prüfen kann, ob dieses Über-Ich nicht doch akzeptabel wäre? So sehr die Übertragung einen inneren Konflikt externalisiert[4], so sehr dient sie doch auch dem Versuch einer Integration (Daser, 1991) des bislang so gefürchteten Teilobjektes. Jede projektive Identifizierung, jede Übertragung dient sowohl der Abwehr als auch dem Versuch, das Nicht-Akzeptable doch noch zu integrieren.

Diese Auffassung, nach welcher sich die unbewußten Beziehungsphantasien im Ringen um den Rahmen der psychoanalytischen Situation zeigen und auch verändern, gilt nicht nur für neurotische Patienten, deren Erkrankung ein Ausdruck von Trieb-Abwehrkonflikten ist. Auch diejenigen Patienten, die darunter leiden, daß ihre inneren Objekte zu Teilobjekten dissoziiert sind, versuchen doch, ihre schweren Konflikte als Beziehungskonflikte zwischen uns zu externalisieren. Gerade sie drängen uns, so zu sein wie das verachtete Kind, das sie selbst einmal waren, oder wie die verfolgende Mutter, vor der sie sich so gefürchtet haben. Ob es also neurotische Patienten mit Triebkonflikten oder Patienten mit Borderline-Organisation sind, mit denen wir die psychoanalytische Situation gestalten, allemal erlauben wir dem Analysanden, seine Beziehungsphantasien am Rahmen der Situation darzustellen.

## Der Rahmen der psychoanalytischen Situation mit neurotischen und mit Borderline-Patienten

Allerdings verwenden neurotische Patienten den Analytiker in der Übertragung auf andere Weise, als dies Borderline-Patienten tun. Der neurotische Patient verwendet den Analytiker, indem er mit ihm einen intrapsychischen Trieb-Abwehrkonflikt als Beziehungskonflikt inszeniert. Seine Übertragung ist als Externalisierung einer unbewußten Beziehungsphantasie zu verstehen. In Begriffen der Strukturtheorie läßt sich das auch anders ausdrücken: Z. B. als Externalisierung eines übermäßig kritischen Über-Ichs. Seine reifen Abwehrformen – wie die Rationalisierung oder auch die Verdrängung selbst – haben das Thema seiner inneren Konflikte verborgen, gleichsam aus der Sprache geworfen, »desymbolisiert«, es erscheint nur andeutungsweise, vielleicht metaphorisch. Der Patient ist sich dessen selbst nicht gewahr, denn er verbirgt das, worauf er anspielt, auch vor sich selbst. Der Psychoanalytiker versucht, das in der Sprache nur Angedeutete, das Thema der unbewußten Konflikte zu hören; indem er das Gesprochene »fiktionalisiert« (Raguse 1992), ähnlich wie einen literarischen Text interpretiert, und die Symbole deutet.

Ein frühes Beispiel aus der Dora-Analyse (Freud 1905):

Freud fragt: »Fällt Ihnen denn nichts anderes zum Schmuckkästchen ein? Bis jetzt haben Sie nur von Schmuck und nichts von einem Kästchen gesprochen.«

»Ja, Herr K. hatte mir einige Zeit vorher ein kostbares Schmuckkästchen zum Geschenke gemacht.«

»Da war das Gegengeschenk also wohl am Platze. Sie wissen vielleicht nicht, daß ›Schmuckkästchen‹ eine beliebte Bezeichnung für dasselbe ist, was sie unlängst mit dem angehängten Täschchen angedeutet haben, für das weibliche Genitale« (Freud 1905, S. 231).

Wir entnehmen diesem Beispiel, wie man Symbole deuten kann, wir entnehmen der vollständigen Dora-Analyse und insbesondere Freuds hellsichtigem Nachwort hierzu, wie unvollständig die analytische Arbeit bleibt, wenn sich der Analytiker allein auf das Deuten beschränkt. Die Objektverwendung durch den neurotischen Patienten liegt ja darin, daß der Analytiker erlebt, wie es ist, selbst der Verführer zu sein (und manchmal können auch Deutungen verführerisch sein). Dora allerdings ließ sich nicht verführen:

Dora: »Ich wußte, daß *sie* das sagen würden.«[5]

»Das heißt: *Sie wußten es.« (Freud 1905, S. 231, Hervorh. vom Autor)*

Die Möglichkeit einzuräumen, selbst so zu sein, den Verführer in sich zu dulden, darin liegt die Bereitschaft zur Rollenübernahme. Eine rein »literarische« Arbeit am Text würde den Patienten zwar zu kognitiven Einsichten führen, aber er würde sich vermutlich nicht ändern. Selbst rekonstruktive Deutungen, die »das Material« biographisch richtig verknüpfen und das scheinbare Chaos in die Biographie des Patienten thematisch ordnen, führen selbst kaum je zur Veränderung. Der Patient aber soll sich »praktisch ändern«, und das geschieht innerhalb der konflikthaften, von unbewußten Übertragungsphantasien geprägten therapeutischen Beziehung.

Wenn sich der Psychoanalytiker derart ansprechen läßt, wenn er sich verstricken läßt in die inneren Konflikte seines Analysanden, wenn er seine Gewißheiten verliert auch darüber, »was hier eigentlich los ist«, dann benötigt er immer wieder einmal eine »exzentrische Position«, einen Standpunkt außerhalb der unmittelbar gegebenen Situation. Von dort aus kann er die psychoanalytische Beziehung betrachten und den Patienten mit einer Übertragungsdeutung einladen, diese Betrachtung mit ihm zu teilen.

In der Arbeit mit Borderline-Patienten finden wir nicht grundsätzlich andere Verhältnisse vor. Auch der Borderline-Patient externalisiert einen inneren Konflikt in der Übertragungsbeziehung, auch er verwendet den Analytiker, auch er beansprucht, den Rahmen der psychoanalytischen Situation im Lichte seiner inneren Konflikte zu gestalten. Aber seine Konflikte sind nicht primär Trieb-Abwehrkonflikte, seine Not besteht darin, daß auf seiner inneren Bühne Objekt (und Teilobjekte) leben, die einander ausschließen, die man zueinander nicht ins Gespräch bringen kann, wie eine wüste Familie, in der das Kind nur mit dem einen oder dem anderen sprechen kann, und es ist doch voller Angst, in diesem Loyalitätskonflikt selbst nicht überleben zu können.

Diesen Patienten ist es nicht gelungen, ihre inneren Objekte soweit zu integrieren, daß ihnen mit Hilfe von Verdrängungen der Aufbau eines vom Es gut differenzierten Ichs (Kernberg 1993) möglich wurde. Die Erfahrungen und unbewußten Phantasien des Borderline-Patienten sind unmittelbar präsent, sie verhüllen sich weniger als latenter Sinn in seiner Sprache. Daher spricht der Borderline-Patient weniger anspielungsreich, seine Metaphorik ist »flacher«, und die Deutungsarbeit des Analytikers gilt weniger der unbewußten Phantasie, wie sie sich verschleiert, verhüllt, sondern – in gewissem Sinn vordergründig – denjenigen Personen und ihren Eigenschaften, die im Text zu sprechen scheinen oder angesprochen werden.

Ein Beispiel: Im Zuge gewisser Bauarbeiten vor meinem Praxiseingang hatten die Patienten für eine Weile Beschwernisse hinnehmen müssen, z. B. derart, daß sie einen Schritt über einen kleinen Graben tun mußten. Je nach Übertragungssituation handelten sie natürlich unterschiedlich. Ein Patient mit einer reiferen neurotischen Struktur assoziierte einfallsreich zu diesem Graben, erinnerte das Kinderlied »Fällt er in den Graben, fressen ihn die Raben« und kam zu dem »Begräbnis«, das auf ihn warten könnte, bevor er zu mir fände.

Eine Patientin mit Borderline-Persönlichkeit sagte den Worten nach etwas Ähnliches: Auch sie sprach von der Gefahr, die ich ihr zumute, von dem Graben, den sie zu überwinden habe. In diesem Fall lag es mir aber nicht nahe, die sprachlichen Wendungen der Patientin (»Graben«) zu »fiktionalisieren«, als Anspielungen zu verstehen und zu deuten. Ich kam auch gar nicht dazu, zu sehr beschäftigten mich meine eigenen Schuldgefühle, denn ich hatte die Patienten vorwurfsvoll und wütend erlebt. Ich sagte: »Sie sind wütend, daß ich Ihnen das zumute, durch die Baustelle zu gehen«. Sie fauchte mich an: »Nein! Ich bin nicht wütend, aber ich habe gedacht, wenn ich jetzt hingefallen wäre, und ich hätte mir ein Bein gebrochen, dann wären Sie schuld!«

Sie hatte dies in vollem Ernst gesagt, ohne jedes spielerische »Als-ob«, nicht als eine Phantasie, »Was wäre, wenn...«, wie man denken kann, wenn man sich in Wahrheit diesseits solcher Anklagen glaubt.

Ich behandelte diese Patientin schon einige Jahre, weiß also um ihre inneren Objekte, um die wüste Familie in ihr, aber wir haben gelernt, diese Personen sprechen zu lassen und ihnen zuzuhören. Mir fiel es trotzdem nicht leicht, die Wucht dieses Vorwurfes und ihre triumphale Wut zu ertragen. Ich bemerkte, daß ich mich zur Wehr setzen wollte und ihren Vorwurf gern entwertet hätte. Ich sagte aber: »Ich nehme an, Sie haben noch radikaler gedacht. Sie haben gedacht, ›was wäre, wenn ich hier tödlich verunglücke‹« – die Patientin unterbrach mich: »Genau!«, und ich fuhr fort: »und Sie haben sich vorgestellt, daß mich meine Schuldgefühle umbringen würden«. Die Patientin: »Ja, so ungefähr.«

Das Interessante an diesen beiden Varianten ist für mich, daß sie auf verschiedenen Wegen thematisch zu etwas Ähnlichem gelangen, nämlich zu der Vorstellung, zu sterben, beim Begräbnis bzw. dem Unglück mit tödlichem Ausgang. Aber die Wege dorthin waren verschieden, und sie sind es generell in der Arbeit mit neurotischen bzw. Borderline-Patienten. Mit einem neurotischen Patienten setzen wir uns *in* der Welt der symbolischen Ordnung auseinander und handeln miteinander aus, was wir füreinander bedeuten wollen. Mit einem Borderline-Patienten ringen wir darum, daß es überhaupt eine symbolische Ordnung geben kann und daß die Dinge (und die Menschen) in dieser Welt nicht identisch sind mit unseren Vorstellungen von ihnen. In beiden Fällen ringen wir um den Rahmen der psychoanalytischen Situation: Im einen Falle bieten wir an, uns über die Antwort auf die Frage »was ist hier eigentlich los« zu verständigen, im anderen Falle wollen wir erreichen, daß der Patient überhaupt erst die Möglichkeit einräumt, daß die für ihn eindeutige Situation nur eine unter vielen möglichen Welten repräsentiert.

## Der Rahmen *um* die psychoanalytische Situation

Der Rahmen der psychoanalytischen Situation hebt die Besonderheit unserer therapeutischen Beziehung hervor und trifft klar erkennbare Unterscheidungen zwischen unserem Leben innerhalb und dem außerhalb der Behandlungsstunden. Wenn die Sitzung beginnt, dann scheint es so, als nähme unsere Beziehung zu unserem Patienten einen »als-ob«-Charakter an, als begänne eine Theaterszene mit einem Rahmen, der heißt: »Jetzt ist Analyse, jetzt ist nicht Wirklichkeit«. Aber es ist doch anders als im Theater. Wir schlüpfen ja nicht in eine Rolle, sondern eher umgekehrt: Wir erahnen, daß unsere *Wirklichkeit* vieldeutig ist. Also spielen wir *nicht* Theater im Rahmen der psychoanalytischen Situation, sondern in dieser Situation erscheint uns das Leben hier und draußen wie ein Theater.

Nun mag es Besuchern eines Theaterstückes ähnlich ergehen. Auch innerhalb des Theater-Rahmens »hier wird nur gespielt« bedenken wir das Leben sonst, das Theaterstück beleuchtet das Leben, und aus dem Leben heraus blicken wir auf die Bühne. Wie finden wir uns da zurecht? Wie orientieren wir uns, wenn wir nicht mehr wissen, »was hier eigentlich los ist«?

Im Theater wie auch in der psychoanalytischen Situation suchen wir nach größeren Zusammenhängen, die uns erlauben, über die Dialektik von Fiktion und Wirklichkeit innerhalb und außerhalb des Rahmens unserer Situation nachzudenken. Wir greifen zurück auf einen weiter gezogenen Rahmen, von dort aus bedenken wir als Theaterbesucher das Verhältnis von Bühnenszene und wirklichem Leben und als Psychoanalytiker denken wir vielleicht darüber nach, wie sich die Unbewußtheit der individuellen (»privaten«) Neurose zu der Wirklichkeit allgemeinen Unglücks verhält. Wir arbeiten ja an der Schnittstelle von gesellschaftlicher Entwicklung und individuellem Schicksal. Und auch, wenn wir diesen Ort, diesen Arbeitsplatz, diese Schnittstelle nicht lieben, wir können kaum anders: Als Psychoanalytiker oder Psychoanalytikerin betrachten wir mit unserem Patienten in diesem einen Leben ein anderes Leben, das nicht mehr oder noch nicht mögliche Leben, eines, das den Anspruch auf individuelles Glück im gemeinen Elend erhebt und den Zumutungen der eigenen Sozialisation trotzt.

So betreiben wir praktisch psychoanalytische Kulturtheorie. Diese ist ja ohnehin nicht eine isolierte Wissenschaft, die wir jenseits unserer praktischen Tätigkeit interessant finden könnten. Tatsächlich bildet sie einen Horizont für unsere tägliche psychoanalytische Arbeit, einen Teil des Rahmens *um* die Behandlungssituation, nämlich jenen Teil, mit dem wir es uns ermöglichen, uns selbst und unsere Beziehung zum Patienten infragezustellen. Ähnlich der Dialektik von Sinn und Kontext *im* Rahmen der psychoanalytischen Situation verhält es sich in dem Zueinander von psychoanalytischer Arbeit und Kulturkritik überhaupt: Indem wir in unserer Arbeit durch die gegebene Wirklichkeit hindurch das andere Leben mit unserem Patienten suchen, weisen wir auf einen äußeren Rahmen hin, der die Überzeugung von einer bloß konstruierten sozialen Welt trägt. Und indem wir andersherum überzeugt sind, daß diese gegebene soziale Welt selbst nur hergestellt und eine von vielen möglichen Welten ist, öffnen wir in der psychoanalytischen Situation uns selbst und unseren Patienten den Blick auf das andere, das mögliche Leben.

Es ist darum so wichtig, daß Psychoanalytiker eine gewisse innere Unabhängigkeit zu den gegebenen sozialen Verhältnisse wahren können, daß sie – selbst Teil dieser Gesellschaft und von ihr hervorgebracht – jene Unbefangenheit gewinnen, die sie in der psychoanalytischen Arbeit als Abstinenz brauchen, um ein soziales Verhältnis (Übertragung und Gegenübertragung) zwar annehmen, aber doch auch infragestellen zu können.

Ich glaube nun, daß es uns immer schwerer fällt, diese innere Freiheit zu behaupten. Sind wir als Psychoanalytiker nicht schon zu sehr festgelegt, ein integrierter Bestandteil dieser Welt? Hat uns die Gesellschaft, deren Kritik wir einmal waren, nicht längst einbezogen und unschädlich gemacht? Wir haben als Psychoanalytiker einen Prozeß der Professionalisierung durchlaufen, der uns viele Vorteile einbrachte: limitierten Zugang zu institutionalisierter Weiterbildung, relativ sicheres Einkommen, fast monopolartige Berufsausübung. Finden wir noch gedanklich heraus aus *dieser* Welt, können wir uns noch erlauben, durch diese so prägende Wirklichkeit hindurch unbewußte Phantasien wahrzunehmen, die unbewußten Phantasien, die doch den Hintergrund alles Vernünftigen bilden?

Und noch ein anderer Zweifel scheint mir angebracht zu sein. Die psychoanalytische Erkenntnismethode und Heilkunde ist selbst eine Antwort auf gesellschaftliche Verhältnisse, die dem einzelnen ein wachsendes Maß an privatem Glück versprechen, und die dafür ein ebenso hohes Maß an Verzicht und Unbewußtheit fordern. Der unbewußte Konflikt ist ein Konstruktionsmerkmal unserer Kultur und zugleich ein Fokus psychoanalytischer Arbeit. Man kann sich aber fragen, ob der »modernisierte« und »individualisierte« (Beck 1986) Mensch von heute immer noch von diesen Konflikten derart geprägt ist wie jene Patienten, denen die Psychoanalyse ihre eigene Entwicklung verdankt.

Wir finden heute »hyperflexible« (Emrich 1994), insofern überangepaßte Menschen, die in einer Welt leben, in der zunehmend alles erreichbar, alles möglich zu sein scheint. Fast dürfen wir – wie das Kleinkind vor der frühen Triangulierung – glauben, wir lebten in einer Welt, die eine »Welt für mich« ist, die sich zu mir hin ausrichtet und mir – im Prinzip – zur Verfügung steht.

Welche Menschen behaupten sich in dieser Welt? Gewiß nicht der von Trieb-Abwehr-Konflikten geprägte (der »Ödipalist«), der sein Ich als Niederschlag »aufgegebener Objektbesetzungen« bildet und dessen Unbewußtes zu aller sozialen Realität latent im Widerspruch bleibt. Wohl eher ist jener Typ gefragt, der sein Selbst gleichsam vor sich hin entwirft und dabei einer Vernunft gehorcht, die scheinbar nichts Irrationales mehr an sich hat: Die Vernunft der Ökonomie, die sich – man sieht es in Osteuropa – augenscheinlich durchsetzt. Die eigene Biographie wird zu einem Performanz-Problem (so auch Emrich, a.a.O.), der einzelne, das Kind, muß performative Kompetenz entwickeln, das heißt, fähig werden, das unbezweifelbar Vernünftige zur rechten Zeit zu tun.[6] Die Gegenrede zu diesem Vernünftigen ist dann nicht das Unbewußte, sondern nur noch das Unvernünftige.

Der Mensch, der in einer »Welt für mich« lebt, kann mit dem anderen Menschen wenig anfangen. Er durchläuft den ödipalen Konflikt höchstens »strategisch« (Christa Rohde-Dachser), kann ihm aber für die eigene Selbstentwicklung nicht viel abgewinnen. Stellte sich ihm ein Vater auf schmalem Wege entgegen, vielleicht ist ihm, so zu handeln, wie ein geübter Fernsehzuschauer: Er ergreift die Fernbedienung und »zapp« ist der Störenfried aus dem Wege geräumt.

Die malignen Formen dieses Menschen, der in einer »Welt für mich« lebt, kennen wir schon: Es sind in der Öffentlichkeit die ausländerfeindlichen und gewaltbereiten Jugendlichen und in unserer psychoanalytischen Praxis die Borderline-Persönlichkeiten. Brauchen wir für diese Patienten, brauchen wir überhaupt für den modernisierten und individualisierten Menschen heute eine andere, neue Psychoanalyse? Wohl nicht. Die psychoanalytische Methode ist durchaus geeignet, auch schwerwiegende Beziehungspathologien durchzuarbeiten. Gewiß ist es notwendig, einzelne Parameter und die Merkmale des Settings zu ändern. Aber in einem könnten Psychoanalytiker beharrlich bleiben: In der Überzeugung, daß wir jenseits all dieser Beziehungsentwürfe mit unserem Patienten die Idee von einem anderen, besseren Leben finden können, indem wir mit ihm den Rahmen der psychoanalytischen Situation herstellen und doch überschreiten.

## Zusammenfassung

Die Regel der freien Assoziation eröffnet dem Analysanden die Möglichkeit, in seinem Sprechen fortlaufend den Rahmen seiner Beziehung zum Analytiker zu entwerfen. Dieser gewinnt sein Verständnis dadurch, daß er die unbewußten Beziehungsphantasien des Analysanden, also den Kontext des Gesprochenen teilt. Beide geraten in eine ungewisse Beziehungssituation und stehen vor der Aufgabe, gemeinsam nach einem neuen Rahmen zu suchen, in dem sich jeder von ihnen aufgehoben fühlt. In dieser Arbeit orientiert sich der Analytiker an einem weiter gezogenen Rahmen, an seinen grundlegenden Überzeugungen über die beruflichen Aufgaben eines Psychoanalytikers in dieser Zeit.

## Anmerkungen

1 Nicht immer gelingt die Einigung: Spaziergänger am Berliner Wannsee werden nicht selten von großkalibrigen Hunden angesprungen, und hören, Auge in Auge mit einer sabbernden Dogge von hinten die fröhliche Stimme des Herrchens: »Der spielt nur!« Hier konkurrieren vielleicht zwei unterschiedliche Auffassungen vom Rahmen der Situation, und wer weiß, vielleicht hat der Hund noch eine dritte im Sinn.

2 So lautet ein ähnliches Beispiel von Buchholz 1993

3 Bleger (1966) schreibt: »Diese (psychoanalytische, J. K.) Situation umfaßt *Prozeß*phänomene, die zu untersuchen, zu analysieren und zu deuten sind; aber außerdem gehört dazu ein *Rahmen*, d.h. ein ›Nichtprozeß‹, der sich aus Konstanten zusammensetzt, innerhalb dessen der Prozeß stattfindet« (S. 268, Herv. vom Autor)

4 Eigentlich handelt es sich um eine Re-Externalisierung, denn der innere Konflikt geht seinerseits auf äußere, soziale Konflikte zurück, wenngleich er nicht einfach ihr Abbild ist.

5 An dieser Stelle fügt Freud eine Fußnote ein: »Eine sehr häufige Art, eine aus dem Verdrängten auftauchende Kenntnis von sich wegzuschieben« (a.a.O.)

6 So gesehen, kommt die moderne Säuglingsforschung gerade recht: Es wurde höchste Zeit, den Säugling aus seiner (vermeintlichen) Abgeschiedenheit und Passivität in der Symbiose mit seiner Mutter herauszureißen und bekanntzugeben, wie kompetent und aktiv dieser Säugling ist.

# Literatur

Beck, U. (1986): Risikogesellschaft. Auf dem Weg in eine andere Moderne. Suhrkamp, Frankfurt

Buchholz, M.B. (Hrsg.) (1993): Metaphernanalyse. Vandenhoeck und Ruprecht, Göttingen

Daser, E. (1991): Der Integrationsbegriff in der Psychoanalyse. Forum der Psychoanalyse 7: 98–110

Emerson, J.P. (1974): Was hier geschieht ist wirklich nichts besonderes. Gruppendynamik 5: 74–97

Emrich, H.M. (1994): Postmoderne Hyperflexibilität, der Konstruktivismus und seine Kritik. In: P. Buchheim, M. Cierpka, Th. Seifert (Hrsg.): Lindauer Texte. Springer, Berlin usw. S. 264–281

Goffman, E. (1974): Rahmen-Analyse. Suhrkamp, Frankfurt (1977)

Green, A. (1975): Analytiker, Symbolisierung und Abwesenheit im Rahmen der psychoanalytischen Situation, Psyche 29: 503–541

Kernberg, O.F. (1993): Psychodynamische Therapie bei Borderline-Patienten. Huber, Bern

Körner, J. (1989): Arbeit *an* der Übertragung? Arbeit *in* der Übertragung! Forum der Psychoanalyse 5: 209–223

Raguse, K. (1992): »Freie Assoziation« als Sprache der Psychoanalyse – einige linguistische Reflexionen. Zeitschrift für psychoanalytische Theorie und Praxis 7: 293–305

Raguse, K. (1992): Psychoanalytische Situation und Abstinenz. Reflektionen zu Fiktion und Realität in der Analyse. Univ. Man.

Sandler, J. (1976): Gegenübertragung und Bereitschaft zur Rollenübernahme. Psyche 30: 297–305

Stone, L. (1973): Die psychoanalytische Situation. Fischer, Frankfurt

Streeck, U. (1994): Psychoanalytiker interpretieren »das Gespräch, in dem die psychoanalytische Behandlung besteht«. In: M. B. Buchholz, U. Streeck (Hrsg.): Heilen, Forschen, Interaktion. Westdeutscher Verlag, Opladen, S. 179–224

*Mohammad E. Ardjomandi*

# Die inneren und die äußeren Grenzen

Die dramatischen weltpolitischen Ereignisse seit 1989, die ihren Höhepunkt im Zerfall des sowjetischen Imperiums und der Deutsch-Deutschen-Vereinigung fanden, veranlaßten mich zu überprüfen, inwiefern diese gesellschaftlichen Umwälzungen psychisch bei Individuen und in Gruppen wirksam sind und entsprechende innerseelische und/oder interpersonelle Niederschläge in therapeutischen Gruppen, in Psychoanalysen und Psychotherapien finden, sich konfliktdynamisch auswirken und zur Symptombildung führen. Vor einiger Zeit habe ich gemeinsam mit 2 Kollegen aus Tiefenbrunn im Rahmen der Tagung der Sektion analytische Gruppenpsychotherapie im DAGG, die unter dem Thema »Die Reproduktion der gesellschaftlichen Wirklichkeit in Gruppen und die gruppenanalytische Arbeit« stattfand, gezeigt, wie die Probleme der Deutsch-Deutschen-Wiedervereinigung und der Fremdenfeindlichkeit sich in einer analytischen Großgruppe manifestieren, zu welchen Konflikten innerhalb der Großgruppe führen und welche Konfliktlösungen – z. B. symbolische Wiederaufrichtung der Mauer – solche Gruppen anstreben.

Im folgenden möchte ich auf die Wirksamkeit des Wegfalles der Deutsch-Deutschen-Grenze und der Berliner Mauer bei innerseelischen Prozessen der Individuen im Sinne von Mobilisierung von Konflikten, Symptombildungen bzw. deren Verschärfung aufmerksam machen und die Bedeutung der äußeren Grenze bei Aufrechterhaltung der inneren Grenzen, z. B. im Rahmen von pathologischen Spaltungen herausstellen. Am Ende möchte ich am Beispiel einer iranischen Asylantin, die u. a. wegen der Einführung des Schleierzwanges ihr Land verließ und in der Bundesrepublik Deutschland Asyl suchte, zeigen, welcher Bedeutung z. B. der Schleier bei der Bewältigung der inneren Konflikte zukommt und wie der Wegfall dieses äußeren Zwanges sich konfliktdynamisch manifestiert und zu welchen neurotischen Symptombildungen führt.

## Kasuistik 1

Der 50jährige Dipl.-Chemiker, der als Ballistiker bei der Erfindung und Entwicklung von neuen Waffensystemen in einer großen Waffenfabrik tätig war, kam zur stationären Psychotherapie, weil bei ihm sich die z. T. seit Jahren bekannten Symptome nach dem Wegfall der Deutsch-Deutschen-Grenze und des Zusammenbruchs der Sowjetunion als Staatsgebilde zugespitzt hatten, oder z. T. erstmalig aufgetreten waren. Der anameseerhebende Arzt hatte ihn in der Erstbegegnung als kühl, arrogant und abweisend erlebt; als einer, der trotz der eindeutigen Signale des Therapeuten zu Grenzüberschreitungen neigte und dem es sehr wichtig schien, bei der Anamnesenerhebung selbst das Thema zu bestimmen, und damit auch selbst die Situation kontrollierend zu beherrschen. Mir, als Supervisor, ging es bei der Erstbegegnung mit dem Patienten ähnlich. Erst als es im Laufe des Gespräches mir gelang ihm den Sinn seiner Symptomatik zu erklären, entspannte sich die Situation soweit, daß er bereit war auch andere Sichtweisen gelten zu lassen, und seine Bereitschaft zur Entwicklung von Arbeitsbeziehungen zu signalisieren. Er klagte u. a. über seinen Fetischismus – er legte weibliche Reizwäsche an, um darin zu onanieren, was zuerst zu seinem Wohlergehen führte, worüber er sich aber nachträglich sehr schämte. Diese fetischistischen Handlungen bestanden seit seinem 20sten Lebensjahr, nachdem er von seiner Frau sexuell enttäuscht war, weil sie sich weigerte bei Sexualverkehr Reizwäsche anzulegen und mit ihm oral zu verkehren. Sie hatten jedoch seit der Eröffnung der Grenze sich erheblich zugespitzt. Des weiteren klagte er über einen seit der Eröffnung der Grenze bestehenden Kokainmißbrauch, der in einer gewissen Wechselbeziehung zu dem Fetischismus stand, und über erhebliche Kontakt- und Beziehungsstörungen zu den Arbeitskollegen, die er als Karrieresüchtig erlebte, als solche, die ihn links und rechts überholten, lediglich auf ihre finanziellen Vorteile aus waren und bei der Ausübung ihres Berufes in einer Waffenfabrik wenig an die Belange ihres Vaterlandes Deutschland dachten. Seit der Eröffnung der Grenze litt er unter schweren depressiven Krisen, fühlte sich leer und perspektivelos, da er das Angestrebte bereits erreicht hatte und kein neues Ziel erblickte. Seine Kontakte mit der Außenwelt beschränkten sich auf die zwangsläufigen Kontakte mit den Arbeitskollegen. Als Vorsitzender des Sportvereins an seinem Betrieb nahm er zwar an allen sportlichen Aktivitäten teil, er ließ sich aber, im Gegensatz zu anderen Kollegen, ständig von seiner Frau begleiten, die die Funktion einer Aufpasserin innehatte. Mit seinem einzigen Sohn, der sich seiner Kontrolle entzogen hatte und beruflich einen anderen Weg gegangen war, pflegte er seit Jahren keinen Kontakt mehr. Seine Frau trank vermehrt Alkohol. Als Schlüsselszene schilderte er, wie er mit ihr im Bett lag und die Mutter beide dabei erwischte. Sie machte eine riesige Szene, flippte aus, warf sich schreiend auf das Bett, beschimpfte ihn und das Mädchen und bekam einen Herzanfall. Sie habe die Frau nie akzeptiert. Er sei dann bald mit ihr zusammengezogen und habe sie geheiratet, weil der Sohn unterwegs gewesen sei. Er sei von einer Frau, von der Mutter, zu einer anderen Frau weitergereicht worden. Mit ihr gebe es häufig Streitigkeiten, weil er das Gefühl habe, sich unterordnen zu müssen, andererseits sei seine Frau »lebensnotwendig«.

Die Famile des Patienten stammt aus den deutschen Ostgebieten. Der

Vater, der 1946 von der sowjetischen Kriegsgefangenschaft entlassen wurde, starb kurz darauf an den Folgen seiner Kriegsverletzungen. So wuchs er vom 7. Lebensjahr an in der Obhut der Mutter auf, die schwer arbeiten mußte, und der Großmutter ms., die im Gegensatz zu der harten und bestrafenden Mutter als freundlich und fürsorglich erlebt wurde. Der Mutter gegenüber hatte er immer ein schlechtes Gewissen, so als würde er seine Mutter ständig hintergehen. Zwischen den beiden gab es nie klare Worte und Aussprachen. Sowohl Mutter, als auch Großmutter bestanden darauf, daß er von der Schule gleich nach Hause kam und sich daheim aufhielt. Er durfte mit gleichaltrigen Jungen nicht spielen, weil angeblich nach dem Krieg auf den Straßen überall Munition herumlag und die Gefahr einer Explosion groß war, wenn die Kinder damit spielten. Daheim war er mit sich selbst beschäftigt und erfand bald martialische Spiele und Geräte, die seine Phantasie anregten, so daß er stundenlang abschaltete und sich seinen aggressiven Tagträumen hingab.

Seine Deckerinnerungen bezogen sich auf den Krieg, Bombardements und darauf, wie sie vor dem bösen, verfolgenden Feind flüchten müßten. Den Vater vermißte er sehr, an den er allerdings keine Erinnerungen hatte: »Er hat mich nie in Ruhe gelassen. Ich wollte ihn eigentlich immer rächen!«. Deshalb studierte er auch zuerst Chemie, wurde dann Dipl.-Ingenieur für Verfahrenstechnik und übernahm eine leitende Stelle in einer Waffenfabrik. Bei seiner Berufswahl habe es in besonderem Maße eine Rolle gespielt, daß er etwas für sein Vaterland tun wollte. Er hatte es sich zur Aufgabe gemacht, sich an den Mördern seines Vaters zu rächen. Das sei auch gelungen. Die Sowjets und der Ostblock haben sich zu Tode gerüstet und seien nicht mehr existent. Man habe nun das Ziel erreicht, er könne sich aber jetzt, nachdem der Gegensatz zwischen Ost und West nicht mehr existiere, mit nichts mehr identifizieren, da alles sich vermischt habe und das Gute und das Böse nicht mehr voneinander zu trennen seien. Vor der Wende seien die Verhältnisse ganz klar gewesen. Es sei ganz klar gewesen, warum er als Ballistiker in einer Waffenfabrik arbeitete und wogegen diese Waffen sich richteten. Nachdem die Grenze nicht mehr existiere, haben sich die Verhältnisse derlei geändert, daß er nicht mehr wisse, wo der Freund und wo der Feind sei. Es fehle ihm also an einer Identifikationsmöglichkeit, die ihm früher viel Stärke und Schaffenskraft im Beruf vermittelt habe. Dies führe dazu, daß seine Frustrationstoleranz im Beruf nachgelassen habe, daß er kein Ziel habe und keine Orientierung, sich schnell übergangen, verletzt und gekränkt fühle. Er habe dann zu Kokain gegriffen, weil er gehofft habe, seine Depression zu überwinden und in eine euphorische Stimmung zu geraten. Die Euphorie habe aber bald nachgelassen, so daß er im verstärkten Maße seine fetischistischen Handlungen habe ausführen müssen, um mindestens vorübergehend sich zu entspannen.

Unser Patient, bei dem wir eine narzißtische Persönlichkeitsstörung auf Borderline-Niveau diagnostizierten, scheint durch den Zusammenbruch der Sowjetunion und der Aufhebung der Deutsch-Deutschen-Grenze eines wichtigen äußeren Faktors beraubt zu sein, den er brauchte, um die innere Spaltung zwischen Gut und Böse aufrecht zu erhalten. Solange, wie die Feind- und Freundbilder klar abgegrenzt waren und er imstande war seine archaischen destruktiven Regungen nur projektiv zu erleben, so daß er sich berechtigt fühlte, auch im Auftrage seiner Mutter sich an dem bösen und verfolgenden Objekt, an den Russen als Mörder seines Vaters zu rächen, war er trotz seiner sexuellen Perversion und seiner massiven Kontakt- und Beziehungsstörungen in der Lage auf dem sozialen Sektor, auf dem Arbeitsmarkt glänzend zu funktionieren und bei der Entwicklung von martialischen Waffen, die u. a bei dem zweiten Golfkrieg eingesetzt wurden entscheidend beteiligt zu sein und auf diese Weise die Bewunderung seiner Vorgesetzten und seiner Kollegen zu erreichen. Diese äußere Spaltung zwischen den guten Deutschen und den Allierten und den bösen Sowjets befähigte ihn dazu, die inneren Ängste vor den eigenen destruktiven Impulsen und der Vernichtung der guten Teilobjekt- und Teilselbst-Repräsentanzen durch die bösen Anteile in Kontrolle zu halten. Der interaktionelle Anteil seiner projektiven Identifizierungen, der agierend im Dienste der Verteidigung des Vaterlandes und der guten Sache gestellt wurde und sich gegen den bösen äußeren Feind richtete, verschaffte ihm durch Aufrechterhaltung klarer Grenzen, innere Stabilität und Zufriedenheit und ermöglichte ihm, trotz aller Angst vor der phallisch-verfolgenden Mutter eine gewisse Phantasie, mit ihr doch symbiotisch verschmolzen zu sein und in Einklang und Harmonie mit ihr zu leben und in ihrem Auftrag zu handeln. Das Ergreifen des Berufes eines Ballistikers hatte die Bedeutung einer Kompromißbildung zwischen den Verboten der Mutter und der Großmutter auf der Straße mit anderen Kindern zu spielen und sich durch herumliegende Munition zu gefährden und deren Auftrag sich an den Mördern des Vaters zu rächen. Als Ballistiker und als Rächer im Auftrage der Mutter, durfte er nicht nur mit der Munition und explosivem Stoff spielen, sondern sogar sich leitend an deren Entwicklung zu mörderischeren und explosiveren Waffen zu beteiligen. Auf diese Weise konnte er sowohl seine Nähe- und Symbiosewünsche mit der Mutter befriedigen als auch sich so weit von ihr distanzieren, daß er seine fetischistische Perversion seltener auszuagieren brauchte. Außerhalb des Arbeitsbereiches, in sportlichen Veranstaltungen, also dann, wenn es nur um das Spiel mit anderen Männern ging, wurde aber das mütterliche Verbot wirksamer, so daß er seine Frau als Aufpasserin, als ein äußeres mütterliches steuerndes Objekt mitnehmen mußte, damit er das Böse nicht zur Explosion bringt. Dies machte ihn aber von seiner Frau abhängig. Regelmäßig machte er die Erfahrung, daß er nach solchen sportlichen Veranstaltungen fetischistisch agieren mußte. Sein

Fetischismus hatte die Funktion der Bindung der Aggressivität und der Angst. Sie hatte auch eine Plombenfunktion und überbrückte die narzißtische Wunde, nicht ausreichend anerkannt und bewundert zu sein. Er diente der Abwehr der drohenden Leere, der Depression und der Suizidalität, die sich einstellten, als die äußeren Grenzen verloren gingen und als ihm verunmöglicht wurde, das Gute und das Böse zu polarisieren.

Das Leben und die Leidensgeschichte dieses Patienten zeigt, wie das persönliche Elend und die persönliche Neurose sich in sozialen und gesellschaftlichen Verhältnissen widerspiegeln, bzw. wie die gesellschaftlichen und politischen Verhältnisse genutzt werden, um die innerseelischen Konflikte zu externalisieren, und auf diese Weise eine gewisse innere Stabilität zu erreichen. In dem Augenblick, wie der Ost-West-Konflikt aufhört, weil der Außenfeind kapituliert, in dem Augenblick also, wo die Grenze zwischen vermeintlichem Gut und vermeintlichem Böse nicht mehr existiert und sie sich vermischen, fällt das gesamte Weltbild dieses Patienten zusammen, so daß er dekompensiert, weil er die Spaltung nicht mehr aufrechterhalten kann. Um der drohenden Dekompensation, der Leere und der Suizidalität zu entgehen erfährt er einer Zuspitzung seiner perversen Symptomatik und greift zusätzlich zu Kokain.

## Kasuistik 2

Die 31jährige, aus einem neuen Bundesland stammende Frau, kam zur stationären Behandlung nach Tiefenbrunn, weil sie nach dem Verlust ihrer Arbeitsstelle im November 1992 mehrere Suizidversuche unternommen hatte und an Angstzuständen, Herzrhythmusstörungen und migräneartigen Kopfschmerzen litt. Nach der Mitteilung des überweisenden Psychoanalytikers drohte die Alternative zwischen einem erfolgreichen Suizid oder einer stationären Dauerhospitalisierung in der Psychiatrie.

Kurz nach der Öffnung der Deutsch-Deutschen-Grenze traten bei ihr psychogene Dämmerzustände auf, die mit einem imperativen Schlafbedürfnis einhergingen, so daß die Patientin in einen tiefen Schlaf verfiel, der mehrere Tage lang andauerte und aus dem die Patientin nicht zu wecken war. Sie stand zwar hin und wieder auf, um die Toilette aufzusuchen, sie war aber nicht ansprechbar. Für diese psychogenen Dämmerzustände bestand eine völlige Amnesie. Die Patientin konnte nur berichten, daß sie vor dem Eintreten solcher Dämmerzustände sich zunehmend überfordert fühlte und den Wunsch spürte, sich von allem zu distanzieren und ihre Ruhe finden zu wollen.

Der Symptomatik der Patientin lag ein schwerer Autonomie-Abhängigkeitskonflikt mit der Mutter zugrunde, der sich auch darin manifestierte, daß sie sich, im Gegensatz zu ihrer älteren Schwester, an die Vorschriften der Mutter und deren Ordnungssinn hielt und den Kontakt mit Männern vermied. Die Mutter brauchte sie auch deshalb, weil sie wie ein Puffer zwischen ihr und dem alkoholkranken Mann stand. Als sie nach der Beendigung ihrer Lehre das Studium der Gastronomie begann, gab sie nach kurzer Zeit das Studium auf und kehrte zu der Mutter und zu ihrem alten Betrieb zurück. Ihre späteren mehrfachen Versuche sich von der Mutter zu trennen, scheiterten daran, daß sie Angst bekam, die Mutter in die Depression zu treiben und sich womöglich an ihrem Selbstmord schuldig zu machen. So blieb sie bei der Mutter, obwohl sie mit ihrer Arbeit unzufrieden war und es zu gelegentlichen schwerwiegenden Auseinandersetzungen mit dem Vorgesetzten kam. Die Öffnung der Deutsch-Deutschen-Grenze erlebte sie als eine schwerwiegende Versuchung, da es ihr jetzt möglich war, auch in den alten Bundesländern sich nach einer Arbeitsstelle umzuschauen. Der Wegfall der Grenze, der Mauer, die Ost und West trennte, und die Aussicht darauf, neue Chancen zu haben, um eigene expansive Regungen zu verwirklichen, erlebte sie als so bedrohlich, daß sie die äußere Grenze durch Symptombildungen, durch den psychogenen Dämmerzustand und das imperative Schlafbedürfnis ersetzen mußte. Das Symptom bedeutete in diesem Fall eine Barriere, eine Mauer, die sie vor ihren andrängenden sexuellen und aggressiv-expansiven Regungen schützte. Sie erlebte diese als bedrohlich, sowohl gegen die reale Mutter und das innere mütterliche Objekt gerichtet, als auch gegen sich selbst. Das Symptom schützte sie davor, das elterliche Haus zu verlassen. Andererseits kam sie in eine extrem schwierige Situation, als sie kurz nach der Wende ihre Arbeitsstelle verlor, an Ort und Stelle keine Arbeit mehr fand und andererseits von ihren Eltern bedrängt wurde, Geld mit nach Hause zu bringen, wobei die Eltern ihr einen paradoxen Auftrag erteilten: sie sollte arbeiten und Geld nach Hause bringen, sie durfte aber keinesfalls die elterliche Wohnung verlassen. Die Krankheit diente der Abwehr der Schuld und der Scham vor den Eltern und vor den inneren Instanzen, des Überichs und des Ich-Ideals. Zugleich richtete die Krankheit die verlorengegangene äußere Grenze wieder auf, die sie nicht zu überschreiten vermochte.

## Kasuistik 3

Eine 35jährige Verkäuferin eines Supermarktes in einer Kleinstadt nahe der Deutsch-Deutschen-Grenze erkrankte an einer akuten Angstneurose, als die Grenze geöffnet wurde und diese Kleinstadt sich mit der Invasion der Bürger der naheliegenden Ortschaften der ehemaligen DDR konfrontiert sah, die unter anderem das Warenlager des Supermarktes innerhalb von kurzer Zeit leerkauften. Als bedrohlich erlebte sie die Gier, die die neuen Kunden zutage legten, bzw. die sie in den neuen Kunden projizierend erlebte und eine relative Armut dieser neuen Kunden, die in ihr die Phantasie hervorrief, sie wären ungepflegt und schmutzig, auch im moralischen Sinne. Erst die Übersiedelung in eine entfernter liegenden Stadt führte zu einer gewissen Beruhigung und Entängstigung. Hier hatte sie wieder mit den »gesitteten« westdeutschen Kunden zu tun, die »gepflegt« wirkten und denen keine »Gier« anzusehen war.

## Kasuistik 4

Ein sehr begabter, 44jähriger Akademiker dekompensierte depressiv und bekam, wie er selbst sagte, einen »Schuldkomplex«, als er nach der Wende eine leitende Stelle in der DDR bekam und im Rahmen der Untersuchungen der Gauck-Behörde erfuhr, daß Genickschüsse bis 1984 in der DDR vorgenommen worden waren. Während seiner Studienjahre hatte er sich als Mitglied des SHB politisch engagiert und pflegte auch Kontakte mit der FDJ. Er bekam Angst, man würde bei der Untersuchung der Stasi-Akten auf seinen Namen stoßen und den Verdacht schöpfen, er habe für die DDR spioniert und sei ein inoffizieller Mitarbeiter des Staatssicherheitsdienstes gewesen. Er versuchte mit vielen Leuten darüber zu sprechen, auch mit Vorgesetzten, was zu gewissen Entlastungen führte, die jedoch nicht lange anhielten. Während sein Großvater ms. als ein unerschrockener Gegner der Nationalsozialisten gerühmt wurde und ein großes Ansehen genossen hatte, hatte sein Vater rechtsextreme Neigungen, war bei der Reichswehr sehr aktiv und hatte sich geweigert in die Bundeswehr einzutreten, weil er von dem Konzept des Bürgers in Uniform nichts hielt. Der Patient selbst hatte seinerseits versucht durch den Anschluß an den SHB eine Mauer zwischen sich selbst und dem Vater aufzurichten und auf diese Weise sich von ihm zu unterscheiden. Er idealisierte den Großvater, mit dessen politischen Idealen er sich identifizierte. Er wollte die Sonnen- und Schattenseiten auf diese Weise auseinanderhalten, womit er an den hehren Idealen der Mutter festhielt. Als bei der Anamnesenerhebung Seiten bei seiner Mutter zur Sprache kamen, die auf ihr »sonniges« Bild Schatten warfen, brachte der Schatten die sonnigen Seiten zum Verschwinden und löschte schließlich jegliches Leben, alle vitalitäts- und kraftspendenden guten Seiten aus. Und mit der Veränderung ihres Bildes veränderte sich auch das Erleben seiner selbst von sich als voller Spannkraft fühlender Mann hin zu einer Gestalt, die drohte, auch das letzte Glimmen von Lebendigkeit zu verlieren. Einer ähnlichen Situation fühlte er sich ausgesetzt, als die Gauck-Behörde begann die Stasi-Akten zu untersuchen und er sich seiner »Naivität« während seiner Mitgliedschaft im SHB bewußt wurde. Ihm drohte der Verlust jeglichen Ansehens, alle seine guten Seiten drohten durch das Böse vernichtet zu werden. Das ist ziemlich genau das, was Melanie Klein in den Mataphern von der »guten Brust« und der »bösen Brust« und der oralen Aggressivität ausgedrückt hat, wenn »die böse Brust« die »gute Brust« zu zerstören droht. Der Wegfall der Deutsch-Deutschen-Grenze und die Eröffnung der Stasi-Akten hatten dazu geführt, daß die innere Barriere abgebaut wurde, daß das Gute und das Böse, das Hehre Bild des idealisierten antifaschistischen Großvaters sich mit dem Bild des braunen militanten Vaters vermischten. Er mußte erleben, daß er beides in sich trug und er hatte Angst, von dem Bösen in sich selbst überwältigt zu werden.

## Kasuistik 5

Der Wegfall der äußeren Barrieren kann auch als ein Appell verstanden werden, die inneren und die interpersonellen Barrieren aufzugeben, z. B. mit dem Ziel, sich dem Partner mehr zu öffen. In diesem Sinne handelte ein 40jähriger Akademiker, der den Wegfall der Deutsch-Deutschen-Grenze als einen Appell verstand, sich seinerseits zu öffenen und seine Frau von seiner Bulimie-Symptomtik in Kenntnis zu setzen, die er 20 Jahre lang verheimlicht hatte.

## Kasuistik 6

Die 34jährige persische Asylantin suchte die Klinik Tiefenbrunn auf, weil sie nach der Übersiedelung in die Bundesrepublik Deutschland eine Zwangssymptomatik entwickelt hatte und zunehmend an Beziehungsideen litt. Sie hatte sich sozial weitgehend isoliert, weil sie die Befürchtung hatte, Passanten könnten bei ihrem Anblick erkennen, sie sei lüstern und habe sexuelle Ambitionen. Sie vermied deshalb den Blickkontakt. Ihre Zwangsbefürchtungen bezogen sich auf ihre Söhne und auf ihren Ehemann mit dem Inhalt, sie könnten bei Verkehrsunfällen umkommen, bzw. der Ehemann könnte sexuelle Beziehungen zu den eigenen Söhnen aufnehmen. Sie hatte sich weitgehend isoliert, verließ nur noch in Begleitung ihrer Angehörigen die Wohnung. Zu den Nachbarn pflegte sie keinerlei Beziehung. Sie war der deutschen Sprache nicht genügend mächtig, obwohl sie bereits 8 Jahre in der Bundesrepublik lebte.

Die Patientin hatte den Iran in erster Linie nicht deshalb verlassen, weil sie politisch aktiv war, sondern weil sie sich nicht dem Schleierzwang unterwerfen wollte. Sie wollte als Frau frei leben, dem Mann gleichberechtigt sein und ihre sexuellen Bedürfnisse offen äußeren. Ihren Vater hatte sie in den Pubertätsjahren verloren. Sie hatte sich gegen die Mutter behaupten können, die sie mit einem Mann im Iran verheiraten wollte und hatte es durchgesetzt, ihren geliebten Freund zu heiraten. Sie hatte ihren Mann davon überzeugt eine gut bezahlte Stelle aufzugeben und mit ihr und den Kindern den Iran zu verlassen, damit sie sich dem Schleierzwang entzieht. In Deutschland lebten sie von der Sozialhilfe.

Die Analyse zeigte, daß die Zwangssymptome der Patientin, deren Beziehungsideen und deren Unfähigkeit trotz ausgesprochen guter sprachlicher Begabung ausreichend Deutsch zu lernen auch die Funktion hatten, die Patientin vor sexuellen Versuchungen, denen sie in der Bundesrepublik ausgesetzt war, zu schützen. Der Wegfall des äußeren Schleiers wurde von der Patientin unbewußt als extrem bedrohlich erlebt, so daß sie sozusagen durch ihre Symptombildung einen inneren Schleier, eine Barriere aufrichten mußte, damit sie der gefrüchteten sexuellen Versuchung stand hielt. In Übertragung erlebte die Patientin mich abwechselnd entweder als einen bösen, verfolgenden islamischen Geistlichen, der sie dem Schleierzwang unterwerfen wollte und ihr die sexuelle Begierde verbot oder als einen Verführer, der sie von ihrem Mann und ihren Kindern trennen und seine sexuellen Gelüste an ihr befriedigen wollte. Sie erlebte meinen Hinweis, sie könnte mit Hilfe eines Lehrers in der Klinik ihre Deutschkenntnisse verbessern als ein sexuelles Verführungsangebot. Der ödipale Anteil dieser Übertragung kam in den Träumen der Patientin zum Ausdruck: sie träumte, ich sei ihr Vater, betreibe eine Arztpraxis und sie sei meine Arzthelferin. Sie träumte, sie besuche mich in meiner Wohnung und ich habe eine weiße Frau und zwei weiße Kinder, während sie von anderen Patienten wußte, daß ich real eine Afro-Iranerin zur Frau habe und meine Kinder von dunkler Hautfarbe sind. Sie hatte die Phantasie in der analytischen Großgruppe mit mir in persischer Sprache zu sprechen und damit im Sinne der Konkretisierung ihrer pervers anmutenden Urszenen-Phantasien alle Mitpatienten von dem was zwischen uns geschehen konnte, auszuschließen. Als einmal ihr Mann während eines Besuches davon sprach, er könnte ein orientalisches Lebensmittelgeschäft gründen, und sie könnte in diesem Geschäft mithelfen, träumte die Patientin: sie bewohnten eine luxuriöse Villa mit Swimmingpool. Ich wäre Gast in dieser Villa. Während sie sich anschickte, mit mir schwimmen zu gehen, wollte ihr Mann mit den Kindern das Haus verlassen, was jedoch nicht möglich war, weil ein Nachbar, ein Künstler durch Aufstellen von mehreren Großplastiken vor der Haustür der Patientin es verunmöglicht hatte, daß die Tür mehr als eine Spalt aufging.

Verglich ich die Patientin und ihre Situation mit der Situation der deutschen Frau und deren Möglichkeiten, ihre Freiheiten zu nutzen, meinte sie, sie wolle nicht so sein wie die deutschen Frauen. Sie seien schlecht, moralisch verdorben. Sie wollte ihre Identität nicht verlieren. Meinen Hinweis intellektuelle iranische Frauen in einer ähnlichen Konfliktlage wie sie hätten das

Problem so gelöst, daß sie sich dem äußeren Schleierzwang unterworfen hätten, um politisch und sozial aktiv zu bleiben und auf diese Weise ihre Identität zu wahren, verwarf sie damit, daß ich wohl ein kleiner Khomeini wäre.

Die Analyse ihrer Verweigerung die deutsche Sprache zu lernen, stellte sich wie Léon und Rebeca Grinberg gezeigt haben auch als Ausdruck der Ablehnung des Exils, der Kultur des Exillandes und des Wunsches des Emigranten in seine Heimat zurückzukehren wo es möglich war sich in der Muttersprache zu verständigen. Damit drückte die Patientin aus, daß sie eine Barriere aufzurichten wünschte zwischen sich selbst und dem ambivalent besetzten Gastland, da die ihr im Gastland gewährte Freiheit ihre Ich-Integrität bedrohte und sie der Gefahr aussetzte ihre gegen sexuelle Versuchungen aufgerichtete unbewußte Abwehr zu verlieren, die sie per Symptombildung und der Verweigerung, »die fremde Sprache« zu lernen, wieder aufzurichten versuchte.

## Literatur

Ardjomandi, M. E.; Dally, A.; Kühn, Y. (1994): Und plötzlich war die Mauer weg .... Die »wiedervereinigte Großgruppe« in der psychotherapeutischen Klinik. (im Druck)

Bott-Spillius, E. (Hg.) (1990): Melanie Klein heute. Entwicklungen in Theorie und Praxis. Bd. 1 und Bd. 2. Verlag Internationale Psychoanalyse. München, Wien, Weinheim 1991.

Grinberg, L.; Grinberg R. (1990): Psychoanlyse der Migration und des Exils. Verlag Internationale Psychoanalyse. München, Wien

Kernberg, O. F. (1978): Borderline-Störungen und pathologischer Narzißmus. Suhrkamp-Verlag, Frankfurt/Main

Kernberg, O. F. (1988): Innere Welt und äußere Realität. Anwendungen der Objektbeziehungstheorie. Verlag Internationale Psychoanalyse. München, Wien

König, K. (1981): Angst und Persönlichkeit. Das Konzept und seine Anwendungen vom steuernden Objekt. Verlag für Medizinische Psychologie im Verlag Vandenhoeck & Rupprecht. Göttingen

Segal, H. (1974): Melanie Klein. Eine Einführung in ihr Werk. Kindler-Verlag. München

Stierlin, H. (1971): Das Tun des einen ist das Tun des anderen. Versuch einer Dynamik menschlicher Beziehungen. Suhrkamp-Verlag. Frankfurt/Main

Stierlin, H. (1979): Adolf Hitler. Familienperspektiven. Suhrkamp-Verlag. Frankfurt/Main

*Tilmann Moser*

# Übertragung und Inszenierung: Der therapeutische Zugang zu den geschichtlichen Katastrophen

Meine Damen und Herren,

selten hat mir ein Vortrag, den ich gerne und sogar mit Eifer übernommen hatte, solche Mühe gemacht wie dieser. Vordergründig lag das an einer Kränkung, an der ich einige Wochen litt, und die vielleicht für das Thema von Bedeutung ist. Deshalb riskiere ich es, von diesem subjektiven Moment auszugehen, in der Hoffnung, zu objektiven psychischen Sachverhalten vorzustoßen, die ich dann mit Ihnen teilen kann. Denn obwohl es mir nicht an Kampfgeist fehlt, fühlte ich mich vom Thema ermattet und sehnte mich nach Rückzug in freundschaftliche oder kollegiale Solidarität. Es war, als hätten sich alle Widerstände gegen das NS-Thema erneut festgefressen.

Der Anlaß war der folgende: ein Jahr nach dem Erscheinen mußte ich als Bilanz anerkennen, daß mein Büchlein »Politik und seelischer Untergrund«, in dem ich mein Nachdenken über die »Wiederkehr des Verdrängten«, nämlich NS-Zeit und Stalinismus, zusammengefaßt hatte, keine einzige gedruckte Besprechung gefunden hatte. Auch der Verkauf stagnierte. Ich meinte, ins Leere geredet zu haben und fragte mich: Wozu mache ich das?

Ich hatte dann in einer kleinen Streitschrift die meist hämischen Reaktionen der Literaturkritik auf Ulla Berkéwics' faszinierenden Roman »Engel sind schwarz und weiß« untersucht und bin ebenfalls vorwiegend auf Häme gestoßen. In den wenigen Rezensionen wurde ungeniert der Verdacht ausgedrückt, daß meine Analyse lediglich Ausfluß einer Liebschaft und also ein Minnedienst für die Autorin, die Frau meines Verlegers sei. Ich kannte sie aber vor der Fertigstellung des Buches gar nicht. Der Roman geht zum ersten Mal der Seelensprache der NS-Zeit aus der Perspektive eines Hitlerjugendführers nach, der mit achtzehn Jahren aufwacht, als sein erster Auftrag hinter der russischen Front eine Massenerschießung ist. Es war nicht schwer, hinter der Häme der Kritik etwas von der Abwehr der eigenen möglichen Verführbarkeit, von der unbewältigten Vergangenheit in den eigenen Familien der Kritiker zu spüren. Ich sprach sogar von einer Rezeptionskatastrophe. Es fand eine Polarisierung statt zwischen der Aufgeklärtheit und moralischen Reinheit der Kritiker und dem Verdacht, die Autorin sei selbst eine späte und von sich selbst berauschte Quelle von Nazi-Mythologie, trotz ihrer zum Teil jüdischen Herkunft. Die literarische Botin wurde zur geistig-seelischen Schreibtisch-Täterin gestempelt. Die ungeheuren Botschaften des Romans fielen unter den Tisch.

Was enthält meine Kränkung und die Vergeblichkeitsgefühle vor diesem Vortrag an mehr als subjektiver Bedeutung? Obwohl der therapeutische Umgang mit der seelischen Erbschaft der NS-Zeit auch in Täter- und Mitläuferfamilien nicht mehr tabu ist und sich die Arbeiten darüber mehren, kenne ich das Thema von Erschöpfung, Entmutigung, Angst und Isolierung auch von Gesprächen mit anderen Kollegen. In den Stichwortverzeichnissen der analytischen Lehrbücher der letzten Jahre kommen Hitler und der Nationalsozialismus nicht vor. Eine wirkliche Diskussion der behandlungstechnischen und menschlichen Probleme bei der Analyse von Täter- und Mitläuferkindern ist noch kaum in Gang gekommen; vor allem, nachdem die Pionierleistungen, etwa die von Anita Eckstaedt (»Nationalsozialismus in der ›zweiten Generation‹«. 1989), fast unisono der Schuldentlastung der Deutschen und des Antisemitismus geziehen worden waren.

Die Analytiker, die auf dem Weg der Übertragungs- und Gegenübertragungsanalyse sich auf das Terrain des Grauens gewagt haben, berichten von schweren Belastungen und Verstrickungen, von kaum erträglichen Gefühlszuständen, wenn sie in der therapeutischen Rolle selbst zum Objekt massiver negativer Projektionen, Übertragungen oder gar projektiver Identifikationen geworden sind, wenn sie in die Gestalt der Verfolger und Dämonen rückten. Dazu eine kurze Passage von Gottfried Appy (1992):

> »Der Analytiker schien unterdessen projektiv mit negativen Gefühlen vergiftet worden zu sein, die sie ausgegrenzt und in ihn hineingesteckt hatte. Für sie war er neidisch und verfolgend geworden, sodaß sie ihm nicht mehr vertrauen und Deutungen nicht mehr hilfreich annehmen konnte. Sie war nahe daran, in eine Totalidentifizierung mit den omnipotenten sado-masochistischen Vernichtungsimpulsen ihres Traumes abzugleiten und akut psychotisch zu werden.« (S. 33)

Trotz der fast einstimmigen Berichte über die seelischen Belastungen findet aber folgender paradoxer Vorgang statt: das Bekenntnis zum »Aushalten« und zur strikten Anwendung der reinen Übertragungsanalyse intenisiviert sich. Und dies, so meine wichtigste These, obwohl die Probleme der Überlastung des Analytikers es immer fraglicher erscheinen lassen, ob die Instrumente von Übertragung und Gegenübertragung geeignet, oder vorwiegend geeignet sind, die NS-Thematik einigermaßen bewältigen zu können. Liest man Fallberichte von solchen Analysen, so fällt der heroisch-masochistische Ton auf, in dem das Leid in Übertragung und vor allem Gegenübertragung geschildert werden. Es ist nicht verwunderlich, ja vielleicht sogar förderlich oder notwendig, wenn bei den Kollegen, die das NS-Erbe in ihren Behandlungen thematisieren, die späte Entdeckung der eigenen Familiengeschichte als paralleler Prozeß abläuft. Ich habe an anderer Stelle schon betont, wie wenige Kollegen meines Alters die Thematik in ihrer Lehranalyse fundiert bearbeitet haben.

Meine These lautet: neben der mangelnden Schulung und Ermutigung und dem rein subjektiven Widerstand im Therapeuten gibt es auch einen Widerstand gegen einen angemessenen Zugang zu den politischen Katatrophen im Unbewußten, der ein direktes Resultat einer Überlastung der Analyse durch einige Regeln des Settings ist.

Ralf Zwiebel hat in seinem Buch »Der Schlaf des Analytikers« (1993) einiges von der Mühsal dargestellt, vor die uns Übertragungsformen mit kumulierter Negativität, verbunden mit rettenden Verschmelzungserwartung stellen. Das NS-Thema wird dabei gar nicht erwähnt. Im Nachwort des verdienstvollen Buches »Psychoanalysen, die ihre Zeit brauchen« (Hrsg. von H. Henseler unde P. Wegener, Opladen 1993), das nicht im geringsten dem NS-Thema gewidmet ist, heißt es im Schlußwort über die Dauer von Analysen weit über die Kassenleistung hinaus:

> »... zwar erreichten die Behandlungen bis zur 300. Stunde gewisse, zum Teil erfreuliche Besserungen der Symptomatik und des Befindens der Patienten, gleichzeitig verlagerte sich die pathogene Problematik im Sinne der Übertragungsneurose in die Beziehung zwischen Patient und Analytiker. Daß dies erst jetzt geschah, mag unterschiedliche Gründe haben: die Art der ....Störung, das Angstpotential, die Rigidität oder die Kompliziertheit der Abwehr, u. ä. Möglicherweise brauchen Patienten mit einer Störung der Beziehung zum Primärobjekt Zeit, um soviel Vertrauen zu finden, daß sie bereit und in der Lage sind, die entsprechenden Konflikte nicht mehr nur im äußeren Leben, sondern auch und gerade in der Beziehung zum Analytiker zuzulassen.« (S. 235)

Nun hatte Anita Eckstaedt und andere analytische Kollegen gezeigt, daß Nazi-Herrschaft und Krieg, vor allem durch die Abfolge von Begeisterung, Rassenwahn, Sorge, Angst und Panik, auch angesichts fehlender Väter, die Primärbeziehung massiv beeinträchtigt haben, zum Teil in schwer erkennbarer Weise. Was Zwiebel beschreibt, potenziert sich also unter Umständen bei Kindern von NS-verstrickten Eltern, weil die Übertragungsfragmente bedrohlicher und in ihrem Ursprung und ihrer psychischen Konsistenz schwerer zu erkennen und auszuhalten sind. Es kommt hinzu, daß durch den Holocaust und seine Vorbereitungshandlungen, aber auch auf Seiten der Deutschen, die aus dem Siegestaumel in Bombenkrieg, Flucht und Vertreibung stürzten, häufig totale Brüche in der äußeren wie der inneren Lebenskontinuität eine Rolle spielen. Man kann von einer massenhaft induzierten Borderline-Struktur als Sozialcharakter bei Millionen von Eltern unserer heutigen Patienten sprechen, aber auch bei der Kriegs- und Nachkriegskinder selbst.

Die traumatisierenden Formen der Weitergabe dieser Belastungen hat die Familientherapie in den siebziger Jahren und achziger Jahren hervorragend dargestellt, wiederum, ohne den Bezug zur NS-Zeit anfangs auch nur zu erwähnen. Erschwerend kommt hinzu, daß die psychische Dynamik bei der inneren Deponierung und Tradierung der seelischen Erbschaft wahrscheinlich nicht umfassend mit den klassischen Abwehrmechanismen zu begreifen ist.

Verdrängung gilt als gegen Trieb und Triebangst gerichtet. Verleugnung dient dem Schutz des Ichs von vorwiegend äußeren individuellen Gefahren. Abspaltung dient der Isolierung und Entschärfung von überwältigenden inneren Gefahren, für das individuelle Ich keine Verarbeitungsmöglichkeiten hat. Die destruktiven Schrecken von NS-Zeit und Krieg sind aber zum großen Teil durch überindividuelle Abwehrformen der Bearbeitung entzogen worden. Die Mitscherlichs haben sie zusammengefaßt unter dem Ausdruck der Entwirklichung. Es gehören dazu kollektive Muster der inneren Abtrennung, des Besetzungesentzugs, der historischen Umdefinition von Erlebnissen, der völligen Abwendung des individuellen wie des kollektiven Ichs von ganzen inneren Epochen der Erinnerung. Deshalb spreche ich von den inneren Giftmülldeponien, für deren Zugang die Landkarten zum Teil verloren, zum Teil noch gar nicht erstellt worden sind. Der Zusammenschluß der Familien zum Überleben nach dem Krieg, oder schon während, und auf der Flucht, haben bei den Kindern zu Formen der Loyalität geführt, die zum Schutz der unbewältigten Deponien der Eltern führten.

In Goethes Faust wird die Sorge als ein zentrales Grundgefühl benannt. Nach meiner Einschätzung ist dieser Zustand und seine Folgen in den Kindern neben den »klassischen Affekten« um Angst und alle Formen der Wut herum, mit denen umzugehen wir lernen, nicht ausreichend erforscht und therapeutisch berücksichtigt. Aber wenn man bedenkt, in wievielen vaterlosen Familien in dem Jahrzehnt zwischen 1940 und 1955 die Sorge, neben der Angst, das tragende Grundgefühl war, dann wird manches von der oft schier unüberwindlichen Parentifizierung der Patienten meiner Generation eher verständlich. Mit Parentifizierung meine ich hier sowohl die praktische wie die seelische Überlebenshilfe, die die Kriegs- und Nachkriegskinder ohne viel Aufhebens zu leisten hatten, und die sie für die Mechanismen der

Implantation des Unbewältigten in sie so verwundbar machten. Jürgen Müller-Hohagen hat in seinem jüngsten Buch »Geschichte in uns« (München 1994) noch einmal deutlich darauf hingewiesen und die These mit einer Fülle von Beispielen belegt.

Die Wucht der Anklage der 68er-Generation gegen diesen von der Geschichte erzwungenen kollektiven parasitären Mißbrauch ist ohne die konvulsivische Kündigung dieses Schweigevertrages kaum zu verstehen. Es hätte damals auch keinerlei Hilfe gegeben, mit den geerbten Belastungen anders als durch beschuldigende Ausstoßung der Elternbilder umzugehen.

Damit komme ich auf den Beitrag der Psychoanalyse zur psychischen Bewältigung des NS-Erbes. Auch unsere Berufsvereinigungen waren verstrickt in das Ringen um Entlastung und Beschuldigung, in rituelle Kämpfe um Unschuld, Reinheit oder Verstrickung. Martin Beland hat in einem DPV-internen Vortrag gezeigt, wie sehr sich junge Analytiker kollektiv auf der richtigen Seite fühlen konnten, ohne ihre politische Familiengeschichte aufzuarbeiten, wenn sie sich zur Freud'schen Ausbildung entschlossen.

Noch viel drastischer drückten dies Elisabeth Brainin und Isidor J. Kaminer aus in ihrem Aufsatz über »Psychoanalyse und Nationalsozialismus« (1982). Sie sprechen ebenfalls von der Ausblendung des NS-Themas aus den Lehranalysen und fahren fort:

»Man kann sogar annehmen, daß der Beruf des Analytikers als eine Art ›Deckidentität‹ benutzt wird, wenn Schuld und Scham über die eigene Geschichte unbearbeitet bleiben, aber auch dazu, dem Konflikt mit den Anteilen der Elternimagines zu entgehen, die abgelehnt werden und in Zusammenhang mit dem Naziregime stehen.« (S. 103) Das kann ich für mich selbst uneingeschränkt akzeptieren. Hierfür noch ein kleines persönliches Beispiel: Mitte der sechziger Jahre habe ich einige Monate den Frankfurter Auschwitz-Prozeß als Journalist beobachtet. Ich war gleichzeitig in therapeutischer Analyse bei einem inzwischen verstorbenen, sozial engagierten Kollegen. Wir haben, trotz wildester Träume und anderer Konvulsionen meines Unbewußten, mit keinem Wort daran gedacht, die politische Geschichte meiner Familie anzuschauen; eben sowenig geschah dies später in der Lehranalyse. Die Gründe sind vielfältig, institutionell, kollektiv wie individuell. Aber es ist ein Stück Scham zurückgeblieben, und ein Entidealisierungsschock, als mir deutlich wurde, in welchem Ausmaß die Psychoanalyse behindert war, ihr aufklärerisches Ideal in den Dienst der individuellen oder familiären oder gesellschaftlichen Wahrheit über die historischen Katastrophen zu stellen.

Da in der DPV die Themenstellungen im wesentlichen umrissen waren durch den Forschungskanon der IPV, war es wohl auch kaum möglich, die deutschen Hausaufgaben mit neuen und eben vielleicht vorübergehend nur »nationalen« Fragestellungen und technischen Überlegungen zu erledigen.

Das Schwergewicht der Arbeit lag aus vielen Gründen bei den mutigen Pionieren auf der Erforschung der Folgen des Holocaust. Die Identifikation mit den Opfern des Holocaust und die manchmal wohlfeile Desidentifikation mit den Deutschen und die Abwendung von der politisch-seelischen Leidensgeschichte des Täter- und Mitläufervolkes waren die Folge. Mit diesem Ausdruck »Leidensgeschichte des Tätervolkes« ist zugleich das unauflösbare Paradox bezeichnet, das einem Tabu gleichkam: wer sich anders als denunzierend für die seelischen Abgründe bei den Deutschen im Gefolge von NS-Zeit und Krieg interessierte, war rasch politisch verdächtig.

Soviel zu den Hindernissen auf dem therapeutischen Zugang zu den Katastrophen, die uns, davon bin ich überzeugt, im Untergrund noch lange beschäftigen werden. Ich hoffe, daß wir Analytiker die sogenannte »zweite Chance« der Bewältigung zu ergreifen verstehen, auch wenn fast fünf Jahrzehnte des Schweigens vergangen sind.

Als letztes Motiv der Verzagtheit vor diesem Vortrag, die ich sicher mit manchen von Ihnen teile, nenne ich die Wirkung der täglichen Bilderflut über Krieg, ethnische Säuberungen, inhumanen Nationalismus, Rechtsradikalismus und Fremdenhaß, der in manchen Ländern an Völkermord und Ausrottungspolitik grenzt. In ihrer Folge gibt es heute 20 Millionen Flüchtlingen auf der Welt, davon die meisten ohne Hoffnung auf unsere Form der Wiedereingliederung nach dem Krieg. Wenn man sich mit den Nachwirkungen der NS-Zeit beschäftigt, ist es nicht nur das sichtbar gegenwärtige Elend, das einen ohnmächtig und empört zurückläßt, sondern die Gewißheit der generationsübergreifenden Langzeitwirkung des Schreckens. Man kann sie, wie Peters Heinl in seinem Buch über Kriegskinder (»Maikäfer flieg, dein Vater ist im Krieg...« (1994) gezeigt hat, noch nach 50 Jahren in den Gesichtern erkennen, wenn man erst einmal aufmerksam geworden ist.

Der seelische Niederschlag der historischen Katastrophen fand in Formen statt, die mit den herkömmlichen Bildern innerer Repräsentanzen und dem vertrauten Umgang mit ihnen ebenfalls nicht ausreichend zu fassen sind. Anita Eckstaedt hat in ihrem Buch wiederholt darauf hingewiesen, wie die Verstörungen auf ihrem Weg durch die Generationen unkenntlich werden. Man könnte sagen, daß es die Gefährlichkeit der Wahrheit ist, die mit den entsprechenden Angstaffekten dafür sorgt, daß die Erkennbarkeit vor allem der parasitären Beziehungsaspekte und der destruktiven Implantate sich zunehmend verschleiert. Was Freud für die Entstellung der Triebwünsche geleistet hat, wäre für die Wirksamkeit dämonischer und terroristischer innerer Instanzen erst noch zu leisten. Das gilt auf viel allgemeinerer Ebene auch für die Wirkungsweise religiöser Introjekte, die sich oft mit den von den Elternbildern abgeleiteten Reräsentanzen nicht ausreichend erklären und vergleichen lassen. Ihre Reduktion auf projektive Zerrbilder der Elternfiguren ist irreführend. Sie verkennt die Eigenständigkeit, ja die Andersartigkeit religiöser oder politisch-ideologischer Introjekte, vor allem dann, wenn sie als dämonische oder terroristische Einheiten, vor deren Macht die Eltern selbst zittern und keinen Schutz bieten, aufgefaßt werden. Hier hat die bloße Ausweitung von Freuds triebökonomisch gedachten Familienmodell und den nur als Verzerrungen der Elternimagines gedachten religiösen Symbolen ohne Zweifel in eine gewisse Sackgasse geführt. Und als Freudianer ist es uns, aus Loyalität, in gewisser Weise noch immer verwehrt, Jungs Vorarbeit in der Erweiterung der Archetypen weiterzuführen. Nicht zuletzt seine politischen Irrungen haben diesen Weg noch weiter versperrt.

Für mich selbst war die Lektüre von Eva Sternheim-Peters Buch »Die Zeit der großen Täuschungen« (Bielefeld 1987) eine Quelle der Erkenntnis, in welchem Ausmaß NS-Introjekte prägend waren, die zum Teil von den Eltern vermittelt oder geteilt wurden, die aber weit über das personal Vermittelte im Elternhaus hinausreichten: als Rasse, Volk, Führer, Partei, Aufrag, Mission, aber auch als idealisierte Affekte wie Treue, Unterwerfung, Gehorsam, Verschmelzung und Ähnliches. Wenn die (politisch gewollte) Dämonisierung hinzukommt: SS, Gestapo, der Feind, der Russe, die Verräter, die Volksschädlinge usw., später der Krieg, die Front, die Bomberflotten, dann wachsen diese Instanzen weit über das hinaus, was wir als Introjekte in der Übertragung zu erkennen und zu handhaben gewohnt sind.

Was die therapeutische Technik im Umgang mit den dämonischen Instanzen und ihren Wirkungen schwierig macht, ist deren plötzliche und kollektive Verschüttung um und nach 1945, die einer geologischen Katastrophe gleichkommt. Sie reichte durch den Umsturz und den auferlegten Sprachwandel bis hin zur verbalen und bildlichen Unbenennbarkeit, zu einem Verlust an »Bezug« zu den dämonischen Gewalten. Mit dämonisch meine ich natürlich nicht eine enthistorisierende Kategorisierung, eine Abkehr von Schuld, Analyse, Ursächlichkeit und Erkennbarkeit, sondern ich spreche von der innerseelischen Wirkung und von den Größenverhältnissen, den anderen Dimensionen im Vergleich mit »menschlichen« Repräsentanzen. Das Dämonische wächst in dem Maß, als eben die Elternimagines vor diesen Gewalten nicht nur nicht schützen konnten, sondern ihrerseits als berauschtes oder terrorisiertes Spielmaterial erlebt wurden. Und dies, auch wenn nur wenige Jahre frühe Eltern und Großeltern noch fanatisch mit der Macht Identifizierte waren und dem Kind als partizipierend Mächtige erschienen.

Der Raum der Übertragungs- und Gegenübertragungsgefühle wird bei einer wirklichen Regression auf die Auswirkungen der dämonischen Instanzen dermaßen überstrapaziert und droht in ängstigender Konfusion unterzugehen, daß ich glaube, einige Grundregeln des analytischen Settings müssen infrage gestellt werden. Die inneren Heils- und Terrorfiguren in und über den Eltern oder Großeltern, oder auch ihre einstmals übermächtigen Abgötter, die sie, ohne Trauer und unter dem Eindruck der archaischen Strafe des

Bombenkrieges und der Kapitulation, ohne viel Affekt fallen ließen, verharren in unterirdischen Deponien oder Silos, und die können im Unbewußten durchaus leck oder geborsten sein. Helen Epstein spricht in ihrem Buch »Die Kinder des Holocaust« (1987) vom »eisernen Kasten«, in dem alles verschwand. Bei der Annäherung an sie schrillten Warnanlagen, oder die Kommunkation erstarrte in Schweigen. Das geschah weniger in Worten, als über unbewußte Signalsysteme mit Tabucharakter.

Bei der therapeutischen Annäherung an diese derealisierten Schreckensdeponien wird eine verwirrende mehrstufige Abwehr mobilisiert, die um so stärker wirkt, je mehr die drohenden Übertragungsfragmente den haltenden Aspekt der therapeutischen Allianz gefährden. Die Abwehr ist bei beiden Partner oft komplementär.

Bei Rosenkötter (1984) finde ich ein kleines Fallbeispiel, in dem auch von den borderline-artigen, politisch erzwungenen Spaltungen der Identität in der Zeitachse die Rede ist: »Herr P. (etwa Jahrgang 1929, T.M.) wollte lieber seine früheren Identitäten wie alte Masken abstreifen und vergessen.« (S. 238) Und nun kommt, bei mehrfachem Hinweis auf die Konfusion und die Gegenübertragungsspannung (mit mehreren Patienten), der Bruch der Behandlung, für den ich nicht den Analytiker kritisieren möchte. Es handelt sich wohlgemerkt um einen Patienten, der selbst noch Mitglied der Waffen-SS war, also ein Täter-Mitläufer der ersten Generation. Rosenkötter schreibt:

> »Der selbstbeobachtende Über-Ich-Anteil wurde auf mich projiziert; ich wurde in der Übertragung zur Spruchkammer, der man sich möglichst günstig darstellen möchte, vor der man aber ständig auf der Hut sein muß, nicht das Falsche zusagen. In dieser Übertragungskonstellation stagnierte die Behandlung und wurde schließlich in beiderseitigem Einvernehmen beendet.« (S. 239)

Ganz ähnlich heißt es bei Appy (1992, S. 34) über das Ende der bereits zitierten Behandlung, die nach extremen Spannungen versandete:

> »Der analytische Dialog entleerte sich und verflachte zusehends zur Bedeutungslosigkeit. Nachdem die Krankenversicherung nach 300 Sitzungen die Bezahlung der Analysekosten einstellte, nahm sie alternative Finanzierungsangebote nicht mehr wahr und brach die Behandlung ab.«

Eine Spruchkammer-Übertragung, wie Rosenkötter sie erwähnt, gehört noch nicht in den Bereich dessen, was ich dämonische oder terroristische Instanzen nenne, sie steht wohl am Übergang zu etwas überindividuell Drohendem, eine feindliche ideologische Instanz, die zwar nicht mehr lebensbedrohlich, aber doch existenzgefährdend war.

Übertragung ist nun die uns Analytikern geläufige Form der Externalisierung einer inneren Instanz. Ich zweifle zwar, ob sich das Introjekt Spruchkammer mit den »selbstobachtenden Über-Ich-Anteilen« gleichsetzen läßt. Denn die politischen und erst recht die dämonischen Instanzen sind auf eine andere Art und an einem anderen Ort internalisiert sind als das, was wir für gewöhnlich das Überich nennen. Sie bleiben nämlich mindestens halb-extern und partiell abhängig von ihrem äußeren Fortbestande, bevor sie ein einem kaum bekannten Ort im Unbewußten kollektiv »entsorgt« werden. Aber: ihre volle Externalisierung in der Übertragung legt das Arbeitsbündnis lahm.

Da wir aber mit dem szenischen Denken in der Psychoanalyse vertraut sind, bedeutet es für mich nur einen kleinen Schritt innerhalb unserer psychoanalytischer Möglichkeiten, die Externalisierung durch eine Inszenierung zu variieren. Ich würde also diesem Patienten vorschlagen, er möge mit Stühlen oder anderen Symbolen eine Spruchkammer darstellen und sich ihr stellen; ich würde ihn bei dieser Konfrontation körperlich haltend begleiten. Der Analytiker wird also zu einem Regisseur, er verläßt das Sturm-Zentrum der Übertragung, wird Hilfsich, Zeuge, Ermutiger. Er erscheint als neues Objekt, das sachkundigen wie empathische Beistand bietet, eine Art Anwalt, wenn auch ohne politische Parteinahme. Er ist nicht mehr selbst in das Tribunal und den Terror verwickelt.

Noch viel zentraler ist diese Variante, wenn die dämonischen Instanzen überlebensbedrohlich waren oder sind – für den Einzelnen oder die Familie oder eine verfolgte Gruppe – und erst recht, wenn, wie von mehreren Kollegen berichtet (z. B. von Simenauer, 1993), die Opfer- und die Täterübertragungen in konfusem Wechsel die Situation bedrohen.

Es geht mir also um die Einführung eines Parameters, der sowohl den Patienten wie den Analytiker von schwer oder unlösbaren Aufgaben befreien, die sie doch zusammen lösen sollen.

Dazu noch ein Beispiel aus der eigenen Praxis: es handelt sich um eine Kollegin, die, kurz vor der Machtergreifung geboren, in intensiver Verstrickung in bedrohlichen Situationen zwischen Angehörigen als Mitläufern, latenten Gegnern und umgekommenen jüdischen Opfern der Nazis aufwuchs. In ihrer langjähigen Lehranalyse war nichts davon bearbeitet worden, sondern sie hatte eine aufgezwungene Frömmigkeit beim Überleben des Krieges in einem frommen Internat direkt und dankbar auf die psychoanalytische Institution übertragen. Sie ging mit einer der Goebbelstöchter in die Klasse und war neidvoll geblendet vom gesellschaftlichen Glanz und der Macht der Nazis. Von den konflikthaften Größenphantasien: daß sie mit einem Verrat Teile ihrer Familie, die zuhause ungeniert ihre Gegnerschaft äußerten, ans Messer liefern konnte, will ich hier nicht sprechen; sondern vom therapeutischen Umgang mit dem dämonischen Introjekt Goebbels und seiner magischen Macht (Person und Nazimacht sind partiell eins und sollten doch in gewisser Weise unterschieden werden). Der Glanz der Tochter, die einige Male ihre Nähe gesucht hatte, und ihre Ermordung durch den Vater bei Kriegsende waren eng verbunden, ebenso dann Liebe, Neid, Bewunderung und Tod. Die lebensrettenden Lehrer des späteren Internats in den letzten beiden Kriegsjahren waren selbst von NS-Verfolgung bedroht. Trotzdem wurden die alliierten Bombergeschwader noch zum absoluten Feind, dem eines Tages die Stadt und die Schule zum Opfer fiel.

Zu Beginn war ich in der Übertragung zunächst wieder Repräsentant einer Kirche oder Ideologie, die Gehorsam und Unterwerfung forderte, also eine Preisgabe des Selbst. Sollte ich warten, bis all die Schrecken, die widersprüchlichen Dämonen, die zu inneren Spaltungen geführt hatten, in der Übertragung wieder auftauchten und sich verdichteten? Ich sah keine Chance und wollte das Unmögliche auch nicht versuchen. Denn das Bild ihres früheren Analytikers war, trotz mancher Dankbarkeit, verschwunden hinter Enttäuschung und Wut: über die eklatanten Lücken in der Durcharbeitung, über das Mitagieren bei der religiösen Idealisierung der Analyse, über einen gewissen Mißbrauch in einer neuen Parentifizierung der Patientin. Die Substanz eines möglichen Vertrauensvorschusses bei Beginn der erneuten Arbeit mit mir war schon aufgebraucht. Die ersten Monate dienten vor allem der aktiven Reinszenierung der Beziehung zum Analytiker und zum Institut als einer quasidämonischen, unangreifbaren, aber als korrupt wahrgenommenen Macht im Rollenspiel. Dann kam die Inszenierung der Beziehung zu den verfolgten klösterlichen Rettern. In ihr waren Dankbarkeit, Loyalität, Wut und Enttäuschung darüber gemischt, daß Zuneigung nur um den Preis einer ideologischen Gleichschaltung möglich war, verbunden mit der Erwartung einer eigenen religiösen Karriere. Erst dann kamen Goebbels und die Nazis an die Reihe. Die Patientin war immer bedroht von totalen Übertragungseinbrüchen, die mit verzweifelten Abbruchsphantasien verbunden waren. Spät tat sich der Zugang zu dem Knäuel der Familienübertragungen auf, das, verwickelt mit ideologischen Fronten, ebenfalls mit Mord-, Opferungs- und Untergangsphantasien getränkt war. Man könnte von historisch geschichteten Angstebenen sprechen. Die familialen Repräsentanzen kamen zuletzt zum Vorschein, die dämonischen hatten sich davor geschoben.

Dadurch, daß ich im wesentlichen Regisseur blieb und sie oft körperlich hielt, wenn die Konfrontationen mit den Dämonen unerträglich oder vernichtend zu werden drohten, ließ sich die Arbeitsbeziehung halten und drohende Übertragungsfragmente ins andere Setting der Inszenierung überleiten. Die Affekte blieben so in der archaischen Stärke erhalten, der Analytiker und das andere Setting bildeten einen stabileren und weiteren Container für die noch immer lebensbedrolichen Rückstände der historischen Katastrophen. Allerdings wird mit der Inszenierung die permanente »Produktion« von Übertragung nicht gestoppt, sie drängt immer wieder massiv in die Therapie, kann in der Regel aber wieder szenisch gestaltet werden. Jeder Therapeut muß hier seinen eigenen Weg in der Fokussierung finden.

Nach der Lektüre dieses Textes wies die Patientin, bei voller Zustimmung zur Bedeutung der Inszenierung, auf drei besonders wichtige Grundmuster von Übertragung parallel zum Prozeß von Inszenierung hin:

1. Eine starke, wenn auch immer wieder bedrohbare Idealisierung des Analytikers als Regisseur zu einer Figur, der eine Position als Kenner der Gesichte und der dämonischen Prozesse zugeschrieben wird. Sie gebrauchte sogar einmal das Bild des Riesen Atlas, der eine zerstörte Welt zu tragen vermag.
2. Eine Art Zwillingsübertragung mit dem Inhalt: wir beide forschen gemeinsam und stellen uns mutig der NS-Geschichte, und
3. ein drohender Absturz in das Undenkbare, wenn der Analytiker mit dem Teuflischen direkt kontaminiert wird oder sich in einen Dämon in historischer Gestalt verwandelt. Trotzdem kommt es im Analytiker nicht zu den qualvollen Verstrickungen, weil er, manchmal mit einer gewissen Autorität, auf die Regeln die Inszenierung verweisen kann, die beide wieder aus der drohenden Sackgasse befreit. Idealtypisch könnte man tatsächlich auch von der Kraft der Alchimie sprechen, wenn der Analytiker mit den Kräften des Schreckens umgeht, ohne von ihnen selbst vergiftet oder verschlungen zu werden.

Ich komme zum Schluß: auf die Psychoanalyse kommen, auch wenn es kaum noch Patienten gibt, die im Erwachsenenalter direkt, aktiv oder passiv oder beides, an den Schrecken von NS-Zeit und Krieg beteiligt waren, noch große Aufgaben bei der Bewältigung der NS-Katastrophe zu. Ich meine sogar, die Psychoanalyse hätte etwas nachzuholen oder wiedergutzumachen. Nach langen Jahren der »Latenz« drängt das NS-Thema in vielen Analysen an die Oberfläche. Aber ich halte auch für notwendig, es aktiv anzusprechen, wo es nur indirekte Zeichen für einen infizierten seelischen Untergrund gibt. Er ist größer, als wir bisher angenommen haben. Die Wucht des Themas erfordert Modifikationen unserer Technik. Mehrere Autoren haben längst darauf hingewiesen, daß abwartende Neutralität, auf die wir so stolz waren, rasch zu einer Kollusion des Verschweigens führen kann.

Ich wollte Sie auf eine solche Modifikation hinweisen, die die Chancen eröffnet, der Kollusion oder der Abwehr, übermäßigem Leid und Konfusion in der Übertragung und Gegenübertragung zu entgehen und trotzdem die Klarheit des szenischen Denkens mit der Sicherung eines geeigneten analytischen Containers zu verbinden. Denn der Vorwurf, daß der Analytiker als

Regisseur den Boden der Analyse verläßt, stimmt nicht. Er erweitert nur sein Instrumentarium, und viele Patienten können so sonst nicht betretbaren Boden erkunden.

Nach einem qualvoll verbrüteten Wochenende im August bekam ich wieder Boden unter die Füße und konnte meine Gedanken aufschreiben. Inzwischen glaube ich, daß wir von den Qualen der Opfer, aber auch den verborgenen Leiden der Mitläufer- und sogar vieler Täterfamilien nichts verstehen, wenn wir uns nicht immer wieder diesen inneren Attacken der Sinnlosigkeit aussetzen. Die Kraft zum Neubeginn kommt meist von den Patienten, die unsere Verzagtheit oft mit einem neuen Schritt beantworten. Voraussetzung aber ist, daß wir nicht zu oft im Strudel von Übertragung und Gegenübertragung verschwinden. Eine Form, dem Abgrund zu entgehen, ist für mich die Ergänzung, manchmal die Ersetzung der Übertragungsanalyse durch das Durcharbeiten in der Inszenierung geworden.

## Literaturverzeichnis


Appy, Gottfried, Was bedeutet Auschwitz heute? In: Moses, Rafael, und Eickhoff, Friedrich-Wilhelm (Hrsg.), 1992, S. 21–46

Beland, Hermann, Wie verstehen sie sich selbst? Zur Geschichte der Auseinandersetzung mit der eigenen Vergangenheit in der Deutschen Psychoanalytischen Vereinigung. In: DPV-Information Nr. 2, Okt. 1987, S. 9–14

Eckstaedt, Anita, Nationalsozialismus in der ›zweiten Generation‹. Psychoanalyse von Hörigkeitsverhältnissen. Frankfurt 1989

Epstein, Helen, Die Kinder des Holocaust. Gespräche mit Söhnen und Töchtern von Überlebenden. München 1987

Heinl, Peter, ›Maikäfer flieg, dein Vater ist im Krieg…‹ Seelische Wunden aus der Kriegskindheit. München 1994

Moses, Rafael, und Eickhoff, Friedrich-Wilhelm (Hrsg.), Die Bedeutung des Holocaust für nicht direkt Betroffene. Stuttgart-Bad Cannstatt 1992

Müller-Hohagen, Verleugnet, verdrängt, verschwiegen. Die seelischen Auswirkungen der Nazizeit. München 1988

ders. Geschichte in uns. München 1994

Rosenkötter, Lutz, »Schatten der Zeitgeschichte auf psychoanalytischen Behandlungen«, in: Psychoanalyse und Nationoalsozialismus. Beiträge zur Bearbeitung eines unbewältigten Traumas. Hrsg. von Hans-Martin Lohmann, Frankfurt 1984, zitiert nach 1994, S. 236–249

Simenauer, Erich, Wanderungen zwischen den Kontinenten. Bd. 2, Stuttgart-Bad Cannstatt 1993

Sternheim-Peters, Eva, Die Zeit der großen Täuschungen. Mädchenleben im Faschismus. Bielefeld 1987

# 2. Institutionelle Rahmenbedingungen

*Rudolf Schmid*

# Zur Organisationsentwicklung der Deutschen Gesellschaft für Psychoanalyse, Psychotherapie, Psychosomatik und Tiefenpsychologie (DGPT)

Es erscheint als seltsam, »Organisationsentwicklung« nach Lindau zu tragen: Geschieht dies doch in einem bzw. für einen Kreis, dem das Wort »Entwicklung« alles andere als fremd ist. Dazu kommt, daß das Wort »Organisation« selbst wiederum ein schillernder und sehr vielfältig verwendeter Begriff ist. Ich will mich jedoch mit Definitionen von Organisationsentwicklung nicht aufhalten, selbst wenn mancher akademische Brauch es so fordern würde. Dem will ich mich heute nicht fügen, sondern in pragmatischer Weise davon ausgehen, daß auch die DGPT als Organisation Veränderungen und Entwicklungen ausgesetzt ist, und daß es folglich angebracht ist, Prozesse dieser Art gemeinsam zu studieren und zu diskutieren.

Ich setze zunächst beim Ausgangspunkt von jeglicher Absicht zur Weiterentwicklung an und frage: Sieht die DGPT als zu bestimmten Zwecken verbundene und verfaßte Gesellschaft von Mitgliedern – also als Organisation – sich in ihrer Struktur hinreichend gerüstet im Hinblick auf die Anforderungen von Gegenwart und Zukunft? Sie haben mit dem Auftrag an mich zu einem kurzen Referat zumindest die Berechtigung dieser Frage unterstrichen. Für diesen Auftrag danke ich Ihnen und hoffe, Ihren Erwartungen zumindest ein wenig gerecht werden zu können.

Selbstverständlich befindet sich eine Organisation wie die DGPT immer in mehr oder weniger schnell verlaufenden Anpassungs- und Entwicklungsschritten begriffen. Da ich demgegenüber Außenstehender bin, erlaube ich mir auftragsgemäß einige Bemerkungen dahingehend, was mir dabei auf- und einfällt. Ich greife dazu auf jeweils mehrjährige sowie aktuelle Erfahrungen in der Arbeit mit großen Organisationen zurück ebenso wie auf Kenntnisse der Strukturen des Gesundheitsversorgungssystems. Schließlich füge ich hinzu, daß es – wie einige unter Ihnen wissen – schon mehrere sachliche und projektbezogene Berührungspunkte mit der DGPT meinerseits gegeben hat, so daß ich z. B. als Verfasser der sog. »Praxisstudie« der DGPT nicht völlig unvertrautes Gebiet im folgenden betrete.

Ich wende mich nun drei Themenbereichen zu, von denen ich glaube, daß sie für die weitere Entwicklung der DGPT als effektive Organisation von Bedeutung bzw. aus meiner Sicht wichtig sind.

# I.

Der erste Punkt, den ich aufgreifen will, betrifft die intern bestehende und von außen wahrgenommene *Identität der DGPT.* Wenn Sie so wollen, so ziele ich damit auf das sog. »Proprium« Ihrer Gesellschaft, auf das dieser Gesellschaft bzw. Ihnen als den Mitgliedern »Eigene«. Ich glaube nämlich, daß der Bezugnahme auf die Identität eine große Bedeutung bei der Weiterentwicklung von Organisationen zukommt. Über die Identität bündeln – oder andererseits zerteilen – sich Motivationen und Kräfte, die für den Bestand einer Organisation von Belang sind. Über Identität erhalten Kräfte eine Zielorientierung.

Wenn ich dazu kurz ausholend an das Motto dieser Jahrestagung anknüpfe, so offenbart sich ein Wandel derzeit in verschiedenen Bereichen der Gesellschaft. Insonderheit bleiben davon die bisherigen sozial- und gesundheitsbezogenen Versorgungs- und Behandlungsstrukturen nicht unberührt. Tradierte Versorgungsmuster werden zunehmend und z. T. prinzipiell zur Diskussion gestellt und die Zahl reformorientierter Regelungstatbestände durch neue Gesetze und Verordnungen steigt quasi täglich. Dies macht andererseits Prognosen im Hinblick auf das Kommende äußerst schwierig, weil Wechselwirkungen zwischen den verschiedenen Einflußgrößen und einzelnen Faktoren kaum mehr zu kalkulieren sind. Dennoch wird sichtbar, daß jahrzehntelang verteidigte Bastionen heute offen zur Disposition gestellt werden, verschärfte Positions- und Verteilungskämpfe sind die Folge. Zugleich werden aber auch neue Verbindungslinien zwischen verschiedenen inhaltlichen und Standes-Positionen denkbar, die bisher nicht zur Debatte standen. Hier scheint es wichtig, sich auf sich selbst zu besinnen.

In dieser Situation ist es zunächst nicht verwunderlich, wenn auch die DGPT von verschiedenen Magnetwirkungen (wieder) beeinflußt wird. Hauptsächliche Kraftfelder scheinen sich vor allem unter Bezugnahme auf die *Thematik (a) »Arzt – Nicht-Arzt«* zu entfalten (Sie verzeihen, wenn ich der Kürze halber dieses unschöne Begriffspaar plakativ benutze) und im Hinblick auf die *(b) Diskussion des versorgungspolitischen Stellenwerts der Psychoanalyse in Relation zu anderen psychotherapeutischen Verfahren.* Beide Themen haben wiederum Folgeaspekte und finden ihre Abbildung ja auch im sog. Psychotherapeutengesetz; auf dieses will ich aber nicht eingehen, sondern auf die eben genannten *zwei Themenkreise (a) und (b).*

*Zu (a):* Offenkundig findet in der DGPT die Hoffnung spürbar Nahrung, man könne durch eine Restrukturierung der DGPT nach unterschiedlichen Ausgangsberufen den eigenen Anliegen und – so unterstelle ich – den Anliegen der DGPT künftig besser dienen. Diskutiert wird also eine interne und in die Satzung der DGPT eingehende Aufteilung oder Aufspaltung in »Sektionen« bemessen nach der Zugehörigkeit zum Ausgangsberuf Arzt/Ärztin oder Psychologe/Psychologin. Ich bin nun keinesfalls blind für die sozialrechtlichen Gegebenheiten, die zu unterschiedlichen Machtpositionen und Verfügungsmöglichkeiten führen, die mit der Zugehörigkeit zu diesen Ausgangsberufen verbunden sind (bspw. »Delegation«). Aber ich halte die Hoffnung, man könne der *gemeinsamen* Sache dadurch dienen, für trügerisch. Wenn Sie in quasi vorauseilendem Gehorsam die vielfach in der gesundheitspolitischen Landschaft ja da und dort durchaus gewünschte Aufteilung in Arzt und Psychologe bereits selbst vollziehen, so habe ich Zweifel hinsichtlich deren Wirkung. Zumindest frage ich, ob nicht die Sogwirkung der verfaßten Ärzteschaft bzw. des Ärztestandes einerseits und der verbandlich organisierten Psychologie andererseits schließlich der DGPT als Gesamtheit Schaden zufügen, indem die interne Identitätsbildung vielleicht noch mehr als bisher schon von extern wirkenden Magneten beeinflußt wird. Ob Sie die Fliehkräfte dann noch aufhalten (können)? Wohlgemerkt: Ich spreche hier weder für noch gegen Ärzte oder Psychologen oder andere Ausgangsberufe, sondern ich habe die *Zielsetzung und Struktur der DGPT* im Auge: So heißt es in der Satzung heute »Die Gesellschaft dient der psychotherapeutischen und tiefenpsychologischen Forschung und der Anwendung ihrer Erkenntnisse« (§ 2, Abs. 1) oder »Die Gesellschaft vereinigt analytische Psychotherapeuten« (§ 3, Abs. 1), nicht mehr und nicht weniger. Von *diesem* hier für mein Referat *ausschließlich* gegebenen *Standpunkt* aus urteile ich. Und hier frage ich mich schon, warum den Zugehörigkeiten zu Ausgangsberufen – und ich verwende diese Bezeichnung bewußt –, warum diesen Zugehörigkeiten in einer Gesellschaft mehr Bedeutung als notwendig verliehen werden soll. Zumal diese Gesellschaft aus Mitgliedern besteht, die jahrelange Anstrengungen unternommen haben, um durch Weiterbildung gerade in der Transzendierung der Ausgangsberufe eine neue und m.E. gemeinsame berufliche Identität zu finden! Eine berufliche Identität, die wie auch immer von verschiedenen Seiten der Kritik unterzogen, nach jahrelangen Bemühungen auch ihre sozialrechtliche Verankerung gefunden hat (z.B. »Psychotherapie-Richtlinien«). So würde ich folglich unterstreichen, daß Ihre Identität in erster Linie durch die Weiterbildung und deren Ergebnis, nämlich »Psychoanalytiker« zu sein, gegeben ist und erst in zweiter Linie durch die Ausgangsberufe. Von daher erscheint es mir zwingend, daß Ihre Organisation vor allem *diese* (einheitsstiftende) Identität nach innen und außen darstellt, mit der sie auf ihren Kern-, Dreh- und Angelpunkt verweist.

Es kommt ja dazu, daß die DGPT des weiteren nicht nur eine Organisation für Einzelpersonen ist, sondern auch eine Dachgesellschaft für verschiedene Fachgesellschaften als solche (DPG, DPV, DGIP und DGAP) sein will. Und an diese Fachgesellschaften knüpfen sich weitere Problemstellungen, ich erinnere an die Auseinandersetzung zwischen ihnen hinsichtlich der sog.

Stundenfrequenz. Ohne näher darauf einzugehen und ohne tiefgreifende inhaltliche Auseinandersetzungen um beispielsweise die Stundenfrequenz herunterspielen zu wollen, möchte ich Ihnen aber schon zurufen: Ja, um Seehofers Willen, wieviele Teilidentitäten und Teilzugehörigkeiten meinen Sie, sich im öffentlichen Diskurs zur Sache Psychotherapie leisten zu können oder unter »Dach« und »Fach« unterbringen zu wollen?

Kurzum: Ich bin davon überzeugt, daß die Prägnanz Ihrer Interessenvertretung als Gesellschaft von der Entscheidung zu prinzipiell *einer* beruflichen und fachlichen Identität abhängt. Unter diesem Gesichtspunkt beurteile ich die derzeit innerhalb der DGPT diskutierte Idee, mit zwei selbständigen Sektionen die Zukunft bewältigen zu wollen, zumindest sehr skeptisch. Wenn ich diese Idee nicht völlig abschlägig beurteile, so deshalb, weil ich Pragmatiker genug bin, um zu erkennen, daß der innergesellschaftliche Druck, sich auf eine solche Subspezifizierung einzulassen, möglicherweise weiterhin groß bleiben wird. Wenn Sie aber zu einer irgendwie gearteten Sektionsbildung innerhalb der DGPT kommen (wollen), so müssen Sie dem Vorstand der DGPT zwingend mehr Handlungskompetenz nach innen und außen zuweisen, als dies bisher der Fall ist, ich komme darauf zurück. Tun Sie dies nicht, so seien Sie dann aber auch konsequent und schreiben in Ihre Satzung nicht wie bisher: »Die Gesellschaft vertritt die Standes- und Berufsinteressen ihrer Mitglieder...«, sondern: »Die Gesellschaft vertritt die Standes- oder Berufsinteressen ihrer Mitglieder, je nachdem...«. Ausgehend von so einer Satzung werden Sie viele Tagungen jeweils der Ärzte-Sektion und der Psychologen-Sektion haben, wieviele Ihnen als Mitglieder der DGPT im Sinne einer gemeinsamen Fachgesellschaft beschieden sein werden, wage ich nicht vorauszusagen.

Eine Anmerkung im übrigen: Warum diskutieren Sie, auch unter dem Sektionsaspekt, nicht die Kooperation mit der Vereinigung Analytischer Kinder- und Jugendlichentherapeuten (VAKJP) stärker? Die Wirkung einer großen Mitgliederzahl unter einem Dach ist derzeit nicht zu unterschätzen.

*Zu (b):* Ich habe auf den Aspekt der Identität bzw. der daraus abgeleiteten einheitlich-übergreifenden Willensbildung innerhalb einer Organisation großen Wert gelegt. (Anmerkung: Sicherlich ist der Identitätsbegriff, der sich auf ein Individuum bezieht, zu unterscheiden von seiner »überindividuellen« Verwendung mit Blick auf eine Organisation; letzterer hängt zusammen mit gemeinsamen Normen und Wertsetzungen. Ob man sich einer Organisation als Individuum mit einer persönlichen Identität zugehörig fühlt, hängt u. a. davon ab, ob man die dort überindividuell geltenden Normen und Wertsetzungen für sich akzeptiert oder nicht bzw. diese mit der persönlichen Identität für vereinbar hält.) Die Frage der Entwicklung einer Organisation hängt entscheidend davon ab, unter welcher Zielsetzung diese Organisation überhaupt existent ist und weiter existent bleiben will und was sie denn als das sie kennzeichnende Eigene betrachten will. Ich beziehe mich darauf, daß weiterhin die *übergeordnete Zwecksetzung* ausschließlich und identitätsbildend *Vorrang* hat, wie sie etwa auch in neuen, mir bisher bekannten Satzungsentwürfen niedergelegt ist: »Die Gesellschaft dient der Pflege, Weiterentwicklung und Verbreitung der Psychoanalyse in Forschung, Lehre und Versorgung. Sie fördert die Anwendung der Psychoanalyse in Psychotherapie und Psychosomatik.«

Davon ausgehend möchte ich noch kurz den eingangs erwähnten Aspekt streifen, nämlich die Frage nach dem Stellenwert der Psychoanalyse in Gesellschaft, in Forschung, Lehre und Versorgung. Ich glaube mit vielen unter Ihnen, daß der zunehmend und über die Jahrzehnte gefundene Eingang der Psychoanalyse in das Gesundheitsversorgungssystem auch eines ihrer Probleme darstellt: Man ist mit den Maßstäben konfrontiert, die dort herrschen; Debatten beispielsweise um die Effektivität der Psychotherapieformen in Relation zum Ressourceneinsatz zeigen dies deutlich, sie werden weiter geführt werden. Am Horizont taucht überdies die Konzeption einer »Allgemeinen psychotherapeutischen Kompetenz« auf, die verschiedene Strömungen zusammenzuführen versucht, wobei noch offen ist, welche theoretischen Bausteine sich hier mit welchem Gewicht zueinander fügen werden.

Wenn Sie in diesem Geschehen Profil behalten wollen, so scheint es mir auch hier wichtig, nicht zu Subdisziplinen je ärztlich oder psychologisch dominierter Psychotherapielandschaften zu werden, sondern gemeinsam der Psychoanalyse das Wort zu reden (wenn darin noch Ihr Antrieb steckt).

(Anmerkung: Manchmal meine ich allerdings, daß dieser Antrieb etwas zu einseitig auf Versorgung und Therapie fixiert ist. Das »Hören mit dem dritten Ohr« beispielsweise ist auch in vielen anderen Bereichen der Gesellschaft nützlich; hier meine ich, ist das kulturorientierte bzw. kulturtheoretisch orientierte Movens der Psychoanalyse etwas verloren gegangen. Wäre es nicht auch eine Aufgabe der DGPT, sich diesen Aspekten wieder vermehrt zu widmen? Immerhin resultiert der unzweifelhafte Erfolg, den Sie in den vergangenen Jahrzehnten verbuchen konnten, auch darauf, daß Beiträge zur Kultur und Gesellschaft erbracht wurden, nicht nur zur Psychotherapie).

## II.

Im folgenden befasse ich mich mit der *internen Struktur der DGPT* sowie mit ihrer *Führungsstruktur*.

Im großen und ganzen betrachtet ist die Geschichte der DGPT und der ihr heute angegliederten Fachgesellschaften eine von Einzelpersonen und deren persönlicher und beruflicher Identität bestimmte Geschichte. Institutsgründerinnen und -gründer haben vor allem und zunächst die Geschicke bestimmt. Und dies mußte auch so sein, denn die noch kaum in der bundesrepublikanischen Gesellschaft verbreitete und akzeptierte Angelegenheit »Psychoanalyse« mußte in der engagierten Verbindung von Person und Werk überzeugen und sich durchsetzen. Dies war zu Sigmund Freuds Zeiten nicht anders als in den 50er, 60er und auch noch 70er Jahren dieses Jahrhunderts. Die Folge war, daß die Organisation der Psychoanalyse in Deutschland zunächst sich als von Einzelpersonen und Instituten dominierter Verbund zeigte.

Ohne die Bedeutung des engagierten Engagements und des Charismas von Einzelpersonen für Organisationen auch nur im mindesten schmälern zu wollen, so ist doch festzustellen, daß sich die Zeiten deutlich geändert haben: Geregelte institutionelle Strukturen und Abläufe, in Grenzen vergleichbare Curricula bestimmen die Weiterbildung, das Berufsbild hat nach innen und außen festere Konturen gewonnen und ist im Fach- und Versorgungssystem akzeptiert. Kurzum: Kennzeichen klarer Professionalisierungsprozesse waren bzw. eine psychoanalytische Professionalität ist heute vorhanden – vor allem im therapeutischen Kontext. Das Werk der Pioniere hat Früchte getragen in einer Verstetigung und Verfestigung von überindividuell geltenden Regeln, Verhaltensweisen und Festlegungen. D. h.: Die Zukunft der psychoanalytischen Tätigkeit wird deutlich, wenn nicht überwiegend von der Entwicklung der professionsgebundenen und -definierenden Regelsetzungen und überindividuellen Gegebenheiten abhängen.

Unter diesem Gesichtspunkt scheint mir die Entwicklung der DGPT davon abzuhängen, welches Verhältnis sie selbst als verfaßte Organisation zu diesem Professionalisierungsprozeß einnimmt. Das ist eine Frage auch der Willensformung und Entscheidungsbildung innerhalb der DGPT.

Betrachte ich die Führungsstruktur der DGPT näher, so erscheint mir insonderheit die Vorstandskonstruktion innerhalb der DGPT als überkommen, um nicht zu sagen »antiquiert«. Wenn ich recht informiert bin, so besteht der Vorstand derzeit aus etwa 50 Personen. Ich unterschätze keineswegs die Wichtigkeit eines derartigen Vorstands als etwa zentrales Diskussionsforum, aber als Entscheidungsbildungsorgan – eine Erwartung, die mit dem Begriff »Vorstand« ja auch verknüpft ist – kann diese Vorstandskonstruktion nicht mehr hilfreich sein. Sie war es sicherlich, als zu Zeiten von Institutsgründungen und Institutsformierungen der konkrete, persönliche Austausch unter den Gründerinnen und Gründern zur Vereinheitlichung der Institutsstrukturen notwendig war und sich darüber auch die Innen- und Außenrepräsentanz der Psychoanalyse vermittelte. Heute sind die Institute weitgehend gefestigt, Formen des Austausches benötigen diese Vorstandskonstruktion nicht mehr. Dieser Austausch läßt sich beispielsweise auch über turnusmäßige Institutskonferenzen regeln.

Dazu kommt, daß das gegebene Verhältnis von Vorstand und Geschäftsführendem Vorstand mir nicht klar genug erscheint, die Frage der wechselseitigen Bindungswirkungen ist nicht zuende gedacht, zumal dem Geschäftsführenden Vorstand die Notwendigkeit obliegt, ggf. tagesbezogen handeln und die DGPT in der Öffentlichkeit und in der Fachwelt darstellen zu müssen. Hier erscheint die eventuell gegebene oder verfügte Rückkoppelungsnotwendigkeit zu einem Gremium von fast 50 Leuten als nicht funktional. Überdies sind hier auch Organisations- und Kommunikations-Kosten zu berücksichtigen.

Für die Weiterentwicklung der DGPT als Organisation halte ich deshalb *künftig eine klare und effektive Führungsstruktur* für notwendig, wobei ich mit »klar« vor allem »einfach« meine. Ich schlage unter Auflösung der bisherigen Vorstandskonstruktion folgendes vor:

1. Die DGPT hat einen (und nur einen) *Vorstand aus drei, maximal fünf von der Mitgliederversammlung gewählten Mitgliedern*. Bei fünf Mitgliedern könnten zwei Mitglieder identisch mit den derzeit diskutierten ausgangsberufsbezogenen Sektionen bzw. deren Leitern sein.
2. Der Vorstand arbeitet auf Basis der Satzung und er hat eine *Geschäftsordnung*, in der Aufgaben und Kompetenzen etc. zwischen den Entscheidungs- und Willensbildungsebenen geregelt sind. In jedem Fall müßte dem Vorstand eine *klare Handlungsbefugnis zugunsten des Gesamtinteresses* gegenüber allen Teilinteressen eingeräumt werden.
3. Die DGPT bildet aus sich heraus einen *Beirat von 12 bis maximal 15 Personen* bestehend aus Vertretern der Institute, der Fachgesellschaften und – sofern diese nicht im Vorstand vertreten sind (s. 1) – der Sektionen. Die Funktion des Beirats besteht darin, den Vorstand zu beraten (in maximal zwei bis drei gemeinsamen Sitzungen pro Jahr). Per Geschäftsordnung können bestimmte Beschlüsse des Vorstands auch an Voten des Beirats gebunden werden.
4. *Zeitlich und sachlich begrenzt tätige Arbeitskreise* können vom Vorstand und/oder Beirat eingerichtet werden. Sie arbeiten ausschließlich auftragsbezogen.
5. Die DGPT hat eine *hauptamtliche Geschäftsführung* (s. III).

Ich fasse also zur Frage der Leitungs- und Entscheidungsbildungsstruktur der DGPT wie folgt zusammen: Es bestehen

a) ein handlungskompetenter kleiner Vorstand (ich spreche hier von *einem* Vorstand, die bisherige Unterscheidung zwischen Vorstand und geschäftsführendem Vorstand entfällt damit),
b) ein Beirat für übergreifende Themenstellungen und Beratungsgegenstände,
c) Arbeitskreise zu Sachfragen zur zeit- und auftragsgebundenen Klärung inhaltlicher und strategischer Aufgabenstellungen der DGPT.

d) Es besteht eine hauptamtliche Geschäftsführung.

Die Sektionsidee taucht so gesehen, wenngleich vorhin aufgegriffen, hier nun nicht weiter auf. Ich würde die derzeit damit verknüpften Vorstellungen auch über Beirat und Arbeitskreise für lösbar halten. In jedem Fall halte ich diese Idee für die Basisstruktur der DGPT aus den vorhin unter I. genannten Erwägungen für nachrangig.

Sie werden möglicherweise fragen, warum das sog. *Fachpsychologen-Referat* unerwähnt blieb. Dies findet seinen Grund darin, daß ich es unter strukturellen Gesichtspunkten für auflösbar halte. Mit den Aussagen dazu mache ich mir sicher nicht nur Freunde, aber Stellenwert, Legitimation und DGPT-interne Dynamik eines solchen Referats sind mir unklar. Das heißt nicht, daß die Belange der Psychologinnen und Psychologen mir nicht wichtig wären. Ich halte sie nur innerhalb der von mir vorgeschlagenen Strukturen für entschieden besser einbringbar. So könnte z. B. festgelegt werden, daß die Position des/der Vorsitzenden alternierend bezogen auf die Ausgangsberufe besetzt wird und grundsätzlich diese im Vorstand vertreten sein müssen.

Damit fiele Fachpsychologen-Referat und Vorstandsfunktion in eins, was ich für die Gesamtsache als entschieden besser beurteile.

## III.

Ich komme zum Punkt: *Geschäftsführung der DGPT*.

Auch hier halte ich die aus der Entwicklung der DGPT bisher resultierenden Gegebenheiten für nicht mehr zeitgemäß und mit Blick auf die Zukunft für nicht funktional. (Anmerkung: Dies ist kein Urteil über das sehr hohe Engagement der jetzigen Geschäftsführung, es ist mir um Strukturfragen zu tun.) Zu beobachten ist derzeit eine Vermischung von Vorstands- und Geschäftsführungsaufgaben bis hinein in den Alltag, der laufende Abstimmungsbedarf erscheint hoch und der (geschäftsführende) Vorstand erscheint mit Sachaufgaben überlastet. Einer etwaigen Kosten-Nutzen-Analyse würde die derzeitige Aufgabenverteilung nicht Stand halten. Ich betone nochmal, daß ich nicht das Engagement der derzeit Beteiligten damit meine, sondern die Aufgabenverteilung an sich. Eine Entzerrung der und eine Verlagerung von Sachaufgaben auf eine hauptamtliche Geschäftsführung sind dringlich.

Dem Vorstand muß mehr Raum zu allgemeinen strategischen Aufgaben und Vertretungen gegeben werden, Entlastung von Sachbearbeitung an Abenden und Wochenenden muß erfolgen, sie benötigen m. E. eine professionelle Bearbeitungsform für Sach- und strategische Aufgaben. Wichtig ist, daß in der Geschäftsführung mehr Kapazität vorhanden ist, vorausschauend für die DGPT, zuarbeitend und bündelnd für den Vorstand tätig werden zu können.

In die jetzige Geschäftsführung können neue Sachaufgaben ohne personelle Aufrüstung aber nicht mehr übernommen werden. Ich schlage deshalb der DGPT die Überlegung vor, die hauptamtliche Geschäftsführung durch hauptamtliche Kräfte in Form von »Referenten« kapazitätsmäßig zu vergrößern. Aufgabe dieser Referenten wäre es, einerseits im Tagesgeschäft für Mitgliederbelange tätig zu sein, andererseits im Rahmen der Geschäftsführung und für den Vorstand unterstützend, vorbereitend und strategisch beispielsweise in den Bereichen Sozialrecht, Versorgungsstruktur, Berufsrecht, Öffentlichkeitsarbeit, verbandsinterne Organisation und Kooperation tätig zu werden.

Die gesamte Geschäftsführung unterliegt den Rahmensetzungen des Vorstands der DGPT; dem Geschäftsführer obliegt u. a. die Koordination der Arbeit der Referenten. Mit einer Größenordnung von insgesamt ca. 2,5 Vollkräften (Geschäftsführer und Referenten) wäre hier schon sehr viel zu erreichen; ein Teil der Mittel könnte bereits durch Umschichtung der für die bisherige Arbeit des Geschäftsführenden Vorstands eingesetzten Mittel gedeckt werden. Weitere Details wären andernorts und zu einem anderen Zeitpunkt zu erörtern.

## IV.

Meine Damen und Herren, ich *fasse zusammen*:

Ich habe in diesem Referat der Kürze halber weniger Aussagen zum Prozeß der Organisationsentwicklung gemacht, als vielmehr darüber gesprochen, welche Gegenstände und Sachfragen als solche vor allem anzugehen wären (s. oben I–III).

Angesichts der anstehenden Aufgaben halte ich es für wichtig, daß die künftige Struktur der DGPT unter dem Motto steht: Aufgabenbewältigung durch Re-Strukturierung und weitere Professionalisierung. Dieses Motto ist geknüpft an die Basisfrage, welche Aufgabe und welchen Zweck Sie der DGPT als Ihre Interessenvertretung geben wollen. Ich habe mich klar dafür ausgesprochen, die psychoanalytische Arbeit als gemeinsames Kennzeichen und als Ihr Proprium voranzustellen und die Zugehörigkeit zu Ausgangsberufen diesem Ziel unterzuordnen.

Ein Revirement der gesamten Willensbildungs-, Entscheidungs- und Vertretungsstruktur erscheint mir erforderlich, ich schlage folglich vor allem ein Revirement Ihrer Vorstandskonstruktion vor. Die koordinativen und bündelnden sowie strategischen Kompetenzen des Vorstands müssen gestärkt und effektiver auch gegenüber Teilinteressen durchsetzbar gemacht werden.

Ich schätze Teilinteressen sehr, man muß nur wissen, was die von ihnen entfaltete Dynamik gegenüber dem Gesamtinteresse jeweils bedeutet. Ich warne in der gegenwärtigen Situation vor Zersplitterung; Ihrer gemeinsamen Plattform müßten Sie mehr Kontur verleihen. Ich weiß, daß die Thematik ja noch viele Ecken und Kanten hat, einige kenne ich u. a. als Autor der sog. Praxisstudie durchaus. Ich habe allerdings jetzt dem Ausdruck verliehen, wovon ich überzeugt bin.

Dreh- und Angelpunkt der Organisations*entwicklung* der DGPT scheint mir im übrigen die *Transformation* der Vorstandskonstruktion und Leitungsstruktur der DGPT zu sein, diese eine Anmerkung zum *Prozeß* der Organisationsentwicklung möchte ich am Schluß machen. Von diesem inneren Kern der DGPT muß die Organisationsentwicklung vorangetrieben und getragen werden, diese kann nicht »delegiert« werden. Sie muß ausgehen von einem gemeinsamen Leitbild, das seine Widerspiegelung in der Satzung – und umgekehrt – hat. Innerhalb des Prozesses der Organisationsentwicklung ist ein Wechselspiel und Austausch von Ideen und Ergebnissen zwischen Vorstand und Mitgliederschaft zu installieren bzw. dieser Prozeß findet darin seinen vornehmen Ausdruck. Über das »wie« dieses Vorgangs kann und soll jetzt nichts weiter von mir beigebracht werden, das muß bei Ihnen verankert werden. Ich habe heute nur über die Gegenstände gesprochen, auf die Sie bei Ihrem weiteren Weg m. E. mit Sicherheit stoßen werden.

Zum Schluß: Ich gehe davon aus, daß Sie Psychoanalyse als Einheit wollen. Wenn diese Annahme zutrifft, sollten Sie die Entwicklung der Organisation DGPT konsequent allein unter diesem Motto betreiben.

*Egon Hagedorn*

# Regression und Kommunikation in psychoanalytischen Institutionen

## Semiotische Kriterien zur Differenzierung kommunikativer Prozesse

## Die »formale« Ebene der Regression als Ausdrucksform

Um die kommunikativen Grundlagen in psychoanalytisch-klinischen Institutionen zu erörtern, kann man vom klinischen Regressionsbegriff ausgehen. Man kommt dann bald auf den Unterschied zwischen verbalen und nonverbalen Ausdrucksformen, der auf allen Ebenen der Mitteilung eine große Rolle spielt. Freud beschreibt als »formalen« Aspekt der Regression, »wenn primitive Ausdrucks- und Darstellungsweisen die gewohnten ersetzen« (1900, GW II/III, S. 554), oder anders gesagt: den Übergang zu Ausdrucksformen und Verhaltensweisen eines vom Standpunkt der Komplexität, der Strukturierung und der Differenzierung aus niedrigeren Niveaus (Laplanche u. Pontalis 1967, S. 436). Somit sind die (verbalen oder nonverbalen) Ausdrucksformen und vor allem die Übergänge zwischen ihnen wichtige Kriterien für das Verständnis der Regression.

Diese Übergänge zwischen Regression und progressiver Entwicklung lassen sich darstellen, wenn man unter semiotischen Gesichtspunkten die kommunikativen Elemente beschreibt, die Regression oder progressive Entwicklung als Erlebens- und Verhaltensweisen anzeigen und bezeichnen. Ein zentrales Element dieser intrapsychischen und intersubjektiven Austausch- und Wandlungsvorgänge stellt Freud dar, wenn er die Vorgänge bei der Verwandlung von Traummaterial, d. h. die Entstellung in der Traumarbeit und ihre Deutung in der therapeutischen Arbeit beschreibt: Als ein Wechselspiel von Bild- und Sprachzeichen, das auch bei allen Ausprägungen der Regression eine zentrale Rolle spielt.

Das gilt für Probleme der psychoanalytischen Praxis, aber auch für das Verständnis vieler Probleme in den psychoanalytischen Institutionen. Verständigungsprobleme in diesem Bereich werden meistens nur auf der Ebene von Verhaltensmustern in psychosozialen Kontexten beschrieben (z. B. bei Buchinger, 1993). Sie beruhen aber oft auf Übermittlungsfehlern zwischen den verschiedenen Kontexten der Institutswirklichkeit, bedingt durch einseitige Orientierung an Fachsprache. Der Austausch über verschiedene Kontextaspekte der Organisation ist aber m. E. in ähnlicher Weise an Kommunikation durch Umgangssprache und ähnliche Zeichensysteme und deren Wandel gebunden wie bei regressiven Vorgängen in anderen Beziehungen.

## »Artikulationsvorgänge« und ihre Beziehung zu komplexen Körperbildern

Der Regressionsbegriff bezieht sich vor allem auf klinische Phänomene. Der Ausdruck »Klinik« wird ja mehrfach verwendet: Zum einen als Bezeichnung für die Tätigkeit in der psychoanalytischen Praxis und für die Arbeit in einer Institution, die eine solche klinische Praxis ermöglicht, aber auch für die Institution selber, z. B. eine psychotherapeutische oder psychosomatische Klinik. »Klinein« ist dem deutschen Wort »lehnen« urverwandt und bedeutet soviel wie neigen, anlehnen, beugen (Duden, Herkunftswörterbuch). »Klinisch« bezieht sich also etymologisch auf Bewegungen des Körpers oder von Körperteilen, die Mitteilungen enthalten können, vor allem durch willkürliche Muskelkontraktionen, die auf Gelenke (lat. articulationes) und andere Organe einwirken. Die Rolle der unwillkürlichen vegetativen Muskelvorgänge soll später erörtert werden.

Mit den Bewegungen bleiben wir zunächst im Bereich des Sichtbaren, d. h. der Darstellung durch bildhafte Zeichen. Es versteht sich von selbst, daß unsere Gelenke uns nur ganz bestimmte, durch ihre Form und die Strukturen des übrigen Bewegungsapparates vorgegebene Bewegungen ermöglichen und daß damit die Formen der körperlichen Artikulation, d.h. auch der Mitteilungen über bildhaft darstellbare »reine« Körperzeichen recht begrenzt sind. Das schließt nicht aus, daß durch Kombinationen von Artikulationen komplexere Ausdrucksformen und damit differenziertere Zeichenprozesse entstehen.

## Bedeutsames Verhalten und die Referenzobjekte

Bei diesen komplexeren Formen sind aber die Referenzobjekte dieser an Verhalten gebundenen »Körperzeichen«, ihre bewußten und unbewußten Bedeutungen und ihr subjektiver Sinn nicht mehr allein als Summe der einzelnen bildhaften Körperzeichen zu erschließen. Die Kombinationen von einzelnen Artikulationen sind nur von der Form her eine Summe ihrer Teile, sie bekommen durch die komplexe Struktur den Charakter von Gestalten. Die Formung dieser Ausdrucksgestalten als komplexer Zeichen ist abhängig von intrapsychischen und intersubjektiven Faktoren. Bei diesen Ausdrucksformen sind die unwillkürliche Muskulatur der inneren Organe und die wechselseitigen Einflüsse auf das subjektive Befinden der an einer Interaktion Beteiligten maßgeblich. Die Begrenzung der körperlichen Artikulationen des Bewegungsapparats wird also überwunden durch die Entwicklung komplexerer Strukturen, die wesentlich bestimmt sind durch psychische Inhalte und somit durch ein Zeichenverständnis, daß sich schon in einem sehr frühen Entwicklungsstadium aus dem Repertoire der Körperzeichen herausdifferenziert.

Klinik als therapeutische Praxis beschäftigt sich fast immer mit diesen komplexeren Formen und ihren Veränderungsprozessen, entweder in der aktuellen therapeutischen Interaktion oder über längere Strecken des Therapieverlaufs.

Somit ist es fragwürdig, hier von »Körperausdruck« zu sprechen. Einzelne Körpervorgänge geben zwar die Bestandteile des Ausdrucks vor, die Referenz auf die gemeinten Inhalte, also die Bedeutung ist aber – mehr als z. B. bei streng kodifizierten Signalen – an komplexe Interpretationen gebunden.

## Die gemeinsame Basis von motorischen und akustischen Artikulationen

Verschiedene Formen von Artikulationsvorgängen sind die elementarsten Grundlagen unserer kommunikativen Mittel sowohl in den verbalen als auch in den nonverbalen Zeichenprozessen. Muskulär hervorgerufene Artikulationsvorgänge z. B. der Kiefergelenke und des muskulär gesteuerten Stimmapparats sind auch nötig, um sprachliche Ausdrucksformen zu produzieren. Die so entstehenden akustischen Artikulationen, meist Wörter und Sätze, bestehen aus Einheiten, die ähnlich wie die motorisch-mechanischen Artikulationen der Gliedmaßen bei ihren Bewegungen bestimmten Regeln unterworfen sind. Die Morphologie der Sprache ergibt sich aus den muskulär und artikulatorisch vorgegebenen Möglichkeiten des Stimmapparats, Wortformen und z. T. auch die Grammatik der Sprache werden dadurch vorgegeben, ebenso wie andere physiologische Bewegungsabläufe durch Muskeln, Gelenke und ihre Form vorgegeben sind.

Morphologie, Wortformen und Grammatik sind als Gliederung der Sprache vergleichbar den Gliedmaßen des Körpers und deren strukturell vorgegebenen Bewegungsmöglichkeiten. Wie die Gliedmaßen dem Körper, so ermöglichen die Gliederungen der Sprache bestimmte lautliche Figuren, also Klangbilder, machen andere unmöglich oder zumindest unverständlich. Und auch Worte und Sätze neigen sich von einer Bedeutung zu einer anderen, ähnlich den Körperbewegungen, sind an andere Worte und Bedeutungen angelehnt, sind je nach der Kombination mit Pronomina unterschiedlich gebeugt (dekliniert). Sprache zum einen und der Bewegungsapparat zum anderen stellen so jeweils spezialisierte System dar, enthalten aber beide Merkmale des »Klinein«.

## Körperbilder, Bewegungsmuster und Sprachentwicklung

Die Anwendung der etymologischen Sichtweise von »klinein« auch auf die sprachlichen Artikulationen ist mehr als ein illustratives Gleichnis. Es gibt auch funktionale Verbindungen zwischen muskulären und akustischen Artikulationen, die sich durch Ergebnisse der Sprachentwicklungspsychologie und der Säuglingsforschung belegen lassen. Die Systeme Gelenkartikulationen und akustische Artikulationen ähneln sich nicht zufällig, sondern sind zu Beginn der kognitiven und kommunikativen Entwicklung funktionell verknüpft und differenzieren sich erst im Laufe der Entwicklung. Mit dem Blick auf die Differenzierung dieser Systeme lassen sich grundlegende Strukturen der regressiven Vorgänge veranschaulichen.

Wie alle psychischen Entwicklungsschritte ist auch die Entwicklung der Zeichensysteme, die sich aus den bildhaften motorisch artikulatorischen und den akustisch artikulatorischen Gliederungen ergeben, eng mit der frühen Mutter-Kind-Beziehung verknüpft. Obwohl schon ab der 25. Schwangerschaftswoche akustische Eindrücke wahrgenommen werden, sind doch die verschiedenen Arten von Bewegungen noch lange Zeit wichtige Grundlagen der Kommunikation. So haben Condon und Sander (1974) und Stern (1977, z.n. Lichtenberg 1991, S. 146) beobachtet, daß Säuglinge mit dem ganzen Körper rhythmisch auf das Tempo und den Intensitätsgradienten der Stimme der Mutter reagieren. Krause beschreibt den Anteil der Affekte dabei: »So kann man zeigen, das die Affektvokalisierungen, die mimischen Interaktionen und die Körperrythmen zwischen Mutter und Kind ganz von Anfang an dialogähnliche Strukturen haben und die Vorläufe der gesprochenen Sprache darstellen ... Die Güte des Dialogs hängt von der zeitlichen Synchronisierung ab« (1983, S. 1026). »Die wesentlichen Schädigungen liegen in Übermittlungsfehlern der Dialogstruktur« (S. 1027).

Die Formen der Artikulationsvorgänge und die unterschiedlichen Kombinationen ihrer Einheiten wirken zunächst mehr als Taktgeber für interaktionelle Bewegungsmuster und Empfindungen, später auch als taktgebendes Grundmuster für das Sprachverständnis. Damit sich später in der Entwicklung die akustischen Artikulationen unabhängig von Bewegungen im Objektbezug mit Bedeutungen verknüpfen und dann auch in ihren Relationen erfaßt werden können, ist ein mehr komplexes Erinnerungs- und Vorstellungsvermögen jenseits der propriorezeptiven Sinneswahrnehmung nötig.

## Artikulierende Gliederung als formgebende Struktur der Regression

Klinische Artikulation im Sinne von neigen, anlehnen, beugen enthält also, egal ob bewegungsphysiologisch als bildhafte Körpersprache verstanden oder als sprachliche Verzerrung, Verdrehung, Wortbruch, Ausrutscher, falsche Beugung, unangemessene Anlehnung an ähnliche Worte, neben den Bedeutungsinhalten immer schon die Darstellung einer Form. Auch auf der Ebene dieser strukturierenden Mittel können sich unbewußte Prozesse und ihre regressiven Fixierungen zeigen. So etwa wenn ein Patient in auffallend gleichgültigem Ton sagt, er habe sich »immer mal wieder verliebt«. Aus seinen Einfällen kann man hören, daß er ohne es direkt zu sagen seinen älteren Bruder beneidet, weil er wohl glaubt, der sei in seinen Liebesbeziehungen glücklicher als er selbst. So wird die Verarbeitung des Neides in der unbewußt identifikatorischen Beziehung zum Bruder deutlich, wenn man in seinem Satz hört, er habe sich »immer mal wie *der*« (Bruder) verliebt.

Diese einfachen Veränderungen nehmen Rücksicht auf die gliedernde Ausdrucksform. In einem bildhaften Vergleich mit Gelenkartikulationen könnte man hier von einer »Luxation«, einer Ausrenkung des (Silben-) Gelenks, sprechen. Dieser bildhafte Vergleich ist zwar für das Verständnis des psychischen »Mechanismus« nicht erforderlich. Aber er unterstreicht, wie diese regressiven Vorgänge, ähnlich wie die Veränderungen in den Traumvorgängen zwischen Bild- und Sprachzeichen, hinweisen auf Übergänge zwischen Primär- und Sekundärprozeß und wie sie diese Übergänge kennzeichnen.

## Das unbewußte Körperbild als Verknüpfung von Körper- und Wortsprache

Die Strukturen von Körper- und Wortsprache sind also durch die artikulierende Gliederung verwandt und von allem Anfang an ähnlichen Gesetzen unterworfen. Die wesentlichen Unterschiede zwischen den sprachlichen und den letztlich mehr »animalischen« körperlichen Mitteilungsstrukturen liegen in der unterschiedlichen Differenziertheit, aber auch in der unterschiedlichen Möglichkeit der Vermittlung und des Verständlichmachens. Wir können durch viele Kriterien die Körpersprache von der Wortsprache trennen (s. die spezifischen Merkmale der menschlichen Sprache nach Hockett bei Nöth 1985, S. 242). Aber für unseren Zweck geht es zunächst darum, die Ähnlichkeit der grundlegenden Strukturen als im Klinischen wirksam zu erkennen und die Vermittlung der entstehenden Unterschiede zu beschreiben.

In einem Beispiel von F. Dolto (1987, S. 33) wird deutlich, wie unbewußte

Körperbilder zwischen Körper- und Wortsprache vermitteln und diese miteinander verknüpfen: Ein Mädchen von 5 bis 6 Jahren hatte seit zwei Jahren nichts mehr mit seinen Händen ergreifen können. Es ist immer darauf bedacht, daß seine Hände kein Objekt berühren. Das Mädchen nimmt keine Speisen in die Hand, nimmt sie direkt mit dem Mund. Hier sind verschiedenen Aspekte von regressivem Verhalten in einer anschaulichen Form dargestellt: Nach einer bereits durchlaufenen Entwicklung erfolgt eine Rückkehr zu einer früheren Etappe, hier zu einer Fixierung auf eine orale Entwicklungsstufe. Dolto hält dem Mädchen die Knetmasse hin und sagt: »Du kannst sie mit deinem ›Handmund‹ nehmen«. (Das französische ›ta bouche de main‹ könnte man auch übersetzen mit ›Mundhand‹ oder ›deinem Mund der Hand, deiner Hand im Mund‹). Das Kind nimmt dann die Knetmasse und führt sie zu seinem Mund. Die Erklärungen Doltos hierzu beziehen sich auf die Entwicklung des von ihr geschaffenen Konzepts, des »unbewußten Körperbildes«, einer unbewußten Vorstellung, die vom äußeren Bild des Körpers sehr verschieden ist. Bei dem Mädchen ist es in einem oralen Stadium, es versteht nur Worte über die Lust des Mundes und des getragenen Körpers, es hat eine (oral-erotische) Vorstellung vom Mund als Möglichkeit, etwas zu verschlingen um zu überleben, es hat »Hände im Mund«, aber noch keine (anal-erotische) Vorstellung vom Nehmen als einem Greifen mit der Hand. »Während es nur Hände in seinem Mund hatte, habe ich ihm durch das Sprechen einen Mund in seine Hand gelegt« (S. 33). Es kann eine so ungewöhnliche Vorstellung und Wortneuschöpfung wie »deine Hand im Mund« verstehen, weil die Worte von seiner oralen Erotik zugelassen werden. Durch die Verbindung von Worten wird die Verbindung und Erweiterung von Körperfunktionen möglich. Dolto hat in Verbindung mit der Konzeption des unbewußten Körperbildes intuitiv in der Darstellung und Vermittlung die Verarbeitungsmöglichkeiten des Kindes bei dem vorliegenden Problem angemessen berücksichtigt.

Die sehr verdichtete Darstellungs- und Übermittlungsform ist dabei wichtig. Wenn man versucht, das Beispiel in allgemeinverständlichen Worten zu erklären, spürt man, daß dies keine therapeutische Wirkung hätte. Die sprachlichen Anteile »Handmund« wirken wohl für das Kind wie nebeneinandergestellte Repräsentanzen der inneren Körperbilder, drücken durch ihre unmittelbare Berührung so etwas wie körperlich funktionale Verknüpfung aus und vermitteln dem Kind eine Art von Erkenntnis, die seinem unbewußten Körperbild gemäß ist, eine Art von »Vorstellung der Empfindung«. So kann es sein, daß »die Leere, die das Kind in seinem Körper empfinden kann, sich durch die Vorstellung, die es sich vom Objekt macht, verändert« (Golder, 1994, S. 11). Die vielen möglicherweise zu hörenden abstrakteren Symbolisierungen scheinen in diesem Beispiel für das Kind noch nicht wichtig. D.h. Dolto scheint mit dem Körper des Kindes zu sprechen auf der

Ebene des Primärprozesses, denn der Primärprozeß will eigentlich nichts mitteilen, sondern intern regeln. Der Sekundärprozeß dagegen unterliegt dem Zwang zur Mitteilung, zum Bezug auf Worte, die nicht nur Objekte repräsentieren, sondern deren Repräsentation im Prozeß von Sprechen und Begreifen mit Hilfe von anderen Worten und Kontexten auch von anderen verstanden werden soll und die deswegen mehr als Objekte, mehr deren mitteilbare Zusammenhänge repräsentieren.

## Artikulationsformen der Klinik und der Organisation

Die unterschiedlichen Artikulationsformen und ihre Verknüpfung auch in Dolto's Handmund-Beispiel erweisen sich als zentrales Element des Klinischen, besonders der regressiven Aspekte des Klinischen und auch ihrer Übermittlung. Die praktische Tätigkeit in einer Institution »Klinik« oder an einem Institut, das sich um klinische Fragen bemüht, ist zum einen in starkem Maße abhängig von den geschilderten Grundelementen der Artikulationsformen. Sie bilden die gliedernden Strukturen für sprachliche und körpersprachliche Zeichensysteme.

Die Tätigkeit ist aber ebenso abhängig von den Äußerungsformen des Primärprozesses. Auch diese können nur als Zeichenprozesse wahrgenommen werden. Die Entstehung und Veränderung von Zeichen ist die Brücke zwischen dem klinisch sich zeigenden Unbewußten und der Verständigungssprache in der Institution. Natürlich wird es in vielen Zusammenhängen sinnvoll sein, gruppendynamische, organisationspsychologische oder soziologische Einflüsse zu beachten. Diese bergen aber das Risiko, die klinische Ausrichtung einzuengen, wenn sie überbewertet werden und die geschilderten kommunikativen Voraussetzungen der klinischen Regression nicht berücksichtigen.

Wenn man also die Artikulationsformen als für das Klinische und für die Sprache gemeinsame Wurzel begreift, als Grundlage für Strukturen, die vorgegeben sind in den Körpern und Wörtern, relativiert sich die oft beschriebene Dichothomie und die scheinbar unüberwindliche Kluft zwischen psychoanalytischer Tätigkeit, ihrer Organisation und deren Prozessen. Denn die Rückbesinnung auf die gemeinsamen Wurzeln, die zunächst miteinander verbundenen Bewegungs- und Artikulationsstrukturen in strukturell vorgegebenen Grenzen verdeutlichen unsere Abhängigheit von diesen Strukturen. Wir bewegen uns immer darin, ob wir wollen oder nicht, auch wenn wir organisatorisch denken. Das »geheime Netz sprachlicher Artikulation« (Barthes 1979) läßt sich, gerade in seiner Verbindung zu den elementaren Zeichenformen, auf Körperbewegungen und ihre interaktionelle Koordinierung zurückführen.

## »Artikulatorische« Sichtweise ermöglicht den Bezug auf das Unbewußte

Regressive Vorgänge in Institutionen werden meistens in sozialpsychologischen Bezugssystemen beschrieben (z. B. Erdheim 1988). Die von mir als Artikulationsvorgänge beschriebenen Grundlagen zielen auf eine andere Art von Erkenntnis und Verständigungsmöglichkeit in der Institution. Buchingers systemtheoretische Ansätze (1993) führen Kommunikation zurück entweder auf psychoanalytische Interpretation oder die viel gröbere systemtheoretisch-formale unterschiedliche Funktion von trivialen und nicht-trivialen Maschinen. Diese Kategorien mögen für das Verständnis von Organisationen als solchen sinnvoll sein, lassen aber den direkten Bezug zum Regressionsbegriff und zum Unbewußten und damit zum Klinischen und dessen Kommunikation vermissen.

Buchingers zentrale Forderung: Die Angemessenheit von Zielen und Steuerungsmitteln zu beachten enthält einen praktisch wichtigen Zusammenhang und führt theoretisch den Gesichtspunkt der Kontextualisierung ein. Diesen beschreibt er aber aus der Sicht von Handlungskategorien, nicht von Zeichenprozessen. Er zementiert damit wohl eher die ohnehin problematische Dichothomisierung von Psychoanalyse und Organisation, weil beide Bereiche sich auf der Handlungsebene klar unterscheiden. Offen bleibt bei Buchinger, wodurch die Kontextualisierung, auch die der wichtigen Handlungskontexte, letztlich reguliert wird, nämlich durch Zeichenprozesse. Buchinger sagt z. B.: Organisatorische Lösungen beziehen sich nicht auf einen psychologischen Sinn. Dem kann man zustimmen, wenn man einschränkend sagen würde: Nicht in erster Linie. Denn auch organisatorische Lösungen lassen sich nicht vom psychologischen Sinn loslösen. Psychoanalytische Institutionen sind nicht Betriebe, in denen sich Maximierung der Effizienz als eine Maximierung von z. B. Produktion oder Gewinn messen ließe.

## Spezifische Ungleichgewichte in psychoanalytischen Institutionen

In manchen psychoanalytischen Instituten besteht ein spezifisches Ungleichgewicht durch eine Tendenz zu Überemotionalisierung aller Arbeitszusammenhänge: der Bezug auf Gefühle und Intimität konkurriert mit der Notwendigkeit, langfristige Prozesse und deren Voraussetzungen einer kritischen Betrachtung zu unterziehen. Ein zentrales Problemfeld ist hier wohl die häufig sehr enge persönliche, manchmal auch familiäre Verbundenheit von Institutsmitgliedern. Das kann dazu führen, daß bei der Ausübung von Funktionen, die auf die Ziele des gesamten Instituts hin konzipiert sind, schwer lösbare Loyalitätskonflikte entstehen zwischen Mandat und persönlichen Motiven. Hier ist dann die Angemessenheit von Ziel und Steuerungsmitteln besonders zu beachten.

Buchinger beschreibt eine Reihe von Voraussetzungen für solche emotionalen Verstrickungen, geht jedoch wenig auf die praktischen Konsequenzen ein. So sind bei Buchinger regressive Bewegungen begründet in der Besonderheit sozial helfender Berufe, die sich um solche Personen bemühen, die durch die negativen Seiten von Institutionen und Organisationen geschädigt sind (S. 35–36). Es bestehe oft eine affektive Abneigung oder gar Feindseligkeit dagegen, sich mit den Strukturen, Eigengesetzlichkeiten, Vor- und Nachteilen von Organisationen überhaupt zu beschäftigen. Eingefahrene psychoanalytische Interpretationsgewohnheiten können, wenn sie dem Kontext nicht angemessen sind, den Charakter von Schuldzuweisungen bekommen (S. 40). Wenn solche »Schuldverteilungen durch Interpretation« nicht gelingen, werde oft Zuflucht gesucht in sogenannten informellen Kontakten. Dabei entstehen oft informelle Gruppen, die dem Ziel der Organisation ein leistungsdrosselndes Gruppenziel entgegensetzen, z. B. eine opportunistische Permissivität, die dann als Reaktion eine bürokratische Rigidität hervorrufen kann, wobei beide eine unheilvolle Allianz eingehen können.

In dem von Wiesse herausgegebenen Band (1992) werden andere psychoanalytische und gruppendynamische Faktoren beschrieben, die eine Fixierung auf regressivem Niveau unterstützen, so die Filterfunktion der Institute und die Anpassungsmöglichkeit durch »Identifikation mit der Rolle« (Zeillinger 1992, S. 58/59). Brocher stellt die wichtige Verbindung her zur Frage der Kreativität einer Gruppe: Es hängt vom Ausmaß der Freiheit von irrationalen Gruppenzwängen ab, »ob es zur Stagnation oder der Mobilisation eines jede Forschung und Weiterentwicklung fördernden Interesses und Binnenklimas kommt« (1992, S. 25).

## Die Stabilität familiärer Strukturen und Erwartungen an die Gruppe

Eine wesentliche Grundlage für regressive Vorgänge durch irrationale Gruppenzwänge ist nach Buchinger die Verwechslung der Organisation mit einem familiären Verband. Da die Psychoanalyse ihre erste Entfaltung als psychoanalytische Bewegung fand, haben sich diese familienähnlichen Strukturen bewahrt: sie orientieren sich zwar an Sachaufgaben, diese werden aber in einer familienähnlichen Struktur wahrgenommen. Es gibt einen starken emotionalen Zusammenhalt, aber einen geringen Grad von Formalisierung. In einer Familie gehören das psychische Befinden der Person und die Erhaltung der Beziehungen zu den wichtigsten Zielen. Wegen dieser Personenbezogenheit kann eine Familie psychodynamisch erfaßt werden, wobei oft die Personen mit Strukturmerkmalen der Familie weitgehend gleichzusetzen sind. Manche ihrer Funktionen sind austauschbar, aber die Personen im allgemeinen nicht. Bei dieser starken Verquickung von Person und Sache wird ein subjektiver Verlust, etwa von persönlicher Bindung, oft mit einem Verfall der Sache gleichgesetzt. Gleichzeitig kann eine Blindheit für organisatorische Belange entstehen durch eine Idealisierung von Unmittelbarkeit und Intimität (S. 45–53). Auch Erwartungen in Richtung von supportiver Einstellung und Risikominderung werden dadurch verstärkt.

Idealisierung enthält stets einen Anteil von Identifizierung. Diese frühe Form der Gefühlsbindung sollte als Ersatz (wofür steht es?) analysiert werden. Denn wenn private Wünsche in einer Organisation viel Raum einnehmen, kann sich wegen der notwendigen Rücksichtnahmen die Möglichkeit produktiver Auseinandersetzung erschöpfen in einem Bekunden von Betroffenheit. Bei solcher Personenbezogenheit bekommen manchmal schauspielerische Fähigkeiten mehr Gewicht als die Möglichkeit, Phantasie im Hinblick auf die Organisation zu entwickeln. So kann eine Art »Betroffenheitskult« entstehen mit einer »Tyrannei der Intimität«, die handlungsunfähig macht (Sennett, z.n. Stephan 1993).

## Fixierung auf familiäre Strukturen als »Körperbild« der Institution?

Weil bei der regressiven Idealisierung von familiären Beziehungsmustern Identifizierungen eine wichtige Rolle spielen, führen diese als früheste Form der Gefühlsbindung oft den Wunsch nach familiärer Unmittelbarkeit und Intimität im Schlepptau. Familiensoziologische Untersuchungen belegen, daß in aller Regel die Reproduktionsfunktion im biologischen Sinne und die Erhaltung der Familientradition, d.h. die Abwehr von Destabilisierung oberste Familienziele sind.

Wie die unbewußten Körperbilder (s. das Handmund-Beispiel) das Verständnis von Worten für die Entwicklung des Selbst vorbestimmen, sind in den psychoanalytischen Institutionen die Dialoge, die Verständnis suchen für die gestaltsuchende Verkörperung der Körperschaft »Institut«, oft angelehnt an die stabilisierenden familiären Strukturen. Vielleicht hat die gemeinsam phantasierte familiäre Imago eine ähnlich stabilisierende Funktion für manches Institut wie das unbewußte Körperbild als Basisbild (Dolto 1987, S. 45) für das Individuum. Es ist auffällig, wie häufig Interpretationen über familiäre Beziehungen wie »Vater-, Mutter-, Großeltern- oder Geschwisterübertragung« zur Klärung von Zusammen-Hängen versucht werden und wie wenig sich dadurch ändert. Oftmals scheinen sie mehr eine ironisierende Parodie von psychoanalytischer Deutung zu sein und mehr der Stabilisierung der gewohnten als der Aufdeckung der unbewußten Beziehungsmustern zu dienen. Zum einen werden damit die familiären Strukturen eingeengt auf überschaubare Einzelbeziehungen. Zum anderen wirkt dieser Deutungsversuch oftmals als verfälschende Überschreibung ursprünglicherer Niederschriften. Dies geht oft einher mit einer regressiven Fixierung. Die Erwartungen an Familiarität nähren die regressiven Wünsche in der Institution. Institute haben aber zweckbestimmte Aufgaben, die sich nur in geringem Maße mit den herkömmlichen Aufgaben einer Familie decken.

## Rücksicht auf Darstellbarkeit des Mitteilungszusammenhangs

Da sowohl unsere Wünsche an Gemeinschaften als auch unser Verständnis von Organisationen sich aus diesem Kleingruppenverständnis der Familie entwickeln, erweisen sich aufgabenorientierte Organisationen als sehr junge Gebilde, die für unser Leben erst bestimmend werden, wenn unsere psychische Entwicklung weitgehend abgeschlossen ist. Sie sind deswegen nicht sehr tief in unserer Erlebnisfähigkeit und Erfahrung verankert. Organisatorische Prozesse sind ohnehin als solche nicht erlebbar, sondern höchstens langfristig an ihren vor allem kommunikativen Folgen erkennbar (Buchinger S. 41). Wenn außerdem noch die Erwartungen durch familiär getönte Identifizierungen stark geprägt werden, bestehen nur wenig Möglichkeiten, Organisationen zu erkennen als einen Set von Strukturen und Prozessen (S. 47), die überwiegend am zweckmäßigen Gestalten orientiert sind, letztlich »zielgerichtete komplexe Sozialgebilde« sind. Buchingers Sorge, »daß man die eigene Organisation gar nicht als Gegenstand gemeinsamer öffentlicher Diskussion freigibt« (S. 44) kann wohl nicht abgetrennt werden von der Frage, ob diese Diskussion losgelöst von den »Artikulationen« der klinischen Regression und deren Kommunikation sinnvoll ist. Das Unbewußte und seine Äußerungen entziehen sich der dauernd zu erfüllenden Aufgabe und dem System geltender Regelungen. Sie entfalten ungehindert ihre Wirkung, wenn die Zusammenhänge zwischen Artikulation, Klinik, Regression und Mitteilung nicht differenziert wahrgenommen werden oder deren Analyse ersetzt werden soll durch manchmal oberflächlich wirkende Zugeständnisse in der Form von emotionaler Betroffenheit. Zusammenhänge, die man nicht differenziert darstellen kann, kann man nicht analysieren.

## Delegation von Institutsinteressen durch ein Mandat

In der langen Diskussion über die Macht in den Instituten wird ein zentraler Begriff wenig diskutiert, der durch das In-die-Hand-Geben und die Delegation eines ordnenden Auftrags die Nahtstelle zwischen Demokratisierung und persönlicher Einflußnahme markiert und repräsentiert, nämlich der Begriff des Mandats. Es scheint fast, als würde für viele die Rolle des Delegierten und des Mandats, in der die Vertretung von Institutionsinteressen klar zum Ausdruck kommt, nicht in die familiäre Gruppensituation passen. Der Umgang mit dem Mandat zeigt beispielhaft viele Probleme der Institutsorganisation. Häufig entstehen Loyalitätskonflikte zwischen freundschaftlichen oder anderen Abhängigkeiten und dem Mandatsauftrag. Im Konflikt zwischen der Mandatsausübung im Interesse der Gemeinschaft und individueller freundschaftlicher Rücksichtnahme hat die Freundschaftlichkeit mehr Nähe zu Identifizierung und primärprozeßhaften Bedürfnissen als eine Ausrichtung auf die langfristigen Ziele der Institution. So wird die oft primärprozeßhaft motivierte Freundschaftlichkeit in der Regel die Oberhand behalten. Und viele Entscheidungen aus freundschaftlicher Rücksicht gründen in den familiären Strukturen und Identifizierungen.

Besonders schwierig sind oftmals Entscheidungen über persönliche Qualifikationen, wenn die Relation von Mandat und freundschaftlicher Bindung nicht vorher sorgfältig abgewogen und diskutiert wird. Wenn bei Entscheidungen über die Qualifikation von Personen deren Freunde nicht ausgeschlossen werden, dient oftmals als Rationalisierung die Erwartung, daß die Freunde diese Person besonders gut kennen und vielleicht wichtige Informationen haben, die ohne ihre Teilnahme den anderen vorenthalten bleiben. Die Überlegung richtet sich aber ausschließlich auf das ansonsten vernünftige Ziel, möglichst viel geeignete Information zu bekommen. Die Frage anderer Steuerungsmittel fällt dabei unter den Tisch. Aber es wäre ein äußerst fragwürdiges Steuerungsmittel, wenn man sich auf solche »freundschaftlichen« Informationen verlassen würde, denn es geht hier ja um einen anderen Zusammenhang. Kann man die Eignung von Freunden oder Bekannten für die psychoanalytische Arbeit besonders gut beurteilen, auch wenn man sie besonders gut kennt oder viel über sie weiß? Es kann z. B. sein, daß gerade die eine oder andere Eigenschaft für einen selbst in einem ganz anderen Zusammenhang steht, z. B. für die Bekanntschaft oder Freundschaft begründend war. Wenn man keine neutrale Einstellung hat, kann man schlecht darüber urteilen, weil immer mächtige eigene Interessen, z. B. am Fortbestand der Freundschaft, tangiert sind.

So sind bei kritischer Betrachtung die Informationen des Freundes und die daraus resultierenden Entscheidungen selber fragwürdig. Hinzu kommt, daß in solchen Situationen Freunde sich in aller Regel nicht anders als protektiv verhalten können, daß sie also im Grunde keine echte Wahl haben. Dadurch kommt der Protektor selber in eine Sonderrolle, denn man nimmt in der Regel bei der Entscheidung auch auf ihn Rücksicht. Diese unausgesprochenen Rücksichtnahmen unterhöhlen die vernünftige Basis und die Betrachtung langfristiger Ziele. Hier wird der in Bezug auf die Institutsinteressen regressive Wunsch, freundschaftliche Hilfe zu leisten, verkörpert durch eine reale Beziehung. Dies wirkt sich hemmend aus auf die kommunikativen Möglichkeiten der anderen Diskussionsteilnehmer, die sehr eingeengt werden. Hier sollten aber die »Spielregeln« der Institution als die langfristigen Entscheidungsgrundlagen mehr Gewicht haben als die einzelnen Wissensinhalte. D.h. wir sollten verschiedene Bereiche unseres Wissens aus Psychoanalyse und Organisation, hier z.B. Erkenntnisse aus der Familiensoziologie über die Unmittelbarkeit und Stabilität familiärer Bindungen, so zueinander in Beziehung setzen, daß sowohl das Einzelwissen als auch die Beziehungen zwischen den verschiedenen Bereichen des Wissens dadurch transparenter werden.

## Umgangssprache als angemessenes »Steuerungsmittel«

Jede Methodik, die auf ein Fachgebiet bezogen ist, dient der Entscheidung, ob etwas mehr oder weniger richtig oder diese Richtigkeit mehr oder weniger wahrscheinlich ist. Ob es angemessen ist, ist nicht Sache der Methodik. Wenn bei einer Organisation ein bestimmter Grad von Komplexität erreicht ist, kann man diese nicht mehr mit Methoden erklären, sondern die intentionalen Komponenten sind ihrerseits so komplex, daß sie sich durch keine andere Zeichenstruktur als durch die der Sprache angemessen darstellen und wiedergeben lassen. Aber nicht irgendeine Fachsprache mit formalisierter Kodifizierung, sondern die Umgangssprache mit ihrer Durchlässigkeit gegenüber anderen Formen der Artikulation wird dabei zu einem unerläßlichen Steuerungsmittel. Wenn wir die an vielen Stellen in Erscheinung tretende Inkompatibilität von Psychoanalyse und Organisation untersuchen wollen, müssen wir zurück auf eine Ebene der Erkenntnis, die Mittel bereitstellt, diese Inkompatibilität darzustellen, zu symbolisieren. D.h. wir können dann lernen, die Widersprüche, Bruchlinien, Polarisierungen, Dualismen und Dichothomien anders zu sehen. Sie sollten so repräsentiert werden, daß nicht bei der Betrachtung des einen das andere automatisch vernachlässigt oder vergessen wird und daß die Wechselwirkung zwischen beiden in der Darstellung erhalten bleibt.

Es geht hier auch um den Gegensatz zwischen Logik und Pragmatik, um die unterschiedlichen Betrachtungsgewohnheiten von Logikern und Pragmatikern. Die klassische Epistemologie im Sinne der Logik setzt sich die

Aufgabe, die Bewegung des Wissens und der Gedanken vom Selbst weg zu bewältigen, auch zu rechtfertigen. Aus dieser Sicht müßten wir die Dichothomie zwischen Psychoanalyse und Organisation als etwas Äußeres erleben und so belassen, um sie möglichst effektiv in logisch faßbare Einzelteile zu zerlegen und monokausale Zusammenhänge aufzustellen. Der Pragmatiker dagegen sagt: Wir sind in der Welt, um mit bestimmten Tätigkeiten zu beginnen. Seine Gedanken richten sich auf die Frage, wie wir in der Gegenüberstellung von Selbst und Welt von einem Teil zum anderen kommen und wie wir diese Teile ändern oder davon verändert werden. Dabei geht es vor allem um angemessene Fragestellung und die Bildung von Hypothesen.

## Die Vermeidung von Mitteilung in der Regression

Buchinger schreibt: »Man kann also z. B. regressive Verhaltensweisen von Mitgliedern einer Organisation mit den Mitteln einer Psychologie der Persönlichkeit besser erfassen. Aber man kann schon nicht mehr begreifen, inwiefern solche Verhaltensweisen gleichzeitig den im Persönlichen auftretenden Ausdruck, wenn man will, die Symptome aufgabenorientierter Prozesse in der Organisation darstellen« (S. 38). Vielleicht wird der Ausdruck der Person verständlicher, wenn er empfunden wird als Signal für die Gruppe, das einen unverarbeiteten Zusammenhang erscheinen läßt und nach Mitteilungsmöglichkeiten sucht. Symptomgebundenes und regressives Verhalten bleibt ja oft stehen bei einem Mittel des Ausdrucks: Es wird »irgendetwas« ausgedrückt, das zunächst niemand so recht versteht und das oft auch dem Zusammenhang nicht angemessen ist. Ein weiterer möglicher Bezug der Zeichen auf Objekte oder Inhalte fehlt oder besteht nur rudimentär, kann erst durch weitere Erkundungsversuche, etwa mit einer Vorannahme wie »Regression« hergestellt werden. Eine dritte Möglichkeit des Bezugs, nämlich der »Transmission« von Ausdruck(sform) und Objektbezug in einer Mitteilung, z. B.: »Diese regressiven Zeichen gehen vielleicht die ganze Gruppe an« kommt nicht spontan, sondern erst in einer interpretativen Intention zustande.

Regressive Vorgänge sind somit zuerst als Ausdrucksform zu erkennen, während der Bezug auf Inhalte und deren Übermittlung schwerfällt. Wenn, wie Buchinger schreibt, Personen aus helfenden Berufen sich nicht gerne mit solchen Strukturen beschäftigen, wenn Institutsmitglieder dazu neigen, sich übermäßig mit dem Institut zu identifizieren, wenn die Institute entlastende Filterfunktion bekommen, weil bestimmte Informationen nicht durchgelassen werden, wenn organisatorischen Prozesse auf psychische reduziert werden, familiäre Strukturen nicht verlassen werden können und sich informelle Subgruppen bilden, die einer offenen Diskussion ausweichen, handelt es sich

m. E. im Kern, wenn auch nicht in allen Verhaltensweisen, um Probleme der Übermittelbarkeit. Aus dem hier sinnvollen und notwendigen Blickpunkt der Übermittelbarkeit sind es primärprozeßhafte Vorgänge, die nichts mitteilen, sondern mehr präsentieren oder nur intern repräsentieren und regeln wollen: Die familiäre Intimität als Quelle des Wohlbefindens, die Behaglichkeit in den informellen Gruppen, die Vorurteile gegenüber organisatorischen Prozessen unter Rückzug in die eindimensional psychoanalytische Interpretationswelt sind überwiegend mitteilungsvermeidende Vorgänge, die zeigen, daß die Betroffenen sich in ihrer Anschauung der Zusammenhänge eingerichtet haben, kaum noch eine Änderung erwarten und offenbar mehr auf interne Regelung vertrauen.

So bleibt der Ausdruck regressiver Prozesse stehen beim Zeichenbezug auf das Mittel, den nicht übermittelbaren Ausdruck. Dieser wird mit der Übermittlung verwechselt. Es wird nicht anerkannt, daß Wünsche außerhalb von Familien und sehr engen Lebensgemeinschaften nur mittelbar, über Zeichenprozesse ausgedrückt und übermittelt werden können. Auch Symptome sind solche mehr oder weniger »isolierten« Ausdrucksformen. Die regressive Ausdrucksform als solche kenzeichnet dann auch das Schweigen über die kommunikativen Möglichkeiten der Klärung, hier wohl auch die kommunikative Kluft zwischen »psychoanalytischen« und »organisatorischen« Prozessen.

Nach meiner Meinung sind die von Buchinger getroffenen Unterscheidungen zu sehr am Verhalten orientiert und bleiben zu grob, um die kommunikativen Probleme zwischen den verschiedenen Ebenen der Institutswirklichkeit und ihrer unterschiedlichen Kontexte differenziert darstellen zu können. Die notwendige Deutungsarbeit erfordert oftmals eine regressive Umstrukturierung als eine Art von schöpferischem Umweg. Somit ist regressives »Verhalten« nicht nur als »Objekt« der Untersuchung interessant, sondern gleichzeitig erforderlich als Mittel angemessener Erforschung. Hierbei ist dann im Erkenntnisvorgang wie immer der Mittelbezug (mit »regressivem« Verzicht auf eine schnelle inhaltliche Deutung) dem Objektbezug vorgängig, aber es ist Absicht, daß man diese Stufe nicht gleich übergeht, daß man den Übergang offenläßt, daß man die Referenz zum inhaltlichen »Objekt« hin nicht »feststellt«, sondern daß man verschiedene Objektbezüge (ver)wechseln kann. Dieser regressive Mittelbezug, der den Objektbezug nur »widerstrebend« zuläßt ermöglicht, daß man nachträglich auf Inhalte stößt, die jenseits alltäglicher Kommunikation liegen. Der Unterschied zwischen der »symptomatisch« regressiven und der »schöpferisch« regressiven Beschränkung auf den Mittelbezug der Zeichen besteht natürlich in der Möglichkeit der Disposition, in der Freiwilligkeit und Wahlmöglichkeit der Beschränkung. Die Beschränkung, die durch die Sehnsucht nach familiären Banden vorgegeben ist, ist meistens nicht freiwillig.

## Schöpferische Umwege zur (Auf)Lösung von familiären Banden

Man kann mit der »schöpferisch« regressiven Beschränkung auf den Mittelbezug der Zeichen besser auf solche Momente achten, die als mehrfache Repräsentationen verstanden werden können, die also die Funktion von wichtigen Signifikanten übernehmen. Oft ermöglichen solche Repräsentationen, Verbindungen und Wechselwirkungen zwischen verschiedenen Institutsebenen zu erkennen und zu bearbeiten. Hier zeigt sich auch die Relevanz des Umgangs mit Begrifflichkeit, die z. B. auch von Erdheim (1988) herausgestellt wird. Szientistisch formalisierte Begriffe (gleichgültig ob auf juristischer, sozialpsychologischer, gruppendynamischer oder psychoanalytischer Ebene) können verhindern, daß etwas zu Tage tritt, was sich nicht in solchen fachlichen, sondern zuerst in umgangssprachlichen Kategorien zeigt: Z. B. gibt es familiäre Bande, auf die man nicht verzichten möchte, es gibt aber familiäre Banden, die man besser in Frage stellen oder abschaffen sollte. Es hängt natürlich vom Kontext ab, welche Möglichkeit angemessener ist. Unanalysierte Identifizierungen können dazu führen, daß der Übergang zwischen Mittel- und Objektbezug der Zeichen (hier: Bande/Banden) gesperrt ist, die Verschiedenheit des möglichen Objektbezugs nicht mehr zur Geltung kommt, somit die zugehörigen Kontexte gar nicht mehr in die Deutung einbezogen werden und nicht mehr austauschbar sind.

Familiäre Bande und familiäre Banden kommen durch die umgangsprachlichen Worte weitgehend zur Deckung, die eine Entdeckung ermöglicht. So wird deutlich, daß und auch wie etwas zugedeckt werden kann. Der Unterschied kann durch den Kontext mit einiger Mühe wieder herausgearbeitet werden. Bei dem Beispiel Bande/-Banden zeigt sich der formale Unterschied relativ einfach in dem Buchstaben »n«. In diesem Fall ist also der Übergang von der einen zur anderen Ausdrucksform rein buchstäblich, d. h. in der Sprachzeichenebene zu erkennen. Man kann ihm einen definierten Platz in der sprachlichen Struktur zuweisen: Das Vorhandensein oder Fehlen von »n« stellt den Sachverhalt jeweils in ein anderes Licht.

Wenn man über das Wort »Bande/n« im folgenden Erkenntnisschritt gleich auf eine bestimmte Bedeutung kommen will, steht der Objektbezug des Zeichens im Mittelpunkt. Das bringt dann mit sich, z. B. für die familiären Bande hier, daß beim Umgang mit den familiären Tendenzen, die in jeder Institution vorkommen, eine Seite sich zu sehr durchsetzt: In diesem Fall, daß entweder unreflektierte Identifizierung und Emotionalisierung, Stabilisierungs- und Reproduktionsmentalität die Einstellung bestimmen und dadurch bedingte manipulative Tendenzen nicht erkannt werden oder überdeutliche manipulative Tendenzen keinen Raum lassen für die andere Seite des Familiären, z. B. Vertrauen in die Stabilität der gemeinsamen Interessen und notwendigen Vertrauensvorschuß bei Meinungsverschiedenheiten. Der Bezug auf das Zeichen besteht als einseitig objektgebunden, bestimmt wesentliche Teile des Handelns und andere Entwicklungsmöglichkeiten müssen unberücksichtigt bleiben. Damit bleibt man beim Handeln, bestenfalls beim inneren Sprechen, der Kommunikation mit dem unbewußten Bild entweder der »guten« oder der »schlechten« Familie. In psychoanalytischen Institutionen sollte es aber möglich sein, daß in der Phantasie beide Seiten so zur Darstellung kommen, daß nicht die eine Seite die andere unterdrückt. Sonst bleiben innere unbewußte Repräsentanzen der familiären Bande Grundlage dessen, was den Körper der Körperschaft schafft.

## Öffnung zwischen Mittel- und Objektbezug am Beispiel der Ambiguität

Welcher ansonsten loyale Institutskollege, der sich in seinen freundschaftlichen Banden eingerichtet hat, glaubt schon, daß er einer Bande angehört, daß er also in freundschaftlichen Banden, die manipulative Wirkung entfalten können, gleichzeitig geborgen und gefangen ist? Erst wenn der Bezug sich nicht nur auf die Referenzobjekte (etwa bestimmende Maßstäbe von familiärer Bindung, Körperschaft und Corpsgeist, Zusammenhaltenmüssen u. ä.) richtet, sondern ebenso auf die Struktur der Worte, d. h. der Bezug auf das Wort als Mittel im Mittelpunkt steht, ist man gezwungen, die Unterschiede herauszuarbeiten.

Viele komplexe Zusammenhänge, z. B. die ambivalenten Hintergründe von Doppeldeutigkeiten, sind nur im Mittelbezug auf das Zeichen, also mittelbar zu hören, sind nicht unmittelbar gegeben. Oftmals gilt dann: Nur solange die Doppeldeutigkeit gehört und reflektiert werden kann, ist die vermittelnde Ebene intakt, sonst gilt das Gesetz des Handel(n)s. Wieder das »n«. Man kann das Spiel mit dem »n«, die Reise durch die Welt der Buchstaben- und Sprachzeichenstrukturen weiterführen, ohne die Gesetzmäßigkeit zu ändern, und man kann dabei zur Psychoanalyse zurückkommen. Wenn man das »n« bei Freundschaft streicht und dafür an anderer Stelle ein »f« hinzufügt, entsteht etwas Neues, was nicht im szientistischen Sinne logisch ist, aber von der Ausdrucksform her sehr ähnlich klingt und eine (vielleicht wichtige) neue Bedeutung darstellt: Ein Institut, das (statt mit Freundschaft) (mehr) mit Freud schafft. Auch solche spielerischen Umwandlungen sind manchmal geeignet, Fixierungen an der einen oder anderen Stelle zu lockern.

Aber »Freud« einfach hervorzurufen ist noch etwas anderes als zu ergründen, was Freud hervorrufen kann. Damit kommen wir zurück zum Wechselspiel von Bild- und Sprachzeichen in der Traumbearbeitung. Artikulatio(n),

Bande(n), Freu(n)dschaft unterscheiden sich alle durch ein »n«. Dieser Buchstabe steht für die Unterschiedlichkeit der Kontexte und die digitalen Eigenschaften der Sprache (die technisch verstandene Möglichkeit der Information). Der übrige Teil der Worte ist gleich, weist durch die Ähnlichkeit hin auf die analogen Anteile der Sprache.

Die Ebene der buchstäblichen Ordnung muß hier über sich ergehen lassen, daß die Buchstabenfolgen der sich gleichenden Anteile sich im kognitiven Vorgang des Hörens oder Sehens übereinanderschieben, eine Schnittmenge bilden. Die Signifikanten verschmelzen fast, die Objekte und damit die nicht-natürliche Verbindung der Wortsignifikanten zu den Objekten, die Sprache sonst charakterisiert, treten für einen Moment in den Hintergrund. Dies ist wohl eine lustvoll-kompensatorische Möglichkeit der Wahrnehmungsidentität, wie sie der Primärprozeß sucht. Die von Freud beschriebene Verschiebung zu den Bildsubstituten, Merkmal der Regression im Traum, kann man hier als »Überbilderung« der buchstäblichen Sprachstruktur wiederfinden. Darin ist nun das enthalten, was (durch den bildhaften Charakter) infantile und emotionale Seiten anspricht, unsere Neugier weckt und regressiv schöpferische Möglichkeiten eröffnet.

Das Beispiel der familiären Bande zeigt, daß – wie oft in der Psychoanalyse – der Bezug auf die Sprach- und Zeichenform wichtig sein kann, und daß sich auch Konflikte in Institutionen oftmals besser in der Umgangssprache als in Fachsprache abbilden lassen. Vielleicht ist ein Teil der störenden und oftmals unüberwindlich scheinenden Dichothomie zwischen Psychoanalyse und Organisation durch einseitig fachsprachliche Ausdrucksformen und deren inhärente logische Urteilskriterien bedingt. Im Gegensatz zu den mehr oder weniger formalisierten Fachsprachen läßt die Umgangssprache eher den Übergang zwischen Mittel- und Objektbezug offen. Der umgangssprachliche Umgang, der Umgang mit Regression durch Umgangsprache ist schöpferisch und verführerisch zugleich. Ein formalisierter Umgang damit, der etwa durch wissenschaftliche Fachsprache der Verführung der inhärenten Sprachformen von vornherein ausweicht, schaltet dabei die Möglichkeit der Regression weitgehend aus. Jedenfalls werden die von mir beschriebenen Interpretationsgrundlagen einer psychoanalytischen Perspektive eher gerecht. Freud hat das als »Rücksicht auf Darstellbarkeit« beschrieben: »Die Traumarbeit scheut nicht die Mühe, den spröden Gedanken etwa zuerst in eine andere sprachliche Form umzugießen, sei diese auch die ungewöhnlichere, wenn sie nur die Darstellung ermöglicht und so der psychologischen Bedrängnis des eingeklemmten Denkens ein Ende macht« (Freud, 1900, S. 349)

# Literatur


Barthes, R. (1964): Elemente der Semiologie. Frankfurt. Syndikat 1979

Brocher, T. (1992): Ausbildung und Gruppenidentität. In: J. Wiesse (Hg): Chaos und Regel. Die Psychoanalyse in ihren Institutionen. Göttingen (Vandenhoeck & Ruprecht) S. 15–33

Buchinger, K. (1993): Zur Organisation psychoanalytischer Institutionen: Psyche 47: 31–70.

Condon, W. S. u. L. Sander (1974): Neonate movement is synchronized with adult speech. Science 183: 99–101

Dolto, F. (1984): Das unbewußte Bild des Körpers. Berlin 1987 (Quadriga)

Erdheim, M. (1988): Psychoanalyse und Unbewußtheit in der Kultur. Frankfurt (Suhrkamp)

Freud, S. (1900): Die Traumdeutung. GW II/III

Golder, E.-M. (1994): Das unbewußte Körperbild. RISS 9/27

Hagedorn, E. (1991): Zur Semiotik des dynamischen Unbewußten. Forum Psychanal. 7: 169–188

Körner, J. u. U. Rosin (1992): Über Regression. Forum Psychoanal 8: 1–16

Krause, R. (1983): Zur Onto- und Phylogenese des Affektsystems und ihrer Beziehungen zu psychischen Störungen. Psyche 37: 1016–1043

Laplanche, J. u. J. B. Pontalis (1967): Das Vokabular der Psychoanalyse. Frankfurt (Suhrkamp) 1973

Lichtenberg, J. D. (1983): Psychoanalyse und Säuglingsforschung. Berlin Heidelberg 1991 (Springer)

Nave-Herz, R. (1989): Familiensoziologie. In: G. Endruweit u. G. Trommsdorff: Wörterbuch der Soziologie S. 192–200. München/Stuttgart 1989 (DTV/Enke)

Nöth, W. (1985): Handbuch der Semiotik. Stuttgart (Metzler)

Sennett, R. (1983): Verfall und Ende des öffentlichen Lebens. Die Tyrannei der Intimität. Frankfurt.

Stephan, C. (1994): Der Betroffenheitskult. Rowohlt TV (Reinbek)

Tholen, G. C. (1986): Wunsch-Denken. Versuch über den Diskurs der Differenz. Kasseler Philosophische Schriften 20. Gesamthochschule Kassel

Wiesse, J. (Hg.): Chaos und Regel. Die Psychoanalyse in ihren Institutionen. Göttingen (Vandenhoeck & Ruprecht)

Zeillinger, G. F. (1992): Wie notwendig ist das Irrationale? In: Wiesse, J.: Chaos und Regel. Die Psychoanalyse in ihren Institutionen S. 56–62. Göttingen (Vandenhoeck & Ruprecht)

*Michael Schulte-Markwort und Wulf-Volker Lindner*

# Zwischen Ausbildungsfabrik und psychoanalytischer Fakultät

## Zur Zukunft der psychoanalytischen Ausbildung

### Einleitung

Mit dem aufscheinenden Psychotherapiegesetz entstand in der Bundesrepublik Deutschland innerhalb der Psychoanalytiker im Laufe des Jahres 1993 eine heftige Diskussion, die sich ängstlich erregt mit der Zukunft der Psychoanalyse oder besser gesagt mit der Zukunft der niedergelassenen Psychoanalytiker beschäftigte. Das einzig mögliche Ziel – so schien es – mußte sein, die Existenz der Psychoanalytiker zu sichern.

Im weiteren Verlauf dieser Diskussion tauchte am DPG-Institut in Hamburg aber auch die Frage auf, was geschehen würde, wenn die Psychoanalytiker auf ihre Anerkennung durch die Krankenkassen verzichten würden, wenn sowohl für die Ausbildungskandidaten als auch für die Lehranalytiker und Dozenten eine Psychoanalyse entdeckt und betrieben werden könnte, die sich nicht primär an den Regulatorien der Krankenkassen orientieren würde. Diese Aussage hatte damals und hat auch heute noch wenigstens zwei Bedeutungen: Zum einen ist sie unerhört und löst Empörung aus, weil es so aussieht, als würde man damit vielen Kollegen die Existenzberechtigung absprechen und andererseits wirkt dieser Einwand wie ein »ceterum censeo«, weil er sehr alt ist und von manchen Psychoanalytikern seit Jahren wiederholt wird.

Und dennoch besteht gerade in einer Zeit des Umbruchs – wohin auch immer – die Chance, den Reichtum der Psychoanalyse wiederzuentdecken.

### Geschichte

1. Hypothese:
*Die unauflösbare Spannung zwischen Bewahren und Verbreiten, zwischen Aufklären und Organisieren, zwischen Psychoanalyse als Therapie und Kulturtheorie ist der Psychoanalyse historisch und inhaltlich immanent.*

Schon in der Geschichte der Psychoanalyse und der psychoanalytischen Bewegung läßt sich eine spezifische Spannung feststellen, die sich schon immer zwischen den Polen Bewahren – Verändern bewegt hat. Diese Spannung läßt sich auf auf mindestens 3 Ebenen zeigen:

1. In der Person Sigmund Freud:
   Schon in seiner Person und seinem spezifischen Umgang mit persönlichen wie psychoanalytischen Dingen zeigt sich die Spannung zwischen sich öffnen versus sich schützen, zwischen verfremden, verbrennen – zeigen und verhüllen. So klar es schon Sigmund Freud war, daß ein Fortgang der Theorie und Praxis der Psychoanalyse nur mit einem Veröffentlichen der psychoanalytischen Behandlungen und Gedanken und damit immer auch mit einem Veröffentlichen des Unbewußten des Autors einhergeht, so sehr hat es ihn auch immer beschäftigt, sowohl seine Patienten als auch seine eigene Person vor der Öffentlichkeit zu schützen. Nur so sind die immer wieder in Zyklen auftretenden Vernichtungen eigenen Materials zu verstehen. In den veröffentlichten Behandlungsberichten zeigt sich eine ähnliche Spannung, wenn Sigmund Freud Patientendaten oder auch eigene Traumberichte verfremdet hat, um sich nicht schutzlos auszuliefern.
2. In der Theorie der Psychoanalyse:
   Diese Spannung setzt sich in der Theoriebildung und der Theoriegeschichte der Psychoanalyse weiter fort. Immer wieder geht es darum, Neues zu entdecken und gleichzeitig Altes zu bewahren, es geht darum, Anregungen aufzugreifen versus Dissidenten zu verbannen. Es geht um die Aufwertung einzelner Theorien und einzelner Personen versus die Ächtung derselben bishin zu einem Zustand des Verfolgtwerdens. Letztlich geht es damit immer um ein Nicht-Wissen-Wollen versus das Nicht-Wissen-Können.
   Die Frage der Wahrheit in der Konkurrenz verschiedener Theorien ist in der Geschichte der Psychoanalyse immer wieder sehr persönlich geworden und bringt auch heute noch jeden Leser oder Zuhörer erneut in eine potentiell bedrohliche Spannung, wenn nicht klar ist, wieviel der bis dato gelebten und praktizierten Theorie noch Gültigkeit haben kann bzw. wie groß der Anteil der notwendigen Verwerfungen ist. Bezeichnenderweise werden kritische Neuentwürfe schnell als Angriff auf die eigene Person erlebt bzw. als Angriff auf die bis dahin angewendete Praxis.
3. In der Geschichte der Institutionalisierung der Psychoanalyse:
   Auch hier zeigt sich diese Spannung zwischen den freien Diskussionen in der Mittwochsgesellschaft versus der Gründung des Komitees, im Gründen und Betreiben der IPV versus der gleichzeitigen und parallel aktiven Gründung eines Geheimbundes. Auch wenn heute durch die Anerkennung durch die Ärzteschaft und geregelte Ausbildungscurricula eine Geheimbündlerei innerhalb der psychoanalytischen Bewegung nicht mehr in dem Maße vorkommt und absurd erschiene, so ist in der impliziten »Wertigkeit« der einzelnen Fachgesellschaften im Verbund der DGPT doch deutlich, daß es »geheime Kräfte« gibt, die zu mehr oder weniger Wert als Psychoanalytiker führen.

Insgesamt handelt es sich unter diesem Gesichtspunkt der Geschichte um eine nur schwer aushaltbare Dialektik der Psychoanalyse, die zwischen den beschriebenen Polen schwankt und immer wieder zu Extremen neigt.

Seit 25 Jahren gibt es nun eine spezifische Haltung, eine psychoanalytische Extremhaltung, die unsere Gegenwart charakterisiert.

**Gegenwart**

2. Hypothese:

*Gegenwärtig beschränkt sich die Psychoanalyse auf eine Ausbildung zu therapeutischer Identität.*

Seit 25 Jahren ist die psychoanalytische Ausbildung gleichzusetzen mit der Ausbildung zum psychoanalytischen Therapeuten. Es ist eine Ausbildung, die nicht zuletzt aufgrund der hohen zeitlichen und persönlichen Anforderungen selber zum Beruf geworden ist, was sich darin ausdrückt, daß die meisten Ausbildungsteilnehmer nach dem Vorkolloquium niedergelassen arbeiten. Nur so meinen sie, den immensen Aufwand bewältigen zu können, nur in der Professionalisierung ihrer Ausbildung scheint sich das verwirklichen zu lassen, was eigentlich vom Ansatz her eine »psychoanalytische Weiterbildung« sein sollte. Innerhalb dieser Professionalisierung der Weiterbildung sind dann alle Zweifel am zukünftigen Beruf als Psychoanalytiker und alle Zweifel an der eigenen Eignung aufgehoben in einem wörtlichen Sinne: auf der Einbahnstraße zum psychoanalytischen Therapeuten gibt es kein Zurück mehr.

In einer Atmosphäre von Anstrengung verbergen sich die Lehranalytiker der Institute und die Kandidaten halten sich an eine ausgesprochene Nachforschungsangst. Daneben hat sich eine Tendenz entwickelt, sowohl die Supervision, als auch die Theorie und die Kasuistik affirmativ statt argumentativ zu vermitteln. Aus diesen Gründen kommt es im Laufe der Ausbildung immer wieder zu Theoriebrüchen und -sprüngen, in deren Verlauf auch therapeutisches Handeln nicht mehr beschrieben oder hergeleitet wird, sondern emotional oder mit schlichten Erfahrungswerten begründet wird.

Die Auswahl von Kandidaten orientiert sich sehr viel mehr an Phänomenen wie Ähnlichkeit statt an Andersartigkeit und Bereicherung (in diesem Zusammenhang sei auf die Problematik der Zulassung von homosexuellen Kandidaten hingewiesen).

Insgesamt ist der heutige Status der psychoanalytischen Ausbildung und Praxis durch eine auffällige Paradoxie gekennzeichnet: Einerseits basiert die Anerkennung, die von allen auch weiterhin gewollt wird, auf einer empirischen Datenbasis und andererseits existiert vom Zeitpunkt der Anerkennung an eine auffällige Verweigerung der empirischen Überprüfung. Man könnte daraus schließen, daß die Psychoanalytiker eigentlich nicht weiter durch die Krankenkassen und das Sozialgesetzbuch als wissenschaftliche Methode anerkannt bleiben möchten. Die extrem ängstliche Reaktion auf das Psychotherapeutengesetz mußte den kritischen Beobachter allerdings eines Besseren belehren. Wir meinen, daß sich hierin u. a. die Bündelung des Energiepotentials zeigt, das die Kreativität der Psychoanalyse ausmacht, aber in der Agonie stabilisierend und systemimmanent aufgehoben ist.

Psychoanalytiker ist, wer psychoanalytisch behandelt. Wer dies – aus welchen Gründen auch immer – nicht tut, ist kein Analytiker mehr. Psychoanalytische Wahrnehmungseinstellung oder Implementierung reflexiven psychoanalytischen Wissens in andere Bereiche des Lebens oder der Wissenschaft gilt nicht als psychoanalytisch. Die Frage der Laienanalyse ist nicht nur eine krankenkassentechnische, sondern in ihr ist auch die Frage der Beschränkung bzw. Erweiterung der psychoanalytischen Theorie und Praxis unmittelbar enthalten. Das Argument, die Ärztekammern würden eine Erweiterung um Laienanalytiker nicht tolerieren, zeigt die einseitige und unkritische Unterordnung der psychoanalytischen Institute.

Die Unversöhnlichkeit psychoanalytischen Wissens mit der Kultur wird ausgeglichen durch die scheinbar gesellschaftskonforme Therapie, die von der Gemeinschaft bezahlt wird. Die Bedrohung von innen – von psychoanalytischer Selbstreflexion – ist an den Instituten der Bedrohung von außen gewichen. Und das, obwohl die Kritik von Grawe (1994) zumindest teilweise hausgemacht ist, weil man sich dem Therapievergleich gestellt hat, ohne sich stellen zu wollen und können.

Diese Liste von Gegenwartsbeschreibungen im Sinn des Unbehagens an der Psychoanalyse ließe sich lange fortsetzen. Anstatt die Litanei zu wiederholen, erscheint es an dieser Stelle notwendig, in eine neue Form der Diskussion zu treten.

Denn auch die Gegenwart ist eine Geschichte von Kritikern. Meistens handelt es sich um Personen, die zumindest inzwischen außerhalb der DGPT stehen, meistens sind es keine »Behandler« oder es handelt sich um Ausländer oder Pensionäre, die offensichtlich mehr Abstand und mehr Mut zur Kritik haben als die, die innerhalb des psychoanalytischen Betriebes von den Kassen bezahlt werden. Durch eine Massierung ihrer Provokation ernten diese Kritiker nur Empörung und fördern systemimmanent den Status quo in der Tradition der Dissidenten. Ein Beispiel dafür ist die Veröffentlichung von Petri (1985):

»Wenn man als Insider eine Art Brain-Storming über die Literatur zu Ausbildungsfragen durchführt und die Beschreibungen zu einer Art Puzzle zusammengefügt, läßt sich etwa folgendes Bild zeichnen: Ausbildungsinstitute sind Fortpflanzungsorgane der psychoanalytischen Bewegung, die in ihrer hierarchischen Strukturierung, Kaderschmieden für infantilisierte und angepaßte Musterschüler darstellen. Die Unterwerfung erfolgt durch Gewalt in der Ausbildung, Einschüchterung, Disziplinierung und Zwang, wobei die Institutionalisierung von Unfreiheit durch Initiationsriten gefördert wird, die durch autoritäre Techniken und dogmatische Verkündigung den Gehorsam und eine Über-Ich-Impression der Kandidaten bewirken. Die Machtstrukturen entsprechen denjenigen einer religiösen Glaubensgemeinschaft bzw. einer Sekte, die durch Unaufrichtigkeit, Unehrlichkeit, Anspruch auf Unfehlbarkeit und Absolutheit sowie durch Intoleranz gekennzeichnet ist und deren Proselytenmacherei einem priesterlichen Moralismus entspringt. Durch Isolierung nach außen kann auch das Herrschaftsinstrument der Geheimhaltung nach innen erhalten bleiben, wobei die Herrschaftsverhältnisse durch ein elitäres Bewußtsein gesichert werden.«

Zwischen der therapeutischen Einbahnstraße und dieser Kritik wiederholt sich der auch schon historisch aufgezeigte Spannungsbogen, der für den gegenwärtigen Status der Psychoanalyse verantwortlich ist. Dieser Status zeigt sich auch innerhalb der DGPT.

**DGPT**

3. Hypothese:

*Die Psychoanalyse in der DGPT ist nicht mehr wissenschaftsorientiert.*

Die DGPT als Dachverband der Psychoanalytiker hat es zugelassen, daß sich die Hochschullehrer aus dem Verband weitgehend zurückgezogen haben. Eine Konsequenz daraus ist der Facharzt für psychotherapeutische Medizin. Er ist ein lebendiges Beispiel dafür, wie man sich innerhalb einer Organisation, wie die der Psychoanalytiker in der DGPT, gegenseitig schwächen statt stärken kann.

Trotz nachgelassener aktueller Bedrohung durch das Psychotherapeutengesetz taucht innerhalb der DGPT ein Konflikt auf, der sich im Psychologen-Ärzte-Streit äußert. Auch dieser Konflikt bindet Energien und wird das auch weiterhin tun, und er lenkt ab von den eigentlichen Problemen und inneren Bedrohungen. Diese Tatsache, daß sich die DGPT nunmehr in eigenständige psychologische und ärztliche Sektionen aufgeteilt hat, wird unweigerlich dazu führen, daß die Entscheidungs- und Meinungsbildungsstrukturen unübersehbarer werden und die Differenzen und potentiellen Konflikte zwischen Ärzten und Psychologen zunehmen.

Zusätzlich muß festgestellt werden, daß die Psychoanalytiker mit der DGPT keine Fachvertretung der Psychoanalyse (mehr) haben, sondern nur noch eine berufspolitische. Darüber mag man auch froh sein, weil es in den heutigen Zeiten gerade so wichtig ist, daß die Psychoanalytiker gegenüber den psychologischen Psychotherapeuten eine schlagkräftige berufspolitische Vertretung haben, was auch einleuchtet, allerdings ist dies nur wirksam unter der oben beschriebenen Maßgabe, daß die Psychoanalyse eine Behandlung im Sinne der Krankenkassen ist.

Die interdisziplinäre Bereicherung einer wissenschaftlichen Psychoanalyse wurde in den Instituten aufgehoben. Trotz mancher DPV-Institute, die inzwischen wieder Privatverträge mit den sogenannten Laienanalytikern haben, existiert eine relevante Psychoanalyse außerhalb der therapeutischen Bahnen in Deutschland so gut wie nicht. Vielleicht hat die Tatsache, daß deutsche Psychoanalytiker auf der internationalen Bühne so wenig zu sagen haben, genau damit etwas zu tun, daß sich die deutsche Psychoanalyse so extremen Beschränkungen unterworfen hat.

**Stillstand**

4. Hypothese:

*Es ändert sich trotz vieler Mahner nichts, weil die Psychoanalyse sich mit der Anerkennung durch die Krankenkassen einem Legitimationsdruck ausgesetzt hat, dem nachzukommen kaum möglich ist.*

Seit vielen Jahren gibt es viele Mahner und Kritiker dieser beschriebenen Zustände der Psychoanalyse. »Eigentlich ist schon alles gesagt – warum handeln wir nicht?« fragt Michaelis (1990) in seinem Aufsatz. Häufig wird diese Frage, die auch als psychoanalyse-immanent gelten muß, mit Deutungen beantwortet. Sie beziehen sich meistens auf so etwas wie Machtsicherung, »Auserwähltheitsphantasien« (Michaelis, 1990) oder den Abwehrvorgang, sich als Psychoanalytiker mit vollen Terminkalendern in vollen Praxen abzudichten – gegen die Neugier. Für Deutungen sind unserer Meinung nach die Psychoanalytiker selbst zuständig, hier kann und soll es nicht darum gehen, diese Destruktion zu wiederholen, in deren Verlauf Deutungen mit Wahrheitsanspruch ausgetauscht werden.

Die Frage, *warum* sich nichts ändert, muß auf einem tieferen Verständnis also jeder für sich beantworten. Die *Frage* allerdings bleibt ungemein wichtig.

*Eine* naheliegende Antwort ist, daß sich in den Instituten, die sich den Ärztekammern und kassenärztlichen Vereinigungen verpflichtet haben, selbstverständlich ein Legitimationsdruck entwickelt hat, bei dem jegliche Veränderungsphantasien im Keim erstickt werden müssen, weil damit immer sofort die Existenzgrundlage gefährdet ist bzw. gefährdet scheint – solange Psychoanalyse nur Therapie ist und bleiben soll.

**Zukunft**
5. Hypothese:
*Trotzdem besteht gerade jetzt die Chance, verlorene Freiräume wiederzugewinnen und – statt sich berufsgruppenbezogen zu splitten – in Organisationen neben den Instituten (Arbeits-, Kooperationsgruppen), die sich am Modell universitärer Fakultäten orientieren – den spannungsvollen Reichtum der Psychoanalyse wieder zu entdecken.*

Gerade zur Zeit besteht die Möglichkeit, über die verlorenen Freiräume nicht nur nachzudenken, sondern konkret Wege neben den Instituten zu beschreiten.

Es muß überhaupt die Frage gestellt werden – und werden dürfen –, ob und wodurch die Anerkennung (!) riskiert wird. Was führt an die Grenzen dieser, im wahrsten Sinne des Wortes, fragwürdigen Anerkennung und was ist nebenher möglich? Alle schon längst vorgeschlagenen Forschungsinstitute, Fakultäten usw. lassen sich blitzschnell durch das vermeintlich schlagkräftige Krankenkassenargument entkräften.

Dabei geht es um eine kreative Spannung durch Schaffung und Förderung von sozialwissenschaftlichen und kulturellen Abteilungen neben bzw. innerhalb der Institute bzw. der Arbeitsgruppen. In einem Bausteinprinzip könnte sich die Ausbildung erweitern. In gemeinsamen Kolloquien von Geisteswissenschaftlern, Psychologen und Ärzten könnte sich die psychoanalytische Spannung zu den universitären Idealen gesellen. Es geht darum, sich der Atmosphäre der verschlossenen Selbst-Reflexion entgegenzustellen für eine Öffnung nicht nur in der Theorie in Grenzbereichen, sondern für das Subversive, das im Auftrag der Krankenkassen im Sinne von Verminderung bzw. Vermeidung von Krankheitstagen geglättet oder gar ausgegrenzt wurde. Erst, wenn man wirklich in der Lage ist, über eine Zurückgabe der fragwürdigen Anerkennung nachzudenken, tauchen die Freiräume, aber auch die (inneren) Bedrohungen – fast kann man es Reichtum nennen – auf. Dann aber könnten bestimmte Funktionen an den Instituten gemeinsam nach der Qualifikation der Personen und nicht nach dem Status wahrgenommen werden. Andere Funktionen könnten demokratisch routieren. Wenn es empfehlenswert ist, die Lehranalyse außerhalb des Instituts zu absolvieren, entstehen ebenfalls Freiräume, die der Kreativität des jeweiligen Instituts zugute kommen, als daß sie in Zeige- oder Nachforschungsangst aufgehen. In diesen Freiräumen könnte es dann z. B. auch um Didaktik für Dozenten gehen, was gegenwärtig viel zu kurz kommt. Man wäre freier für eine wissenschaftstheoretische Diskussion, die gegenstandsbezogen denkt und nicht der verkrusteten Dichotomie Empirie versus Hermeneutik nachhängt. Worum es dann geht, ist die wechselseitige Unterstützung statt Austragung dieser Konflikte, wie sie derzeit in der DGPT geschehen.

In anderen Organisationsstrukturen in den Instituten müßte es für die Lehranalytiker und Dozenten dann gar nicht mehr darum gehen, das Fach Psychoanalyse in der ganzen Breite vertreten zu müssen, vielmehr würde erst gemeinsam eine Vertretung des Faches entstehen.

Natürlich sind solche Veränderungen, von denen hier nur einige genannt sind, an Personen und Regionen gebunden, aber darüber hinaus gilt es, eine Menge Punkte zu Inhalten und Organisationsstrukturen zu diskutieren. Dazu bedarf es eines entsprechenden Diskussionsforums, wofür dieser Beitrag eine Grundlage anbieten wollte.

## Literatur

Grawe, K., Donati, R., Bernauer, F. (1994): Psychotherapie im Wandel. Von der Konfession zur Profession. Göttingen (Hogrefe)

Michaelis, D. (1990): Eigentlich ist schon alles gedacht und gesagt – warum handeln wir nicht? In: Zepf, S.: Wer sich nicht bewegt, der spürt auch seine Fesseln nicht. Frankfurt/Main (Nexus)

Petri, H. (1985): Psychoanalytische Sozialisation – ein Weg zur Autonomie. Psyche 39 : 481–500

*Paul L. Janssen*

# Psychotherapeutische Medizin und Psychoanalyse

Zu dem Thema »Psychoanalyse im Wandel – ihr innerer und äußerer Rahmen –« konnte ein Thema nicht fehlen, die Einführung des Facharztes für Psychotherapeutische Medizin in die ärztliche Weiterbildungsordnung. Die Einführung einer Gebietsbezeichnung ist verbunden mit den Bedingungen, unter denen Gebietsbezeichnungen erworben werden, z. B. Ganztagstätigkeit, Angestelltenstatus und Abschlußprüfungen, wird bildungspolitisch gesehen langfristig einen großen Einfluß auf Tätigkeit und Ausbildung des ärztlichen Psychoanalytikers haben. Die Einflüsse werden nicht minder nachhaltig sein wie die jetzigen, landauf, landab diskutierten ökonomischen Einflüsse, die vom Gesundheitsstrukturgesetz ausgehen und wie ein zukünftiges Psychotherapeutengesetz.

Die DGPT hat jahrelang den Facharzt bekämpft, und sie wußte auch warum. Bis kurz vor der Entscheidung auf dem Ärztetag 1992 war sie in dem Für und Wider zerstritten. Die Geschichte der Argumentation habe ich an anderer Stelle ausführlich dargestellt (Janssen 1993). Erst jetzt ist auch die DGPT daran interessiert, daß die Facharztweiterbildung nicht an den Instituten und den Analytikern vorbeigeht.

Man könnte fragen, warum dieses Interesse, da ja doch die Zusatzbezeichnung »Psychoanalyse« in Abgrenzung zur Gebietsbezeichnung »Psychotherapeutische Medizin« fest in der Weiterbildungsordnung etabliert ist.

Mit der Zusatzbezeichnung »Psychoanalyse« wird sich die Ärztin, der Arzt nach den neuen Weiterbildungsrichtlinien für psychoanalytische Langzeitbehandlungen von mehr als 250 Stunden qualifizieren, jedoch nicht für das breite Feld der Anwendungen der Psychoanalyse, z.B. der Kurzzeittherapie, der Gruppentherapie, der Ehe- und Familientherapie. Hinzu kommt, daß Niederlassung nur noch mit einer Gebietsbezeichnung möglich ist. Die Zusatzbezeichnung »Psychoanalyse« wie auch »Psychotherapie« können also nicht mehr zum Facharztersatz herangezogen werden. Darum wird der Erwerb der Facharztbezeichnung für Psychotherapeutische Medizin für den zukünftigen Psychoanalytiker von großem Interesse sein. Zwar wird er auch Nervenarzt, Facharzt für Psychiatrie und Psychotherapie, Facharzt für Kinder- und Jugendpsychiatrie und -psychotherapie werden können, und die Zusatzbezeichnung »Psychoanalyse« führen können, jedoch wird er als niedergelassener Arzt aller Voraussicht nach auch in dem jeweiligen Fachgebiet tätig werden müssen, insbesondere wenn die Bedarfsplanung noch strikter greift. Damit wird der Erwerb des Facharztes für Psychotherapeutische Medizin für den Psychoanalytiker von Interesse und es wird die Frage sein, wie sich dies langfristig auf die Ausbildung und die Psychoanalyse und ihre Anwendungen auswirkt. Insofern beschäftigen wir uns nicht mit einem aktuellen Thema, sondern mit einem Thema für das Jahr 2000 und folgende.

## I. Der Weg der Ärztin, des Arztes zur Psychoanalyse vor Einführung der Gebietsbezeichnung »Psychotherapeutische Medizin«

Die Ärztinnen/die Ärzte, die sich für eine psychoanalytische Ausbildung interessieren, stehen mit Abschluß ihres Studiums etwa mit 26 Jahren in der Regel vor dem großen Problem der Realisierung ihrer Absicht. Wenn sie nicht sehr vermögend sind, müssen sie zumeist einige Zeit ins Land gehen lassen, bis sie eine psychoanalytische Ausbildung beginnen können.

In dem Status des Arztes im Praktikum, den sie 1 1/2 Jahre inne haben, sind bei geringen finanziellen Einkünften die Ausgaben für die Ausbildung zu hoch. Haben sie eine Assistentenstelle z. B. in der Inneren, der Psychiatrie, der Gynäkologie oder in anderen Kliniken, sind die Dienstbelastungen so hoch, daß sie kaum neben den klinischen Anforderungen eine Ausbildung beginnen können. Manche Universitätskliniken ermöglichen dies, da ihre Personalausstattung besser ist, jedoch an psychiatrischen Landeskliniken oder in psychiatrischen Abteilungen ist dies häufig aussichtslos. Zumeist verschieben diese Ärzte/innen ihren Wunsch, erwerben die Zusatzbezeichnung Psychotherapie, um danach erst eine psychoanalytische Ausbildung zu beginnen. In der Regel sind sie dann schon über 35 Jahre. Manche lassen sich auch erst als Fachärzte nieder, um dann besser die Anforderungen erfüllen zu können wie Lehranalyse, Patientenbehandlung unter Supervision und Seminarbesuche. Der zeitliche Aufwand ist mit ca. 20 Stunden pro Woche ohne Fahrzeiten anzusetzen.

Ein Vorteil haben die Kolleginnen oder Kollegen, die an psychotherapeutischen-psychosomatischen Kliniken arbeiteten, insbesondere, wenn diese von einem Analytiker geleitet werden und auch ein analytisches Behandlungskonzept vertreten. Hier besteht schon das Interesse des Leiters der Abteilung darin, gut qualifizierte, psychoanalytisch ausgebildete Mitarbeiter zu haben. Der Vorteil liegt auch noch auf einer anderen Ebene, die besonders in der Gebietsbezeichnung Psychotherapeutische Medizin zum Tragen kommt, auf den ich dann später noch eingehen werde.

Das Grundprinzip der psychoanalytischen Ausbildungsinstitute ist, jeder

Weiterbildungserhalt, der außerhalb des Institutes erworben wird, z. B. an Psychotherapieweiterbildung oder dergleichen, nur begrenzt oder nicht anzuerkennen.

Die Kandidaten werden das Curriculum durchlaufen, wie es das Institut, die Gesellschaft und die Psychotherapie-Vereinbarung für anerkannte Institute vorsieht.

Besonders der Status des anerkannten Institutes, der über die Psychotherapie-Richtlinien und -Vereinbarungen geschaffen wurde, um Dipl.-Psychologen die Ausbildungsmöglichkeiten zu eröffnen, an der Vertragspsychotherapie beteiligt zu werden, zwang den Arzt, wenn er eine Kassenzulassung wollte, sich ganz auf diese Ausbildung einzulassen. Erst ab 1987 wurden die Psychotherapie-Richtlinien und -Vereinbarungen dahingehend geändert, daß mit der Zusatzbezeichnung »Psychotherapie« und »Psychoanalyse«, wo auch immer die Ärztin, der Arzt die erworben haben, sie sich für die Ausübung vertragsärztlicher Psychotherapie qualifiziert haben. Damit wurde besonders der Zusatztitel »Psychotherapie« aufgewertet. Mit dem gleichzeitigen Beschluß, daß mit der Zusatzbezeichnung »Psychotherapie« bzw. »Psychoanalyse« – die DGPT hatte dies sehr betrieben – der Arzt/in sich niederlassen kann, war bald abzusehen, daß neben den ärztlichen Psychoanalytikern sich zahlreiche Ärzte mit Zusatzbezeichnung »Psychotherapie« niederließen. Die Probleme, die daraus entstanden sind, möchte ich hier nicht weiter untersuchen.

Zu unserem Thema Psychotherapeutische Medizin und Psychoanalyse führt ein anderes Konfliktfeld.

Die Institute haben jahrelang die Kompetenzen, die in der Weiterbildung in psychotherapeutischen-psychosomatischen Kliniken erworben werden, gering geachtet. Obwohl häufig Mitglieder der Institute solche Kliniken leiten, selbst Lehranalytiker sind und gleichzeitig leitende Ärzte oder Hochschullehrer, führt dies nicht zu einer Beachtung der dort geleisteten Arbeit für die Weiterbildung. Der Arzt oder die Ärztin, die in solchen Kliniken tätig sind, können umfassende Kompetenzen in der Diagnostik bei schweren psychischen Störungen erwerben, können insbesondere in Gruppentherapie, in Kriseninterventionen, in kurzfristigen Einzelbehandlungen eine hohe Kompetenz erwerben, insbesondere bei der Behandlung von psychosomatischen und schwerer neurotisch Erkrankten. Wahrscheinlich ist es das besondere Interaktionsfeld in der Klinik, das die Psychoanalytiker skeptisch stimmte. Das Übertragungsfeld ist in Kliniken dispergierend. Die Behandlung geschieht immer durch eine Gruppe von Therapeuten, ist also eine Teambehandlung. Die Beziehungen zum Psychoanalytiker müssen immer auch im Zusammenhang mit den Beziehungen des Patienten zu anderen Therapeuten und Mitpatienten gesehen werden. Der Psychoanalytiker kann sich nur als Teil des Teams verstehen, muß sich auch des Teams bedienen, um den

Patienten oder eine Gruppe von Patienten zu verstehen und psychoanalytisch zu behandeln. Sein Beziehungsfeld ist nicht höchst persönlich wie in der Psychoanalyse.

Die Konzeption stationärer psychoanalytischer Therapie, die ich hier nicht vertiefen kann (vgl. Janssen 1987), ist sicher eine Erfahrung für den Psychoanalytiker, die ihn flexibler im Umgang mit den Anforderungen von Patientengruppen werden läßt. Diese Erfahrungen wirken einer orthodoxen Erstarrung entgegen, so daß hierin wohl auch, wie die langfristige Ausblendung dieses Bereiches seitens der Psychoanalytiker zeigt, unbewußt eine Gefahr für die eigene psychoanalytische Normwelt gesehen wird.

Ähnlich verhielt es sich mit dem Widerstand der Psychoanalytiker gegen Gruppen, Gruppentherapie und Gruppenanalyse.

Dieser Widerstand ist aber international zu beobachten. Das einzige Spezifische für uns ist, daß dieser Widerstand sich gegen die psychotherapeutischen-psychosomatischen Kliniken richtet, die sich mittlerweile jedoch durchgesetzt haben. In England und Amerika, wo die Psychoanalytiker viel enger mit psychiatrischen Kliniken zusammen arbeiten, hat dies zu ähnlichen Phänomenen geführt (vgl. Gabbard, 1990). Daß in Deutschland nicht die Zusammenarbeit mit der Psychiatrie im Vordergrund steht, sondern mit der Psychosomatik, hängt mit den historischen Bedingungen vor und nach dem 2. Weltkrieg zusammen: die Verfolgung der Psychoanalyse und die teilweise Entwertung ihrer Anwendungen im psychiatrischen Versorgungsbereich.

Die Abgrenzung der Psychoanalytischen Ausbildung von der primären Weiterbildung z. B. zum Internisten, Psychiater, Nervenarzt, Psychosomatiker hat ihren Grund: Die berufliche Identität des Psychoanalytikers soll dadurch gesichert werden. Der Psychoanalytiker soll sich von allen anderen Therapieformen abgrenzen, um seine psychoanalytische Identität nicht zu gefährden. Es geht soweit, daß er sich auch von der analytischen Psychotherapie abgrenzen soll, um die psychoanalytische Identität aufrecht halten zu können. Durch den Gebietsarzt Psychotherapeutische Medizin sind nun die äußeren Rahmenbedingungen auch für den Psychoanalytiker verschoben worden.

## II. Das Bildungskonzept des Facharztes für Psychotherapeutische Medizin (siehe auch Janssen und Hoffmann 1994)

Nach der Definition ist die Psychotherapeutische Medizin jene Medizin, die in der Entstehung, im Verlauf und in der Therapie von Krankheiten psychische, genauer psychosoziale Faktoren berücksichtigt und ihre Wechselwirkung mit den somatischen Faktoren integriert. In diesem Sinne ist Psychotherapeutische Medizin identisch mit der Psychosomatischen Medizin.

---

Tabelle 1

*Psychotherapeutische Medizin*

Definition des Gebietes:
Die Psychotherapeutische Medizin umfaßt die Erkennung, psychotherapeutische Behandlung, die Prävention und Rehabilitation von Krankheiten und Leidenszuständen, an deren Verursachung psychosoziale Faktoren, deren subjektive Verarbeitung und/oder körperlich-seelische Wechselwirkungen maßgeblich beteiligt sind.

---

Gemäß der Definition liegt der Schwerpunkt des Gebietes in der psychotherapeutischen Behandlung der zahlreichen psychosomatischen Krankheiten und Leidenszuständen, der funktionellen Syndrome, der Neurosen und Persönlichkeitsstörungen, aber auch bei den somato-psychischen Erkrankungen und den psychischen Krankheitsbearbeitungsprozessen. Die Psychotherapeutische Medizin ist damit Psychosomatische Medizin im spezialistischen Sinne abgrenzbar von der Psychosomatischen Grundversorgung in der Primärversorgung und abgrenzbar von der Psychiatrie und Psychotherapie mit dem Schwerpunkt in den somato-psycho- und soziotherapeutischen Behandlungen der psychiatrischen Erkrankungen.

---

Tabelle 2

*Weiterbildungszeit des Gebietes Psychotherapeutische Medizin*

5 Jahre an einer Weiterbildungsstätte gemäß § 8 Abs. 1.
**3 Jahre Psychotherapeutische Medizin, davon 2 Jahre im Stationsdienst.**

1 Jahr Psychiatrie und Psychotherapie.
Angerechnet werden können auf die 1jährige Weiterbildung in Psychiatrie und Psychotherapie 1/2 Jahr Weiterbildung in Kinder- und Jugendpsychiatrie und -psychotherapie oder 6 Monate Tätigkeit in medizinischer Psychologie oder medizinischer Soziologie.
**1 Jahr Innere Medizin**
Angerechnet werden können auf die 1jährige Weiterbildung in Innere Medizin 1/2 Jahr Weiterbildung in Haut- und Geschlechtskrankheiten oder Frauenheilkunde und Geburtshilfe oder Kinderheilkunde oder Neurologie oder Orthopädie.
**2 Jahre der Weiterbildung können bei einem niedergelassenen Arzt abgeleistet werden**.

---

Darüber hinaus muß der zukünftige Facharzt für Psychotherapeutische Medizin innerhalb der fünfjährigen Weiterbildung Kenntnisse, Erfahrungen und Fertigkeiten in anderen Gebieten, insbesondere in der Inneren Medizin und in der Psychiatrie, erwerben, soweit dies für die Diagnostik und Behandlung psychosomatischer Krankheiten erforderlich ist.

Im Sinne der Psychotherapeutischen Medizin muß jeder Weiterzubildende und jeder Weiterbilder darauf achten, daß die Kenntnisse und Erfahrungen in der Inneren Medizin wie in der Psychiatrie gründlich sind und sich nicht nur auf Randgebiete, sondern auf die Kerngebiete dieser Disziplin beziehen.

Dies gilt sowohl für die Innere Medizin wie für die Psychiatrie. Daher wäre es für die zukünftige Novellierung unverzichtbar, daß der befugte Arzt für zwei Jahre Weiterbildung in diesen Gebieten berechtigt ist. Mit dieser Anforderung soll betont werden, daß der Facharzt für Psychotherapeutische Medizin in der somatischen Medizin verankert bleibt und sich nicht von dieser verabschiedet, sondern sie durch seine Kompetenzen bereichert.

Die drei Jahre Psychotherapeutische Medizin sind hauptberuflich und ganztägig abzuleisten, davon zwei Jahre im Stationsdienst. Diese Forderung betont die Stellung der psychotherapeutischen und psychosomatischen Kliniken in der Weiterbildung, wie dies in Facharztweiterbildungen grundsätzlich der Fall ist. Selbstverständlich muß darüber hinaus oder integriert in diese Weiterbildung auch eine ambulante Tätigkeit ermöglicht werden.

Inhalt und Ziel der Weiterbildung lassen sich in vier Komplexe unterscheiden:

Tabelle 3

*Inhalte und Ziele der Weiterbildung in psychotherapeutischer Medizin*

1. Theoretische Grundlagen
2. Diagnostik und Differentialdiagnostik, einschließlich Konsiliar- und Liaisondienst und Begutachtung
3. Indikationsstellung und selbständige eigenverantwortlich durchgeführte Psychotherapie im stationären und ambulanten Bereich einschließlich präventiver und rehabilitativer Maßnahmen.
   Dazu gehören:
   a. tiefenpsychologische Psychotherapie oder Verhaltenstherapie
   b. suggestive und entspannende Verfahren
   c. supportive Psychotherapie und Notfallpsychotherapie
   d. weitere tiefenpsychologische, erlebnisorientierte und averbale Verfahren
4. Einzel- und Gruppenselbsterfahrung, Balintgruppe.

*ad 1*
Die theoretischen Grundlagen verdeutlichen, daß die psychotherapeutische Medizin auf einer Reihe von Grundlagenwissenschaften zurückgreift, und zwar auf die Psychobiologie, Ethologie, Psychophysiologie, Psychoanalyse, Lernpsychologie und Sozialpsychologie. Es sind 240 Std. Seminare, Kurse und Praktiken nachzuweisen.

*ad 2*
Die *Diagnostik* ist dadurch gekennzeichnet, daß sich die Weiterbildungsordnung auf zwei verschiedene Grundorientierungen der Theorie und der Psychotherapie beziehen. Die Grundorientierungen werden als psychoanalytisch begründet und als kognitiv-behavioral ausgewiesen. Der Weiterzubildende wird sich also für die eine oder andere Orientierung als Grundorientierung entscheiden müssen, wobei er bei der jeweils anderen Grundorientierung gute Kenntnisse bis Erfahrungen nachweisen muß. Wählt er z. B. die tiefenpsychologische Orientierung, wird er also auch lernpsychologische oder kognitiv-behaviorale Theorien, aber auch Erfahrungen mit diesen therapeutischen Methoden z. B. durch Co-Therapie und Seminare erwerben müssen. Ich beziehe mich im folgenden auf den tiefenpsychologischen Schwerpunkt.

Verändernd ist auch die Forderung nach den Kenntnissen, Erfahrungen und Fertigkeiten im psychosomatischen Konsiliar- und Liaisondienst wie in der psychosomatischen Begutachtung.

Die Anforderung der Durchführung tiefenpsychologischer Psychotherapie (besser wäre psychodynamische Psychotherapie) oder kognitiv-behavioraler Therapie (Verhaltenstherapie) sind mit 1500 dokumentierten Therapiesitzungen und 300 Supervisionen hoch. 40 Patienten aus dem Erkrankungsspektrum sollen behandelt werden, davon 20 mit psychosomatischen Erkrankungen.

---

Tabelle 4

*Durchführung tiefenpsychologischer Psychotherapie oder kognitiv-behavioraler Therapie*

Insgesamt sind in der tiefenpsychologischen Psychotherapie bzw. in der kognitiv-behavioralen Therapie (Verhaltenstherapie) *1500 dokumentierte Behandlungsstunden* nachzuweisen und *300 Stunden qualifizierter Supervision und fallzentrierte Besprechung*.
In der tiefenpsychologischen Psychotherapie oder Verhaltenstherapie sollen *40 Patienten* aus dem gesamten Spektrum der psychotherapeutischen Medizin, funktionelle und *psychosomatische Erkrankungen, Neurosen, Persönlichkeitsstörungen*, ggf. auch *Abhängigkeitserkrankungen* behandelt werden.
*Bei 20 dieser 40 Patienten müssen psychosomatische Erkrankungen vorliegen*, wie z.B. Herz- und Kreislaufsyndrome, gastrointestinale Syndrome, Schmerzsyndrome, Erkrankungen des Bewegungsapparates.

---

Das Therapiespektrum der tiefenpsychologischen Psychotherapie reicht von verschiedenen Formen von Einzeltherapien, Kurzzeit- oder Langzeitverfahren über die Gruppentherapie bishin zur Paar- oder Familientherapie und der supportiven Psychotherapie sowie Notfallpsychotherapie. Diese Anforderungen sollen den zukünftigen Gebietsarzt in die Lage versetzen, umfassende methodische und verfahrenstechnische Kenntnisse, Erfahrungen und Fertigkeiten zu erwerben, um den verschiedenen Patientengruppen gerecht zu werden.

Tabelle 5

*Theapiespektrum tiefenpsychologischer Psychotherapie*

Die tiefenpsychologische Psychotherapie umfaßt alle wissenschaftlich anerkannten tiefenpsychologischen Psychotherapieverfahren mit Ausnahme der analytischen Psychotherapie, dazu gehören:

- 6 Einzeltherapien über 50 bis 120 Stunden pro Behandlungsfall
- 6 Einzeltherapien über 25 bis 50 Stunden pro Behandlungsfall
- 4 Kurzzeittherapien über 5 bis 25 Stunden pro Behandlungsfall
- 2 Paartherapien über 10 bis 40 Stunden
- 2 Familientherapien über 5 bis 25 Doppelstunden
- Gruppenpsychotherapien mit 6 bis 9 Patienten über insgesamt 100 Sitzungen, davon ein Drittel auch als Co-Therapie

Analytische Psychotherapien sind hierunter nicht gefaßt, dazu ist der Erwerb der Zusatzbezeichnung »Psychoanalyse« erforderlich.

Die klinische Orientierung der Gebietsbezeichnung wird auch sichtbar an dem Erwerb von Kenntnissen, Erfahrungen und Fertigkeiten in weiteren tiefenpsychologischen, erlebensorientierten oder averbalen Verfahren.

Nicht zuletzt ist die Selbsterfahrung zu erwähnen. Es ist revolutionär, daß sie in ein Gebiet aufgenommen wurde. Zur Tiefenpsychologie gehören 150 Stunden Einzelselbsterfahrung und 70 Doppelstunden Gruppenselbsterfahrung. Das Bildungskonzept der Selbsterfahrung ist der psychoanalytischen Ausbildung entnommen, in der die Lehranalyse das zentrale Element ist. Es hat sich also entgegen vieler Bedenken seitens der Ärzte dennoch durchgesetzt.

Auf der Basis der theoretischen Kenntnisse und einer hohen diagnostischen und differentialdiagnostischen Kompetenz sowie einem intensiven Training in einer Grundorientierung sowie den weiteren Verfahren wird ein weitergebildeter Facharzt, der nicht nur im klinischen, sondern auch im ambulanten Bereich seine Weiterbildung absolviert hat, etabliert, der verschiedene psychosomatische und psychoneurotische Störungen mit adäquater psychotherapeutischer Methodik zu behandeln im Stande ist. Durch die breit angelegte Weiterbildung hat er ein umfassendes Repertoire für verschiedene Anforderungen in der Therapie psychosomatisch und psychoneurotisch Erkrankter zur Verfügung.

# III. Chancen und Risiken für die Psychoanalyse

Wenn wir uns dieses Bildungskonzept vor Augen halten, dann stellt sich die Frage, welche Chancen und Risiken liegen darin für die Psychoanalyse. Ich bin der Meinung, daß die Psychoanalyse und der Psychoanalytiker ebenso wie der Facharzt für Psychotherapeutische Medizin von einer Vernetzung beider Ausbildungen bzw. Weiterbildungen gewinnen kann. Die Chancen sehe ich im Folgenden:

1. Unter den Medizinern schwindet das Interesse an einer psychoanalytischen Ausbildung. Sie wird als zu elitär verstanden. Für die zukünftigen Ärzte und Ärztinnen ist der Einstieg in die Psychoanalyse über den Facharzt für Psychotherapeutische Medizin ein folgerichtiger Weg, da sie als Fachärzte eine Qualifikation erwerben, mit der sie sich niederlassen können. Das Interesse an einer erweiternden psychoanalytischen Ausbildung könnte dadurch steigen, wie die Erfahrung mit der Zusatzbezeichnung »Psychotherapie« in Weiterbildungskreisen der psychoanalytischen Institute gezeigt haben. Selbstverständlich kann auch der Facharzt für Psychiatrie und Psychotherapie die Zusatzbezeichnung »Psychoanalyse« an einem Institut erwerben, jedoch ist nach meinen Erfahrungen die Allgemeine Psychiatrie in der BRD eher skeptisch bis ablehnend eingestellt und stärker verhaltenstherapeutisch orientiert. Bei den Sozialpsychiatern findet man schon eher eine Aufgeschlossenheit für psychoanalytische Verfahren.
2. Die Psychoanalyse hat ein erhebliches Forschungsdefizit. In der Regel sind der niedergelassene Psychoanalytiker oder auch das psychoanalytische Institut nicht forschungsorientiert. Die Anbindung an den Facharzt mit Verbindung zu den Universitätskliniken, aber auch zu den Krankenhäusern eröffnet die Möglichkeit, die Defizite der Forschung zu überwinden. Desweiteren sind an den Kliniken besonderes schwer persönlichkeitsgestörte und psychosomatische Patienten, bei denen die Forschungen nach unsere bisherigen Erfahrungen außerordentlich durch die Verbindung von Psychoanalyse und Klinik bereichert werden konnten.
3. Der Psychoanalyse begegnet in der Presse wie auch im akademischen, medizinischen und psychologischen Bereich zum Teil aus wissenschaftlichen Gründen, zum Teil aus einer Antihaltung einer großen Skepsis. Die Etablierung der Psychoanalyse innerhalb praktisch klinischerTätigkeit im Gebiet dürfte dazu beitragen, diese Skepsis zu überwinden.
4. Die Institute könnten nach wie vor Orte des psychoanalytischen Diskurs über die verschiedenen Theorien und technischen Implikationen der Praxis sein. Gerade die Ausweitung der psychoanalytischen Praxis über das Standardverfahren hinaus auf Kurz-, Fokal-, Gruppen-, Paar- und Familientherapie über den Facharzt wird die unselige Polarität zwischen Psychoanalyse und Psychotherapie aufheben und die Berechtigung beider im Rahmen der

analytisch-psychotherapeutischen Versorgung wie auch der Forschung zeigen.
5. Psychoanalytiker wie psychoanalytische Institute ziehen als Argument gegen die Beteiligung an der Psychotherapieweiterbildung gerne daran, daß die Identität des Psychoanalytikers sehr geschwächt würde, wenn er sich zu sehr mit anderen Verfahren als dem Standardverfahren beschäftige. Ich bin der Meinung, wie auch andere Analytiker (z.B. Kernberg 1994), daß die Durchführung von Kurzverfahren, Gruppenverfahren, Ehe- und Familientherapie neben der Durchführung der psychoanalytischen Standardtechnik als Grundmethode Vorteile hat, da dadurch die Modifikationen in der Technik in den verschiedenen Settingsvarianten präziser formuliert werden können. Die Anwendung eines breiten Spektrums psychodynamischer Psychotherapie hat also nicht nur praktische Relevanz für die Tätigkeit des Analytikers in der psychotherapeutisch-psychosomatischen Versorgung, sondern sie hat auch Bedeutung für die Erforschung der Prozesse in diesen Settingsvarianten. Kenntnisse im gesamten Verfahrensspektrum stärken meiner Ansicht nach die Identität des Psychoanalytikers im klinischen Bereich. Sie bereichern ihn in seiner Kompetenz, die Indikation zu verschiedenen Verfahren zu stellen, ihren Wert zu schätzen, sie einzusetzen und damit patientengerechter mit der Psychoanalyse umzugehen.
6. Ein Risiko sehe ich für die Entwicklung der Psychoanalyse darin, wenn sie sich dieser neuen Entwicklung versperrt, ganz alleine auf das Standardverfahren setzt und ihre Kompetenzen nicht auch in der Aus- und Weiterbildung für die Gebietsbezeichnung zur Verfügung stellt. Damit wird sie zumindest auf der Weiterbildungsebene mehr und mehr an Bedeutung verlieren und aus der psychotherapeutisch-psychosomatischen Versorgung verdrängt werden.

## IV. Das Vernetzungsmodell für die Weiterbildung zum Facharzt für Psychotherapeutische Medizin und zur Zusatzbezeichnung Psychoanalyse

**In einem ersten Entwurf habe ich versucht, eine Vernetzung der verschiedenen Weiterbildungsanteile zu entwerfen. Es ist zunächst ein Raster, das ich zur Diskussion stellen möchte. Detailarbeit ist später nötig.**

Tabelle 6

| **Approbation** | *Facharzt für Psychotherapeutische Medizin* | |
|---|---|---|
| 1 J. Innere | 1 J. Psychiatrie | 3 J. Psychoth. Medizin |
| Theorie | | 240 Stunden |
| Diagnostik | | 60 Fälle |
| Behandlungen | | 1500 Std.<br>Einzeltherapien<br>Kurztherapien<br>Gruppentherapie<br>Paar-Familientherapie |
| Balintgruppe | 50 D.Std. | |
| Gruppenselbst-<br>erfahrung | 70 D.Std. | |
| Einzelselbst-<br>erfahrung | | 150 Stunden |

*Zusatzbezeichnung Psychoanalyse*

| | |
|---|---|
| 2 Jahre klinische<br>Medizin, davon 1 Jahr<br>Psychiatrie | 5 Jahre berufsbe-<br>gleitend |
| Theorie | 240 Stunden |
| Diagnostik | 20 Fälle |
| Behandlung<br>Langzeit | 2 Fälle à 250 Std. |
| Fokaltherapie<br>Gruppe u. a. | |
| Lehranalyse | 250 Std. |

**Vernetzungsmodell**
***Facharzt für Psychotherapeutische Medizin und Zusatzbezeichnung Psychoanalyse***

Die Ärztin/der Arzt, die/der eine Weiterbildung für Psychotherapeutische Medizin anstrebt, beginnt nach der Approbation z.B. schon während der Zeit des Arztes im Praktikum mit der Weiterbildung in Innere Medizin und darauf aufbauend in Psychiatrie mit jeweils einem Jahr. Während dieser Zeit absolviert sie/er eine Balintgruppe von 50 Doppelstunden und eine Selbsterfahrungsgruppe von 70 Doppelstunden. Damit sind auch die für die Zusatzbezeichnung Psychoanalyse notwendigen Voraussetzungen – zwei Jahre klinische Medizin, davon ein Jahr Psychiatrie – erfüllt.

Mit Eintritt in eine psychosomatische Klinik beginnt er die psychotherapeutische und berufsbegleitend die psychoanalytische Weiterbildung. Die klinische Weiterbildung dauert drei Jahre ganztags und die berufsbegleitende Weiterbildung fünf Jahre, sie reicht also über die klinische Weiterbildung hinaus. In diesem Zeitraum erwirbt er die theoretischen Kenntnisse von zweimal 240 Stunden. Zum Teil überschneiden sich die Themen, so daß auch hier eine Anrechenbarkeit möglich ist.

Die diagnostischen Kenntnisse erwirbt er unter Supervision in der Klinik wie in dem Institut, bei 60 + 20 Fällen. Im Gebiet liegt der Schwerpunkt mehr auf psychosomatische und tiefenpsychologische Diagnostik und in der Zusatzbezeichnung mehr auf psychoanalytische Erstinterviewdiagnostik.

Die mittelfristigen Einzeltherapien, die Kurztherapien, die Gruppentherapien, Paar- und Familientherapien sind Gegenstand der klinischen Weiterbildung zum Facharzt, wobei die Supervision auch extern erfolgen kann. Die Langzeitbehandlung von zwei Fällen à 250 Stunden ist Gegenstand der Weiterbildung zur Zusatzbezeichnung »Psychoanalyse« und wird von den Supervisoren des Institutes geleistet.

Die Einzelselbsterfahrung liegt nach der Gruppenselbsterfahrung. Die Lehranalyse von 250 Stunden kann auf die Einzelselbsterfahrung für den Facharzt für Psychotherapeutische Medizin von 150 Stunden angerechnet werden.

Kenntnisse, Erfahrungen und Fertigkeiten, die darüber hinaus von dem Facharzt für Psychotherapeutische Medizin erworben werden müssen (z.B. weitere tiefenpsychologische, erlebensorientierte und averbale Verfahren, Co-Therapie in der Verhaltenstherapie) müssen durch die Klinik sichergestellt werden. Es wäre auch denkbar, manche dieser Verfahren schon im Rahmen der Psychiatrie z.B. Co-Therapie in der Verhaltenstherapie zu erlernen.

Dieses Vernetzungsmodell ist ein idealtypisches Konstrukt. Nach Erprobung in der Praxis wird sich ergeben, welche detaillierteren Regelungen notwendig werden. Mir scheint dies ein Modell zu sein, in dem ein wechselseitiges Entgegenkommen sich als große Chance für die Sicherung der Psychoanalyse in der psychotherapeutisch-psychosomatischen Versorgung herausstellen wird.

## V. Die Organisation der Weiterbildungsstätten

Seit Beginn der Neueinführung der Gebietsbezeichnung Arzt für Psychiatrie und Psychotherapie und Arzt für Psychotherapeutische Medizin ist eine lebhafte Diskussion in Gang, wie die Weiterbildungsstätten strukturiert werden sollen, damit sie die neuen Inhalte der Weiterbildung sicherstellen können. Nach meinem Kenntnisstand sind bisher sieben Modelle in Diskussion, meistens in der Psychiatrie und Psychotherapie, weniger in der Psychotherapeutischen Medizin. Sie seien hier kurz skizziert und kommentiert.

Tabelle 7

**Kooperationsstrukturen von Weiterbildungsstätten**

| | |
|---|---|
| Modell 1 | Kliniken stellen mit ihrem Dozentenstamm die Weiterbildung sicher (Autonomiemodell) |
| Modell 2 | Klinik 1+2+3... vereinbaren einen Austausch von Dozenten und Lehrtherapeuten |
| Modell 3 | Klinik 1+2+3+... gründen ein gemeinsames Weiterbildungsinstitut (z. B. in Bayern, Modell Irrsee) |
| Modell 4 | Institute an Kliniken (satzungsmäßig verankert) |
| Modell 5 | befugter Arzt kooperiert mit niedergelassenen Therapeuten als Dozenten und Lehrtherapeuten |
| Modell 6 | Klinik kauft bei Institut oder überregionaler Weiterbildung (z.B. Lindau) Dienstleistung ein, z. B. Lehrtherapeuten Dozenten, spezielle Methoden |
| Modell 7 | Institute bilden Arbeitskreise aus Mitgliedern (rechtlich unabhängig), die Weiterbildungsangebote für Kliniken machen |

Modell 1: Die Kliniken sind so gut ausgestattet, daß sie selber den Dozentenstamm zur Weiterbildung zur Verfügung haben. Lediglich bei der Selbsterfahrung ergeben sich Probleme, da dienstliche Abhängigkeiten nicht möglich sind. Hier kann man dem Weiterbildungsteilnehmer überlassen, bei welchem Lehrtherapeuten er die Selbsterfahrung wahrnimmt oder der befugte Arztstellt ein Angebot an Lehrtherapeuten sicher. Wahrscheinlich wird letzteres von den Ärztekammern favorisiert, denn eine getrennte Befugnis für Selbsterfahrung ist bisher nicht in Diskussion, da es immer um den *gesamt*befugten oder den teil*zeit*befugten Arzt geht.

Modell 2: Verschiedene Kliniken vereinbaren einen Austausch von Dozenten und auch von Lehrtherapeuten. Dies würde die größte Autonomie der Kliniken bedeuten, da sie selbst die Lehrtherapie, sprich Selbsterfahrung, sicherstellen. Hier sehe ich erhebliche Probleme, da z.B. der Oberarzt der Nachbarklinik als Lehrtherapeut für den Assistenten der anderen Klinik möglicherweise nicht die nötige technische Neutralität hat, um einen konstruktiven Selbsterfahrungsprozeß zu sichern.

Modell 3: Kliniken können ein Weiterbildungsinstitut gründen, in dem ihre Dozenten lehren. Dabei ergibt sich dasselbe Problem mit den Lehrtherapeuten wie in Modell 2.

Modell 4: Institute *an* Kliniken oder an Universitätseinrichtungen sind besonders in der Verhaltenstherapie als Modell entwickelt worden. Die Institute sind vertragsmäßig an der Universität gebunden und stellen ein Weiterbildungscurriculum zur Verfügung. Dies ist ein sehr komplizierter Weg innerhalb der Universitätsgremien, scheint aber in den psychologischen Fakultäten bisher zu funktionieren.

Modell 5: Der befugte Arzt, der Kliniksleiter, kooperiert mit nicht organisierten niedergelassenen Therapeuten, die er je nach Bedarf als Dozent und Lehrtherapeut heranzieht. Hier hat der Kliniksleiter den entscheidenden Einfluß auf die Wahl der Dozenten und auch der Lehrtherapeuten. Manche tendieren zu solchen Lösungen, teilweise aus schlechten Erfahrungen mit der Institutionalisierung der Psychoanalyse in den Instituten, insbesondere ihren aversiven Einstellungen gegen die Kliniken.

Modell 6: Der Klinikleiter kann selber die Weiterbildung nicht sicherstellen, er sorgt aber dafür, daß Assistenten Weiterbildungsanteile an Instituten oder anderen Weiterbildungsstätten auch überregional gegen Bezahlung erwerben können. Nach diesem sog. Einkaufsmodell muß die Weiterbildung nicht von der Klinik finanziert werden, sondern wird wohl weitgehend von dem

Assistenten finanziert werden müssen. Ob hierbei die Ärztekammern generell mitspielen, bleibt offen.

Modell 7: Die Institute selber bilden zum Psychoanalytiker aus bzw. zur Zusatzbezeichnung »Psychoanalyse«. Aus ihr bilden sich rechtlich unabhängige Arbeitskreise von Mitgliedern der Institute, die den Kliniken und den befugten Ärzten Angebote unterbreiten bzw. diese in einer vertraglichen Vereinbarung zur Verfügung stellen.

---

Tabelle 8

**Modell 7**
Kooperation von psychoanalytischem Institut
– Weiterbildungskreis – Klinik

Klinik I

Arbeitskreis
Weiterbildung
für Fachärzte

psychologische
Psychotherapeuten

Klinik II

Arbeitskreis
Weiterbildung
für Fachärzte

psychologische
Psychotherapeuten

Institut psychoanalytische Ausbildung
Zusatzbezeichnung Psychoanalyse

---

Hier kommt mein Vernetzungsmodell zum Tragen, wobei Voraussetzung für den Einstieg zur Zusatzbezeichnung »Psychoanalyse« wie auch zum Facharzt für Psychotherapeutische Medizin die Zulassung zu der Weiterbildung ist. Hier tut sich im Einzelfall sicher ein Konfliktfeld auf. Jedoch scheint mir dies am ehesten der Weg zu sein, wie sich Weiterbildungsgänge vernetzen lassen.

In diesen sieben Modellen sind lediglich die Verbindung von Klinik und Praxis dargestellt. Nach der Musterweiterbildungsordnung kann auch ein Jahr der Weiterbildung bei einem befugten niedergelassenen Arzt abgeleistet werden. Will dies ein Facharzt, so muß er den Weiterbildungsassistenten anstellen. Dies wird wahrscheinlich nur in größeren Praxen oder auch in Verbundpraxen möglich sein. Damit könnte ein Jahr der Weiterbildung sichergestellt werden, jedoch nicht die gesamte Weiterbildung. Insofern plädiere ich eher für Modelle, die für Ärztinnen und Ärzte die gesamte Weiterbildung sicherstellen. Sie werden bei dem zukünftigen Ansturm auf Weiterbildungsstellen sicher eine größere Bedeutung haben.

## VI. Schlußbemerkungen

In der jetzigen Situation sind viel soziale Phantasie, Kreativität und organisatorisches Geschick sowie Kooperation gefordert. Ich habe mich hier auf die Verbindung der Weiterbildung in der Psychotherapeutischen Medizin und Psychoanalyse beschränkt. Sicher könnte dies auch mit dem verhaltenstherapeutischen Zweig der Psychotherapeutischen Medizin in ähnlicher Weise mit verhaltenstherapeutischen Instituten geschehen, obwohl die Verhaltenstherapeuten schon viel stärker als die psychoanalytischen Institute mit Kliniken und Universitätskliniken zusammenarbeiten (Zimmer 1994). Daher erschien es mir besonders wichtig, die Psychoanalytiker darauf aufmerksam zu machen, welche Chancen für die Psychoanalyse hier liegen, genutzt werden können oder vertan werden können. Ich meine, ihr Überleben in der Krankenversorgung ist davon abhängig.

## Literatur

Gabbard, G.O. (1990): Psychodynamic Psychiatry in Clinical Praxis. American Psychiatric Press, Washington, London

Janssen, P.L. (1987): Psychoanalytische Therapie in der Klinik. Klett-Cotta, Stuttgart

Janssen, P.L. (1993): Von der Zusatzbezeichnung »Psychotherapie« zur Gebietsbezeichnung »Psychotherapeutische Medizin«. Z.f. Psychosomat. Med. Psychoanal 39, 95–117

Janssen, P.L. u. S.O. Hoffmann (1994): Das Profil des Facharztes für Psychotherapeutische Medizin. Psychotherapeut 39, 195–201

Kernberg, O.F. (1994): Der gegenwärtige Stand der Psychoanalyse. Psyche 48, 483–508

Zimmer, D. (1994): Deutscher Fachverband für Verhaltenstherapie e.V. Ergebnis einer Umfrage. Psychotherapeut 39, 239–280

*Bernd Neuzner*

# Analytische Überlegungen zum Delegationsverfahren

Meine sehr geehrten Damen und Herren!

Nehmen Sie bitte folgendes Phänomen und überlegen Sie, was dabei analysierenswürdig oder analysierensfähig ist oder notwendigerweise einer Analyse unterzogen werden sollte:

Ein Vater bastelt zusammen mit seiner Frau seinen zwei Töchtern zum Weihnachtsfest einen Kaufmannsladen.

Was ist analytisch interessant? Nach der Regel der gleichschwebenden Aufmerksamkeit alles, d. h. der eine Aspekt ebenso wie der andere; die Tatsache also, daß der Mann etwas bastelt und nicht etwa kauft, ebenso aber daß er das mit seiner Frau gemeinsam tut und daß sie nicht beide den Kindern je verschiedene Geschenke zukommen lassen und dies vielleicht noch so, daß jedes Kind von jedem etwas gesondert geschenkt bekommt, was dann insgesamt vier Geschenke und nicht eines wären. Oder daß in dieser Familie das Weihnachtsfest vermutlich am sog. Heiligen Abend begangen wird, und zwar mit dem Hauptbestandteil der gegenseitigen Bescherung. Vielleicht ist aber auch der Kaufmannsladen von besonderem Interesse, und zwar insofern er keine Puppenstube ist, und er ist auch keine elektrische Eisenbahn oder ein Garagenhochhaus.

In der konkreten Analyse, der ich dieses Beispiel entnommen habe, liefert der Patient selbst die erste Perspektive der sich anschließenden Analyse nämlich hinsichtlich der Tätigkeit des Bastelns. Seine Eltern – und mit diesen vergleicht er sich hier – hatten ihm, der allerdings der einzige Sohn dieser Eltern war, nie etwas geschenkt, was sie vorher alleine oder gemeinsam gebastelt hatten, sie hatten jedes Geschenk vorfabriziert gekauft. Mit dieser Assoziation öffnet er den analytischen Weg zu Betrachtungen und Deutungen in eine ganz bestimmte Richtung: Er vergleicht sich als Vater mit seinen für ihn hier enttäuschenden Eltern, die nur mit Geld und ein wenig Einfallsreichtum seine Geschenke produzierten, was er zusammen mit seiner Frau so ganz anders, will sagen besser, bewerkstelligt. Der zweite Blick allerdings weist schon auf eine zunächst versteckte Gemeinsamkeit und möglicherweise Identifikation mit diesen Eltern hin, die er quasi als eine Person sieht, so wie er das ja auch für sich selbst realisiert, indem er mit seiner Frau dieses »Gruppengeschenk« der »Elterngruppe« für die Gruppe der Töchter bastelt. Aber u. U. ist das auch nur die halbe Wahrheit, denn vorläufig wissen wir noch gar nicht, wie das Projekt des Geschenks in seiner konkreten Planung zustandekam. Wer hatte die Idee? Seine Frau oder er? Wer war die treibende Kraft für dieses Weihnachtsgeschenk?

Ist das ganze vielleicht eine Kompromißlösung zur Abwehr von Rivalität in der Familie des Patienten, bei der gut kontrolliert werden kann, daß weder Vater noch Mutter den beiden Mädchen ein schöneres oder größeres Geschenk machen kann, wobei die konkrete Ausführung des Geschenks bedeutend größer war als ich es der ersten Mitteilung des Patienten entnommen hatte. Wahrscheinlich bedingt durch meine eigenen Erfahrungen mit Kaufmannsläden in meiner Kindheit hatte ich mir ein Bild dieses Kaufmannsladen nach meinem Bilde gemacht und ihn für ca. 25 cm hoch gehalten, einen solchen hatte ich noch vor meiner Schulzeit geschenkt bekommen. In Wahrheit aber war der Kaufmannsladen, um den es im Falle meines Patienten ging, etwa 110 cm hoch. Dieser sollte nicht nur ein Spiel der Kinder mit den Fingern mit ihm, sondern ein tatsächliches Spielen der Mädchen in ihm erlauben.

Ist das nun womöglich der entscheidend interessante Aspekt an dem geplanten Geschenk – seine Größe also. Im ersten Moment hatte ich das im Rahmen meiner Überraschung angesichts der Größe des Objekts angenommen. Diese Auswahl basierte aber letztlich auf nichts anderem als auf meiner beschränkten Vorstellungsfähigkeit in Bezug auf heutige Kaufmannsläden.

Letztlich müssen wir vielleicht feststellen, was wir schon vorher wußten, daß das Ich in äußerst multipler Funktion agiert und daß unser hier erörtertes Weihnachtsgeschenk in seiner bewußten und unbewußten Bedeutung überdeterminiert ist.

Und sind nicht meine analytischen Überlegungen zum Geschenk meines Patienten voller narzißtischer Projektionen, wenn ich schon derart egozentrisch gedacht die Größe eines Kaufmannsladen auf weniger als ein Viertel seiner wirklichen Größe reduziere?

Was hat das aber alles um Himmels Willen, so werden sie langsam fragen, mit dem Delegationsverfahren im Rahmen der Richtlinienpsychotherapie zu tun?

Es sind zwei Punkte, die mir eine Parallelität naheliegend erscheinen lassen.

Zum einen halte ich das Delegationsverfahren für ein ärztliches Geschenk an die Psychologen. Wir werden später sehen wie zutreffend diese Behauptung ist und wie weit der Vergleich trägt. Zum anderen halte ich aus einer durchaus narzißtisch-egoistischen Sicht der Dinge gar nichts von diesem Delegationsverfahren, was ich Ihnen schon jetzt zu Beginn meines Vortrages nicht verhehlen möchte. Dabei bin ich mir der Tatsache bewußt, daß viele ärztliche aber auch psychologische Kollegen ganz anders darüber denken werden.

Bei der Vorbereitung auf das Thema sprach ich mit einer Analytikerin, die auch Psychologin ist, über mein Vorhaben und konnte von ihr etwa folgende Gedanken in dieser Reihenfolge hören: Das Delegationsverfahren sei eine formale Notwendigkeit. Zwar stelle es schon eine Art Kontrolle dar, vier Augen sähen jedoch mehr als zwei, wobei die Rollen zugegebenermaßen dabei einseitig verteilt seien. Ein Vorteil sei u. a. der, daß ihr delegierender Arzt, der ein Mann sei, manches interessant anders sehe als sie als Frau. Es gebe jedoch auch eine verbissene Seite unter den Psychologen mitsamt Gekränktheiten, die sie bei sich aber nicht verspüre, da ihr delegierender Arzt sie achte und nicht über ihr stehe. Andrerseits sei es schon ein integraler Bestandteil des Systems, daß Ärzte höher gestellt seien. Dies wiederum habe aber viel mit den Charakteren der jeweils Beteiligten zu tun. Bei mir z. B. könne meine Einstellung durchaus dadurch motiviert sein, daß mein Bruder Arzt sei.

Dies war natürlich eine bedenkenswerte Deutung in Form einer taktvollen Konfrontation. Sie behauptete nichts, sondern gab mir zu bedenken.

Ich sollte darauf achten, meine Meinungen und Gedanken zum Delegationsverfahren nicht gänzlich dem konflikthaften Teil der Beziehung zu meinem Bruder zu entnehmen und nichts weiter zu tun als übertragen.

Nicht eine solche Übertragung wäre jedoch das besondere, sondern die Tatsache, daß das hier zur Debatte stehende Verfahren dazu angetan ist, derartige Übertragungen zu ermöglichen bzw. auszulösen, was bei der genannten Kollegin ohne Zweifel nicht der Fall ist. Trotzdem vermag sie, die das Verfahren nicht diskriminierend empfindet, eine andere Perspektive zu sehen, die sie jedoch nicht in den Mittelpunkt ihres kognitiven und affektiven Reagierens stellt, sondern erwähnt und gleich darauf wieder relativiert. Welche möglichen Übertragungen hier von Bedeutung sein könnten, vermag ich nicht zu beurteilen. Ein Bruder, der Arzt ist, als naheliegender genetischer Ausgangspunkt steht jedoch in ihrem Falle, soviel ich weiß, nicht zur Verfügung.

Das Delegationsverfahren ist keine intrapsychische Organisation oder Konstruktion sondern eine psychosoziale Realtität, die bestimmte Verhaltensweisen von den daran Beteiligten fordert. Und es ist keine einfache Realität sondern höchst kompliziert, vielfältig und komplex, so daß es, dessen bin ich mir bewußt, eine Fülle von Übertragungsauslösern bietet, die die Meinung darüber und den Umgang damit als sehr verschieden erwarten lassen. Versuchen Sie doch bitte einmal, das Delegationsverfahren einem Nicht-Fachmann zu erklären, vielleicht kennen sie diese Situation auch selbst, wenn nämlich sie von einem Patienten um eine Erklärung des Verfahrens gebeten werden. Wie erklären sie ihren Patienten das Delegationsverfahren?

Dafür dürfte es sehr unterschiedliche Möglichkeiten geben. Und dem entsprechend birgt es mindestens so viele Deutungsperspektiven wie das Weihnachtsgeschenk des erwähnten Vaters. Man kann ohne Zweifel daran Verschiedenes interessant und deutungswürdig finden. Deshalb sind meine Deutungen dazu selbstverständlich sehr subjektiv.

Sie alle kennen das Delegationsverfahren, entweder aus dieser oder aus jener Rolle und doch kennen sie vermutlich nur eine Variante dieses Verfahrens, nämlich die analytische. Es gibt diese Konstruktion jedoch auch im Bereich der verhaltenstherapeutischen Richtlinienpsychotherapie, wo sie ganz anders in Erscheinung treten kann als in unserem Bereich: Der delegierende Psychiater mit Zusatztitel, unter dessen ärztlicher Verantwortung die delegierte Psychotherapie stattfindet, bestellt u. U. durchaus im Einklang mit seiner Verantwortung den behandelten Patienten in regelmäßigen Abständen ein, um sich so ein Bild über die Behandlung und deren Erfolg zu machen. Wenn wir uns diese Art des Delegationsverfahrens kaum vorstellen können, so liegt das wahrscheinlich daran, daß wir zu unseren delegierenden Kollegen eine gänzlich andere Beziehung haben und vice versa diese zu uns, was daher rühren dürfte, daß wir in den meisten Fällen gemeinsam ausgebildet worden sind, in vielen Fällen am selben Institut, an dem wir unsere Elternübertragungen denselben Personen entgegen gebracht haben. Würde man diese regressiven Phänomene für bare und realistische Münze nehmen, was wir manchmal augenzwinkernd tun, so könnte man sagen, daß wir dieselben Eltern haben. Insofern trifft die Bruder-Analogie sehr präzise zu und entsprechende Übertragungen sind tatsächlich sehr naheliegend, sie werden sogar durch die Kombination unserer Ausbildung mit dem Delegationsverfahren geradezu herausgefordert bzw. manipulativ provoziert. Wir werden, ob Arzt oder Psychologe, an unseren Instituten vollkommen gleich ausgebildet – es gibt im Curriculum keine für die eine oder andere Berufsgruppe speziellen Veranstaltungen, die nur für diese oder jene zugänglich oder empfohlen wären. Das Delegationsverfahren, was uns und unsere Rollen später unterscheidet, wird im Studium der Psychoanalyse ebenfalls nicht eingeübt, vielmehr üben wir uns gemeinsam ein in das sog. Beauftragungsverfahren im letzten Jahr der Weiterbildung. Die Unterscheidung erfolgt erst nach Abschluß des Studiums.

Die oben angeführte Kollegin nannte diese Unterscheidung eine formale Notwendigkeit. Aber warum nannte sie es formal und warum eine Notwendigkeit? Formal wahrscheinlich deshalb, weil sie und ihr delegierender Arzt-Kollege nur so tun als würden sie dem Inhalt nach den Bestimmungen Genüge tun. Gegenüber der Krankenkasse des Patienten und dem Gutachter tut man so, als würde ein Patient des Arztes von diesem zu einem psychologischen Analytiker verwiesen und dieser bei der Behandlung hinzugezogen. Früher tat man dann noch so, als habe der ärztliche Kollege den Antrag zur Kostenübernahme der Psychotherapie des Patienten selbst erstellt. Nachdem das durch einige Modifikationen nicht mehr nötig ist, tut man nur noch so, als seien beide am Verfahren Beteiligte damit zufrieden, daß der psychologische Kollege den Antrag, der das eigentliche Gutachten bei dem mit dem Delegationsverfahren verknüpften Gutachterverfahren ist, zwar erstellt hat, aber dafür nicht entlohnt wird. Man schlägt also den Richtlinienbestimmungen gemeinsam in konspirativer Art und Weise ein Schnippchen, was bei manchen dieser Verschwörungspärchen auch mit den entsprechenden klammheimlichen Triumphaffekten begleitet ist. So kann man sich gemeinsam in einer sog. Grauzone mit Gewinn einrichten. Schwieriger gestaltet sich die Beantwortung der Frage, warum die Kollegin von einer Notwendigkeit des Verfahrens sprach, denn sie führte ja gerade aus, daß das Verfahren nicht notwendig ist, wenn auch für sie nicht kränkend und nicht erniedrigend, sondern besonders in der Begegnung mit einem männlichen Arzt interessant und bestätigend sein kann. Ist die erklärte Notwendigkeit eine Rationalisierung für die Freude, Befriedigung oder Sicherheit, die ihr das einseitige und kontrollierende Verfahren bei eigener Subsidiarität verschafft? Deuten sich hier vielleicht Übertragungen anderer Art an, die nun nicht zum Agieren von Bruder-Rivalität, sondern zum lustvollen Genuß der Unterwerfung unter machtvolle Brüder führen?

Natürlich ist es zunächst viel näherliegend und augenfällig in der Notwendigkeit eine Identifikation mit dem Gesetzgeber zu sehen, der das Delegationsverfahren unbedingt für eine Notwendigkeit hält.

Um dieser Perspektive weiter folgen zu können, ist es notwendig, die Geschichte der Etablierung des Delegationsverfahrens näher zu beleuchten. Hierbei werden wir mit Sicherheit auf verschiedene Wahrheiten stoßen und uns mit dem Problem des zu Eingang erwähnten Weihnachtsbeispiels konfrontiert sehen: Welchen Aspekt werden wir analytisch weiter hinterfragen müssen, welchen werden wir als quasi selbstverständlich hinnehmen oder auf ein anders Problem unserer Profession bezogen: Hinter welchem manifesten Traummaterial suchen wir nach latenten Traumgedanken und hinter welchem nicht?

Eine bekannte Version der Ereignisse bei der Etablierung des Delegationsverfahrens ist die folgende: Wie man die analytische Psychotherapie in den Pflichtleistungskatalog der gesetzlichen Krankenkassen aufnehmen wollte, führte der damit verbundene Sicherstellungsauftrag zu der Einsicht, daß die Anzahl der damals dafür ausgebildeten und kompetenten Ärzte nicht ausreichen würde, dies zu gewährleisten. Dieser Einsicht folgend zog man die analytisch ebensogut ausgebildeten und kompetenten Psychologen sozusagen hinzu, konnte sie aber wegen des bestehenden ärztlichen Arztvorbehaltes nicht gleichberechtigt beschäftigen und erfand so das Delegationsverfahren als vorübergehende Konstruktion, denn deren Hinzuziehung zur gesetzlichen Krankenversorgung (GKV) sollte nur so lange bestehen bleiben, wie die ärztlichen Psychoanalytiker nicht in der Lage seien, die gestellte Aufgabe alleine zu erfüllen.

Bei genauerem Hinsehen stellt sich nun allerdings sofort die Frage, warum für diese Konstruktion unser Delegationsverfahren notwendig sein sollte. Man hätte die psychologisch-analytischen Kollegen auch gleichberechtigt in die Krankenversorgung einbeziehen können solange sie mengenmäßig gebraucht waren. Von einem Dentisten verlangte man bei seiner Beteiligung an der zahnärztlichen Versorgung der Bevölkerung nicht, daß er sich einem Delegationsverfahren im Zusammenspiel mit seinem akademischen Zahnarztkollegen unterwirft. Auch das Argument der Indikationsstellung durch den Arzt sticht weder beim Dentisten noch beim psychologischen Analytiker. Aber vielleicht ja das der Differentialindikation und der diagnostischen Ausschaltung von körperlichen Erkrankungen, die zunächst symptomatisch nur als Neurose imponieren. Aber auch bei diesem Argument läßt uns dessen rationaler Inhalt bald im Stich, denn zur Entdeckung versteckter somatischer Prozesse sind und waren in den Jahren bei der Geburt des Delegationsverfahrens andere Ärzte sicherlich kompetenter als unsere analytisch-ärztlichen Kollegen.

Warum also dieses Delegationsverfahren mit dessen angeblicher Notwendigkeit?

Ihnen ist sicherlich Freuds Traum von Irmas Injektion bekannt. (Freud, 1900) Das Datum dieses Traums könnten wir ebensogut wie oder mit größerem Recht als Weihnachten feiern, da es die Geburt der Psychoanalyse markiert. In dieser Geburtsstunde ist in unserem Zusammenhang ein Gedanke Freuds besonders interessant, mit dem er sich in oder um die Stunde der Geburt der Psychoanalyse mit den ärztlichen Werten beschäftigt: Es ist seine Sorge, bei der Behandlung Irmas bloß nichts Körperliches zu übersehen. Was mag diese Sorge bedeuten? Gleich zu Anfang des Traums wird ein Schuldgefühl externalisiert: Freud sagt zu Irma: Wenn du noch Schmerzen hast, so ist es wirklich nur deine Schuld. Diesem Versuch Freuds ist jedoch kein Erfolg beschieden, denn er stellt im weiteren Verlauf des Traumes fest, daß sie bleich und gedunsen aussieht. Das Schuldgefühl und der Zweifel kehren zu ihm zurück: Am Ende übersehe ich da doch etwas Organisches. Vielleicht ist es auch ein Schuldgefühl, die Gruppe der ärztlichen Kollegen zu verlassen, wenn er sich dem gänzlich psychologischen Phänomen des Traums zuwendet. Für diese Deutung könnten sich im Traum und seinen zugehörigen Assoziationen weitere Belege finden lassen. Auf welche infantile Quellen neben seinem aktuellen Bezug der Traum hinweisen könnte, soll hier unerörtert bleiben. Der zentrale Grundstein einer immerwährenden Sorge eines analytischen Arztes könnte hier schon gelegt sein; dessen dauerndes

Kreuz, ja nichts Körperliches, gemeint ist etwas körperlich Krankes, zu übersehen; eine ständige Warnung, die ihn daran erinnern soll, sich auf fremdem Gebiet zu bewegen und die Ideale seines Grundberufes, wie wir heute sagen, zu verraten. Mit der Einbeziehung der analytischen Psychotherapie in die GKV muß dieser Konflikt bei den damals beratenden Ärzten wieder aufgetaucht sein. Ein vergleichsweise leicht gangbarer Weg, sich dieser Problematik zu entledigen, hätte nun der sein können, daß man allen Patienten regelhaft vorgeschrieben hätte, sich vor einer analytischen Psychotherapie körperlich bei einem »Körperarzt« untersuchen lassen zu müssen. Die damals maßgeblichen analytischen Ärzte haben nicht diesen Weg gewählt, stattdessen haben sie sich diese Sorge doppelt aufgehalst. Gerade sie und nicht ihre »Körperkollegen« sollten nicht nur bei sich selbst, sondern auch bei ihren psychologisch-analytischen Kollegen die Last der organischen Differentialdiagnostik auf ihre Schultern nehmen. Dieser eigentümliche Vorgang zwingt zur Frage nach dem eigenen Gewinn dabei. Und dieser liegt u. U. in der Möglichkeit einer entlastenden Projektion auf die psychologischen Kollegen, die durch ihr völlig anders geartetes sog. »Grundstudium« so beneidenswert frei von der Sorge sind, ja nichts Körperliches zu übersehen.

Da diese psychologischen Brüder aber auch von körperlichen Erkrankungen wissen, die primär psychopathologisch in Erscheinung treten, denn nicht alle werden ja der Meinung sein, daß alles psychisch sei, kann es für diese wiederum eine Entlastung sein, alles Körperliche bei ihrem ärztlichen Bruder deponieren zu können – zur eigenen Entlastung und/oder zur Neidabwehr.

Wieder sind wir an einem Punkt unserer Überlegungen angelangt, an dem alle Bestimmungsstücke für das Muster einer neidvollen Bruderübertragung vorhanden sind. Dieser Neid und seine Abwehr wären aber nur ein Teil innerhalb der Beziehung der ungleichen Brüdergruppen, denn andererseits wurden die psychologischen Analytiker damals ja nicht von der psychotherapeutischen Versorgung der Bevölkerung ausgeschlossen, sondern im Gegenteil an der Heilaufgabe Psychotherapie beteiligt; ihnen wurde diese Möglichkeit einer bezahlten heilberuflichen Tätigkeit geschenkt, obwohl Heilen nach dem Ende der Kurierfreiheit immer ärztliche Pflicht und ärztliches Privileg war. Jener psychologisch besonderen Situation der Verschränkung von Pflicht und Privileg möchte ich mich etwas später zuwenden. Man nahm also damals trotzdem die psychologischen Kollegen, symbolisch gesagt Brüder, kollegial mit hinein in den psychotherapeutisch-ärztlichen Stand. Wie mögen diese das damals empfunden haben? Da man das allerdings aus Rücksichtnahme auf die älteren Brüder aus dem gemeinsamen Medizinstudium nicht wirklich gleichberechtigt tun konnte, war die Delegationslösung die Bedingung und Kröte, die die Psychologen schlucken mußten. Es war also ein Geschenk, welches an Bedingungen geknüpft war; eine bedingte und befristete Leihgabe, wie sie ja tatsächlich zwischen Brüdern vorkommt. Es scheint ein Geschenk mit verschiedenen Auflagen zu sein. Man nimmt ein solches Geschenk mit Freude und Dankbarkeit an, man kann sich auch geehrt und fürsorglich bedacht fühlen, man kann Schuldgefühle entwickeln oder den Geber und das Geschenk schätzen. Das Problem sehe ich nur darin, daß man ein solches Geschenk vermutlich nie wird richtig lieben können und natürlich gehört es einem nie ganz. Wenn man es genommen hat, verbleibt man in einer Abhängigkeitsbeziehung zum Geber. Da Abhängigkeiten in unserer Gesellschaft aber immer und überall gerne verleugnet werden, wird man auch diese von Affekten zu befreien versuchen und zu einer affektneutralen Notwendigkeit erklären. Und es gibt natürlich weiteren Spielraum, mit dieser äußeren Situation innerlich umzugehen. Man kann die nur bedingte Autonomie im Umgang mit dem Geschenk durchaus positiv empfinden, denn sie ist ja andrerseits auch begleitetet von einer vielleicht weniger ängstigenden, geringeren Verantwortlichkeit, nach der sich vielleicht auch manch Delegierender sehnt. Und auch für die psychologische Empörung für eine unter Geschwistern als diskriminierend empfundene Regelung kann man unter den Delegierenden Verständnis finden; wahrscheinlich am ehesten unter denen, die das Gutachterverfahren, dem ja auch die ärztlichen Kollegen unterworfen sind, empörend empfinden, weil dieses sie unter ihren früheren ärztlichen Brüdern ebenso diskriminiert. Oder wäre das nur ein Pseudoverständnis, hinter dem sich nichts weiter als eine Machthierarchie mit verschobenen Affekten verbirgt, wo der eine Benachteiligte sich mit seinem Aggressor identifiziert, der er dann selber sein kann gegenüber einem noch schwächeren Objekt, das er unterwirft, benachteiligt und kontrolliert. Im Falle des oben genannten Psychiaters mit Zusatztitel, der an seine verhaltenstherapeutischen Psychologen delegiert, wurde das sehr deutlich. In unserem Bereich sind mir solche Verhältnisse nicht bekannt, viel eher die ebenfalls angeführte gemeinsame Verschwörung von Delegiertem und Delegierendem, die das Verfahren tatsächlich nur formal betreiben und dabei konspirativ über Gesetze und Regeln triumphieren. Da dies aber nur im Geheimen und eben konspirativ geschieht, mag es auch eine Geste der Beschwichtigung des delegierenden Arztes an seine Autoritäten und älteren Brüder aus den Zeiten der Universität sein, gegenüber denen er offiziell so tut als würde er wirklich delegieren, um so zu tun als würde er ebenfalls auf die Herkunft der Angehörigen des Standes achten.

Wegen der Ängste und Vorteile auf beiden Seiten ist es uns Analytikern, obwohl wir innerhalb des Delegationsverfahrens so gut kooperieren, nicht gelungen, ein wirkliches Kooperationsverfahren zu entwickeln, was die sog. Königsteiner Erklärung der DGPT aus dem Jahre 1987 auch als Lippenbekenntnis entlarvt, da nicht einmal Versuche in diese Richtung unternommen worden sind. Eine solche Möglichkeit haben wir gemeinsam verschenkt.

Die Königsteiner Erklärung, die am 15.3.1987 vom Vorstand der DGPT, damals noch DGPPT, einstimmig verabschiedet wurde, lautet in Auszügen:

»Der DGPPT-Fachpsychologe ist befähigt, tiefenpsychologisch fundierte und analytische Psychotherapie selbständig und eigenverantwortlich auszuüben. Er ist fachlich imstande, die Indikation und Prognose zu diesen Behandlungen zu stellen und zu entscheiden, wann die Behandlung zu beenden ist. Er ist verantwortlich für die Einhaltung der Grenzen seiner Kompetenz und ist aufgrund seiner Qualifikation fähig, diese zu erkennen. Die Verpflichtung zur Konsultation eines Arztes regelt die Berufsordnung der DGPPT-Fachpsychologen in Paragraph 11. (Hält der Fachpsychologe für psychoanalytische Therapie wegen der Art einer vermuteten körperlichen oder psychiatrischen Erkrankung die Mitwirkung eines Arztes für geboten, muß er enrsprechend der Konsultationspflicht unter Ärzten – unbeschadet weitergehender gesetzlicher Bestimmungen – den Patienten veranlassen, einen geeigneten Arzt aufzusuchen.)«

Auch die relativ euphorische Idee eines Psychoanalytikergesetzes als Alternative zum Psychotherapeutengesetz hatte nur eine kurze Lebensdauer und scheiterte schnell u. a. an der Einbindung unserer ärztlichen Kollegen in deren Stand.

Auf die Sicherheit in einem Stand mit seiner Exklusivität und seinem Dünkel scheinen mittlerweile wir psychologischen Psychotherapeuten erheblich neidisch zu sein, wenn man sieht wie einhellig im Rahmen der Diskussion zu einem Psychotherapeutengesetz für eine Standesorganisation plädiert wird.

Im Rahmen mittelalterlichen Standesdenkens erscheint das Delegationsverfahren einerseits wie die äußerste, erreichbare Möglichkeit der Öffnung des Standes für geschätzte Kollegen unstandesgemäßer Herkunft, die unsere ärztlichen Brüder eine große Anstrengung gekostet haben dürfte einschließlich des Mißtrauens ihrer Arztkollegen, sie seien selbst illegitimer Abstammung, andrerseits wirkt es wie eine sublime Variante des Jus Primae Noctis.

Tatsächlich ging es bei der Etablierung des Delegationsverfahrens darum, aus einem Nicht-Arzt quasi einen Arzt zu machen, der in der Lage ist, die gleiche Leistung auszuführen wie der Delegierende. Der Inhalt der Leistung wird dabei nicht nach dem akademischen Vorberuf bestimmt, sondern durch die gemeinsame Zusatzausbildung, die die völlig gleiche Berufsausübung schafft. Nach Haarstrick (persönliche Mitteilung) war das der Trick, mit dem alle Einwände z. B. der Krankenkassen unterlaufen werden konnten. Man erreichte sogar, daß für die gleiche Leistung das gleiche Geld bezahlt wurde, obwohl es Ideen gegeben hatte, für die Leistungen der nicht-ärztlichen Analytiker 20 % weniger zu zahlen. Außerdem handelte es sich nicht um eine Verordnung sondern eine Delegation, bei der nicht eine auszuführende Aufgabe, sondern ein Patient und ein Verfahren delegiert werden. So viel auch für die psychologischen Kollegen erreicht werden konnte, die ungleichen Brüder konnten nicht ganz gleich werden, weil die einen, juristisch gesprochen, Nicht-Ärzte in einem ärztlichen Vertragswerk sind.

In der Vereinbarung über die Anwendung von Psychotherapie in der vertragsärztlichen Versorgung sowie in der Psychotherapievereinbarung der Kassenärztlichen Bundesvereinigung vom 1.10.1990 wird zur Delegation unter Paragraph 4, Absatz 2 gleichlautend ausgeführt: »Voraussetzung für das Hinzuziehen eines psychologischen Psychotherapeuten bzw. analytischen Kindertherapeuten ist, daß der Arzt die Indikation zur Psychotherapie gegebenenfalls nach Kooperation mit dem nichtärztlichen Psychotherapeuten gestellt hat und den Behandlungsplan mit dem Therapeuten abgestimmt hat. In der Durchführung der beantragten Therapie wird der hinzugezogenen Therapeut eigenverantwortlich und selbständig tätig. Wenn eine Erkrankung oder der Verdacht auf eine solche auftritt, für die die beantragte Behandlung nicht indiziert ist oder nicht ausreicht, ist der delegierende Arzt zu Rate zu ziehen oder zu veranlassen, daß der Patient sich in ärztliche Behandlung begibt.«

Eine einfache Formulierung für ein Kooperationsverfahren wäre gewesen: »Wenn eine Erkrankung oder der Verdacht auf eine solche vorliegt, für die die Behandlung durch den psychologischen Psychotherapeuten nicht indiziert ist oder nicht ausreicht, so ist ein Arzt zu Rate zu ziehen oder zu veranlassen, daß der Patient sich in ärztliche Behandlung begibt.«

Es geht demnach tatsächlich um den primären Kontakt und ein erstes Recht, das dem delegierenden Arzt unbedingt ermöglicht werden mußte, obwohl die geäußerte Mißtrauensvermutung gegenüber dem Psychologen grundsätzlich in jeder anderen Phase der Behandlung ebenso angemessen oder unangemessen wäre. Zu Beginn jeder neuen Behandlung muß er um Delegation ersuchen.

Es ist sicherlich ein lüsternes, wahrscheinlich männliches Klischee und Vorurteil, sich die Ausübung des Verfahrens der ersten Nacht als für den Herrschenden jederzeit lustvoll und den Unfreien immer demütigend und quälend vorzustellen. Es wird ganz wie beim Delegationsverfahren gewesen sein. Die einen fühlen sich wohl innerhalb des Systems, die anderen nicht, müssen es aber gleichwohl exerzieren, wobei es dann für den Delegierenden zu einer mehr oder weniger lästigen Pflicht werden kann, auf deren Einhaltung womöglich eher der Delegierte Wert legt. Im Feudalismus war der Adel ja nicht nur Unterdrücker und Ausbeuter, er hatte gegenüber dem niederen Stand seiner ihm persönlich anvertrauten Hörigen auch eine Fürsorgepflicht. Mir ist bzgl. des Delegationsverfahrens unter Analytikern entsprechend dem eben Gesagten auch noch kein Fall bekannt geworden, bei dem ein ärztlicher Kollege ein Delegationsanliegen eines psychologischen Kollegen abgelehnt hätte. Mein delegierender Arzt beispielsweise ist auch, wenn nötig, spät abends noch bereit, meine Anträge an den Gutachter zu lesen und Unterschrift und Stempel zur Verfügung zu stellen, obwohl ihm das zweifellos nicht immer gelegen kommen wird.

Das Jus Primae Noctis, so sagen die Geschichtsbücher, wurde später durch Geldzahlungen abgelöst.

Nun sind wir an einem Punkt angelangt, an dem manche meinen, jedes weitere Wort würde sich von selbst erledigen: Geld; wie bei allen berufspolitischen Konstruktionen gehe es natürlich auch beim Delegationsverfahren um nichts anderes als ums Geld. Die Tatsache, daß diese Argumentation platt, kurz und undifferenziert klingt, macht sie eo ipso vorläufig aber weder wahr noch falsch.

Ich halte übrigens das Geld nicht für das primäre Motiv in der Ablehnung eines Psychotherapeutengesetzes im Rahmen der diesbezüglichen berufspolitischen Diskussion. Mein Beleg dafür ist die strikte Ablehnung der berufsrechtlichen Teile eines solchen Gesetzes bei einer viel weniger entschiedenen Ablehnung gegenüber dessen sozialrechtlicher Seite. Die Ablehnung der ablehnenden Ärzte richtete sich weniger gegen mögliche finanzielle Einbußen als gegen die gesetzliche Etablierung eines neuen Heilberufes. Dies betrifft also mehr die Besonderheit der ärztlichen Identität als Fragen des Einkommens. Und diese Identität unterscheidet sich vielleicht grundsätzlich von der eines Psychologen. Ich kann hier einen Patienten, Arzt von Beruf, zitieren, der in seiner Analyse folgendes ausführte: Durch die besondere Ausbildung und seine hippokratische Verpflichtung sei der Arzt immer Arzt, was ihn somit von anderen Berufen unterscheide. Für ihn selbst sei dieser Umstand gleichzeitig Ursache höchster Lust und größter Unlust. Es sei im affektiven Bereich eine ähnliche Verbindung wie sie etwa in dem Wort und Sachverhalt des »Sorge – rechtes« im familiären Bereich zum Ausdruck komme – Identitätsgefühl und Liebe in der Beziehung zu Patienten oder Kindern in einer Kombination von Recht und Pflicht.

Nach den Ausführungen von Berger zum Delegationsverfahren auf der Jahrestagung der DGPT 1989 in Darmstadt müssen wir psychologische Psychoanalytiker im Delegationsverfahren gegenüber unserem Status einer Heilhilfsperson eine, wie er es nannte, »narzißtische Toleranz« aufbringen. Nichtsdestoweniger bedankt er sich ausdrücklich bei den ärztlichen Kollegen, insbesondere Herrn Haarstrick, dafür, daß sie mit ihrer Konstruktion des Delegationsverfahrens vor Jahren uns die Teilnahme an der kassenärztlichen Versorgung überhaupt erst ermöglicht haben. Ich möchte mich dem anschließen, verbunden mit dem besonderen Dank an Herrn Haarstrick für ein überaus anregendes Gespräch zum Thema, in dem er natürlich auch die »narzißtische Toleranz« erwähnen mußte, als er sagte: »Daß Sie nicht Arzt sind, müssen sie allerdings aushalten.«

Es könnte sich lohnen, die vorhin verlassene Perspektive des Geldes noch etwas weiter zu verfolgen.

Die uns von den ärztlichen Kollegen geschenkte Teilnahme an der GKV unter der Bedingung des Delegationsverfahrens ermöglichte uns Einkünfte, die uns erlaubten, von der Tätigkeit als Analytiker gut und genausogut wie die ärztlichen Analytiker zu leben. Einen Analytiker, der delegierender Arzt ist, und mittels einer größeren Zahl von delegierten Psychologen damit für sich einen Mehrwert erwirtschaften würde, ist mir bis heute nicht bekannt. Es galt und gilt: Gleiches Geld für gleiche Leistungen. Einen Unterschied machen seit ein paar Jahren die Beihilfestellen und neuerdings in deren Gefolge einige private Krankenversicherungen. Auf einen speziell durch das Delegationsverfahren bedingten kleinen Unterschied werde ich gleich zu sprechen kommen. Und in den Zeiten von großer Nachfrage bei kleinem Angebot an Psychotherapie mußte kein Arzt fürchten, das Einkommen der Psychologen würde das eigene schmälern.

Der besagte kleine Unterschied zwischen den ungleichen Brüdern besteht alleine darin, daß ein Arzt einige wenige Leistungen abrechnen darf, die er genauso erbracht hat wie der Psychologe, welcher sie der Krankenkasse seines Patienten jedoch nicht in Rechnung stellen darf, z. B. die Ziffer für die Erhebung einer Anamnese, auf die aber niemand zu Beginn einer Behandlung verzichten kann. Hier wird aber dessen ungeachtet so getan, als könnte der psychologische Analytiker ohne diese diagnostische Anamnese auskommen und würde so, ohne selbst gestellte Diagnose, die Behandlung tatsächlich als Heilhilfsperson ganz nach den Erkenntnissen, Planungen und Anordnungen des Arztes ausführen. Des weiteren betrifft das Gesagte die Ziffer 870, die Antragstellung zur Kostenübernahme einer geplanten analytischen Psychotherapie. Diese Leistung und deren Vergütung bleibt ebenfalls dem Arzt vorbehalten, obwohl in den dafür zu verwendenden neuen Formularen der Psychologe explizit bescheinigt bzw. dazu aufgefordert wird, zu erklären, er habe den manchmal recht umfangreichen Bericht zum Antrag selbst erstellt. Dies gilt für den Erstantrag ebenso wie für eventuelle Fortführungsanträge. Die Leistungen und Aufwendungen im Zusammenhang mit dem Delegieren werden also bezahlt, nicht aber die beim Delegiertwerden. Was die erwähnten Ziffern betrifft ergibt sich eine vertrackte Situation zwischen Delegiertem und Delegierendem. Die Kooperation der beiden wird finanziell plötzlich zu einem Nullsummenspiel, bei dem der Gewinn des einen zum Verlust des anderen wird, da für Leistungen beider nur eine Vergütung erfolgt. Es ergibt sich dadurch eine auslösende Situation par excellence für Rivalität, Neid, Altruismus, Kollegialität, Mitleid, Großzügigkeit oder Kleinlichkeit, Vertrauen oder Mißtrauen mit den zugehörigen Übertragungsmustern. In deren Folge dürfte es dann ganz unterschiedliche, individuelle Lösungsversuche dieser äußeren und inneren Situation in Form gemeinsamer psychosozialer Abwehrmechanismen geben. Wenn die Honorierung der ärztlichen und der psychologischen Leistung aber unterschiedlich ist, muß auch die Frage erlaubt sein, ob die Leistungen nicht tatsächlich verschieden gut sind.

Mir ist keine Untersuchung bekannt, die belegen würde, daß die von delegierenden Ärzten einerseits und von delegierten Psychologen andererseits durchgeführten Analysen von unterschiedlicher Qualität oder Güte sind. Das würde einerseits die Notwendigkeit des Delegationsverfahrens in Frage stellen, könnte aber andrerseits auch genau umgekehrt dafür sprechen, daß es jedenfalls den Patienten nicht schadet, auch wenn es umständlich und kostspielig ist, was allemal der wichtigste Gesichtspunkt wäre. Freilich dürfte die Frage wahrscheinlich nicht derart pauschal gestellt werden. Nicht die Gesamtqualität der Analyse unter den verschiedenen Bedingungen mit oder ohne Delegation wäre zu untersuchen, sondern eher spezifischere Fragestellungen wie die, ob in Analysen unter Delegation etwaige Abhängigkeitskonflikte der Patienten oder Konflikte, die sich um Macht und Verantwortung zentrieren, ebensogut analysiert und bearbeitet werden können wie in solchen ohne Delegationsverfahren.

Interessant könnte es sein, sich das Delegationsverfahren vorzustellen wie es in einer Beziehung zwischen Delegiertem und Delegierendem in regelrechtester Art und Weise abläuft; ich meine dabei zwei Kollegen, die sich ganz mit den Buchstaben der Prozedur identifiziert haben, sie also akzeptieren, schätzen und in ihrer konkret-praktischen Zusammenarbeit verwirklichen. Wir würden dabei sehen, daß sie patriarchalen Familienstrukturen folgen und folgen müssen, sie müssen also Übertragungen agieren.

Tatsächlich versuchen die beiden in analytischer Kollegialität aus der gemeinsamen Zeit der Weiterbildung aber gerade das zu vermeiden – wie ich oben schon ausgeführt habe.

Trotzdem ist man wiederum manchmal durchaus identifiziert mit dem Delegationsverfahren, wenn man beispielsweise verärgert ist, daß der delegierende Arzt nicht »richtig« delegiert. Eine andere Art von Übertragung im Delegationsverfahren ist nämlich die folgende: Weil mein delegierender Arzt mehrere Psychologen-Kollegen delegiert, wie wir sagen, irrt er sich manchmal, wenn ich ihn anrufe und frage, ob er bzgl. der Delegation meiner Patienten Nachrichten von Gutachtern oder der Kassenärztlichen Vereinigung (KV) habe. Er nennt dann z.B. einen oder mehrere Namen wie Schmidt oder Müller, obwohl ich auf Nachricht wegen meiner Patienten Meier und Schulze warte. Er verwechselt mich mit den anderen Psychologen und erscheint mir wie ein Elternteil, das früher die Namen von uns Kindern manchmal verwechselte, und ich mit den Namen meiner Brüder angesprochen wurde. Wenn ich nicht darüber schmunzeln kann, ärgert es mich so wie vermutlich früher. Es handelt sich dabei also nicht um eine Bruder- sondern um eine Elternübertragung. Diese darin enthaltene Thematik von Konflikten zwischen den Generationen würde den im Delegationsverfahren enthaltenen Standesunterschieden auch viel näher liegen als die von der oben genannten Kollegin vermutete Bruderübertragung, die sich in ein und derselben Generation zwischen Brüdern ereignet.

Verärgert sind mitunter selbstverständlich auch die delegierenden Kollegen.

Eine Ärztin, die für mehrere Kollegen und Kolleginnen delegiert, klagt über das Delegationsverfahren. Sie habe einmal gedacht, sie könne durch diese hilfreiche Tätigkeit vielleicht Freunde oder zumindest gute Kollegen gewinnen, sei aber diesbezüglich enttäuscht. Wenn irgendwo im Ablauf eines konkreten Delegationsverfahrens ein Fehler passiere – beim Gutachter, bei der KV, bei der Krankenkasse oder Krankenversicherung, bei ihr, beim delegierten Patienten oder dem behandelnden Psychologen, dann sei in allen Fällen sie der Adressat für den Ärger dieses Psychologen. Sie fühle sich wie ein Sündenbock in dem ganzen Reigen. In anderer Hinsicht sei sie wieder recht zufrieden mit dem Delegieren. Sie mache gerne Erstgespräche mit Patienten für das Delegationsverfahren – das sei relativ lukrativ. Sie könne für eine solche Sitzung berechnen: die EGO-Ziffern 860, 870 und 875, was insgesamt immerhin 2300 Punkte ausmache.

Bei meinen bisherigen Ausführungen bin ich hauptsächlich von meinen Erfahrungen mit und Einstellungen zum Delegationsverfahren ausgegangen. Meine Ablehnung desselben hatte ich ihnen nicht verschwiegen und ich selbst war ja vor eigenen Übertragungen gewarnt worden.

Aber noch aus einem anderen Grund mögen meine Anschauungen einseitig und verzerrt sein. Meine Patienten habe ich von einer Ausnahme abgesehen nie von meinem delegierenden Arzt-Kollegen zugewiesen erhalten. Dies ist aber offenbar durchaus nicht der statistische Normalfall. Nach der Praxisstudie der DGPT bekommen die psychologischen Analytiker durchschnittlich in etwa einem Viertel (24,1 %) der Fälle ihre Patienten vom delegierenden Arzt zugewiesen, was deren Einstellung zum Delegationsverfahren beeinflussen dürfte. Bei den Analytikern, die anderen Grundberufen angehören, sind es immer noch ein Fünftel (20,3 %) der Patienten, die über den delegierenden Arzt zu ihnen kommen. Hierin kommt einerseits eine Wertschätzung der nichtärztlichen Analytikerkollegen durch die delegierenden Ärzte zum Ausdruck, andererseits sicher auch eine fürsorgliche Einstellung vom Delegierenden zum Delegierten. So gesehen sollte man annehmen, daß die Beteiligten insgesamt mit dem Verfahren zufrieden sind. Dessen Strukturen entsprechen entweder den beteiligten Charakteren und/oder es bietet genügend Spielraum für persönliche Ausgestaltungen im Sinne der psychosozialen Abwehrmechanismen. Nicht zu vergessen ist, daß es schon so viele Jahre funktioniert und sich offenbar bewährt hat. Thomae und Kächel (1985,

S. XIII) meinen dazu bezugnehmend auf die früheren Entwicklungen in den 30er Jahren: »Nachdem am Deutschen Institut für psychologische Forschung und Psychotherapie das Berufsbild des behandelnden Psychologen eingeführt worden war, konnten später nichtärztliche Psychoanalytiker ohne größere Schwierigkeiten in die Behandlung von Kranken einbezogen werden. Seit 1967 sind nichtärztliche Psychoanalytiker im Rahmen der kassenärztlichen Versorgung tätig.«

Wegen seiner inhärenten Widersprüche erscheint das Delegationsverfahren Außenstehenden zweifelhaft. Das Bundesverfassungsgericht formuliert dazu in einer Entscheidung zusammenfassend: »Allerdings läßt sich bezweifeln, daß das derzeit praktizierte Delegationsverfahren die Einbeziehung psychotherapeutischer Leistungen von Diplom-Psychologen in das System der gesetzlichen Krankenversicherung befriedigend löst« (Forschungsgutachten, S. 112). Das Forschungsgutachten zu Fragen eines Psychotherapeutengesetzes, aus dem ich eben zitiert habe, empfiehlt als Organisationsform der Zusammenarbeit von Ärzten und heilkundlich tätigen psychologischen Psychotherapeuten ein Kooperationsverfahren, das beide Gruppen gleichermaßen in die Pflicht zur Verweisung und Konsultation nimmt. Etwas weiter fantasiert könnte man hierin ein doppeltes oder zweiseitiges Delegationsverfahren sehen. Vielleicht doch eine etwas überstrapazierte Fantasie, aber gemäß der analytischen Devise, daß alles auch ganz anders sein könnte, sollte es möglich sein, sich sogar dies vorzustellen: Vertauschte Rollen beim Delegieren. Der Vorteil, daß vier Augen mehr sehen als zwei bleibt allemal gewahrt. Der neidvolle Bruder, der ja nur vorgibt an Gleichheit und Gerechtigkeit interessiert zu sein, ist am Ziel seiner Träume. Er hat nun endlich das, was der Bruder vorher hatte und jener hat es verloren. Es ließen sich dafür bestimmt rationale Gründe und Rationalisierungen finden, wie beispielsweise die diagnostische und prognostische Beurteilung von kognitiver Struktur, Lernfähigkeit, Intelligenz, Analysierbarkeit und weitere Eigenschaften, die nicht dem Bereich der Pathologie, sondern eher dem der allgemeinen Psychologie angehören. Sie alle könnten leicht erproben wie ihnen diese Fantasie schmeckt und bekommt, welche Zufriedenheiten, Ängste oder Konflikte sie mobilisiert. Die drastische Entlassung aus der Subsidiarität muß intrapsychische Konsequenzen haben. Selbst wenn das derzeitige Delegationsverfahren nur ein formaler Akt ist, so ist doch unbedingt zu erwarten, daß darin unbewußte, relevante Inhalte verborgen sind: Was heute nur Form ist, war früher einmal Inhalt. Wir werden ebenso in Versuchungssituationen von Macht und Willkür geraten und Angst verspüren, wenn Abhängigkeitswünsche nicht weiter befriedigt werden. An Minderwertigkeitsgefühlen können wir kleben bleiben, auch wenn wir uns gerade deren Überwindung erhofft hatten. Wahrscheinlich können stille Größenfantasien dann aber nicht mehr befriedigend sein.

In strittigen Fragen die Analyse betreffend wird oft Freud als Sachwalter mit dem letzten Wort herangezogen. Sie sollen dies in meinem Vortrag auch nicht missen. In seiner »Frage der Laienanalyse« (1926), die sich im Inhalt mit manchen unserer Probleme hier trifft, erwähnt er die »Macht des Standesbewußtseins« (S. 273) als das Motiv seiner ärztlichen Schüler, wenn diese gegen die Laienanalyse argumentieren und verbindet dies mit ökonomischen Motiven bezüglich des Teilens der Zahl von verfügbaren Patienten. Weiterhin spricht er von einer »lebhaften Kränkung« (S. 279) des Ärztestandes dadurch, indem dieser erfahren mußte, daß Patienten ihre Heilung auch von nicht-ärztlichen Therapeuten annehmen und »Standesvorurteile bei ihnen keinen Anklang finden« (S. 279). Doch – unser Thema vielleicht dichter berührend – fordert er auch, daß der Arzt bei »jedem Fall, der für eine Analyse in Betracht kommt, vorerst die Diagnose stellen soll« (S. 277), was sich direkt nach Delegationsverfahren und Arztvorbehalt anhört. Freilich enthält der Text auch Argumentationshilfe für uns psychologische Analytiker, denn Freud spricht ein paar Zeilen weiter von der »angeforderten ärztlichen Begutachtung« (S. 279). Hier scheint er für ein Kooperationsverfahren zu votieren.

## Literatur

Berger, J. (1989): Das Delegationsverfahren. Vortrag auf der Jahrestagung der DGPT in Darmstadt. Unveröffentlichtes Manuskript

Deutsche Gesellschaft für Psychotherapie, Psychosomatik und Tiefenpsychologie (1988): Psychoanalytische Tätigkeit in der Bundesrepublik Deutschland. Ergebnisse einer empirischen Studie (Praxisstudie)

Forschungsgutachten zu Fragen eines Psychotherapeutengesetzes (1991) im Auftrag des Bundesministeriums für Jugend, Frauen, Familie und Gesundheit

Freud, S. (1900): Die Traumdeutung. G. W. II/III

Freud, S. (1926): Die Frage der Laienanalyse. G. W. XIV

Kassenärztliche Bundesvereinigung (1988): Ersatzkassen-Gebührenordnung (E-GO). Deutscher Ärzte-Verlag Köln

Kassenärztliche Bundesvereinigung (1990): Psychotherapievereinbarung. Deutscher Ärzte-Verlag Köln

Thomä, H. & Kächele, H. (1985): Lehrbuch der psychoanalytischen Therapie. I. Grundlagen. Berlin, Heidelberg, New York, Tokyo: Springer

*Sebastian Leikert und Wilfried Ruff*

# Forschung als eine Aufgabe der psychoanalytischen Fachgesellschaften

Die psychoanalytische Forschung scheint in eine Sackgasse geraten zu sein: zwischen der kasuistischen Einzelfallforschung, deren wissenschaftstheoretische Grundlagen immer häufiger kritisiert werden, und der Entfremdung des psychoanalytischen Gegenstands in der quantitativen Forschung, scheint noch kein gangbarer Weg gefunden worden zu sein. Dies hat die Psychoanalyse nicht nur in eine schwierige Lage in bezug auf ihren äußeren Rahmen – die gesellschaftliche Realität – gebracht, auch innerhalb des durch die Weiterbildungsinstitute gegebenen inneren Rahmens kommt es immer wieder zu Spannungen. Wir wollen uns hier mit der Beziehung der psychoanalytischen Forschung zu diesen Rahmenbedingungen befassen.

In Organisationen treten immer auch »dysfunktionale Phänomene« auf. Wir verstehen darunter Erscheinungen, welche die primäre Aufgabe bzw. die Ziele einer Institution stören. In bezug auf die gesellschaftliche Realität zeigte sich ein solches dysfunktionales Phänomen z. B. in der zögerlichen Haltung, mit der die psychoanalytischen Fachgesellschaften auf den immer stärker werdenden Legitimationsdruck von seiten der Kostenträger reagiert haben. Innerhalb psychoanalytischer Institutionen sind solche dysfunktionalen Phänomene im Hinblick auf die Ausbildung bereits beschrieben worden; so spricht Kernberg beispielsweise in seinem kürzlich in der PSYCHE veröffentlichten Artikel von »einer Atmosphäre der Indoktrination«, die der Vermittlung der Psychoanalyse abträglich sei (Kernberg, 1994). Wir glauben, daß psychoanalytische Forschung dysfunktionale Phänomene in beiden Bereich mildern kann.

Psychoanalytische Forschung hat in den gegenwärtigen psychoanalytischen Institutionen nur eine untergeordnete Bedeutung, was schon von vielen Autoren (Kernberg, 1994; Cremerius, 1987; Fürstenau, 1979) kritisiert wurde. Psychoanalytische Forschung beschränkt sich derzeit hauptsächlich auf kasuistische Einzelfallforschung, die meist von einzelnen Autoren betrieben und daher nur in geringem Ausmaß von den Institutionen getragen wird. De facto wurde empirische Forschung bisher nicht zu den Aufgaben psychoanalytischer Institutionen gerechnet. Allerdings scheinen verschiedene psychoanalytische Gesellschaften in dieser Frage zur Zeit einen neuen Standpunkt zu suchen.

Bezüglich des Werts psychoanalytischer Forschung gehen die Meinungen jedoch auseinander. Während Kernberg davon ausgeht, daß es »innerhalb der Schranken von psychoanalytischen Instituten ... (nicht) unbedingt zu wichtigen wissenschaftlichen Durchbrüchen kommen wird« (1994), betonen Bachrach und Mitautoren in ihrem Überblick über Forschungsergebnisse zur psychoanalytischen Langzeitbehandlung, daß nur von genuin psychoanalytischer Forschung »neue, analytisch wichtige Erkenntnisse« erbracht worden seien, während quantitative Studien lediglich zum Nachweis bereits vorhandenen klinischen Wissens gedient hätten (Bachrach et al., 1991).

Wir nehmen für diesen zweiten Standpunkt Partei, plädieren also für empirische, aber qualitativ psychoanalytische Forschung. Wir gliedern unseren Beitrag in drei Abschnitte:

Zunächst wollen wir der Frage nachgehen, was man unter empirischer psychoanalytischer Forschung verstehen kann, dann werden wir untersuchen, welche Widerstände einer solchen psychoanalytischen Forschung entgegenstehen und abschließend wollen wir diskutieren, wieweit die psychoanalytische Forschung dysfunktionale Phänomene innerhalb der psychoanalytischen Institutionen und im Verhältnis zum gesellschaftlichen Rahmen zu mindern vermag.

## Empirische psychoanalytische Forschung

Bachrach u.a. beziehen sich auf die Untersuchungen von Pfeffer (1959, 1961, 1963) sowie von Schlessinger und Robbins (1983), die jüngst auch im deutschsprachigen Raum rezipiert wurden (Kächele, 1993; Thomä, 1994). Beide Untersuchungen beschäftigen sich mit dem Schicksal der Übertragungsneurose nach einer psychoanalytischen Behandlung; sie verwendeten folgendes Setting:

> Die Nachuntersuchung wird nicht durch den früheren Behandler, sondern durch einen anderen Analytiker ausgeführt.
>
> Dieser geht einige Jahre nach Abschluß der Behandlung für wenige Sitzungen eine Übertragungsbeziehung zum ehemaligen Analysanden ein und untersucht die auftretenden Übertragungsphänomene sowie ihre Beziehung zu den Übertragungsphänomenen in der früheren Analyse.
>
> Der untersuchende Analytiker weiß zunächst nichts über den Patienten, sondern bezieht erst in der letzten Phase seiner Begegnung mit dem Patienten Informationen des früheren Behandlers mit ein.
>
> Die Auswertung erfolgt, zumindest bei Schlessinger und Robbins, in einer Gruppendiskussion, die weder mittels Autorität, noch durch parlamentarische Regeln zu Ergebnissen kommen soll.

Es handelt sich also um Studien, die aus rein wissenschaftlichem Interesse spezifische Beobachtungssituationen herstellen und die Beobachtungen dann systematisch anhand einer definierten Methodik auswerten. Sie treten damit in einen Gegensatz zu der klassischen Forschung am Einzelfall, die ja auf dem Junktim von Forschen und Heilen beruht.

Wir wollen hier nur kurz auf die Unterschiede des wissenschaftlichen Wertes der beiden Erkenntnissituationen eingehen. Ohne vertiefte wissenschaftstheoretische Diskussion ist evident, daß die legitimen Forderungen an wissenschaftliche Arbeit, wie z. B. relative Unabhängigkeit des Beobachters, eher von der empirischen psychoanalytischen Forschung als von einer Junktim-Forschung zu erfüllen sind. In der Einzelfallforschung übernimmt der Autor eine Vielzahl verschiedener Funktionen: so ist er einerseits in die Übertragungssituation involviert und versucht andererseits, sich von ihr abzusetzen, um sie zu analysieren. Ein unabhängiger Beobachter ist zudem am Erfolg der Behandlung »weniger stark narzißtisch beteiligt« (Pfeffer, 1959), womit eine realistischere Beurteilung leichter wird. Oft entspringt kasuistische Einzelfallforschung auch Verwicklungen und Komplikationen in der Behandlung, so daß der Untersucher zugleich mit dem wissenschaftlichen Interesse ein klinisches Problem klären möchte.

Den Erkenntnisvorteil von Settings, in denen die unterschiedlichen Funktionen von verschiedenen Personen übernommen werden, kennt jeder Kliniker aus der Arbeit in der Supervision oder bei der Entfaltung eines klinischen Fallberichtes in einer psychoanalytischen Gruppendiskussion. Solche triangulierenden Settings haben gegenüber der dyadischen therapeutischen Situation Erkenntnisvorteile, wodurch sie im klinischen Bereich längst zum Standard der Zusammenarbeit geworden sind. Unser Plädoyer für empirische psychoanalytische Forschung läßt sich auch als Vorschlag verstehen, die Erfahrungen mit Supervision oder Fallseminaren systematisch für wissenschaftliche Aufgaben zu nutzen. Allerdings sollte dabei das spezifisch Psychoanalytische in der Forschungsmethodik erhalten bleiben.

Hierbei scheint uns ein Punkt von zentraler Bedeutung zu sein. Wissenschaftliche Arbeit begründet ihren Geltungsanspruch durch den Einsatz einer rationalen Methodik, die den bestätigenden oder falsifizierenden Zusammenhang von Hypothese und Beobachtung deutlich macht. In anderen Wissenschaften wird dies vor allem durch eine Standardisierung der Beobachtung und der Auswertung eingelöst. Die Psychoanalyse beruht in ihrem Fundament darauf, daß sie hier einen anderen Weg wählt. Sie schafft über die Grundregel einen völlig anderen Bezug zu ihrem Gegenstand. Hierin liegt nach wie vor das Revolutionäre der psychoanalytischen Wissenschaft. Lorenzer (1986) zeigt, wie die Psychoanalyse sich als eigenständige Wissenschaft in dem Augenblick konstituierte, in welchem Freud in der Behandlung der Anna O. auf das zielgerichtete Ausfragen der Patientin verzichtete und eine abwartend-rezeptive Haltung einnahm, die später zur Methode der freien Assoziation führte. Wir glauben, daß wissenschaftliche Arbeit ihren psychoanalytischen Charakter verliert, wenn sie auf diesen

Zugang, den sie mit keiner anderen Wissenschaft teilt, verzichtet.

Diese Offenheit der psychoanalytischen Begegnung und der psychoanalytischen Art der Schlußfolgerung ist häufig mit unwissenschaftlicher Beliebigkeit gleichgesetzt worden. Dabei wurde verkannt, daß die psychoanalytische Methode in zwei Schritten vorgeht. Die psychoanalytische Beziehung ist ja nicht allein durch die Grundregel, sondern ebenso durch ein nachträgliches, rationales Verständnis gekennzeichnet, das den Bezug zwischen Beobachtung und Hypothese jeweils argumentativ einholen muß. Dieselben Schritte finden sich auch in der Methodik der beiden zitierten Studien: Zunächst verhält sich der Beobachter rezeptiv und läßt dem Gegenüber einen möglichst großen Spielraum; erst in einem zweiten Schritt sucht er nachträglich die verwirrende Vielfalt zu ordnen. Die einzelnen Schritte der Auswertung sind dabei nicht – wie etwa bei einer mathematischen Rechnung – in ein bestimmtes standardisierbares Nacheinander zu bringen; sie müssen jedoch so angelegt sein, daß eine Kritik möglich wird. Für eine psychoanalytische Methodik zu plädieren, in welcher Offenheit im Umgang mit dem Material eine große Rolle spielt, bedeutet nicht, die eingeschlagenen Wege im Dunkel der Intuition verschwinden zu lassen. Nachträglich müssen sich die Interpretationen rechtfertigen lassen. Hierzu sind Transkript, Dokumentation der Gruppendiskussion und Transparenz des Weges vom Transkript zur wissenschaftlichen Aussage vonnöten.

Wir akzentuieren diesen Punkt, da er in der Begegnung der Psychoanalyse mit anderen Wissenschaften immer zum Kernpunkt des Streits wird. Wir glauben, daß es sich lohnt, diesen Punkt zu verteidigen; der Einfluß der Freud'schen Theorie auf viele Nachbardisziplinen läßt uns auch vermuten, daß andere wissenschaftliche Disziplinen unserer Wissenschaft durchaus anerkennender gegenüberstehen, als wir dies oft befürchten.

Insbesondere die gegenwärtige Entwicklung der qualitativen Psychotherapieforschung läßt deutlich werden, daß eine Vielfalt methodischer Zugänge sich mehr oder minder direkt an psychoanalytischen Denkweisen orientiert (Buchholz u. Streeck, 1994; Frommer, 1993). Um so erstaunlicher ist es, daß es – bis auf wenige Ausnahmen – keine Untersuchungen gibt, die sich allein auf psychoanalytische Prinzipien stützen (Ruff u. Leikert, 1994; Wegner und Henseler, 1991).

Wir meinen deswegen, daß es keinen Grund gibt, das eigene Wissenschaftsverständnis vorschnell aufzugeben, sondern vertreten die Auffassung, daß es für psychoanalytische Forschung Settings gibt, die allgemeinwissenschaftlichen Prinzipien mehr entsprechen als die Forschung vom Junktimtyp. Folgendes Schema faßt noch einmal unsere Diskussionspunkte zusammen:

## Zwei Settings psychoanalytischer Forschung

| Empirische Forschung | Junktim-Forschung |
|---|---|
| **UNTERSCHIEDE** | |
| Beobachter und Behandler sind nicht identisch | Beobachter ist gleichzeitig Behandler |
| Wissenschaftliches Interesse | Wissenschaftliches und klinisches Interesse |
| Systematisches Herstellen einer geeigneten Beobachtungssituation | Beobachtungssituation ist gleichzeitig klinische Situation |
| Systematischer Vergleich einer Anzahl von Einzelfällen | Interpretation des Einzelfalls vor nicht explizitem Hintergrund |
| Definierte Methodik der Auswertung (Transkript, Gruppendiskussion) | Oft keine explizite Methodik der Auswertung |

GEMEINSAMKEITEN

Psychoanalytische Essentials bestimmen Beobachtung und Auswertung:
- Übertragungsbeziehung als Rahmen der Beobachtung
- Unbewußter Konflikt als Zentrum der Reflexion
- Freier Einfall, freie Gruppendiskussion und nachträgliches rationales Verstehen sind Grundlage der Methodik
- Keine standarisierte Methodik im Sinne einer festen Abfolge von Beobachtungs- und Auswertungsschritten

## Widerstände gegen empirische Forschung

Pfeffer veröffentlichte seine erste bedeutsame Studie im Jahre 1959. In den 35 Jahren seither ist seine Arbeit zwar rezipiert, aber in der Methodik kaum nachgeahmt worden. Welcher Widerstand steht dieser psychoanalytischen Methode entgegen? Wir vermuten sowohl logische als auch irrationale und auch institutionelle Widerstände.

Zu den *logischen* Argumenten gegen empirische psychoanalytische Forschung rechnen wir die bisherige Gleichsetzung von psychoanalytischer Forschung mit Junktimforschung. Wir hoffen gezeigt zu haben, daß auch andere Settings als psychoanalytisch gelten können. Dieser Gleichsetzung liegt aber noch eine andere Voraussetzung zugrunde, nämlich die, daß die Psychoanalyse eine Wissenschaft vom Einzelsubjekt sei und daß sie zu allgemeinen gesetzmäßigen Aussagen ihrem Wesen nach nicht in der Lage sei. Diese Vorstellung hat beispielsweise in der Polarisierung verschiedener Wissenschaften in nomothetisch vs. ideographisch ihren Niederschlag gefunden. Aufgrund der größeren Offenheit ihrer Methodik ist die Psychoanalyse zwar in der Lage, den Einzelfall in seiner Einmaligkeit genauer zu erfassen und darzustellen, als dies anderen Wissenschaften möglich ist; ihr Ziel sind jedoch allgemeine gesetzmäßige Aussagen, die in ihrer Gültigkeit keineswegs auf den Einzelfall beschränkt bleiben. Angefangen von der These »Der Traum ist eine Wunscherfüllung« bis hin zu heutigen Thesen wie z. B. »Die Borderlinestruktur ist u. a. durch den massiven Gebrauch von Spaltungsmechanismen gekennzeichnet«, beziehen sich psychoanalytische Aussagen letztlich immer auf gesetzmäßige Zusammenhänge für eine definierte Gruppe von Einzelpersonen.

Wir haben vor einiger Zeit »Methodische Prinzipien psychoanalytischer Therapieforschung« zusammengestellt (Leikert u. Ruff, 1994) und möchten hier noch einmal den Standpunkt vertreten, daß psychoanalytische Forschung zwar stets mit der Rekonstruktion des je individuellen unbewußten Konflikts beginnt. Wir können jedoch keinen logischen Grund ausmachen, der es verbieten würde, einen Vergleich verschiedener Einzelfälle, wie er in unsystematischer Weise schon immer angewandt wird, zum methodischen Prinzip zu erheben. Der Einzelfall ist zwar das Nadelöhr für psychoanalytische Forschung, er bestimmt jedoch keineswegs ihre Grenze. Hinzu kommt das Problem des Kontextes einer wissenschaftlichen Aussage: ein Einzelfall wird immer vor dem Hintergrund eines bestimmten Erfahrungskontexts interpretiert, dieser Kontext bleibt jedoch undiskutiert und entzieht sich der wissenschaftlichen Kritik. Bei einer Studie, die systematisch vergleichend vorgeht, ist der Kontext der Interpretation durch die untersuchte Stichprobe klar definiert und damit der Kritik zugänglich. Eine Studie, die in systematischer Weise eine bestimmte Anzahl von Einzelfällen hinsichtlich einer Fragestellung empirisch psychoanalytisch untersucht, könnte nicht nur wissenschaftstheoretisch, sondern auch gesellschaftlich mehr Autorität beanspruchen.

Wir kommen nun zu *institutionellen* Widerständen. Einen weiteren mächtigen Widerstand gegen empirische psychoanalytische Forschung sehen wir im Absichern von ökonomischen Besitzständen. So scheint befürchtet zu werden, daß eine solche Forschung Dinge ans Licht bringen könnte, die dem gesicherten Status Quo zuwiderlaufen. In seinem kürzlich erschienen Artikel hat Thomä sehr differenziert beschrieben, wie die Frage der Frequenz analytischer Behandlungen in wenig realitätsbezogener Weise zum Streitgegenstand zwischen verschiedenen psychoanalytischen Theorien wurde; Thomä spricht sogar von einem »Religionskrieg« zwischen verschiedenen Schulen, wobei psychoanalytische Standpunkte rigide vertreten würden. Weiterhin fällt auf, daß das bereits vorhandene empirisch psychoanalytische Wissen über Langzeitverläufe von analytischen Behandlungen nicht in der Diskussion auftaucht (Thomä, 1994).

## Nachforschungsangst

Der Widerstand gegen empirische Forschung besteht nicht nur auf kollektiver, sondern auch auf individueller Ebene. Ernst Ticho fiel dies als eine fast ubiquitäre Einstellung auf, die er als Nachforschungsangst (research anxiety) bezeichnete; sie resultiere aus einer unlösbaren Spannung zwischen »überspannten Zielen« und »übertriebener Skepsis« (Ticho, 1972). Auch anderen Autoren stellten eine solche demonstrierte Skepsis und eine Tendenz, die Erfolge der eigenen Arbeit zu schlecht zu bewerten, fest (Wallerstein, 1989; Schachter, 1992; Schlessinger u. Robbins, 1986).

Wir wollen versuchen, dieses Phänomen zu verstehen, das jeder noch so erfahrene Kliniker kennt, wenn er gebeten wird, seine Behandlungen für Forschungszwecke zur Verfügung zu stellen. Psychoanalytische Therapie beruht auf Professionalität, behandlungstechnischem Können und klinischer Erfahrung; und jenseits davon ist sie jedoch eine komplexe Begegnung von individuellen Menschen, die vor allem aufgrund ihrer Offenheit und ihrer Bindung an die Grundregel ein Wagnis ist. Die analytische Offenheit fördert zum einen die Phantasie, alles sei möglich, zum anderen stellt sie aber alles wieder in Frage und sucht hinter jeder Sicherheit einen verborgenen Konflikt. Die von Ticho beschriebenen Phänomene von übertriebenen Erwartungen bei gleichzeitig übersteigerter Skepsis könnte so als Ausdruck von Größen- und Kleinheitsphantasien in bezug auf den Behandlungserfolg verstanden werden.

Zugespitzt wird diese Situation dadurch, daß der Therapeut zumindest in der Regel nur wenig oder nichts über die weitere Entwicklung seines Patienten nach dem Ende der Behandlung erfährt. Da es hierzu auch kaum gesichertes analytisches Wissen gibt, schwanken die Phantasien zwischen einem grandiosen Neuanfang des Patienten und unrealistischen Befürchtungen über die Wertlosigkeit der eigenen Arbeit. Inbesondere Schachter (1992) weist auf Befürchtungen vieler Psychoanalytiker hin, die nachanalytischen Kontakte könnten mit einem Schlag den Erfolg der Behandlung zunichte machen. Bei derartigen Vorstellungen muß der Forscher wie ein störender Dritter empfunden werden, der in die Intimität der therapeutischen Dyade eindringen und das komplexe Miteinander durch die Entfremdung, die die wissenschaftliche Sprache mit sich bringt, zerstören will. Gerade durch solche Phantasien über zerstörerische Dritte wird die Möglichkeit einer realitätsbezogenen dialektischen Verbindung von Größen- und Kleinheitsphantasien erschwert. Wir möchten betonen, daß wir diesen »Narzißmus der therapeutischen Dyade« nicht für eine Pathologie des Behandlers halten – dafür tritt sie allzu regelmäßig auf –, sondern wir verstehen ihn als ein notwendiges Begleitphänomen der psychoanalytischen Offenheit. Nichts desto weniger hat dieses Phänomen dysfunktionale Wirkungen, insofern es die Zusammenarbeit zwischen Forscher und Therapeuten erschwert. Dies scheint ein Grund für die bisher fast unüberbrückbare Kluft zwischen Psychotherapieforschung und klinischer Realität zu sein.

## Inwiefern kann empirische Forschung dysfunktionale Phänomene mindern?

Die Kostenträger klagen bei der Psychoanalyse ein, sie solle die Wirkungsweise ihrer Behandlungsform wissenschaftlich belegen. Den Anspruch auf Legitimation einer Leistung, die man bezahlt, wird man nicht als ungerechtfertigt abtun können. Die Psychoanalyse befindet sich hier in einer sehr eigenartigen und unangenehmen Lage: auf der einen Seite behauptet sie – wie wir meinen zu Recht –, daß eine spezifische psychoanalytische Wirkung nur mit Hilfe der ihr eigenen Methodik zu erfassen sei, auf der anderen Seite beschränkt sie sich in ihrem Selbstverständnis auf eine Forschung vom Junktimtyp, mit der die legitime Frage nach Wirkung psychoanalytischer Behandlungen nicht zu beantworten ist. Die Wirkung der psychoanalytischen Behandlung kann ja erst dann untersucht werden, wenn die Behandlung zu Ende ist; die Frage nach dem Effekt der psychoanalytischen Behandlung liegt mithin außerhalb des Zugriffs der Junktim-Forschung.

Auch das Argument, psychoanalytische Forschung würde im gesellschaftlichen Kontext nicht anerkannt werden, scheint kurzschlüssig. Die gegenwärtige Psychotherapieforschung ist weit davon entfernt, bereits verbindliche Standards ausgearbeitet zu haben. Neben Studien, die auf psychometrischen Tests basieren, wird auch qualitative Forschung intensiv weiterentwikkelt. Viele qualitative Untersuchungen orientieren sich an psychoanalytischem Gedankengut. Ob empirische psychoanalytische Forschung anerkannt werden würde, kann man nur feststellen, wenn man sie auch macht. Dazu braucht es natürlich Selbstverständnis, Tradition und Know-how in der Durchführung solcher Studien. Die Wirkung solcher Forschung beschränkt sich auch nicht nur auf die Legitimation, sondern darüber hinaus käme es auch zu einer realitätsbezogenen Überprüfung und Erneuerung psychoanalytischer Konzepte. In den »Religionskrieg« verschiedener psychoanalytischer Schulen könnte psychoanalytische Forschung dialektisch als dritter Punkt eingeführt werden, der der Auseinandersetzung vielleicht etwas von seiner Verbissenheit nehmen würde. Aber auch innerhalb psychoanalytischer Institutionen kann empirische Forschung eine gewisse Rolle spielen.

## Dysfunktionale Phänomene innerhalb psychoanalytischer Institutionen

Psychoanalytische Institutionen sind oft einer Kritik unterzogen worden. Wir kommen hier noch einmal auf die von Kernberg beschriebene Atmosphäre der Indoktrination zurück, die zu einer »paranoiden Atmosphäre« führen kann. Vor allem zwischen Weiterbildungsteilnehmern und Dozenten sind immer wieder Phänomene von Infantilisierung bzw. von Projektion maligner Elternimagines beschrieben worden (z.B. Ermann,1994). Um daran etwas zu ändern, schlugen Autoren vor, mehr Raum für wissenschaftliche Diskussionen zu lassen (Fürstenau, 1979) und die organisatorischen Strukturen zu reflektieren (Buchinger, 1993).

Unser Vorschlag, empirische Forschung zu einer Aufgabe psychoanalytischer Institutionen zu machen, geht in die gleiche Richtung. Die Arbeit von Schlessinger und Robbins beruht auf einem fortlaufenden Seminar in einem Weiterbildungsinstitut. Ein solches Forschungsseminar, das in einer kontinuierlichen Zusammenarbeit einer Gruppe von Dozenten und Weiterbildungsteilnehmern besteht, wird an unserem Institut seit zwei Semestern mit Erfolg praktiziert. Dabei stellten wir fest, daß eine solche Zusammenarbeit in freier Diskussion verzerrenden und polarisierenden Vorstellungen entgegenwirkt. Eine starre und zu gegenseitigen Projektionen Anlaß gebende hierarchische Autorität kann sich in einer Gruppendiskussion, die keine feste Rollenverteilung – wie z.B. in kasuistischen Seminaren – kennt, in eine natürliche Autorität des erfahreneren Kollegen verwandeln. Die gemeinsame Grundlage der Diskussion, z.B. ein Transkript, erlaubt zudem kritisches Einüben in psychoanalytischen Interpretationsweisen. Es bedeutet zwar für alle Teilnehmer eine zusätzliche Belastung, sich auf ein Forschungsprojekt einzulassen, die damit verbundenen Erfahrungen und die daraus gewonnenen Erkenntnisse können eine solche Belastung jedoch aufwiegen.

Abschließend wollen wir unseren Standpunkt noch einmal in zwei Thesen zusammenfassen:

– Empirische psychoanalytische Forschung kann dysfunktionale Phänomene innerhalb psychoanalytischer Institutionen und bezogen auf die äußere Realität mindern.

- Die Bindung an das Junktim von Behandeln und Forschen ist eine unverständliche Selbstbeschneidung der psychoanalytischen Forschung. Wir plädieren deshalb für Forschungsgruppen, die im Rahmen systematischer vergleichender Kasuistiken bestimmten Fragestellungen nachgehen.

# Literatur

Bachrach, M., Galatzer-Levy, R., Skolnikoff, A. (1991): On the efficacy of psychoanalysis. J. Amer. Psychanal. Assn. 39: 871–916.

Buchholz, M., Streeck, U. (1994): Heilen, Forschen, Interaktion. Opladen (Westdeutscher Vlg.).

Buchinger, K. (1993): Zur Organisation psychoanalytischer Institutionen: Psychoanalyse geht nicht ohne, Psychoanalyse geht nicht mit. Oder doch? Psyche 47: 31–70.

Cremerius, J. (1987): Wenn wir als Psychoanalytiker die psychoanalytische Ausbildung organisieren, müssen wir sie psychoanalytisch organisieren. Psyche 47: 1067–1096.

Ermann, M. (1993): Die psychoanalytische Ausbildung und das Verantwortungsgefühl des Psychoanalytikers. Forum. Psychoanal. 9: 132–139.

Faller, H., Frommer, J. (Hrsg) (1994): Qualitative Psychotherapieforschung. Heidelberg (Asanger).

Fürstenau, P. (1979): Zur Theorie der psa. Praxis. Stuttgart (Klett Cotta).

Kantrowitz, L. et al. (1990): Followup of psychoanalysis five to ten years after termination: II. Development of the selfanalytic function. J. Amer. Psychoanal. Assn. 38: 637–654.

Kächele, H., Hettinger, R. (1993): Bulimie. Prax. Psychother. Psychosom. 38: 151–160.

Kernberg, O. F. (1994): Der gegenwärtige Stand der Psychoanalyse. Psyche 43: 483–508.

Leikert, S., Ruff, W. (1994): Methodische Prinzipien psychoanalytischer Therapieforschung. Forum Psychoanal. 10: 77–86.

Lorenzer, A. (1986): »... gab mir ein Gott zu sagen, was ich leide« – Emanzipation und Methode. Psyche 40: 1051–1972.

Pfeffer, A. (1959): A procedure for evaluating the results of psychoanalysis. J. Amer. Psa Assn. 7: 418–444.

Pfeffer, A. (1961): Follow-up study of a satisfactory Psychoanalysis. J. Amer. Psa Assn. 9: 698–718.

Pfeffer, A. (1963): The meaning of the analyst after analysis. J. Amer. Psa. Assn. 11: 229–244.

Ruff, W., Leikert, S. (1994): Die posttherapeutische Entwicklung bei schwergestörten und bei neurotischen Patienten. In: Die Psychoanalyse schwergestörter Patienten (Hrsg) U. Streek. München (Pfeiffer).

Thomä, H. (1994): Frequenz und Dauer analytischer Psychotherapien in der kassenärztlichen Versorgung. Psyche 43: 287–323.

Ticho, E. A. (1971): Probleme des Abschlusses der psychoanalytischen Therapie. Psyche 25: 44–56.

Schachter, J. (1992): Concepts of Termination and Post-Termination Patient-Analyst Contact. Int. J. Psycho-Anal. 73: 137–154.

Schlessinger, N., Robbins, F. (1983): A development view of the psychoanalytic process: Follow-up studies and their consequences. Conneticut (Int. Univ. Press) .

Wallerstein, R. (1989): Followup in psychoanalysis: Clinical and research values. J. Amer. Psychoanal. Assn. 37: 921–941.

Wegner, P., Henseler, H. (1991): Die Anfangsszene des Erstinterviews im Prisma einer Analytikergruppe. Forum Psychoanal. 7: 214–224.

# 3. Innerer Raum und äußerer Rahmen psychoanalytischer Behandlungen

*Otto F. Kernberg*

# Übereinstimmungen und Unterschiede in der zeitgenössischen psychoanalytischen Technik*

Eine der interessantesten Konsequenzen der Diskussion um die gemeinsame Basis der Psychoanalyse (Wallerstein 1992) ist die wachsende Aufmerksamkeit, die den eigentlichen Grundsätzen der psychoanalytischen Technik geschenkt wird. Diese leiten sich – im Gegensatz zu den »klinischen Theorien«, die aus unterschiedlichen Auffassungen hervorgegangen sind – aus verschiedenen psychoanalytischen Theorien ab. Mit anderen Worten, die allgemeine Theorie oder Metapsychologie bedarf nicht nur einer Differenzierung hinsichtlich der klinischen Theorie oder patientenspezifischer dynamischer Hypothesen in konkreten klinischen Situationen, sondern auch hinsichtlich des technischen Vorgehens bei der Intervention im Einzelfall. Obwohl Wallersteins Konzept einer gemeinsamen Basis der klinischen Theorie in der Literatur noch immer diskutiert wird, können – trotz der offensichtlichen Unterschiede in den metapsychologischen und theoretischen Vorstellungen – überraschende Übereinstimmungen, aber auch Unterschiede im jeweiligen technischen Vorgehen entdeckt werden. Diese werden deutlich, wenn man vergleicht, wie Kliniker mit unterschiedlichen Hintergründen tatsächlich arbeiten.

Nach meiner Ansicht kann man, basierend auf einer Sichtung der derzeitigen Arbeiten zur psychoanalytischen Technik in der europäischen, lateinamerikanischen und nordamerikanischen Literatur – unter Berücksichtigung der Literatur der Kleinianer, der Ich-Psychologie, der Britischen Unabhängigen (»independents«, früher »middle group«), der französischen Hauptrichtung (Nicht-Lacanianer), der Interpersonalen (früher »culturalists« genannt) und der Selbstpsychologie –, bedeutende Übereinstimmungen in verschiedenen Bereichen der Technik entdecken. Die in anderen Bereichen der Technik zunehmenden Divergenzen unterscheiden einige dieser Richtungen weiterhin voneinander.

Die Möglichkeit, klinisches Material mit Kollegen verschiedener psychoanalytischer Gesellschaften und Richtungen in verschiedenen Ländern zu disku-

* Convergences and divergences in contemporary psychoanalytic technique. Erschienen in: International Journal of Psychoanalysis (1993) 74: 659–673. Aus dem Amerikanischen übersetzt von Dr.med. Marie-Luise Ecker-Egle, Mainz. Deutsche Erstveröffentlichung in: Forum der Psychoanalyse (1994) 10: 296–314. 

tieren, bestärkte mich ebenso wie die derzeitige Publikation bedeutender Texte zur Technik in meiner Einschätzung dieser Entwicklung. Die 1991 veröffentlichte englische Übersetzung von Etchegoyens umfassender Abhandlung zur psychoanalytischen Technik hebt in ihrer Darstellung auf die Entwicklung von Gemeinsamkeiten und Unterschieden innerhalb der verschiedenen psychoanalytischen Richtungen ab. In den letzten 12 Jahren erschienen Etchegoyens kleinianischer Text, Blums (1980, 1985) Beiträge zur ichpsychologischen Technik, Thomäs und Kächeles (1985, 1988) Lehrbücher, die den Stellenwert der Persönlichkeit des Analytikers betonen, le Guens (1982, 1989) Sichtweise der französischen Hauptströmung. Greenbergs (1991) und Mitchells Beiträge zur interpersonalen Psychoanalyse, zwei Bände über die Entwicklung der Kleinianischen Theorie und Praxis, verfaßt von Spillius (1988), Mertens Einführung in die psychoanalytische Therapie (1990), bei der er Ich-Psychologie und interpersonale Ansätze miteinander verbindet, eine spezielle Ausgabe des Psychoanalytic Quarterly (Bd. 59, Nr. 4, 1990), die dem psychoanalytischen Prozeß gewidmet ist, Kohons (1986) und Rayners (1991) Übersichtsarbeiten zu den Auffassungen der »Unabhängigen« und nicht zuletzt die zweite Ausgabe von Sandlers et al. (1992) ebenso knappem wie klarem Leitfaden. Beim Vergleich dieser Werke zeigen sich sowohl bemerkenswerte Übereinstimmungen als auch gewisse Unterschiede.

Bemerkenswert ist, daß sogar in Texten, die klar die Vorlieben des Autors erkennen lassen, die Standpunkte anderer Schulen berücksichtigt werden und man allgemein eine flexiblere Einstellung gegenüber abweichenden Standpunkten findet, ein Indiz dafür, daß ältere Feindschaften aufgegeben wurden, um statt dessen unterschiedliche Auffassungen zu diskutieren. Etchegoyens Text z. B., geschrieben von einem argentinischen Kleinianer, bezieht vorsichtig neuere Beiträge der Ich-Psychologie, der Britischen Unabhängigen, der französischen Hauptrichtung und die Standpunkte der Lacanianer ein. Ähnlich vergleichen Thomä und Kächele Ich-Psychologie und britische Sichtweisen mit ihrer eigenen, die etwas enger an die interpersonale Richtung angelehnt ist. Sandler et al. nehmen in ihren vorwiegend ichpsychologischen Ansatz Beiträge aus einem breitgefächerten Spektrum psychoanalytischer Theorien auf.

Im folgenden versuche ich kurz, einige bedeutende Bereiche im Hinblick auf Übereinstimmungen und Unterschiede zusammenzufassen. In der Zuordnung bestimmter Ansätze zu einer bestimmten Schule mußte ich vereinfachen und verallgemeinern; manchmal werde ich dabei gering abweichenden Standpunkten innerhalb einer Richtung nicht gerecht. Fairbairn (1954) z. B., ein Unabhängiger, favorisiert eine ziemlich klassische psychoanalytische Technik, möglicherweise mehr als die meisten seiner Kollegen. Unter den Kleinianern entfernen sich Bion (1974, 1975, 1980), Meltzer (Meltzer u. Williams 1988) und Rosenfeld (1987) deutlich von dem, was ich als die heutige kleinianische Hauptrichtung beschreibe, wie sie in »Melanie Klein Today« von Spillius und in den ausgewählten Schriften von Joseph (1989) wiedergegeben wird. Innerhalb der amerikanischen Ich-Psychologie gibt es bedeutende Unterschiede zwischen jenen, die Arlow und Brenner (1990) folgen und dazu neigen, solchen Konzepten wie Abwehrmechanismen weniger Bedeutung beizumessen und alle unbewußten Konflikte und ihre Folgen konzeptuell unter dem Aspekt von Kompromißbildungen zu fassen, und den von Mahler beeinflußten Entwicklungspsychologen (Akhtar u. Parens 1991), welche die Objektbeziehungskonzepte in das ichpsychologische Modell eingeführt haben. Ähnlich versuchten andere amerikanische Ich-Psychologen ihre Vorstellungen mit denen von Winnicott und der »Unabhängigen Schule« in Einklang zu bringen (Modell 1990).

## Übereinstimmungen

### *Übertragung*

Die allgemeine Tendenz geht dahin, die Übertragung früher zu deuten. In allen psychoanalytischen Richtungen (ausgenommen vielleicht bei den Lacanianern wird die zentrale Bedeutung der Übertragungsanalyse betont. Die zunehmende Betonung und die frühe Fokussierung auf die Übertragung bringt z. B. die Ich-Psychologie und die Objektbeziehungstheorie hinsichtlich ihrer Technik näher zusammen. Bei letzterer scheint die Gesamtbetonung weniger auf der Einmaligkeit von Träumen, der Wiederentdeckung konkreter Erinnerungen oder der äußeren Realität zu liegen als vielmehr auf früher und zugleich systematischer Analyse der unbewußten Bedeutung der Übertragungsentwicklung.

Gill und Hoffmans empirische Forschung zur Übertragung (Gill 1982; Gill u. Hoffman 1982) wurde anfänglich unterschiedlich akzeptiert, beeinflußte aber nicht nur die amerikanische Ich-Psychologie, sondern auch die interpersonale Psychoanalyse und Thomä und Kächele nachdrücklich. Die frühe Kritik an Gill und Hoffman richtete sich hauptsächlich dagegen, daß sie den Einfluß, den der Analytiker auf die Entwicklung der Übertragung und der interaktionellen Matrix hat, innerhalb derer sich die Übertragung vollzieht, besonders herausstellten. Aber ihr Hinweis auf die Wichtigkeit der Abwehr gegen die Übertragung (mehr als die Abwehrfunktionen der Übertragung selbst), beeinflußte das ichpsychologische Denken und erhöhte die Aufmerksamkeit gegenüber den subtilen, besonders nonverbalen Manifestationen der Übertragung von einem frühen Zeitpunkt der Behandlung an. Diese allgemeine Tendenz in der Ich-Psychologie in Richtung einer stärkeren Beachtung und früheren Interpretation der Übertragung verringert den

Unterschied zwischen amerikanischen Ich-Psychologen und britischen Auffassungen hinsichtlich der Übertragung. In der Tat zeigt eine komplementäre Bewegung innerhalb der britischen Schulen, besonders in der Hauptrichtung der Kleinianer, wie sie in den von Spillius herausgegebenen Bänden dargestellt wird, deutlich, daß die kleinianischen Autoren bei ihren Übertragungsdeutungen behutsamer vorgehen.

Die neueren Arbeiten von Joseph (1989) und Segal (zit. n. Levine 1992) und auch die eigenen Beobachtungen von Spillius (1988), die man ihren Büchern entnehmen kann, weisen darauf hin, daß kleinianische Analytiker die Analyse der Charakterwiderstände und deren Bezug zur Übertragung systematischer berücksichtigen. Sie tun dies schrittweise von der Oberfläche zur Tiefe im Rahmen einer Analyse des mittels Assoziation und Haltung des Patienten gewonnenen Materials. Direkte Bezugnahme auf genetisches Material in frühen Stadien der Übertragung wird dabei vermieden. In dieser Hinsicht bewegen sie sich sowohl auf die Unabhängigen als auch auf die Ich-Psychologen zu. Wesentliche Unterschiede hinsichtlich der Deutung der Übertragung sind dennoch zwischen den verschiedenen Schulen weiterhin vorhanden.

*Charakteranalyse*

Es besteht eine allgemeine Tendenz, die Analyse der gewohnheitsmäßigen – und oft diskreten, jedoch rigiden – Verhaltensmuster in der psychoanalytischen Situation in den Vordergrund zu stellen: Charakterabwehr, anstelle der unbewußten Bedeutungen einzelner Symptome, Erfahrungen oder Erinnerungen. Dieses Vorgehen hat jedoch wenig mit der konfrontativen (und manchmal autoritären) Überwindung der Charakterwiderstände zu tun, wie sie von Reich (1933) vertreten wurde.

Unter diesem Gesichtspunkt scheint sich die kleinianische Technik in Richtung der Ich-Psychologie zu bewegen. Diese Entwicklung wurde durch Rosenfelds (1964) Beschreibungen der Übertragungswiderstände bei Patienten mit narzißtischer Persönlichkeit initiiert. In seinen späteren Beiträgen (1987) legt er Wert auf die Klärung des Erlebens der Patienten sowie nonverbaler Manifestationen, worin sich beständige, sich wiederholende Charaktereigenschaften widerspiegeln. Ebenso wie Joseph (1989) und Segal (Spillius 1988; Levine 1992) betont er die chronischen, sich wiederholenden, subtilen, jedoch bedeutsamen Aspekte der Interaktion zwischen Patient und Analytiker.

Obwohl aus ichpsychologischer Perspektive die Starrheit der traditionellen »Reichianischen« Charakteranalyse lange aufgegeben wurde, rückte unter dem Einfluß der Behandlung von Patienten mit schwerwiegenderen

Krankheitsbildern die Charakteranalyse wieder mehr in den Mittelpunkt, wenn dies auch nicht systematisch formuliert wurde. Die Tatsache, daß Charakterpathologie und schwere Persönlichkeitsstörungen zunehmend weit verbreitete Indikationen für psychoanalytische Behandlungen werden, trägt möglicherweise zu diesem Trend bei. Gleichzeitig wird immer klarer, daß die Analyse der verbalen Inhalte, welche die Charakterstruktur außer acht läßt, häufig zu Intellektualisierung und Pseudoeinsicht führt (Kernberg 1983, 1987, 1992).

*Das Hier-und-Jetzt*

Die Konzentration auf die unbewußte Bedeutung im »Hier-und-Jetzt« wächst. Eine zunehmende Übereinstimmung entwickelt sich bezüglich dessen, was Sandler und Sandler (1984) als das »gegenwärtige Unbewußte« im Gegensatz zum »vergangenen Unbewußten« beschrieben haben. Es wird ein allgemeiner Trend deutlich, übereilte genetische Rekonstruktionen und insbesondere eine intellektualisierte Rekonstruktion der Vergangenheit auf der Basis der bewußten Erinnerungen des Patienten, die an den unbewußten Phantasien und Bedeutungen in der Übertragung vorbeigehen, zu vermeiden und vielmehr solche unbewußten Bedeutungen im »Hier-und-Jetzt« zu erforschen, bevor Rekonstruktionen der Vergangenheit versucht werden. Dieser Trend geht mit einer verstärkten Zentrierung auf die Analyse der Übertragung insgesamt einher. Die Analyse des »Hier-und-Jetzt« bedeutet nicht, das unbewußte Vergangene zu vernachlässigen. Gewisse Tendenzen, die interaktionellen Aspekte der psychoanalytischen Situation überzubetonen (manchmal verbunden mit einem existentiellen Ansatz), mögen dazu führen, die Beschäftigung mit den infantilen Determinanten der Übertragung zu vernachlässigen. Dies ist jedoch nicht die Folge des zunehmenden Trends, vorsichtig die unbewußten Bedeutungen im »Hier-und-Jetzt« zu erforschen, bevor man diese mit dem unbewußten Vergangenen verknüpft.

Die ichpsychologischen Ausführungen zur Metapsychologie der Deutung insbesonders die von Fenichel (1941) am treffendsten formulierten ökonomischen, dynamischen und strukturellen Kriterien der Deutung – betonen immer die Wichtigkeit des Vorgehens »von der Oberfläche zur Tiefe« – von der Analyse der Abwehr oder des Widerstands zu der Analyse des Triebs oder des Inhalts. Im Gegensatz dazu hebt die kleinianische Technik üblicherweise auf Deutung auf dem stärksten Angstniveau ab (Segal 1973) und neigt dazu, schnell zu genetischen Interpretationen zu kommen. (Diese werden oft in einer Sprache ausgedrückt, die sich auf Körperteile und Phantasien bezieht, von denen angenommen wird, daß sie beim Kind im ersten Lebensjahr existieren.) Es besteht die Gefahr, dadurch Intellektualisierung beim

Patienten zu begünstigen oder ggf. ihm nur ein eingeschränktes Verständnis seiner Erfahrungen zu ermöglichen.

Als Reaktion auf diesen Trend vermeidet die zeitgenössische Hauptrichtung der Kleinianer frühe, voreilige genetische Rekonstruktionen und versucht die unbewußte Bedeutung »im Hier-und-Jetzt« auf einer Ebene zu analysieren, die eher übereinstimmt mit der gegenwärtigen Weise des Patienten, seine Erfahrungen zu formulieren und, wie zuvor erwähnt, im Prozeß selbst sich zunehmend auf die Manifestationen der Charakterpathologie in der Übertragung zu konzentrieren. Hanna Segal (persönliche Mitteilung) betont nun, die Deutung auf dem aktivsten – aber nicht stärksten – Angstniveau zu geben und die augenblickliche geistig-seelische Belastbarkeit des Patienten zu berücksichtigen. Etchegoyens Text (1991) illustriert eine parallele Entwicklung bei den argentinischen Kleinianern.

*Zunehmende Betonung der Übersetzung unbewußter Konflikte in die Objektbeziehungsterminologie*

Es erscheint mir wichtig, den technischen Zugang zum klinischen Material von der anhaltenden Kontroverse über den Zusammenhang von Objektbeziehungstheorie und Triebtheorie abzugrenzen. Diese Kontroverse trennt klar jene Objektbeziehungstheoretiker, die an der Triebtheorie festhalten (Jakobson, Mahler, Klein, Kernberg), von jenen, welche die Objektbeziehungstheorie für unvereinbar mit der Freudschen Triebtheorie halten (Sullivan, Fairbairn, Mitchell, Greenberg). Seitens der Technik geht die allgemeine Tendenz dahin, Trieb-/Abwehrstrukturen in Begriffen von unbewußter internalisierter Identifikation mit Selbst- und Objektrepräsentanzen auszudrücken, die das entsprechende Triebderivat oder dessen affektiven Ausdruck beinhalten.

Die britische und interpersonale Schule formulierten ihre Deutungen selbstverständlich immer in der Objektbeziehungssprache. Dies gilt auch für die Ich-Psychologie (mit dem wesentlichen Unterschied, daß die Selbst-Psychologie die Existenz von aggressiv besetzten internalisierten Objektbeziehungen vernachlässigt). Aber die ichpsychologische Literatur zur Technik ist auch zunehmend in Begriffen der Objektbeziehungstheorie formuliert, so z. B. in dem auf Mahler zurückgehenden entwicklungspsychologischen Ansatz (Akhtar u. Parens 1991) oder in den Arbeiten von Arlow (1991), Gill (Gill u. Hoffman 1982) und Sandler (Sandler et al. 1992). Man könnte einwenden, daß die psychoanalytische Theorie von Anfang an eine Objektbeziehungstheorie beinhaltete. Aber die wachsende Verknüpfung von Affektdispositionen und Triebderivaten mit Selbst- und Objektrepräsentanzen, die Teile von Ich- und Über-Ich-Strukturen sind, wurde m. E. in den letzten

Jahren besonders in nicht-objektbeziehungstheoretischen Ansätzen deutlich.

*Gegenübertragung*

Parallele und allseits bekannte Entwicklungen hinsichtlich der Gegenübertragung fanden bei den Ich-Psychologen, den Kleinianern und den Unabhängigen statt. Typisch dafür sind die Beiträge von Heimann (1950), Little (1951), Racker (1957, 1968), Annie Reich (1951) und Winnicott (1949, 1960). Die wesentliche Folge dieser Beiträge war die Erweiterung des Konzepts der Gegenübertragung von seiner engen Bedeutung (als die unbewußte Reaktion des Analytikers auf den Patienten oder die Übertragung) hin zu der umfassenderen Bedeutung, die die gesamte emotionale Reaktion des Analytikers auf den Patienten einschließt. Diese Beiträge signalisierten eine Verschiebung von einer negativen Haltung – man könnte sogar von einer phobischen sprechen – hinsichtlich der Gegenübertragung (von der man annahm, daß sich in ihr die ungelösten neurotischen Konflikte des Analytikers widerspiegeln), zu einem wichtigen Instrument, zur Erforschung der Übertragung und der gesamten Patient-Analytiker-Interaktion.

Bekanntlich begannen die interpersonalen Psychoanalytiker mit solch einer umfassenden Definition und technischen Handhabung der Gegenübertragung (Fromm-Reichmann 1950; Searles 1979). Rackers (1957) bahnbrechende Klärung von übereinstimmenden und komplementären Identifikationen in der Gegenübertragung sorgten für den theoretischen Rahmen der Analyse der Gegenübertragung, wie sie bei allen Richtungen, die der Objektbeziehungstheorie folgten, Verbreitung gefunden hat und zu einem Kernstück in Etchegoyens kleinianischer Abhandlung (1991) wurde. Die vor kurzem erschienene Arbeit von Jakob (1991) illustriert, wie diese Konzepte auch für Strömungen innerhalb der Hauptrichtung des ichpsychologischen Denkens in den USA prägend wurden. Epstein und Feiners (1979) Auswahl von Texten zur Gegenübertragung zeigen parallele Entwicklungen in einem breiten Spektrum psychoanalytischer Richtungen, auch bei französischen Autoren (McDougall 1979).

Erhebliche Differenzen bleiben jedoch bezüglich des Ausmaßes, mit dem Übertragungs- und Gegenübertragungsanalyse miteinander verbunden werden, bestehen: Die interpersonale Psychoanalyse schenkt Übertragung und Gegenübertragung nahezu gleiche Aufmerksamkeit. Diese Tendenz ist bei den Unabhängigen weniger und noch weniger bei den Ich-Psychologen und Kleinianern anzutreffen. Man muß wohl fairerweise sagen, daß alle Analytiker die Erforschung ihrer eigenen gefühlsmäßigen Reaktionen auf ihre Patienten in einer konsequenteren und viel freieren Weise nutzen als dies

Kliniker früher taten. Die allgemeine Tendenz ist jedoch, die Gegenübertragungsanalyse nur in Form von Deutungen wiederzugeben und die direkte Kommunikation darüber mit dem Patienten sorgfältig zu vermeiden.

Von einem theoretischen Standpunkt bringt die Ausweitung des Konzepts der Gegenübertragung und dessen Anwendung in Form von Übertragungsdeutungen eine allmähliche Akzeptanz – in unterschiedlichem Maße und mit unterschiedlichen Einschränkungen – des Konzepts der projektiven Identifikation als einem wichtigen Mittel der Abwehr und der unbewußten Kommunikation in der Übertragung. Die Aktualisierung oder das Reinszenieren der vergangenen Konflikte in der Übertragung, insbesondere mit »Rollenumkehr« (Kernberg 1984) der ursprünglichen pathogenen Objektbeziehung von seiten des Patienten, entspricht der »Rollenantwort« des Analytikers (Sandler 1976). Die versuchsweise Identifikation des Analytikers mit dem Patienten schließt die Aktivierung umgekehrter Rollen in der Gegenübertragung ein.

### *Wachsende Betonung des affektiven Erlebens des Patienten*

Die Psychoanalytiker haben stets das affektive Erleben des Patienten betont. Fenichel (1941) faßte überzeugend die Gefahren der zwei Polaritäten des Widerstands zusammen: Intensität des Affekts als Abwehr gegen kognitives Erkennen eines unbewußten Konflikts sowie ein Sich-Verlassen auf Intellektualisierung und Rationalisierung als Abwehr gegen ein affektives Erkennen eines solchen Konflikts. Hier will ich jedoch darauf hinweisen, daß die traditionelle Betonung der Intensität von Triebkonflikten als bestimmendes »ökonomisches« Interpretationskriterium der Ich-Psychologie (Fenichel 1941) (oder über die gesamte kleinianische Schule und auch die Ich-Psychologie hinweg die Betonung libidinöser und/oder aggressiver Triebeinsätze) zunehmend einer detaillierten Auseinandersetzung mit den Affekten Platz macht, die in der klinischen Situation die dualen Triebkräfte darstellen oder widerspiegeln.

Unabhängig davon, welche Position man bezüglich der Kontroverse einnimmt, ob die Triebtheorie durch andere Motivationstheorien ersetzt oder ergänzt werden sollte, herrscht im klinischen Alltag zunehmend und fast überall Einigkeit über die herausragende Bedeutung der Affekte als geeignetem Ansatzpunkt für die Deutung des Analytikers (die Lacanianer vielleicht ausgenommen). Besonders stark hervorgehoben wurde dieser Punkt neuerdings in Beiträgen der Unabhängigen Gruppe (Bollas 1987, 1992; Casement 1991; Ogden 1989; Stewart 1992).

Wenn man aber herausfinden will, wo die affektive Einlassung am größten ist, kann man sich nicht einfach dem Material zuwenden, bei dem diese

Gefühle auftreten. Der fortschreitenden Untersuchung der Beziehung zwischen vorherrschenden Themen in der Übertragung, vorherrschendem Affekt im gesamten vom Patienten dargestellten Material und vorherrschendem Affekt in der Gegenübertragung liegt auf der Arbeitsebene bei jeder Sitzung die konkrete Analyse von Übertragungs- und Gegenübertragungsentwicklungen zugrunde. Herauszuarbeiten, in welchem Ausmaß die äußere Wirklichkeit, die Entwicklungen bei der Übertragung und das Auftauchen von zurückgehaltenem Material aus der Kindheit zur Gestaltung des konkreten affektiven Klimas in jeder Sitzung beitragen, wird heute in den meisten psychoanalytischen Ansätzen als wichtige Aufgabe angesehen.

*Die Betonung multipler »Königswege« zum Unbewußten*

Wie schon vorher erwähnt, ist die Bedeutung der Traumanalyse als dem »Königsweg« zum Unbewußten in dem Maße zurückgegangen, wie unser Verständnis der vielfältigen Kommunikationskanäle, durch die in der Analysesituation das Unbewußte zutage tritt, zugenommen hat. Brenner (1976) hat festgestellt, daß »die traditionelle Betonung der Bedeutung von Träumen in der psychoanalytischen Therapie auf Kosten anderer psychischen Phänomene gegangen ist, wie z.B. Tagträumen, Fehlleistungen, Metaphern, Scherzen, Reaktionen auf Kunstwerke und sogar neurotischen Symptomen«... (S. 165). Im Zusammenhang mit interpretativen Deutungen weist Gray (1986) auf die vielfältigen »Oberflächen« des psychoanalytischen Materials hin und veranschaulicht damit die mögliche Flexibilität eines ichpsychologischen Vorgehens, das die Aufmerksamkeit des Patienten auf eine Vielzahl von Abwehroperationen lenkt. Andere Entwicklungsrichtungen innerhalb der Ich-Psychologie berücksichtigen die technische Nutzung der freien Assoziation des Patienten, wie dies von Kris (1982) erneut betont wurde sowie seitens des Analytikers die Klärung, wie der Patient die Deutungen des Analytikers erlebt besonders dann, wenn es im Kommunikationsprozeß Unterbrechungen gibt –, worauf Schwaber (1983) besonders hinweist. Hier wird, wie ich meine, quer durch die verschiedenen Schulen eine bedeutend flexiblere Einstellung gegenüber dem Material des Patienten sichtbar. Ich habe diese in einer früheren Arbeit (Kernberg 1992) als gleichzeitige Berücksichtigung von »drei Kanälen« der Kommunikation zusammengefaßt, nämlich 1) Mitteilung verbalen Inhalts durch freie Assoziation, 2) Verständigung mittels nonverbalem Verhalten und der formalen Sprachgestaltung und 3) Kommunikation mittels der ganzen, konstanten, impliziten Objektbeziehung, die sich bei jedem Analytiker-Patienten-Paar entwickelt und sich von dem vorherrschenden Übertragungs- und Gegenübertragungsgleichgewicht unterscheidet, das von Augenblick zu Augenblick wechseln kann.

Im Hinblick auf die formalen Aspekte der verbalen Kommunikation hat Libermans (1983) bahnbrechende Arbeit in Argentinien über die Beziehung zwischen psycholinguistischen Stilformen und vorherrschenden Charaktermustern einen neuen Rahmen für das Verständnis der Kommunikation im psychoanalytischen Prozeß geschaffen, welcher in Etchegoyens (1991) Text anschaulich herausgearbeitet wurde. Bei der Beschreibung der Beziehung zwischen narzißtischer Charakterpathologie und deren Übertragungsmanifestationen hat Rosenfeld (1987) die Bedeutung des Umwandlungsprozesses von narzißtischer Charakterabwehr in Übertragungswiderstände im Rahmen der kleinianischen Sichtweise aktualisiert. Dieser Umwandlungsprozeß wurde unabhängig davon auch von Grunberger (1971), von der französischen Hauptrichtung und von Kohuts Selbstpsychologie (1971, 1977) hervorgehoben.

Levy und Inderbitzin (1990) schreiben in ihrer knappen Zusammenfassung der vier verschiedenen Auffassungen von »analytischer Oberfläche« innerhalb der Ich-Psychologie: »... (Paul) Grays Zentrierung auf die Möglichkeiten zur Veranschaulichung von Abwehroperationen des Ich, (Merton) Gills sorgfältige Beachtung von Übertragungskennzeichen im »Hier-und-Jetzt«, (Anton) Kris' Suche nach Unterbrechungen im Prozeß der freien Assoziation beim Patienten und (Evelyne) Schwabers Bemühungen, Mängel im Verständnis des Analytikers für die subjektiven Erfahrungen des Patienten aufzuklären. Sie alle nehmen ihren Ausgang von verschiedenen Anregungen, die schon Bestandteile von Freuds Ideen zur Technik waren. Sie bringen das Zuhören und Reagieren des Analytikers in ein System« (S. 386).

Levy und Inderbitzin problematisieren jedoch auch die Gefahr, sich in irgendeinem »mikroskopischen Fokus« zu verlieren, wodurch dem Analytiker möglicherweise das Gewahrwerden anderer Probleme verlorengeht. Sie betonen die Bedeutung der Flexibilität und die Vielzahl der Wahlmöglichkeiten, die das Material in jeder einzelnen Analysestunde zuläßt. Bions (1967) Warnung, »ohne Erinnerung oder Wunsch« zu deuten, weist auf eine verwandte Sorge hin, nämlich in jeder Sitzung das Material ohne einschränkendes Vorurteil neu zu erforschen.

M. E. kann man aus heutiger Sicht die dynamischen und ökonomischen Kriterien der Deutung mit der Feststellung zusammenfassen, daß die Deutung geleitet sein sollte von den nach Meinung des Analytikers jeweils im Vordergrund stehenden Affekten, überwiegend, aber nicht ausschließlich, durch die Analyse der Übertragung, durch ein Fortschreiten von der Oberfläche zur Tiefe, mit dem Bewußtsein verschiedener Oberflächen und der Möglichkeit, daß dasselbe Trieb-Abwehrsystem zugänglich sein kann, indem man von verschiedenen Oberflächen in eine gemeinsame Tiefe vorstößt.

### *Wachsende Sorge hinsichtlich einer »Indoktrination« von Patienten*

Es bestehen weitverbreitete Bedenken hinsichtlich der Gefahren, dem Patienten unabsichtlich die Theorie oder wenigstens die Sprache des Analytikers aufzuzwingen. Dadurch besteht die Gefahr, eher »Übertragungskuren« denn Übertragungslösungen zu erzielen. Damit verbunden ist eine falsche, scheinbare Bestätigung der Theorien des Analytikers, wie sie sich in der Wiederherstellung des subjektiven Erlebens des Patienten widerspiegeln. Die Auseinandersetzung damit hat innerhalb der verschiedenen Richtungen unterschiedliche Formen angenommen: die Ich-Psychologen kritisierten den Begriff »Widerstand«, da dadurch möglicherweise eine feindselige Beziehung zwischen Patient und Analytiker begünstigt wird und die Auffassung des Analytikers dem Patienten aufgezwungen wird (Schäfer 1992); die Kleinianer sprechen das Problem in Bions »Notes on Memory and Desire« (1967) an; die Lacanianer schreiben von der Vorstellung des Analytikers als dem »Subjekt vermeintlichen Wissens« (s. Etchegoyen, 1991, Kap. 11). Die stetige Betonung der Empathie für das subjektive Erleben des Patienten in der Selbstpsychologie enthält ebenfalls unausgesprochen eine Kritik an autoritären Deutungen. Interpersonale Psychoanalytiker und die Unabhängigen haben durch ihre Betonung der fundamentalen Bedeutung, die der Klärung von Unterbrechungen in der Kommunikation zwischen Patient und Analytiker zukommt, implizit auf das Risiko hingewiesen, wenn der Analytiker seine Sicht der Dinge dem Patienten überstülpt.

Das Problem liegt darin, daß die theoretische Orientierung des Analytikers zwangsläufig seinen Kommunikationsstil beeinflußt. Der Patient, der seine Aufmerksamkeit den Mitteilungen des Analytikers schenkt, wird zwangsläufig seine Sicht aus dem Verstehensansatz des Analytikers ableiten. Es ist in der Regel nicht schwierig, den theoretischen Hintergrund jedes Analytikers anhand seiner spezifischen Interventionen zu erkennen. Das vorsichtige Vermeiden jeder Deutung, die vom Patienten als Vereinnahmung abgelehnt werden könnte, führt möglicherweise ebenso sehr zur Entwicklung von sadomasochistischen Übertragungen, wie wenn der Analytiker seine Sichtweise dem Patienten in unpassender Weise aufdrängte. Das Bewußtwerden dieser Dialektik beeinflußt die psychoanalytische Technik in wachsendem Maße mit der allgemeinen Tendenz, Formulierungen zu vermeiden, die zu einer intellektualisierten Aufarbeitung der Patientenerfahrung führen könnten und damit den Zugang zum Unbewußten eher verschließen als öffnen.

### *Vermehrte Zweifel an linearen Entwicklungskonzepten*

Es gibt eine wachsende Tendenz, die lineare Abfolge von oralen zu analen, zu genitalen und zu ödipalen Konflikten in Frage zu stellen, Diese steht im Gegensatz zu der Entwicklung von sehr individuellen Sequenzen eng miteinander verwobener ödipaler und präödipaler Strukturen innerhalb des psychoanalytischen Prozesses. Der gegenwärtige Trend in der Analyse von Übertragungsparadigmen geht dahin, mit einem Hin- und Herpendeln zu arbeiten, zwischen der Analyse von hochverdichteten synchronen Strukturen, die auch unvereinbare Vergangenheitsaspekte beinhalten, und der Analyse einer speziellen dyachronischen Entwicklungslinie, die zeitweilig innerhalb solcher verdichteten Strukturen auftaucht. Diese Entwicklung, die vielleicht von den Lacanianern am stärksten hervorgehoben wird, aber auch charakteristisch für die nicht-lacanianische französische Psychoanalyse ist, betont auch die strukturellen Aspekte und Entwicklungskonsequenzen früher Ödipalisierung, den archaischen Ödipuskomplex.

Der sich ergebende Konsens wird m. E. immer noch überschattet von der älteren Kontroverse bezüglich der Dominanz ödipaler und/oder präödipaler Probleme in der Psychopathologie, die auf der einen Seite die Selbstpsychologie und einige radikale Vertreter der interpersonalen Psychoanalyse von der Ich-Psychologie, den britischen Schulen, der französischen Hauptströmung und der Lacanianischen Psychoanalyse auf der anderen Seite trennt. M. E. weist das sorgfältige Erforschen der Entwicklungsschemata all dieser Ansätze jedoch darauf hin, daß die enge Wechselbeziehung zwischen präödipalen und ödipalen Konflikten und Strukturen, die Bedeutung der herkömmlichen linearen Entwicklungsmodelle mindert.

So weist z. B. die ursprüngliche ödipale Strukturierung der Wirklichkeit, die archaische Ödipussituation, welche sowohl von der Lacanianischen Theorie als auch von der französischen Hauptrichtung (Lacan 1966; Le Guen 1974; Benvenuto u. Kennedy 1986; Chasseguet-Smirgel 1986) vertreten wird, auf die ursprüngliche Rolle des Vaters hin, der als Dritter in die symbiotische Beziehung zwischen Mutter und Kind eingreift, so daß die Entwicklung von archaischen ödipalen Konflikten zu reiferen ödipalen Konflikten simultan zur Entwicklung oraler und analer Konflikte vor sich geht. Zur gleichen Zeit befaßte sich die psychoanalytische Literatur insgesamt mit schwerer Charakterpathologie und Borderlinestörungen, bei denen die enge Verbindung von ödipalen und präödipalen Konflikten bei diesen Patienten gezeigt wird (Akhtar 1992; Kernberg 1984, 1992; Rosenfeld 1987).

Ich vertrete den Standpunkt, daß je schwerer die Psychopathologie beim Patienten ist, wir desto mehr verdichtete Manifestationen früher und späterer Konflikte finden, so daß nur in fortgeschrittenen Behandlungsphasen Übertragungen auftreten, die den klassischen Modellen von vorherrschend oralem oder analem unbewußtem Konfliktmaterial entsprechen. Theoretisch gesehen hat die Bedeutung retrospektiver Modifikation vergangener Erfahrungen im Lichte späterer (Freuds Nachträglichkeit) die Art unserer Diskussion über die Bedeutung von sehr frühem, insbesondere präverbalem Material in der psychoanalytischen Situation verändert (s. unten).

## Divergierende Entwicklungstendenzen in der heutigen psychoanalytischen Technik

Der vorausgegangene Abschnitt, in dem konvergierende Entwicklungen innerhalb der technischen Verfahren verschiedener psychoanalytischer Schulen in der heutigen Zeit aufgezeigt wurden, schloß auch meine eigenen Vorstellungen ein. In der Tat sollte, seit in meiner Arbeit Bestrebungen im Vordergrund standen, zwischen der Ich-Psychologie und der Objektbeziehungstheorie Brücken zu schlagen, die Übereinstimmung eigentlich nicht überraschen. Im nun folgenden Teil, in dem divergierende Entwicklungen in der heutigen psychoanalytischen Technik näher untersucht werden, werde ich meinen Standpunkt zu jedem der zu untersuchenden Problembereiche herausarbeiten.

### *Die »reale« Beziehung sowie Übertragungs- und Gegenübertragungsfragen*

Hier gibt es trotz einer Vielfalt technischer Verfahren nicht so sehr eine Zweiteilung als vielmehr bedeutsame Unterschiede in der Konzeption des psychoanalytischen Prozesses, Unterschiede, die quer durch jene bedeutsamen Schulen gehen, von denen ich oben sprach. Die eine extreme Position gipfelt in der Annahme, daß alles in der Patient-Analytiker-Beziehung Übertragung ist und daß sogar »nicht objektivierbare« Aspekte der Übertragung, die mit dem in Verbindung stehen, was Zetzel (1956, 1965) als therapeutische Allianz und Greenson (1965) als Arbeitsallianz oder Arbeitsbündnis beschrieben haben, Übertragungsbereitschaften widerspiegeln, die von einer normalerweise erreichten Vertrauensbeziehung zwischen Mutter und Kind herrühren. In der Selbstpsychologie gibt es z.B. die Annahme, der Analytiker erfülle während der gesamten Behandlung Selbstobjektfunktionen. Eine solche Sichtweise läuft darauf hinaus, daß sich damit ein normaler Aspekt des menschlichen Lebens aller Individuen fortsetzt. Diese Position, die, wie Thomä und Kächele (1987) ausführen, alle Aspekte der Analytiker-Patient-Beziehung als eine Widerspiegelung von Übertragungsbereitschaften ansieht, macht es schwierig, ein Konzept zu entwickeln, wie die Übertragung analysiert und aufgelöst werden kann.

Wer, wie die meisten Ich-Psychologen, vermutet, daß eine »reale« Beziehung unabhängig von der Übertragung existiert und die therapeutische Allianz die Arbeitsbeziehung zwischen dem gesunden Patienten-Ich und dem Analytiker in seiner Berufsrolle reflektiert, begünstigt vielleicht unabsichtlich eine Verzerrung der psychoanalytischen Situation in Richtung der Konventionalität, in der uneingestandene, kulturell und gesellschaftlich bestimmte Vorurteile von Patient und Analytiker dazu beitragen, die vollständige Untersuchung der Übertragung zu beeinträchtigen. Dies ist in der Tat eine Kritik am Konzept der therapeutischen Allianz, die Deserno (1990) in Deutschland vorgebracht hat.

Die Rolle des Analytikers ist auch mit einem weiteren Faktor verknüpft, ob nämlich die Wirkung der Psychoanalyse von der Deutung alleine herrührt oder das Ergebnis einer neuen Erfahrung ist, die einen Ausgleich für Defizite und Hemmungen in der Entwicklung gestattet und dem Patienten die Wiederaufnahme des Wachsens mit Hilfe einer neuen (wir könnten sogar sagen korrektiven) emotionalen Erfahrung erlaubt. Letzteres unterstreicht auch die besondere Persönlichkeit des Analytikers und deren Beitrag zu dieser neuen Erfahrung. Hier geht es, um wirklich gerecht zu sein, nicht darum, daß der Analytiker dem Patienten künstlich eine »korrektive emotionale Erfahrung« verschafft oder, anders ausgedrückt, die Übertragung manipuliert, sondern daß er eine echte, authentische Beziehung schafft, an der die Persönlichkeit beider und sicher auch die Übertragungs- und Gegenübertragungsanalyse beteiligt sind. Ein dritter Faktor, der sich mit diesen beiden überschneidet, wird in extremer Form durch die Position vertreten, daß die Übertragung ausschließlich Sache des Patienten sei, mit ins »Hier-und Jetzt« reproduzierten pathogenen Konflikten und Objektbeziehungen aus der Vergangenheit, wobei der Analytiker außerhalb dieser Konflikte bleibt, es sei denn, daß er durch die nachfolgende Analyse von Übertragungsparadigmen ihre Klärung fördert. Diese Position ist oft verbunden mit der traditionellen Auffassung von der Übertragungsneurose, d. h. die zunehmende Entfaltung der unbewußten Konflikte des Patienten in der Übertragung. Dabei kommt es, im Gegensatz zu anderen Bereichen im Leben des Patienten, zu einer schrittweisen Konzentration auf diese Konflikte in der Übertragung, mit der Möglichkeit ihrer allmählichen Auflösung durch systematische Übertragungsdeutung.

Diese von Ich-Psychologen und Kleinianern nachdrücklich vertretene traditionelle Position wurde innerhalb der Ich-Psychologie von Gill (Gill u. Hoffman 1982) angefochten und von Thomä und Kächele (1987) weiterentwickelt, die alle den Anteil, den der Analytiker an der Übertragung hat, hervorheben. Dieser Punkt war auch schon früher von den Unabhängigen und Vertretern der interpersonalen Richtung betont worden. Paradoxerweise stellt die traditionelle Ich-Psychologie die reale Beziehung der Übertragungsbeziehung gegenüber, entwertet aber immer noch die Bedeutung, die der Persönlichkeit des Analytikers zukommt. Im gleichen Zusammenhang geht die interpersonale Richtung davon aus (Greenberg 1991; Mitchell 1988), daß die Persönlichkeit des Analytikers mit Sicherheit die Übertragung beeinflusse. Damit der Patient den Analytiker als »sicheres« Objekt erfahre, müsse der Analytiker sein Verhalten ändern, um nicht Gefahr zu laufen, »unsicher« zu sein oder mit der Übertragung zu kollidieren. Gleichzeitig wird betont, daß eine Veränderung in der Beziehung durch den sich entwikkelnden Übertragungs-Gegenübertragungsprozeß unvermeidlich ist; ebenso stillschweigend wird damit das anerkannt, was man als eine manipulative Anpassung seitens des Analytikers an die Übertragung des Patienten ansehen könnte.

Aus meiner Sicht wird die Realität der Persönlichkeit des Analytikers nur insofern wichtig, als sie als Ankerpunkt für die Übertragung dient. An diesem Punkt wird vom Analytiker eine fortwährende Selbstprüfung seines eigenen Verhaltens und seiner Gegenübertragungsreaktionen gefordert. Ich sehe auch im Falle von sehr schwer kranken Patienten die Möglichkeit, mit den »realen« Aspekten der therapeutischen Beziehung umzugehen, d. h. als Resultat der Analyse regressiver Übertragungen, den Analytiker realistisch in seiner therapeutischen Rolle zu sehen. Im Gegensatz dazu bedarf die Regression des Analytikers hin zu seiner Charakterabwehr, als Folge schwer pathologischer Übertragungs-Gegenübertragungsentwicklungen in der Arbeit mit chronisch regredierten Patienten, des Schutzes des Behandlungsrahmens. Gefordert ist in einer solchen Situation das analytische Durcharbeiten der Übertragung; dabei nutzt der Analytiker in seiner Arbeit das Verständnis seiner Gegenübertragung. Kurzum, ich stimme mit Etchegoyens Kritik an der übertriebenen Bedeutung, die der Persönlichkeit des Analytikers im interpersonalen Ansatz zukommt, überein.

### *Therapeutische Aspekte versus Widerstandsaspekte der Regression*

Die Kontroverse auf diesem Gebiet steht mit dem Vorausgegangenen im Zusammenhang. Sie betrifft im besonderen die Übertragungsregression von Patienten mit schwerer Psychopathologie. Die Unabhängigen im Gefolge von Balint (1968) und besonders von Winnicott (1965) betonen den therapeutischen Wert der Regression in der Übertragung bei Patienten mit schweren Persönlichkeitsstörungen, besonders der schwer schizoiden, der antisozialen und solcher Persönlichkeitsstörungen, die ganz allgemein Charakteristika eine »falschen Selbst« aufweisen. Man nimmt an, daß die Fähigkeit des Analytikers, diese Regression zu tolerieren und während dessen den Patienten zu »halten«, dem Patienten eine »neue Beziehungserfahrung« erlaubt, eine Wiederaufnahme normalen Wachsens an bestimmten Punkten, ohne daß der Analytiker diese Erfahrung vollständig thematisiert. Interpersonale Psychoanalytiker, besonders in den früheren Arbeiten von Sullivan (1953) und Fromm-Reichmann (1950) sowie Searles (1979), ziehen ebenfalls die Möglichkeiten der therapeutischen Wirkung schwerer Regression in Betracht, solange der Therapeut die negativen, terrorisierenden Fehlinterpretationen der Behandlungssituation analysiert. Diese Fehlinterpretationen behindern die Fähigkeit des regredierten Patienten, emotionales Wachsen wiederaufzunehmen.

Die Kleinianer dagegen, wie sie sich vor allem in der Arbeit von Rosenfeld (1987) darstellen, betonen die Wichtigkeit einer systematischen Analyse der positiven und negativen Übertragung bei schwer regressiven Patienten, wobei der Analytiker in seiner technisch neutralen Position verbleibt. Die Objektbeziehungstheorie, die sich innerhalb der Ich-Psychologie entwickelt hat (Jacobson 1971; Kernberg 1975, 1984; Kernberg et al. 1989) schlug eine Technik vor, bei welcher der Behandlungsrahmen strukturiert wird, um den schwer regressiven Patienten und die Behandlungssituation zu schützen. Gleichzeitig wird die Bedeutung eines im wesentlichen interpretativen Vorgehens hervorgehoben. Aus der Sicht der Kleinianer stellt Etchegoyen (1991) ausführlich neuere Beiträge zur Analyse schwerer Regressionen in der Übertragung dar, die es erlauben, einen kontinuierlichen psychoanalytischen Rahmen beizubehalten und die technische Neutralität des Analytikers zu bewahren.

Aus meiner Sicht ist die Bereitstellung einer ausreichenden Struktur, besonders bei solch schwer regredierten Patienten, bei denen eine psychoanalytische Behandlung jedoch noch indiziert ist, nötig, um das analytische Setting aufrechtzuhalten und die primitiven Abwehrmechanismen und Objektbeziehungen des Patienten in der Übertragung zu deuten. Dies erlaubt eine graduelle Umwandlung der regressiven Übertragung in eine reifere, stärkt das Patienten-Ich und ermöglicht eine Zusammenarbeit bei der analytischen Suche. Unter diesen Umständen führt die Analyse der Gründe für ein Abweichen von der technischen Neutralität (falls es zu einem solchen gekommen ist) dazu, den psychoanalytischen Rahmen zu schützen und wiederherzustellen.

Stärkere Beachtung fanden in letzter Zeit schwere Fälle von Borderline-, narzißtischer und perverser Psychopathologie. Solche Patienten versuchen sich gegen die äußerst schmerzliche Erkenntnis ihres ursprünglichen Hasses dadurch zu schützen, daß sie den Kommunikationsprozeß in der analytischen Situation und das Fortbestehen der psychoanalytischen Situation überhaupt zerstören. Schwere, oft lebensbedrohliche Formen des Ausagierens, zerstörerische Gewalt in der Sitzung, eine ständige Herausforderung bis an die Grenzen der psychoanalytischen Situation, sind symbolisch gesehen, so könnte man sagen, ein Spiegelbild des Kampfes zwischen Liebe und Aggression bei tiefer Regression. In einer solchen Situation steht der psychoanalytische Rahmen für das Überleben des analytischen Prozesses. Er ist dafür geschaffen, solche Schwierigkeiten aufzufangen. Nach meiner Meinung wird ein Setzen von Grenzen oder die Strukturierung der analytischen Situation dann erforderlich, wenn die Deutung der anhaltenden Angriffe des Patienten auf den analytischen Rahmen nicht ausreicht, diesen zu schützen, die analytische Beziehung «zu bewahren« und «zu halten«. Solch ein Setzen von Grenzen stellt an sich schon einen modifizierten Rahmen dar, der die Fortsetzung der Deutungsarbeit erlaubt und der evtl. zur interpretativen Auflösung dieser begrenzenden Strukturierung führen kann.

### *Psychoanalyse und psychoanalytische Psychotherapie*

In dieser seit langer Zeit bestehenden Kontroverse geht es um zwei Probleme: um die Grenzen dessen, was unter der klassischen Analyse verstanden wird im Unterschied zu ihrer Veränderung oder Erweiterung für Patienten, die sich einer solchen Behandlung nicht unterziehen können sowie um die Frage der »Verwässerung« der klassischen Technik, wenn eine klare Unterscheidung zwischen Psychoanalyse und analytischer Psychotherapie nicht gewahrt wird. Im Gegensatz dazu sind jene zu sehen, die mit den Elementen der psychoanalytischen Technik frei experimentieren und sie auf neue Bereiche anwenden wollen.

Im allgemeinen sprechen sich Vertreter der Ich-Psychologie wie Kleinianer für eine klare Trennung von Psychoanalyse und anderen psychotherapeutischen Verfahren aus, während die Unabhängigen und die Interpersonalen flexiblere Grenzen in der Behandlung vertreten. Diese größere Flexibilität findet wahrscheinlich auch bei der Kinderpsychoanalyse innerhalb der französischen Hauptströmung Anwendung.

Da es hilfreich ist, die spezifischen Wirkungen des verwendeten technischen Vorgehens zu evaluieren, sollte man aus meiner Sicht deutlich zwischen klassischer Analyse und psychoanalytischer Psychotherapie unterscheiden. Gleichzeitig anerkenne ich, im Gegensatz zu ihrer traditionellen Einschätzung als »zweitbeste« Behandlungsform, den enormen Wert, welcher der psychoanalytischen Psychotherapie zukommt. Mein Vorschlag zur Unterscheidung der psychoanalytischen Psychotherapie von der klassischen Psychoanalyse zielt auf Modifizierung von drei Grundinstrumenten, die von der klassischen psychoanalytischen Technik herstammen.

Erstens wird die Deutung in der psychoanalytischen Psychotherapie beschränkt auf Klärung, Konfrontation und Deutung des Unbewußten lediglich im »Hier-und-Jetzt«, während genetische Rekonstruktionen den fortgeschrittenen Stufen der Behandlung vorbehalten bleiben.

Zweitens wird die Übertragungsanalyse in der psychoanalytischen Psychotherapie in jeder Sitzung abgewandelt, um die langfristigen Behandlungsziele und die vorherrschenden Konflikte im Leben des Patienten außerhalb der Sitzungen miteinzubeziehen.

Drittens muß die technische Neutralität durch die Notwendigkeit modifiziert werden, in der Behandlungssituation zu strukturieren oder Grenzen zu setzen. Sie muß aber evtl. wiederhergestellt werden, indem der Therapeut dem Patienten mittels Deutung die Gründe erläutert, weshalb er von der anfänglich neutralen Position abgegangen ist (Kernberg 1975, 1984; Kernberg et al. 1989).

*Die Rolle der Empathie*

Hier gibt es eine Kontroverse insbesondere zwischen der Selbstpsychologie und allen anderen psychoanalytischen Richtungen. Während die Selbstpsychologie die Empathie des Analytikers für das subjektive Erleben des Patienten ganz in den Vordergrund stellt, besonders in Augenblicken, in denen es zu einer Unterbrechung der affektiven Beziehung zwischen Patient und Analytiker gekommen ist, sehen andere Richtungen hingegen in der Fähigkeit zur Empathie eine allgemeine Vorbedingung für jede psychoanalytische Arbeit. Darüber hinaus erweitern alle anderen psychoanalytischen Richtungen den Begriff der Empathie. Er beinhaltet nicht nur das Einfühlungsvermögen des Analytikers in das zentrale emotionale Erleben des Patienten, sondern auch in das, was der Patient bei sich selbst nicht erträgt, was er projiziert und/oder dissoziiert.

Die Verwendung des Begriffs der projektiven Identifizierung, der ursprünglich von Klein (1946) geprägt wurde, aber allmählich von den Unabhängigen, den Interpersonalen, der französischen Hauptrichtung und wichtigen Teilen der Objektbeziehungstheorie und Ich-Psychologie übernommen wurde, macht es notwendig, sich nicht nur in das augenblickliche Selbsterleben des Patienten einzufühlen, sondern auch in das, was der Patient projiziert, dissoziiert oder verdrängt. Alle psychoanalytischen Richtungen weisen auf die Bedeutung der Empathie hin, als einer Vorbedingung für die Fähigkeit zur Gegenübertragungsanalyse und Übertragungsdeutung. Im Gegensatz zur Selbstpsychologie betonen andere Richtungen die Bedeutung der Vielfalt von Beobachtungsdaten in der psychoanalytischen Situation.

Eine damit verwandte grundsätzliche Streitfrage, welche die Selbstpsychologie von anderen psychoanalytischen Richtungen unterscheidet, dreht sich um das Verständnis der negativen Übertragung. Während die Selbstpsychologie davon ausgeht, daß die negative Übertragung nur den traumatischen Abbruch einer »Selbst-Selbstobjekt-Beziehung« (d. h. einer positiven

Übertragung) widerspiegle, vertreten alle anderen Richtungen, daß dabei »negative Introjekte« aktiviert werden, verfolgende im Gegensatz zu idealisierten Selbst- und Objektrepräsentanten.

Bei schwerkranken Patienten, bei denen selbst die verbale Kommunikation im Dienste der Abwehr verzerrt sein kann, paßt sich der Analytiker in dem Bemühen, mit dem Patienten in einfühlsamer Weise Kontakt zu halten, gelegentlich dem Stil des Patienten an und verstärkt damit unbeabsichtigt den Widerstand. Das intensive Bemühen des Analytikers, die verwirrende Kommunikation des Patienten zu verstehen, kann auf Kosten eines Verlusts an innerer Freiheit gehen, gerade diesen Prozeß zu deuten. Dadurch kann gelegentlich die analytische Aufgabe lahmgelegt werden: hier könnte man sagen, daß die Bemühungen um Empathie vielleicht gefährlich werden. Unter solchen Umständen besteht für den Analytiker aber auch die gegenteilige Gefahr, sich defensiv auf eine allgemeine theoretische Formulierung zurückzuziehen. So schaltet er sich selbst aus dem desorganisierten Prozeß in der Übertragung aus, der eigentlich seines Verständnisses bedurft hätte.

### *»Historische Wahrheit« versus »narrative Wahrheit«*

Schafer (1976, 1992) und Spence (1982) vertreten in ihren Beiträgen einen radikalen Standpunkt: die Wiederherstellung der historischen Wahrheit und Kausalität sollte ersetzt werden durch die Konstruktion neuer narrativer »Mythen«. Die Möglichkeit der Wiederherstellung des historisch Vergangenen wird generell bezweifelt. Dem entgegen steht die traditionelle Annahme, daß die Wiederherstellung des historisch Vergangenen die Auflösung der Übertragung erleichtert und signalisiert. Diese Kontroverse stellt möglicherweise eine vorübergehende »Turbulenz« im psychoanalytischen Denken dar und zwar im Sinne eines Hinweises auf die Tatsache, daß die meisten »historischen« Rekonstruktionen eher Konstruktionen auf der Basis der unbewußten Bedeutungen im »Hier-und-Jetzt« sind und das »logische Einfügen« der Gegenwart in die Vergangenheit oft problematisch ist. Auch lassen Verknüpfungen und Übereinstimmungen zwischen Gegenwart und Vergangenheit äußerst unterschiedliche Sichtweisen zu. Kleins Vorschlag (1952), die Übertragung bilde wirkliche Erfahrungen aus der Vergangenheit, phantasierte Erfahrungen aus der Vergangenheit und Abwehrhaltungen gegen beides ab, gibt eine allgemein akzeptierte Zwischenposition in dieser Kontroverse wieder, mit der auch ich übereinstimme.

Neueres Wissen bezüglich tatsächlicher, schwerer körperlicher, seelischer oder sexueller Traumata im Kleinkind- und Kindesalter von Patienten mit regressiver Psychopathologie hat dieses Problem nicht gelöst. Zwischen den historisch dokumentierten, schwer traumatisierenden Situationen in der

Vergangenheit und den gegenwärtigen, unbewußten seelischen Strukturen unserer Patienten liegen bedeutsame Transformationsvorgänge. Die unmittelbare Deutung der jetzigen Übertragungsregression in Form einer angenommenen Wiederholung eines solchen seelischen Traumas kann an den unbewußten Bedeutungen des Traumas und seinen Entwicklungsstrukturen vorbeigehen. Ein typisches Beispiel hierfür ist das Versäumnis, bei Opfern physischen und sexuellen Mißbrauchs, zusammen mit ihren Affekten als Opfer, ihre unbewußte Identifizierung mit dem Aggressor zu deuten und diese Identifizierung, dic in der Übertragung aktiviert wurde, herauszuarbeiten.

*Die technische Neutralität und kulturelle Voreingenommenheit*

Cremerius (1984) wirft die Frage auf, ob eine unbewußte Kollusion zwischen Analytiker und Patienten hinsichtlich sozialer, kultureller und politischer Probleme, Weltanschauungen und Kämpfen um Macht besteht. Diesbezüglich gibt es eine Annäherung zwischen einigen feministischen und marxistischen psychoanalytischen Gruppen. Gegensätzlich zu diesem Standpunkt wurde die Frage aufgeworfen, ob durch ein besonders ausgeprägtes Interesse an »verborgenen« Ideologien die analytische Begegnung möglicherweise in ein politisches Projekt umgewandelt wird. Gleichzeitig kann jedoch – aus Sorge um ideologische Verzerrungen – im Vermeiden versteckter – und offener – politischer Streitfragen, einschließlich psychoanalytischer Politik, eine unbewußte Kollusion zwischen Patient und Analytiker zum Ausdruck kommen. Das Bemühen um eine Klärung, wie diese versteckten Ideologien den psychoanalytischen Prozeß beeinflussen, kann m. E. diesen bereichern.

*Die Rekonstruktion und die Wiederentdeckung präverbaler Erfahrungen*

Im Mittelpunkt der traditionellen Kritik der Ich-Psychologie an der kleinianischen Analyse steht die kleinianische Deutung von angenommenen Entwicklungsvorgängen im ersten Lebensjahr; damit verknüpft ist die Annahme eines Ausmaßes an hochentwickelten und komplexen unbewußten Phantasien in diesem Lebensalter, die nicht bewiesen zu sein scheint. Paradoxerweise hat die neuere Säuglings- und Kleinkinderforschung nachgewiesen, daß die Mutter-Kind-Interaktion im ersten Lebensjahr viel komplexer ist als die Ich-Psychologie bisher annahm. Zudem sind kleinianische Analytiker aufgrund ihrer eigenen Erfahrung in den letzten 30 Jahren bei frühen genetischen Rekonstruktionen der präverbalen Periode auch viel vorsichtiger und zurückhaltender geworden.

Gleichzeitig hat der Einfluß von Mahlers Untersuchung an Kindern mit symbiotischer Psychose und die Erforschung des Separations-Individuationsprozesses der Exploration von präverbalem Material in den nonverbalen Äußerungen des Patienten und in der Beziehung zum analytischen Setting (Aktar u. Parens 1991) einen neuen Anstoß gegeben. Die Beobachtung von Kindern, Mahlers Entwicklungspsychologie, die analytische Exploration von regressiven Übertragungen aus verschiedenen Sichtweisen zeigen alle, wie wichtig es ist, die Erforschung des Präverbalen im analytischen Setting fortzusetzen. Die zunehmende Betonung der »retrospektiven Modifikation« bei den Anhängern der Lacanianischen Schule und der französischen Hauptrichtung haben einen weiteren Anstoß gegeben, die Vermengung von präverbalem Material mit solchem aus späteren Entwicklungsstufen zu untersuchen. Diese Position ist nicht weit vom ich-psychologischen Standpunkt entfernt, demzufolge alle Aspekte der frühen Entwicklung nur im Zusammenhang mit ihrer entwicklungsbedingten Umformung unter dem Einfluß späterer ödipaler Beziehungen gesehen werden können (Arlow 1991). Kurzum, diese Kontroverse wird möglicherweise bald beigelegt sein.

## Literatur


Akhtar, S. (1992): Broken structures: sovere personality disorders and their treatment. Jason Aronson, Northvale NJ

Akhtar, S., Parens, H. (eds) (1991): Beyond the symbiotic orbit. Analytic Press, Hillsdale NJ

Arlow, J. A. (1991): Psychoanalysis: clinical theory and practice. Int Univ Press, Madison CT

Arlow, J. A., Brenner, C. (1990): The psychoanalytic process. Psychoanal Q LIX: 678–692

Balint, M. (1968): Therapeutische Aspekte der Regression. Klett, Stuttgart (1970)

Benvenuto, B., Kennedy, R. (1986): The works of Jacques Lacan: an introduction. Free Association Books, London

Bion, W. R. (1967): Notes on memory and desire. Psychoanalytic Forum 2: 272–273, 279–280

Bion, W. R. (1974): Bion's brazilian lectures, 1: Sao Paulo, 1973. Imago Editora, Rio de Janeiro

Bion, W. R. (1975): Bion's brazilian lectures, 2: Rio/Sao Paulo, 1974. Imago Editora, Rio de Janeiro

Bion, W. R. (1980): Bion in New York and Sao Paulo. Clunie Press, Perthshire

Blum, H. P. (ed), (1980): Psychoanalytic explorations of technique. Int Univ Press, New York

Blum, H. P. (1985): Defense and resistance: historical perspective and current concepts. Int Univ Press, New York

Bollas, C. (1987): The shadow of the object. Columbia Univ Press, New York Bollas, C. (1992): Being a character. Hill & Wang, New York

Brenner, C. (1976): Praxis der Psychoanalyse. Dt.: Fischer, Frankfurt a. M. (1979)

Casement, P. J. (1991): Learning from the patient. Guilford Press, New York

Chasseguet-Smirgel, J. (1986): Sexuality and mind. New York Univ. Press, New York

Cremerius, J. (1984): Vom Handwerk des Psychoanalytikers, Bde. I u. 2 frommann-holzboog, Stuttgart

Deserno, H. (1990): Die Analyse und das Arbeitsbündnis, Verlag Internationale Psychoanalyse, München Wien

Epstein, L., Feiner, A. H. (1979): Countertransference. Jason Aronson, New York

Etchegoyen, R. H. (1991): Fundamentals of psychoanalytic technique, Karnac, New York

Fairbairn, W.R.D. (1954): An object-relations theory of the personality. Basic Books, New York

Fenichel, O. (1941): Problems of psychoanalytic technique. The Psychoanalytic Quarterly, New York

Fromm-Reichmann, F. (1950): Principles of intensive psychotherapy. Univ Chicago Press, Chicago

Gill, M. M. (1982): Analysis of transference, vol. I. Int Univ Press, New York

Gill, M. M., Hoffman, I. Z. (1982): Analysis of transference, vol. II. Int Univ Press, New York

Gray, P. (1986): On helping analysands observe intrapsychic activity. Psychoanalysis: the science of mental conflict. In: Richards A., Willick M. (eds) The Analytic Press Hillsdale, NJ

Greenberg, J. (1991): Oedipus and beyond. Harvard Univ Press, Cambridge MA

Greenson, R. (1965): Das Arbeitsbündnis und die Übertragungsneurose. Dt.: Psyche 20: 81–103 (1966)

Grunberger, D. B. (1971): Narzißmus. Dt.: Suhrkamp, Frankfurt a. M. (1973)

Heimann, P. (1950): On countertransference. Int J Psychoanal 31: 81–84

Jacobs, T. J. (1991): The use of the self. Int Univ Press, Madison CT

Jacobson, E. (1971): Depression. Dt.: Suhrkamp, Frankfurt a. M. (1977)

Joseph, B. (1989): Psychic equilibrium and psychic change. Tavistock/Routledge, London

Kernberg, O. F. (1975): Borderline-Störungen und pathologischer Narzißmus. Suhrkamp, Frankfurt a. M. (1978)

Kernberg, O. F. (1983): Object relations theory and character analysis. J Am Psychoanal Assoc 31: 247–171

Kernberg, O. F. (1984): Schwere Persönlichkeitsstörungen. Dt.: Klett-Cotta, Stuttgart (1986)

Kernberg, O. F. (1987): An ego psychology-object relations theory approach to the transference. Psychoanal Q LVI: 197–221

Kernberg, O. F. (1992): Aggression in personality disorders and perversion. Yale Univ Press, New Haven

Kernberg, O. F., Selzer, M., Koenigsberg, H. W., Carr, A., Appelbaum, A. (1989): Psychodynamische Psychotherapie bei Borderline-Patienten. Dt.: Huber, Bern (1993)

Klein, M. (1946): Bemerkungen über einige schizoide Mechanismen. Dt.: Klein, M.: Das Seelenleben des Kindes. Klett, Stuttgart S. 101–126 (1962)

Klein, M. (1952): The origins of transference. Int J Psychoanal 33: 433n438

Kohon, G. (1986): The British school of psychoanalysis. Yale Univ Press, New Haven

Kohut, H. (1971): Narzißmus. Dt.: Suhrkamp, Frankfurt a. M. (1973)

Kohut, H. (1977): Die Heilung des Selbst. Dt.: Suhrkamp, Frankfurt a. M. (1979)

Kris, A. O. (1982): Free association. Yale Univ Press, New Haven

Lacan, J. (1966): Schriften. Dt.: Walter, Olten (1973)

Le Guen, C. (1974): L'Oedipe originaire. Payot, Paris

Le Guen, C. (1982): Pratique de la methode psychanalytique. Presses Univ de France, Paris

Le Guen, C. (1989): Theorie de la methode psychanalytique. Presses Univ de France, Paris

Levine, H. B. (1992): Freudian and Kleinian theory: a dialogue of comparative perspectives. J Am Psychoanal Assoc 40: 801–826

Levy, S. T., Inderbitzin, L. B. (1990): The analytic surface and the theory of technique. J Am Psychoanal Assoc 38: 371–392

Liberman, D. (1983): Linquistica, interacción comunicativa y proceso psicoanalitico. Tomo I and II. Buenos Aires: Ediciones Kargieman, Buenos Aires

Little, M. (1951): Countertransference and the patient's response to it. Int J Psychoanal 32: 32–40

McDougall, J. (1979): Primitive communivation and the use of countertransference. In: Epstein, L., Feiner, A. H. (eds) Countertransference, Jason Aronson, New York pp. 267–303
Meltzer, D., Williams, M. H. (1988): The apprehension of beauty. Clunie Press, Perthshire
Mertens, W. (1990): Einführung in die psychoanalytische Therapie, Bde. 1–3. Kohlhammer, Stuttgart
Mitchell, S. A. (1988): Relational concepts in psychoanalysis. Harvard Univ Press, Cambridge MA
Modell, A. N. (1990): Other times, other realities. Harvard Univ Press, Cambridge MA
Ogden, T. H. (1989): The primitive edge of experience. Jason Aronson, Northvale NJ
Racker, H. (1957): The meaning and uses of countertransference. Psychoanal Q 26: 303–357
Racker, H. (1968): Übertragung und Gegenübertragung. Dt.: Reinhardt, München (1978)
Rayner, E. (1991): The independent mind in British psychoanalysis. Jason Aronson, Northvale NJ
Reich, A. (1951): On countertransference. Int J Psychoanal 32: 25–31
Reich, W. (1933): Charakteranalyse. Selbstverlag, Wien
Rosenfeld, H. (1964): On the psychopathology of narcissism: A clinical approach. Int J Psychoanal 45: 332–337
Rosenfeld, H. (1987): Sackgassen und Deutungen. Dt.: Verlag Internationale Psychoanalyse, München Wien (1990)
Sandler, J. (1976): Gegenübertragung und die Bereitschaft zur Rollenübernahme. Dt.: Psyche 30: 297–305
Sandler, J., Dare, C., Holder, A. (1992): The patient and the analyst. Int Univ Press, Madison CT
Sandler, J., Sandler, A. M. (1984): Vergangenheits-Unbewußtes, Gegenwarts-Unbewußtes und die Deutung der Übertragung. Dt.: Psyche 39: 800–829 (1985)
Schafer, R. (1976): Eine neue Sprache für die Psychoanalyse. Dt.: Klett-Cotta, Stuttgart (1982)
Schafer, R. (1992): Retelling a life. Basic Books, New York
Schwaber, E. A. (1983): Psychoanalytic listening and psychic reality. Int Rev Psychoanal 10: 379–392
Schwaber, E. (1990): Interpretation and the therapeutic action of psychoanalysis. Int J Psychoanal 71: 229–240
Searles, H. F. (1979): Countertransference and related subjects: selected papers. Int Univ Press, New York
Segal, H. (1973): Melanie Klein. Dt.: Kindler, München (1974)
Spence, D. P. (1982): Narrative truth and historical truth: meaning and interpretation in psychoanalysis. Norton, New York
Spillius, E. B. (ed), (1988): Melanie Klein heute. Dt.: Verlag Internationale Psychoanalyse, München Wien (Bd. 1 1990, Bd. 2 1991)
Stewart, H. (1992): Psychic experience and problems of technique. Routledge, Chapman & Hall, New York
Sullivan, H. S. (1953): The interpersonal theory of psychiatric. Norton, New York
Thomä, H., Kächele, H. (1985): Lehrbuch der psychoanalytischen Therapie, Bd. 1: Grundlagen. Springer, Berlin Heidelberg New York
Thomä, H., Kächele, H. (1988): Lehrbuch der psychoanalytischen Therapie, Bd. 2: Praxis. Springer, Berlin Heidelberg New York
Wallerstein, R. S. (1992): The common ground of psychoanalysis. Jason Aronson, Northvale NJ
Winnicott, D. W. (1947): Haß in der Gegenübertragung. In: Winnicott DW (1958) Von der Kinderheilkunde zur Psychoanalyse. Dt.: Kindler, München (1976)
Winnicott, D. W. (1960): Countertransference. Br J Med Psychol 33: 17–21

Winnicott, D. W. (1965): Reifungsprozesse und fördernde Umwelt. Dt.: Kindler, München (1974)
Zetzel, E. R. (1956): Das Konzept der Übertragung. In: Dies.: Die Fähigkeit zum emotionalen Wachstum. Dt.: Klett, Stuttgart (1974)
Zetzel, E. R. (1965) Ein Entwicklungsmodell und die Theorie der Therapie. In: Dies.: Die Fähigkeit zum emotionalen Wachstum. Dt.: Klett, Stuttgart (1974)

*Gustav Bovensiepen*

# Die Aufrechterhaltung des symbolischen Raumes unter verschiedenen inneren und äußeren Rahmenbedingungen in der analytischen Situation

## 1. Einleitung

Etwas einfacher formuliert, lautet das Thema meines Aufsatzes: die Rahmen gebende Funktion der symbolischen Einstellung in der analytischen Situation. Was ist mit symbolischer Einstellung gemeint?

C. G. Jung definiert 1921 die symbolische Einstellung folgendermaßen:

»Wir können diese Einstellung, welche die gegebene Erscheinung als symbolisch auffaßt, abgekürzt als symbolische Einstellung bezeichnen. Sie ist durch das Verhalten der Dinge nur zum Teil berechtigt, zum anderen Teil ist sie Ausfluß einer bestimmten Weltanschauung, welche nämlich dem Geschehen, sei es im Großen oder Kleinen, einen Sinn beimißt und auf diesen Sinn einen gewissen größeren Wert legt als auf die reine Tatsächlichkeit.« (Jung GW 6, § 899)

Jungs Auffassung einer symbolischen Einstellung meint, daß wir in der analytischen Situation dem Geschehen einen Sinn oder eine Bedeutung beimessen, wenn es uns gelingt, eine Beziehung und Verbindung zwischen der inneren Wirklichkeit und der äußeren Welt herzustellen. Das Bestreben, zwischen Symbol und Symbolisiertem, also zwischen der »reinen Tatsächlichkeit« und dem »Sinn« zu unterscheiden, ist eine triangulierende Einstellung und diese Unterscheidung schafft psychischen Raum.

Ich gehe weiter davon aus, daß der intersubjektive Raum in der analytischen Situation wegen seines primärprozeßhaften Charakters einen Überschusses an Bedeutung hat und daher ein symbolischer Raum par exellence ist. Ich nehme an, daß eine symbolische Einstellung daher vor allem eine Rahmen setzende Funktion hat. Ich werde also einen Aspekt der analytischen Haltung betrachten, nicht spezielle Symbole, Symbolisierungen oder Störungen der Symbolisierungsfähigkeit. Zu dieser analytischen Haltung gehört auch, daß es genauso wichtig ist, unsere Beziehung zu theoretischen Konzepten zu überdenken, wie die Inhalte dieser Konzepte zu präzisieren.

Deswegen noch ein Wort zu den theoretischen Positionen, die für mich wichtig sind und die auch zu den Rahmenbedingungen gehören, denen meine Patienten ausgesetzt sind. In den letzten 12 Jahren sind mir zunehmend theoretische Positionen und klinische Anwendungen der post-kleinianischen Entwicklung der Objekt-Beziehungstheorien vertrauter und hilfreicher geworden. Das heißt, meine Aufmerksamkeit in der analytischen Situation ist vorwiegend auf den *emotionalen Erlebnis- und Beziehungsraum* gerichtet, der durch das analytische Paar erschaffen wird, auf die Kommunikationsformen und deren Veränderungen zwischen mir und meinen Patienten, im Patienten und in mir selber. So kann ich z.B. gut O'Shaughnessy zustimmen, wenn sie im Hinblick auf die Deutungsarbeit schreibt:

»Heute ist die Ansicht weit verbreitet, Daß Deutungen sich *auf einer intrapsychischen Ebene* auf die *Interaktion* zwischen Patient und Analytiker statt auf die intrapsychische Dynamik des Patienten konzentrieren sollten«. (O'Shaughnessy 1991 S. 187)

Mit dem eingangs genannten intersubjektiven Raum innerhalb der analytischen Situation ist das »analytische Dritte« gemeint, nämlich die Erfahrung, sich gleichzeitig innerhalb und außerhalb der Analytiker/Analysand-Beziehung *orientieren* zu müssen. Der Begriff »intersubjektiver Raum« ist von Ogden (1994 S. 63) als Weiterentwicklung von Winnicotts Auffassung über die frühe Mutter-Kind-Beziehung und den potentiellen Raum konzeptualisiert worden (Winnicott 1960 ). Ogden betont, daß Analytiker und Analysand nicht eigentlich als getrennte Subjekte angesehen werden können, sondern immer nur gleichzeitig, bezogen auf ihre Paarsituation; dies ist mit intersubjektivem Raum gemeint. Eine dynamische Kraft, die in diesem Raum besonders wirksam ist, scheint die projektive und die introjektive Identifizierung zu sein.

Wenn ich von symbolischem Raum spreche, so beziehe ich mich nicht nur auf berichtete Träume, Vorstellungen, Phantasien, Imaginationen oder Bilder, sondern auf alles, was sich in der analytischen Situation psychisch und körperlich, bewußt und unbewußt im Analytiker, im Anlysand und im intersubjektiven Bereich ereignet. In Analogie zu Josephs (1985) Auffassung von der Übertragung als Rahmen der Gesamtsituation, fasse ich die analytische Situation als eine symbolische Gesamtsituation auf. Das heißt auch, daß Symbolisierung nicht nur im semantischen oder ikonographischen Bereich stattfindet; daran muß erinnert werden, da oft ausschließlich Worte und Bilder als Symbolisierungen aufgefaßt werden.

Mein spezielles Interesse an dem Thema resultiert nicht zuletzt aus meiner Arbeitssituation, da ich analytisch sowohl mit Kindern, Jugendlichen und Erwachsenen arbeite; bei Jugendlichen auch im tagesklinischen und vollstationären Rahmen. Ich arbeite also unter sehr unterschiedlichen äußeren Rahmenbedingungen. Bei Jugendlichen zum Beispiel, spiegelt mein oft permanentes Ringen um die Aufrechterhaltung eines ausreichend stabilen und kontinuierlichen settings (des äußeren Rahmens) die Tendenz vieler Jugendlicher wieder, den inneren Raum anzugreifen, zu zerstören oder zu entwerten. Ich glaube, dies hat zumindest zwei Gründe: 1. aktiviert die analytische Situation im Jugendlichen massive prä-ödipale und ödipale Trennungskonflikte und 2. führt dies dazu, daß Jugendliche in der unbewußten Phantasie, den analytischen Raum mit dem Inneren ihres Körper oder dem Inneren ihrer Eltern gleichsetzen, was wegen der dramatischen körperlichen Veränderungen und der inzestuösen Versuchung zu starken Ängsten führt.

## 2. Klinisches Beispiel

Meine Ausführungen werden zwar überwiegend theoretischer Art sein, doch möchte ich zur Ergänzung meiner Einleitung eine klinische Vignette berichten, in der die Entwicklung eines symbolischen Raumes aus der Wechselbeziehung von äußerem und innerem Rahmen hoffentlich deutlich wird.

**Thomas**
Es handelt sich um die Behandlung eines 17 Jahre alten Jugendlichen, den ich Thomas nennen werde. Ich sah ihn in einer Frequenz von drei Sitzungen pro Woche im Rahmen der psychotherapeutischen Tagesklinik für Jugendliche. Er litt unter starken Angstanfällen, hypochondrischen Befürchtungen und verschiedenen Zwangssymptomen. Er lebte mit seiner Mutter und seiner älteren Schwester zusammen, sein Vater hatte sich zwei Jahre vor Behandlungsbeginn von der Familie getrennt. Thomas hatte keinerlei Kontakte zu Gleichaltrigen und war seit vier Jahren nur noch sehr sporadisch zur Schule gegangen. Er verließ die Wohnung nicht mehr allein, jedoch innerhalb der Wohnung gab es keine Privatheit; alle Türen waren offen, die seines kleinen Zimmers war ausgehängt, aus »technischen Gründen«, wie er mir versicherte. So lebte er auch immer unter »Sichtkontrolle« seiner Mutter, die sich auch überwiegend zuhause aufhielt. Wenn er nachts Angstzustände hatte, schlief er im elterlichen Bett neben seiner Mutter.

Thomas lebte nicht nur äußerlich in weitgehender Identifikation mit seiner Mutter, ich hatte den Eindruck, daß er auch innerlich vollständig in ihr eingeschlossen war, es schien auch keinen inneren, keinen psychischen Raum zwischen ihm und seiner Mutter zu geben. Dies konnte ich aber zunächst nur aus seinem nonverbalen Verhalten erschließen und aus meinen Empfindungen und Gefühlen, die ich in seiner Gegenwart wahrnahm. Er kam während der ersten Wochen immer mit großer Verspätung in die Sitzung, sprach sehr wenig, sondern starrte dann den Großteil der Zeit wie abwesend an mir vorbei zum Fenster hinaus. Gelegentlich machte er etwas altkluge Bemerkungen, die darauf abzielten, mir zu demonstrieren, wie lächerlich und sinnlos er die therapeutische Situation und mein Bemühen, mit ihm in Beziehung zu treten, empfand. Ich fühlte mich in seiner Anwesenheit häufig leer, gelangweilt, gelegentlich auch ungeduldig und machtlos. Während ich in einer Sitzung wieder einmal dabei war, darüber nachzusinnen, wie ich ihn gewissermaßen aus dem Bett seiner Mutter ziehen könnte, begann er zu sprechen und erzählte mir einen Traum:

*Er und sein Vater, sowie die anderen Jugendlichen der Tagesklinik waren zum Schwimmen in der Nähe seiner elterlichen Wohnung gegangen. Der See verwandelte sich in einen sumpfigen Brei aus Schlamm und Jauche. Alle schwammen weiter, nur Thomas und sein Vater kamen nicht voran und blieben bis zur Brust im Schlamm stecken. Er habe sich dann aber »irgendwie auf eine Erhöhung retten« können, wie er mir mitteilte.*

Obwohl er die Erzählung des Traumes mit der Bemerkung eingeleitet hatte, »das stufe ich als verrückt ein«, begann er im Unterschied zu den vorangegangen Sitzungen mehr zu berichten. Er erzählte mir von seinen Todes- und Verletzungsängsten, die ihn auf der Straße überfallen würden und von seinem Vater, der wie er, in seinem Leben nie hinter den anderen hergekommen sei, sie seien immer irgendwie in der Jauche stecken geblieben. Dies traf für seine Lebenssituation und die seines Vaters recht genau zu. Trotz der im Traum inszenierten Angst, im anal-regressiven Sumpf stecken zu bleiben, erlebte ich den Traum und dessen Mitteilung als ein Angebot von Thomas, sich Hilfe bei einer Vater-Figur zu suchen, um mich in der Funktion des ödipalen Beschützers vor seinen inzestuösen Wünschen zu benutzen. Ich sagte, daß ich den Eindruck habe, er hätte doch einiges an Mut und Entschlußkraft aufgebracht, um sich auf das für ihn offensichtlich gefährliche Abenteuer der Tagesklink einzulassen und daß er mir sein Befürfnis zeigen wolle, unabhängig zu werden, indem *er* bestimme, *wann* er zu den Sitzungen erscheine.

Auf dieser Sitzung erfolgte eine bemerkenswerte Veränderung. Er vereinbarte mit den pädagogischen Mitarbeitern einen Plan, daß er eine immer kürzere Strecke morgens von seiner Mutter zum Bus begleitet wurde, bis er alleine das Haus verließ; und er erschien von nun an sehr pünktlich zu den Sitzungen, die er nun allerdings über Monate mit Entwertungen und Anschwärzungen seines Vaters anfüllte. Er machte dies zunächst vor allem an einem traumatisierenden Erlebnis fest, als er mit 14 Jahren gegen seinen Willen mit Gewalt in eine kinderpsychiatrischen Abteilung gebracht worden war, und sein Vater ihn nicht dagegen beschützt hatte. Mit einem außerordentlich zähen und defensiven Festhalten an diesem Thema konnte er seine Gefühle der Wut, Trauer und Enttäuschung und die inzestuösen Ängste abwehren, die der Auszug seines Vaters in ihm ausgelöst hatte. Er verbrachte die überwiegende Zeit der Sitzungen damit zu, über seinen Vater zu schimpfen, dieser sei eine O, eine -O, wenn es so etwas gäbe; sein Vater sei ein »Seelenverkäufer«; über seine Mutter verlor er kein einziges Wort. Er spaltete seine Vater-Beziehung, indem er den bösen Seelenverkäufer/Vater gegen den guten Seelenretter/Therapeuten ausspielte. Ich konnte kommentiern, was ich wollte, es war immer gut und richtig, was ich sagte. Ich dagegen erlebte unsere Beziehung als steril und hatte den Eindruck, daß jede meiner Bemerkungen, meine Phantasien und Gefühle vollständig an ihm abprallten. So wie er alles, was ich sagte, in etwas scheinbar Positives verkehrte und akzeptierte, hätte er genauso gut alles ins Negative wenden können, der Effekt war derselbe: ich konnte keine wirkliche Beziehung zu seiner inneren Welt herstellen. Sein häufig leeres An-mir-Vorbeisehen oder Wegsehen und während Schweigephasen, in denen es mir schwer fiel, zu unterscheiden, ob die verzeifelte Stimmung im Raum mehr von ihm oder von mir ausging, ließ immer öfters in mir das Bild eines Säuglings aufkommen, der im Zustand der totalen Verneinung nur noch den Kopf abwenden kann, um sich vor der intrusiven Bemächtigung durch ein verfolgendes Objekt zu schützen. So war vermutlich das *abwesende* Objekt, die Mutter, in der analytischen Situation zum *gegenwärtigen* Verfolger geworden, den er in der Übertragung an mir erlebte und mit entprechend hartnäckigem Widerstand beantwortete.

Nach etwa einem 3/4 Jahr berichtete er wieder einen Traum, der eine Modifikation des Initialtraumes war:

*Er befand sich im Traum wieder mit den anderen Jugendlichen der Tagesklinik zusammen beim Schwimmen in einem See. Er sah, wie Enten-Küken aus ihren Eiern schlüpften und auf das Wasser zuliefen. Er hatte einen starken Impuls, einzugreifen und dafür zu sorgen, daß die Küken nicht untergingen. Er war sich unsicher, ob sie so kurz nach dem Ausschlüpfen schon schwimmen konnten.*

Thomas ergänzte, daß er sich in diesem Traum sehr wohl gefühlt habe, erleichtert und »so losgelöst«, wie er sich ausdrückte. Er teilte mir mit, daß er inzwischen recht gerne in die Tagesklinik komme, und er machte dann eine kurze kritische Bemerkung, die sich auf das Verhalten seiner Mutter in einer Familiensitzung einige Tage zuvor bezog.

Ich äußerte die Vermutung, daß er sich vielleicht deswegen im Traum so wohl gefühlt habe, weil er – entgegen seinen Befürchtungen – inzwischen herausgefunden hatte, daß er tatsächlich schwimmen kann, nachdem er aus dem »häuslichen Ei« geschlüpft sei und in die Tagesklinik komme. Dies veranlaßte ihn, sich mir gegenüber erstmals direkt darüber zu äußeren, wie er sich in seiner Beziehung zu seiner Mutter erlebte. Er schilderte sehr anschaulich, wie er von klein auf die extreme Überbesorgtheit seiner Mutter erlebte, sich durch ihren Gesichtausdruck ständig kontrolliert fühlte und er schilderte sein ständiges, ängstliches Bestreben, herauszufinden, was sie gerade fühlte. Eigentlich sei es viel schlimmer gewesen, als einfach nur im See unterzugehen; er habe sich immer so gefühlt, »wie im Bauch eines sinkenden Schiffes«, er sagte, »ich wäre trocken untergegangen mit meiner Mutter, ohne naß zu werden«.

Von diesem Zeitpunkt an hatte ich den Eindruck, daß nicht nur der äußere Rahmen der Behandlung etabliert war (nach dem ersten Traum), sondern auch der innere Rahmen einen Raum bot, in dem eine Veränderung oder eine Umformung emotionaler Erfahrungen innerhalb der Zweierbeziehung denkbar wurden. Der Traum und das Bild vom Eingeschlossensein mit seiner Mutter im Bauch eines sinkenden Schiffes repräsentierte recht gut die analytische Situation. Er schien seine innere Mutter in zwei archetypische Bilder gespalten zu haben: in das der Todesmutter (das sinkende Schiff), das er in die analytische Beziehung projizierte und das den starken Übertragungswiderstand hervorrief; und in das Bild einer fruchtbaren Mutter voller Babys (die Entenküken und die Tagesklinik mit den Patienten-»Geschwistern«, wo Leben herrscht, Rivalität, Gefühle, Beziehungen). In der Sitzung schien es ihm möglich geworden zu sein, mir beide Aspekte mitzuteilen, was die Spaltung zwar nicht aufhob, sie aber in der analytischen Situation erlebbar werden ließ und damit auch den inneren Rahmen mit Leben erfüllte. Nicht nur ein äußerer Rahmen war nun etabliert, sondern es zeichnete sich auch die Entwickung eines inneren Raumes ab.

## 3. Der Rahmen und die Herstellung einer analytischen Situation

Gewöhnlich werden Überlegungen, die das setting und die Rahmenbedingungen zum Gegenstand haben, auf Freuds vor nunmehr 80 Jahren publizierte behandlungstechnische Schriften bezogen. Ich wähle einen anderen Zugang, auch wenn dieser sich zunächst nicht direkt auf die analytische Situation bezieht. Uns allen ist vermutlich eine Frage geläufig, die wir uns stellen, nachdem oder während wir Erstgespräche mit Menschen geführt haben, die um Therapie nachsuchen. Wir fragen uns, in welche Situation sind diese Menschen eigentlich hineingeboren worden. Was sind die Rahmenbedingungen, in die ein Säugling hineingeboren wird? Ich möchte diese Frage als Denk-*Modell* benutzen in dem Sinne wie Bion (1962) die frühe Mutter-Kind-Beziehung als Modell seiner Theorie des Denkens von Gedanken benutzt. Das Modell ist keine Rekonstruktion, sondern eine spielerische Konstruktion, die zwischen Theorie und erlebter Praxis vermittelt.

Wenn man an die Rahmenbedingung denkt, in die ein Säugling hineingeboren wird, so wird rasch klar, daß es sich um ungeheuer komplexe innere und äußere, materielle und geistige, höchstpersönliche, einmalige und sehr allgemeine, kollektive, um biologische und psychische Bedingungen handelt, die wir nicht annähernd vollständig erfassen können und die in die Entwicklung einer in sich einmaligen Persönlichkeit mit einmaligen Beziehungen zu den primären Objekten mündet. Wie wir heute aus der Säuglingsforschung wissen, ist der Säugling von Geburt an auf Interaktion hin angelegt; auch das ist eine Rahmenbedingung. Die Fähigkeit und Möglichkeit der Mutter, sich dem Säugling physisch wie psychisch ausreichend zur Verfügung zu stellen, hängt nicht nur von ihrer Persönlichkeit, sondern auch von vielen anderen Faktoren ab, die sie nur bedingt beeinflussen kann. Kontinuität, Regelmäßigkeit, emotionale Verfügbarkeit und einfühlendes Verständnis sind einige Qualitäten, von denen wir annehmen, daß sie dem Kind gut tun und die wir auch zu den notwendigen analytischen Rahmenbedingungen rechnen.

Die äußeren Rahmenbedingungen des settings versuchen wir relativ konstant zu halten, räumen unseren Patienten allerdings auch das Recht ein, sie angreifen zu dürfen. Daneben gibt es auch innere Rahmenbedingungen, die ich für ebenso wichtig halte. Um bei meiner Modell-Frage zu bleiben, in welche Rahmenbedingungen wird ein Kind hineingeboren, so ist mir gerade aus meinen Erfahrungen aus der psychoanalytischen Säuglingsbeobachtungen so überaus deutlich geworden, wie wichtig z. B. die Phantasien und Vorstellungen sind, die Eltern über das zu erwartende Kind entwickeln – oder mein Erschrecken als Beobachter, wenn diese gar nicht vorhanden zu sein scheinen. So gehört aus meiner Sicht zum inneren Rahmen vor allem die Art und Weise und das Ausmaß, in dem das Kind/der Patient seinen Platz in der Psyche der Eltern/Therapeuten einnehmen darf; dies ist keineswegs identisch mit einem ausreichend guten äußerem Rahmen. Auf die analytische Situation angewandt, kann der innere Rahmen je nach Übertragungs-/Gegenübertragunssituation durch mütterliche, väterliche, elterliche, geschwisterliche oder andere Repräsentanzen verkörpert werden. Wenn ich mich entschließe, eine Behandlung zu beginnen, spielen solche Erwartungsphantasien, Hoffnungen oder Wünsche immer eine Rolle und die Überlegung, ob ich interessiert und bereit bin und ob ich mich fähig fühle, dem Patienten einen Platz in meiner inneren Welt einzuräumen. Dies wäre die innere Seite in Ergänzung zum vereinbarten äußeren setting, mit dem wir durch die Rahmensetzung eine analytische Situation etablieren.

## 3. Symbol und symbolisierende Einstellung

Das Symbolverständnis von Jung nimmt in den meisten seiner Schriften einen zentralen Platz ein; es ist in mancher Hinsicht sehr unterschiedlich und keineswegs widerspruchsfrei. Dennoch ist es neben seinem Aufsatz zur »Psychologie der Übertragung« vielleicht das einzige direkt behandlungstheoretisch und behandlungstechnisch relevante Konzept. In der Symbolisierungsfähigkeit drückt sich eine Fähigkeit aus, die Jung auf die Wirkung einer psychischen Funktion zurückführte, die er als »transzendente Funktion« bezeichnete, und die er als die wichtigste psychische Funktion ansah. Er hatte das Konzept 1916 niedergeschrieben, aber erst über 40 Jahre später publiziert. Jung schreibt: Die transzendente Funktion drückt sich in »der merkwürdigen Verwandlungsfähigkeit der menschlichen Seel aus« (GW 7 § 360); sie vermittelt zwischen Körper und Psyche; denn Symbole entstehen »in der Tiefe des Körpers und drücken dessen Stofflichkeit ebenso sehr aus wie die Struktur des wahrnehmenden Bewußtseins. Das Symbol ist lebender Körper, corpus et anima« (GW 9/I § 291); es vereinigt bewußte und unbewußte Inhalte und vermittelt den Übergang zwischen dem Ich und dem Unbewußten (GW 8 § 131). Das Symbol führt nicht nur zu einem intellektuellem Verstehen, sondern zu einem »Verstehen durch Erleben« (GW 7 § 184). An vielen Stellen seiner Schriften betont er die emotionale Erfahrung im symbolischen Erleben als das wichtigste Element in der Symbolformation. Jung sah in der Symbolbildung nicht nur die psychische Repräsentanz vom Triebgeschehen, sondern er sah in der symbolischen Aktivität eine umformende Aktivität der Psyche GW 5, S. 391). In der Auseinandersetzung zwischen dem Ich und dem Unbewußten ist Symbolbildung die »Herstellung eines Dritten« (GW 8 § 181) auf dem Boden von Übertragung/Gegenübertragung (GW 8 § 146). Insofern Jung die Bedeutung der Übertragung jedoch weniger in ihren genetischen Voraussetzungen sondern mehr in ihrer Zweckgerichtetheit sah, legte er besonderen Wert auf eine »konstruktive Behandlung des Unbewußten«, auf die »Frage nach Sinn und Zweck« (GW 8 §147), im Unterschied zur reduktiven Behandlung, bei der der infantile Beziehungs- und Triebkonflikte im Zentrum steht. Ich möchte auf diesen letzteren Aspekt, der unter Post-Jungianern durchaus kontrovers diskutiert und angewendet wird nicht weiter verfolgen, sondern stattdessen auf einen Aufsatz von Kurt Höhfeld (1990) verweisen, in dem dieser Jungs Anwendung der konstruktiven Behandlung des Unbewußten am Beispiel einer imaginativen Gegenübertragung und einer imaginativen Einstellung mit dem Beziehungs- und Konfliktmodell der Psychoanalyse verbindet, da das eine das andere keineswegs ausschließt. Zur symbolischen Einstellung gehört auch die Fähigkeit, eine imaginative Aktivität zu entwickeln.

Wenn man Jungs Auffassung vom Symbol und von der symbolischen Einstellung des Analytikers im Hinblick auf die in seinen Schriften verwandte Begrifflichkeit mit der Methodik der Semiotik untersucht, so kann man nach Galimberti (1989) drei Bedeutungsfelder unterscheiden: 1. Das Symbol als Vorläufer des Zeichens; dies enspricht der Zeit, in der die Menschheit sich noch weniger durch Vernunft und Zeichen in der Welt zu orientieren suchte, sondern z.B. durch religiöse oder mythische Welterklärungen. 2. Das vereinigende Symbol, dessen Bewegung zusammenbringt, Verbindungen schafft; z.B. zwischen Bewußtsein und Unbewußtem, oder zwischen den Objekten. 3. Das Symbol als einen Überschuß an Sinngehalt; von dem immer ein Teil im Verborgenen bleibt und letztlich nicht eindeutig benannt werden kann.

Besonders dieser letzte Aspekt trifft den Kern der Jungschen Auffassung. Wenn das Symbol mit dem Symbolisierten identisch ist, so wird das Symbol zum Zeichen. Eine ähnliche Gefahr im analytischen Prozeß besteht dann, wenn Symbolen feste oder gar kanonisierte Bedeutungen zugeordnet werden; denn dann führen Symbole zu einer Erstarrung von Bedeutungszusammenhängen (Galimberti 1989, S. 99), was kreative Veränderungen im analytischen Raum behindert. Diese Auffassung einer symbolischen Einstellung hat eine gewisse Verwandtschaft mit dem, was Bion die »negative Fähigkeit« (negative capability) genannt hat, ein Begriff, der auf ein Zitat des Dichters John Keats zurückgeht. Jemand besitzt die negative Fähigkeit, ». . . wenn er in der Lage ist, mit Ungewißheiten, Geheimnissen und Zweifeln zu leben, ohne irritiert nach Fakten und Gründen zu greifen« (Bion 1970, L. Grinberg et al. 1975 S. 139). Aus dieser Auffassung resultiert Bions Vorschlag, einmal das Experiment zu versuchen, jede analytische Sitzung von neuem ohne Erinnerungen, Wünsche oder Verstehenwollen zu beginnen.

Für die analytische Situation wichtig ist der Aspekt, daß durch diese Auffassung vom Symbol und der symbolischen Einstellung die vor allem aus der semantischen Ordnung resultierende Kategorie von »Erklärungen« erweitert oder transzendiert wird durch die Kategorie des »Sinns«. Diese Haltung nimmt in Kauf, daß ein Teil des Symbolisierten unbekannt, im Verborgenen bleiben darf, als Nicht-Wissen ausgehalten werden muß; auch das ist mit Überschuß an Sinn gemeint. Dies setzt allerdings ausreichendes Vertrauen innerhalb der Beziehung des analytischen Paares voraus. Ich glaube also, daß z.B. verbale Deutungen, wenn sie als »vollständig« repräsentierte Bedeutungen aufgefaßt werden, zu Erklärungen verkümmern können und damit einer kreativen Weiterentwicklung der analytischen Beziehung im Wege stehen. Dies kann zu Störungen oder Angriffen auf den Rahmen führen, da er dann als erstarrt, einengend oder diktatorisch erlebt werden kann, oder der Analytiker wird vom Analysanden als allwissend und allmächtig erlebt.

Daher scheint es oft auch so nutzlos zu sein, Deutungen mit den Kategorien von richtig und falsch zu diskutieren. Die symbolische Einstellung hilft nicht so sehr, nach semantischen Reduktionen zu suchen, als vielmehr nach der »Transformation von emotionalen Ereignissen innerhalb einer dyadischen Beziehung« (Bisagni 1995); denn dies ist ein Prozeß, der vom Beginn unseres Lebens an zwischen Mutter/Vater und Kind stattfindet.

## 4. Symbolischer Raum und intersubjektiver Raum

Wenn die analytische Situation vor allem auch eine kreative Verbindung zwischen innerer Welt und äußerer Welt ermöglichen soll, d. h. eine symbolische Qualität errreichen soll, in der Veränderungen stattfinden können, so ist sie ein Raum, den Winnicott den potentiellen Raum, den Möglichkeitsraum genannt hat. Dieses, vielleicht Winnicotts wichtigstes, wenn auch schwer faßbare Konzept, umfaßt den intermediären Bereich zwischen Phantasie und Realität. Winnicott (1971) bezeichnet den potentiellen Raum als den »schöpferischen Spannungsbereich«, als den dritten menschlichen Erlebnisbereich zwischen innerer und äußerer Welt, der nicht so festgelegt sei wie die anderen beiden Erfahrungsbereiche und deswegen die besten Bedingungen für schöpferische Entfaltung biete, bis hin zur kulturellen Kreativität. Ogden (1986) hat sich in seinem Buch »The Matrix Of The Mind« sehr ausführlich mit dem Konzept des potentiellen Raumes und der Beziehung zur Symbolisierungsfähigkeit auseinandergesetzt. Er nennt als Unterformen des potentiellen Raumes den Spielraum, dann den Bereich, wo Übergangsobjekte und Übergangsphänomene entstehen, ferner den analytischen Raum, sowie die Bereiche der kulturellen und kreativen Erfahungen (Ogden 1986 S. 203). Insofern die analytische Situation ein in vieler Hinsicht dialektischer Prozeß ist, (z. B. die Dialektik von Bewußtsein und Unbewußtem) ermöglicht der potentielle Raum Subjektivität; diese meint Winnicott, wenn er sagt, das Kind erschafft sich den potentiellen Raum selber. Wir sehen hier also unter Zuhilfenahme einer Raummetapher den Gedanken eines triangulären Raumes, der von dem Symbol, dem Symbolisierten und dem deutendem Selbst begrenzt wird (Ogden 1986 S. 213, s. auch Ogden 1994). Auf der Ebene der Objektbeziehungen hat dies Britton (1989) für die ödipale Situation beschrieben.

Der symbolische Raum kann also als ein potentieller Raum innerhalb der Analyse angesehen werden, ein Raum, in dem sich das innere Drama des Patienten inszenieren kann, in dem mit Wahrnehmungen, Vorstellungen, Wünschen, Meinungen, Deutungen gespielt werden kann, was im günstigen Fall dazu führt, daß die analytische Situation persönliche Bedeutung und Sinn erhält. Dies setzt voraus, daß sowohl unsere Patienten wie auch wir als Analytiker »spielen« können, eine Aktitvität, die eine symbolische, oft auch eine imaginativer Aktivität ist. Die Fähigkeit zu imaginieren, aber auch generell die Fähigkeit, spielen zu können, setzt die Fähigkeit voraus, vertrauen zu können (Plaut 1966). Vertrauen entsteht vor allem als Folge einer ausreichend günstigen Mutter-Kind-Beziehung. In der analytischen Situation erwächst sie aus der Analyse der Übertragung/Gegenübertragung. Insofern konnte ich zu Anfang sagen, der symbolische Raum entwickelt sich aus der Matrix von Übertragung und Gegenübertragung.

## 6. Der Rahmen und die symbolische Einstellung, praktische Aspekte

Die symbolische Einstellung innerhalb der analytischen Situation läßt einige praktische, behandlungstechnische Aspekt, die an sich nicht neu sind, vielleicht plausibler erscheinen. Ich kann dies natürlich nicht erschöpfend tun, sondern lediglich beispielhaft.

1. Der leere Therapie-Raum
Der von kleinianischen Kindertherapeuten bevorzugte relativ leere Therapieraum, ohne eine Fülle von Spielzeugen, fördert die spielerische, imaginative Aktivität (als Ersatz für die freie Assoziation des Erwachsenen), vor allem aber, eröffnet er die Erfahrung, daß Therapeut und Kind, innerhalb der analytischen Situation etwas gemeinsam neu erschaffen, auf das sich in der analytischen Situation immer wieder bezogen werden kann. Das wird z.B. besonders dann wichtig, wenn es zu längeren Unterbrechungen der Behandlung durch Ferien kommt oder nur ein niederfrequentes setting möglich ist. Zum Beispiel bei Kindern, die aufgrund unzureichender Symbolisierungsfähigkeit oder in regressiven Zuständen Spielzeuge aus dem Therapieraum mit nachhause nehmen wollen, kann es sinnvoll sein, daß sie etwas mitnehmen; allerdings nur etwas, das in der analytischen Situation selbst entstanden ist, nicht etwas, das sie bereits vorgefunden haben; zum Beispiel ein Bild oder eine Knetfigur o. ä., begleitet von einer Deutung der Übertragung. Der relativ leere Therapieraum verkörpert auch in gewisser Weise Bions »negative Fähigkeit«, die ich im Zusammenhang mit der symbolischen Einstellung erwähnt hatte.

2. Persönliche Übertragung – archetypische Übertragung
Wenn eine große Fülle vorgefertigter menschlicher oder tierischer Figuren zum Spielen angeboten werden, kann das die Entwicklung einer persönlichen Übertragung behindern, im Unterschied zur archetypischen Übertragung. Es scheint wirkungsvoller zu sein, wenn man z. B. archaische Gefühlsqualitäten und innere Objekte durch selbstgefertigte Figuren, Bilder oder Geschichten symbolisieren läßt, als in bereits vorgefertigtem Material zu »finden«. Der Polizist und das Monster können zwar benutzt werden, um zum Beispiel einen Über-Ich-Konflikt zu inszenieren; eine freie »Erfindung« solcher Figuren in der therapeutischen Siuation fördert m. E. jedoch das Erleben der Übertragungs-Gegenübertragungs-Dynamik besser und hilft im Prozeßgeschehen, dem Therapeuten, die der inneren Situation des Kindes angemessene Sprache zu finden, um das Spiel auf der intrapsychischen Ebene zu kommentieren. Gleichzeitig fördert es die Ich-Stärke und stabilisiert dadurch den Rahmen der analytischen Situation.

3. Das Nicht-Wissen und die Vieldeutigkeit aushalten

Die Vieldeutigkeit der analytischen Situation, die Zweifel und die Abwesenheit von Gewißheit auszuhalten, fällt sowohl mir wie meinen Patienten schwer. Dieses prekäre, oft schmerzhafte, ängstigende oder beschämende Gefühl des Nicht-Wissens kann vielleicht durch Symptombildung gemildert werden oder als Therapeut kann ich unsere theoretischen Konzepte als container für das unangenehme Gefühl des Nicht-Wissens benutzen und ich kann mich dann auf mein vermeintliches Wissen und Gewißheit zu verlassen; doch daraus kann die Gefahr entstehen, daß wir unsere Fähigkeit zu spielen, behindern. Ich meine dies sowohl konkret in der Arbeit mit Kindern als auch metaphorisch als Spielen mit Vorstellungen, Wünschen, Bedeutungen in der analytischen Situation. Dieser Unfähigkeit zu spielen, entspricht dann oft die defensive Tendenz der Kinder, besonders von Kindern im Latenzalter, die Situation durch endlose Regelspiele zu kontrollieren, anstatt sich auf ein imaginatives Spiel einzulassen.

4. Deutungen

Zur symbolischen Einstellung als Teil der analytischen Haltung gehört aus meiner Sicht auch, daß Deutungen symbolisierende und imaginative Prozesse im Patienten aktivieren und nicht primär de-symbolisieren und daß sie vor allem auf das analytische Paar im intersubjektiven Bereich bezogen sind, wie es intrapsychisch repräsentiert wird. Die Verinnerlichung des im Analytiker aktiven Paares durch den Analysanden im Deutungsprozeß scheint dabei ein wichtiger Vorgang zu sein. Deutungen, die die Beziehung vertiefen, haben in sich eine den Rahmen stabilisierende Funktion. So ist für mich *eine* Funktion von Deutung vor allem, der Versuch, in der *Beziehung* von Symbol zu Symbolisiertem, von container zu contained, einen Sinn zu suchen. So gesehen, ist die analytische Beziehung auch durch das Paar von Mann und Frau repräsentiert, das sich im Sinne einer wechselseitigen Vereinigung – Jung gebraucht dafür den aus der Alchemie übernommen Ausdruck »Coniunctio« – kreativ verbindet und das Kind erzeugt: nämlich die *Umformung emotionaler Erfahrungen*.

So läßt sich abschließend die ein wenig optimistische Hoffnung äußern: Wenn es gelingt, den Rahmen immer auch symbolisierend zur analytischen Situation in Beziehung zu setzen, gelingt es vielleicht den Patienten eher, das schmerzhafte Gefühl von Getrenntheit auszuhalten, das der Rahmen früher oder später erzwingt. Diese Getrenntheit auszuhalten, wäre dann ein Schritt in Richtung Individuation, wie Jung sie verstanden hat.

# Literatur

Bion, W. R. (1962): Lernen durch Erfahrung. Frankfurt/M. 1990 (Suhrkamp)
Bion, W. R. (1970): Attention & Interpretation. London 1984 (Karnac)
Bisagni, F. (1995): Liebe, Hass, Wissen. Anmerkungen über Säuglingszustände und die Transzendente Funktion. Analytische Psychologie 26: (im Druck)
Britton, R. (1989): The missing link: parental sexuality in the Oedipus complex. In: R. Britton, M. Feldman, E. O'Shaughnessy (Ed.): The Oedipus Compex Today. Cinical Implications. London 1989 (Karnac)
Galimberti, U. (1989): Die Analytische Psychologie im Zeitalter der Technik. Analytische Psychologie 20: 87–120
Grinberg, L., Sor, D., de Bianchedi, E. T. (1975): W. R. Bion. Eine Einführung. Stuttgart 1993 (frommann-holzboog)
Höhfeld, K. (1990): Auffinden und Anwenden von Theorie. Ein praktischer Versuch. Analytische Psychologie 21: 5–16
Joseph, B. (1985): Übertragung – Die Gesamtsituation. In: E. B. Spillius (Hg.): Melanie Klein Heute. Bd. 2, S. 84—100. Weinheim 1991 (Verlag Internationale Psychoanalyse)
Jung, C. G. (1912): Symbole der Wandlung. GW 5, Zürich 1952 (Rascher)
Jung, C. G. (1916/1942): Die transzendente Funktion. GW 8, Olten 1971 (Walter)
Jung, C. G. (1916/1928): Die Beziehung zwischen dem Ich und dem Unbewußten. GW 7, Olten 1971 (Walter)
Jung, C. G. (1917/1942): Über die Psychologie des Unbewußten. GW 7, Olten 1971 (Walter)
Jung, C. G. (1921): Psychologische Typen. GW 6, Oltern 1971 (Walter)
Jung, C. G. (1941): Zur Psychologie des Kindarchetyps. GW 9/I, Olten 1976 (Walter)
Plaut, A. (1966): Reflections on not being able to imagine. In: M. Fordham et al. (Ed.): Analytical Psychology: A Modern Science. Vol I, S. 127–149. London 1973 (Heinemann)
Ogden, T. H. (1986): The Matrix of the Mind. Object Relations and the Psychoanalytic Dialogue. Northvale – London 1986 (Jason Aronson)
Ogden, T. H. (1994): Subjects Of Analysis. London 1994 (Karnac)
O'Shaughnessy (1983): Durchsprechen und Durcharbeiten. In: E. B. Spillius (Hg.): Melanie Klein Heute, Bd. 2, S. 186–204. Weinheim 1991 (Verlag Internationale Psychoanalyse)
Winnicott, D. W. (1960): Die Theorie von der Beziehung zwischen Mutter und Kind. In: Reifungsprozesse und fördernde Umwelt. Frankfurt/M. 1985 (Fischer TB)
Winnicott, D. W. (1971): Vom Spiel zur Kreativität. Stuttgart 1979 (Klett-Cotta)

*Ralf Zwiebel*

# Die Beziehung von »Anfänger-Geist und Experten-Geist« in der analytischen Situation.

In den folgenden Überlegungen möchte ich ein generelles Problem unserer analytischen Praxis aufgreifen, das zwar vielfach beschrieben worden ist, wegen seiner grundsätzlichen Natur aber immer wieder überdacht werden sollte: es handelt sich um die Frage der Beziehung zwischen unserem Wissen und Verstehen auf der einen Seite und unserem Nicht-Wissen und Nicht-Verstehen auf der anderen Seite und um das Problem unseres täglichen Umgangs damit. Ausgangspunkt der Überlegungen ist eine wachsende Kluft zwischen der real existierenden psychoanalytischen Praxis – der täglichen Arbeit jedes einzelnen, durchschnittlichen guten Analytikers mit seinen Pat. von Stunde zu Stunde – und der offiziellen, sich in Publikationen, wissenschaftlichen Vorträgen und Kollegendiskussionen dokumentierten Psychoanalyse. Diese Kluft drückt sich vor allem in der Diskrepanz zwischen der wachsenden Vielfalt und dem großen Umfang theoretischer und behandlungstechnischer Kenntnisse und Positionen und den Möglichkeiten, Kompetenzen und Grenzen jedes einzelnen Psychoanalytikers aus. Die daraus resultierende Komplexität, Spannung und Unsicherheit wird durch aktuelle gesellschaftspolitische, berufspolitische und interne Auseinandersetzungen verschärft. Daher ist es sicherlich hilfreich, die Grundbedingungen unserer Arbeit immer wieder erneut zu überdenken, um durch einen frischen Blick auf bekannte Fragen und Probleme eigene und vielleicht neue Antworten zu finden.

Was ist die zentrale Aufgabe des Psychoanalytikers in seiner klinischen Arbeit? Eine Antwort lautet: das Herstellen, das Bewahren und das Beenden der analytischen Situation. Wenn man mit Stone unter der analytischen Situation »die allgemeinen und gleichbleibenden Merkmale des analytischen Settings und des analytischen Verfahrens sowie die bewußten und die unbewußten Bedeutungen und Funktionen der Arzt-Pat.-beziehung« (Stone, 1973) versteht, und sich im einzelnen noch einmal die verschiedenen darin enthaltenen Elemente klar macht: die räumlichen, zeitlichen, finanziellen Aspekte des Settings, die Grundregel für den Pat. und den Analytiker, die Orientierung an Widerstand, Übertragung und Gegenübertragung, die Bedeutung der Neutralität und der Deutung als zentraler Intervention, so läßt sich mit Erstaunen die Klarheit und relative Eindeutigkeit dieser begrifflichen Orientierungen in Kontrast zu den realen und konkreten klinischen Situationen feststellen, die häufig genug schwer verständlich, unübersichtlich, manchmal verwirrend und unklar sind und manchmal bleiben. Auch hier könnte man eine Kluft zwischen den klaren technischen Vorstellungen und den durchschnittlichen konkreten klinischen Situationen konstatieren. Natürlich hängt dies auch damit zusammen, daß der einzelne Analytiker nur einen gegrenzten Einfluß auf die einzelnen Elemente der analytischen Situation hat. Gesellschaftliche und familiäre Realität, Persönlichkeit und Psychopathologie des Pat. stellen dynamisch hoch wirksame Faktoren dar, die der Analytiker beschreiben und interpretieren, aber im Grunde nicht beeinflussen kann. Daher bleibt ihm bei seiner zentralen Aufgabe der Herstellung und dem Bewahren der analytischen Situation die Konzentration auf seine eigenen Aufgaben, Haltungen und Funktionen und zwar im Rahmen seiner persönlichen Möglichkeiten und Grenzen.

Am Beispiel der Müdigkeitsreaktion habe ich den Versuch gemacht, einige der Funktionen, Haltungen und Aufgaben des Analytikers zusammenzufassen, die für seine Arbeit konstitutiv sind und habe dabei vorgeschlagen, die Gesamtheit dieser Aufgaben, Haltungen und Funktionen als analytische Position, deren zentrales Element sicherlich Freuds gleichschwebende Aufmerksamkeit ist, die aber weitere wichtige Aufgaben einschließt, zu bezeichnen (Zwiebel, 1992). Diese Funktionen und Haltungen der analytischen Position lassen sich als polare Gegensätze beschreiben, die zu der charakteristischen Spannung in der analytischen Situation und, wie ich annehme, einer grundlegenden Ambivalenz der analytischen Tätigkeit gegenüber führt. A. Hoffer am Beispiel von »Asymetrie und Gegenseitigkeit«, H. König am Beispiel von »Zu viel Fühlen – zu viel Denken« haben zentrale Polaritäten der analytischen Position in jüngster Zeit diskutiert (Hoffer, 1993; König, 1993). Beide Autoren und ich selbst postulieren für die analytische Tätigkeit eine charakteristische Spannung zwischen Polaritäten und als zentrale Aufgabe deren Toleranz. Modell hat in Anlehnung an Winnicott von einer basalen Paradoxie gesprochen, die nicht aufgelöst, sondern nur toleriert werden kann (Modell, 1990). Bei der weiteren Beschäftigung mit diesem Problem stieß ich auf zen-buddhistische Texte, in denen in einem ganz anderen Kontext eine besonders intensive Auseinandersetzung mit Widersprüchen und Paradoxien stattfindet. Berühmt wurde Herrigels Arbeit »Zen in der Kunst des Bogenschießens«, in der der Autor das Erarbeiten einer hochkomplizierten Technik bei gleichzeitig völliger Absichtslosigkeit des Schützens beschreibt (Herrigel, 1989). In diesen Zusammenhang fällt auch der Begriff des »Anfänger-Geistes«, dessen Bedeutung für die analytische Tätigkeit ich heute etwas genauer untersuchen möchte.

Die Bezeichnung »Anfänger-Geist« wurde von Shunryu Suzuki, einem bekannten japanischen Zen-meister dieses Jahrhunderts in dem berühmten

Text: Zen-Geist/Anfänger-Geist formuliert (Suzuki, 1988). Es mag erstaunen, mit diesem Begriff Zen-Buddhismus und Psychoanalyse überhaupt in eine Verbindung zu bringen. In der bekannten Arbeit von Suzuki, Fromm und de Martino zeigte insbesondere Fromm in seinem Beitrag die Verbindungen zwischen Psychoanalyse und Zen-Buddhismus, seine viel gelesene Arbeit hat jedoch das skeptische bis ablehnende Denken vieler Psychoanalytiker gegenüber dem Zen-Buddhismus und den östlichen Traditionen generell nicht verändert (Fromm, Suzuki und de Martino, 1971).

Hören wir zuerst, wie Suzuki den »Anfänger-Geist« versteht. Er spricht zu seinen Schülern, die regelmäßig mit ihm Zazen, die Meditationspraxis im Zen-Buddhismus, üben:

»In Japan haben wir den Ausdruck shoshin, was Anfängers Geisteshaltung bedeutet. Ziel der Praxis ist immer, uns den Anfänger-Geist zu erhalten... Für Schüler des Zen ist es die wichtigste Aufgabe, daß sie nicht dualistisch sind. Unser ursprünglicher Geist enthält alles in sich. Er ist immer reich und sich selbst genügend... Des Anfängers Geist hat viele Möglichkeiten, der des Experten hat nur wenige. Trefft Ihr zu viele Unterscheidungen, so begrenzt Ihr Euch selbst. Verlangt Ihr zu viel oder seid zu gierig, so seid Ihr nicht reich und Euch selbst genügend. Im Bewußtsein des Anfängers gibt es keinen Gedanken: ich habe etwas erreicht. Alle egozentrischen Gedanken begrenzen unser umfassendes Bewußtsein. Haben wir keinen Gedanken an Erfolg und Ansehen, denken wir nicht an uns selbst, so sind wir richtige Anfänger. Dann können wir tatsächlich etwas lernen. Die Geisteshaltung des Anfängers ist die des Mitgefühls... So ist also das Schwierigste für Euch, immer Anfänger-Geist zu bewahren ....Dies ist auch das eigentlich Geheimnis der Künste: immer ein Anfänger zu sein. (Suzuki, 1988)

Lassen Sie mich diese Bemerkungen aus meiner Sicht knapp kommentieren:
1. »Anfänger-Geist« wird hier nicht im Sinne eines genau definierbaren wissenschaftlichen Begriffes benutzt. Suzuki spricht aus einer meditativen Haltung heraus und versucht eine umfassende Geisteshaltung zu beschreiben, was allerdings sprachlich nur begrenzt möglich ist.
2. Zum Verständnis ist eine Unterscheidung zwischen westlichem und östlichem Denken zu berücksichtigen, die man knapp folgendermaßen formulieren könnte: im Westen beschäftigt man sich mehr mit dem Inhalt des Geistes (also mit dem Denken und Fühlen, das mit dem Geist identifiziert wird), im Osten mit dem Behälter des Geistes. Dies führt zu einer zentralen Unterscheidung von Denken und Geist, die R. Baker als grundlegend für den Buddhismus beschrieben hat: der Unterscheidung zwischen Geist und »Großem Geist«. Er schreibt:

»Suzuki-roshi drückte dies in seiner häufigen Meditations-Anweisung aus: Lade Deine Gedanken nicht zum Tee ein. Die Tatsache, daß wir in der Lage sind, unsere Gedanken nicht zum Tee einzuladen, weist darauf hin, daß es einen Geist gibt, der umfangreicher als unsere Gedanken ist oder einen Großen Geist, der nicht durch Gedanken allein identifiziert oder definiert werden kann.« (R. Baker, unveröffentlichte Mitteilung.)

Es handelt sich um eine oft beschriebene Erfahrung, daß es einen Geist gibt, der frei von Gedanken, frei von konzeptuellem und vergleichendem Denken ist, einen Geist, der wie ein Hintergrund oder ein Amphitheater ist, auf dem die Gedanken und Gefühle erscheinen und wieder vergehen. Allerdings werden diese Beschreibungen aus psychoanalytischer Sicht oft als primitive und regressive Bewußtheitsphänomene gedeutet. Ausführlich wird diese Auffassung von Fromm in der schon erwähnten Arbeit diskutiert und kritisiert (Fromm, 1971).

3. Der von Suzuki erwähnte »Anfänger-Geist« bezieht sich auf diese Erfahrung des »Großen Geistes«: es handelt sich um die Erfahrung eines grenzenlosen, alles-einschließenden Raums, in dem die Erscheinungen der Welt auftauchen und wieder verschwinden. Damit verknüpft ist die In-Frage-Stellung der ausschließlich dualistischen Wahrnehmungsweise und die Auflösung der Verdinglichung der Welt und des Selbst. Durch das Erleben der Nicht-dinglichkeit der Welt und des Selbst entsteht eine Haltung des Gewahrseins dem gegenwärtigen Moment gegenüber. Die Wirklichkeit wird als flüssig, in permanenter Bewegung und als unbeständig erlebt. Das Leben wird so als eine Aneinanderreihung von momentanen Ereignissen gesehen, die kaum begonnen schon wieder zerronnen sind. Da sich nichts wiederholt, beginnt alles in jedem Moment neu und das Gewahrsein dieses Prozesses könnte man als »Anfänger-Geist« bezeichnen.

4. Es gibt keinen polaren Gegensatz von »Anfänger-Geist« und »Experten-Geist«, sondern man kann den »Anfänger-Geist« als allumfassenden Geist verstehen, der auch den »Experten-Geist« mit einschließt: unter dem »Experten-Geist« läßt sich das dualistische, vergleichende und unterscheidende Denken verstehen, das ziel- und erfolgsorientiert und ich-bezogen ist und im wesentlichen sprachlich und kulturell geprägt ist.

5. Da mit dem Begriff des »Anfänger-Geistes« eine Geisteshaltung des umfassenden Gewahrseins und der Achtsamkeit zu beschreiben versucht wird, die nicht nur in der Meditation praktiziert wird, sondern in jeder auch noch so alltäglichen Lebenshandlung angestrebt wird, handelt es sich nicht um eine spezielle religiöse oder spirituelle Haltung. Im Sinne des »Anfänger-Geistes« wird keine Unterscheidung zwischen Meditation und Alltag getroffen: der »Experten-Geist« ist nicht mit Professionalität, der »Anfänger-

Geist« nicht mit Nicht-Professionalität im Sinne einer soziologisch definierbaren Laienrolle gleichzusetzen. Der durchschnittliche Mensch lebt – unabhängig von seiner jeweiligen beruflichen Qualifikation – überwiegend im »Experten-Geist«: sein Denken ist dualistisch, beruht auf Unterscheidungen und Bewertungen sprachlicher Natur, ist ich-bezogen und ziel- und erfolgsorientiert. Das Vertraute und Bekannte schafft ein Gefühl von Sicherheit, während das Neue und Unbekannte Angst hervorruft und gemieden wird. »Anfänger- und Experten-Geist« beschreiben grundsätzliche, aber verschiedene Möglichkeiten, die Welt und das Leben zu erfahren: in der religiösen Praxis, im Alltagsleben und in der Professionalität.

Da die Beziehung von »Anfänger- und Experten-Geist« die Beziehung zwischen einem umfassenden und einschließenden Bewußtsein und einem fokussierten, auf begrifflichen und sprachlichen Unterscheidungen aufgebauten Bewußtsein zu beschreiben versucht und diese Beziehung jede Lebenspraxis durchtränkt, läßt sich diese Beziehung auch für die analytische Praxis untersuchen, was ich im folgenden an Hand einer konkreten analytischen Situation versuchen möchte. Ohne Umschweife berichte ich von der folgenden Stunde:

> Sie stammt aus der Anfangsphase einer Analyse mit einem 45-jährigen Mann, der mich wegen Beziehungsschwierigkeiten mit seiner Frau, Depressionen und Gefühlen der Sinnlosigkeit und gelegentlichen Migräneanfällen aufsuchte. Es handelt sich um die vorletzte Sitzung vor einer ersten längeren Ferienunterbrechung.
>
> Der Pat. sagt, seine Frau habe ihn gestern gefragt, ob er sie noch liebe und er habe dabei erkannt, daß er ja nur müsse, was er auch wolle, also seine Frau nicht lieben müsse, dazu nicht verpflichtet sei. Das habe ihn ziemlich erleichtert und er spricht darüber, auch über die Beziehung zu seiner Mutter, in der er sich in einer ähnlichen Zwangssituation erlebt.
>
> Ich selbst spüre bei dieser Eröffnung nach kurzer Zeit eine leichte Langeweile, denke daran, daß es sich um die vorletzte Sitzung vor den Weihnachtsferien handelt und frage mich, ob er und wie er darauf eingehen wird. Das Thema mit seiner Frau ist mir vorerst weitgehend unverständlich.
>
> Dies führt er nun aber noch weiter aus und ich nehme bei mir einen zuerst leichten Druck wahr, daß er von mir eine verbale Bestätigung oder einen Kommentar erwartet. Mehrfach betont er, daß diese Erkenntnis in gewisser Weise banal sei, so daß ich ihn frage, warum er die Banalität so betone. Er fürchte, ich könnte es so bewerten und während er dies weiter ausführt, wird der Druck, der von dem Pat. ausgeht, für mich immer spürbarer.

Da ich weiter schweige, wird der Pat. nun offen drängender: er finde mich sehr zurückhaltend, distanziert, ich sagte nichts. Ich selbst spüre nun immer mehr die Schwierigkeit, die Situation offen zu halten. Im Grunde habe ich noch keine Ahnung, worum es dem Pat. in der Stunde eigentlich geht. Vor allem ist jetzt auch das Nachdenken durch den Druck und die Spannung erschwert und ich spüre deutlich die Versuchung, seinem Druck nachzugeben, ohne dann aber wirklich etwas klären zu können. So versuche ich mich auf den bisherigen Ablauf der Sitzung zu besinnen, denke an das Thema und den Druck und sage dann dem Pat. etwa das folgende:

Sie sprechen über Ihre Freiheit, aber gleichzeitig empfinde ich Sie nicht sehr frei: Sie sind thematisch ganz auf diese Frage Ihrer Freiheit eingeengt, erwarten unbedingt eine Reaktion von mir und empfinden offenbar meine Freiheit, zu sprechen oder auch nicht zu sprechen, als sehr irritierend.

Wie schon früher in solchen Situationen reagiert der Pat. leicht empfindlich und gekränkt. Er erlebt meine Bemerkung so, als hätte ich gesagt, er habe kein Recht auf die Enttäuschung, daß ich nicht rede oder wenigstens reagiere. Der Pat. kann dann aber auch den angesprochenen Widerspruch sehen und sagt: offenbar habe nur einer das Recht, frei zu sein. Das erlebe er auch eindeutig im Verhältnis zu seiner Frau.

Durch das Entgegenkommen des Pat. fühle ich mich auch etwas freier und mir fällt wieder das Ferienthema ein, das ich mittlerweile aus den Augen verloren hatte. Daher sage ich, jetzt ziemlich spontan und entspannter: Bei dem Thema Freiheit fiel mir eben auch Frei-Haben ein und ich dachte an die bevorstehenden Ferien, die Sie bislang nicht mit einem Wort direkt erwähnt haben.

Daran habe er auf der Herfahrt vor der Stunde ganz intensiv gedacht und auch erwartet, daß ich dies thematisieren würde. Ja, er empfände die Ferien als Frei-Haben, obwohl er gleichzeitig die Erwartung von mir spüre, er sollte eigentlich traurig sein, oder jedenfalls Gefühle zeigen. Und dann fällt ihm auf, daß dies eine Variation der Frage seiner Frau sein könnte: Liebst Du mich noch oder nicht! Und ich sage: Als würde ich mit dem Thematisieren der Pause Sie eigentlich fragen, ob Sie mich lieben und Sie sich dadurch in Ihrer Freiheit eingeschränkt fühlen und Sie sich dagegen wehren.

Ihre alternativen Einfälle und Überlegungen aus der größeren Distanz zeigen, daß eine solche Sitzung natürlich hochspezifisch und einmalig ist. Hier möchte ich jetzt fragen, wie sich diese Sitzung aus der Sicht des »Anfänger-Geistes« verstehen läßt, was jedoch aus zeitlichen Gründen nur in größter Knappheit möglich ist.

1. Beschreibt man die Sitzung aus der Sicht des »Anfänger-Geistes« stellt man fest, daß der Analytiker nicht viel hat, woran er sich halten kann, um die momentane Situation genau zu verstehen: die Theorie und die technischen Regeln sind lediglich wie ein großer Rahmen, die im Hintergrund wirken und eine gewisse Sicherheit gewährleisten. Auch das bisherige Wissen über den Pat., seine Biographie und der bisherige Verlauf der Analyse wirkt nur im Hintergrund, in der Latenz und ist in der Regel aktuell nicht unmittelbar verfügbar. Mit dem »Anfänger-Geist« in die Sitzung zu gehen, heißt daher vor allem, nichts zu wissen, sich an nichts zu erinnern, keine Erwartungen zu haben, nichts erreichen zu wollen. Bion sprach in einem ähnlichen Zusammenhang von »no memory, no desire.« (Bion, 1977) Wesentlich ist, daß man da ist, wach und offen ist und sich ohne größere Erwartungen auf das einstellt, was kommen mag. An bestimmten Reaktionen kann man bei sich selbst erkennen, inwieweit etwas von diesem Zustand zugelassen wird oder nicht: man ist plötzlich erschrocken, daß man momentan wirklich nichts über den Pat. weiß oder keine Ahnung hat, wie es überhaupt weitergehen soll. Oder man merkt an der eigenen Langeweile, Müdigkeit oder Verärgerung, daß doch eine Erwartung oder Zielorientierung vorhanden ist, die nun durch das Verhalten des Pat. enttäuscht wird. Man kann diesen Zustand als achtsame Offenheit beschreiben, in der alle Wahrnehmungen, Gedanken, Gefühle, Erinnerungen, Überlegungen, Schlußfolgerungen beobachtet werden können, ohne daß man aber an einzelnen Ereignissen festhält, sie mit anderen Situationen vergleicht, qualitativ bewertet und sie generalisierend einordnet. Diese für die Meditation charakteristische Beschreibung scheint für den Analytiker jedoch noch schwieriger zu sein, hat er doch die doppelte Aufgabe, mehr oder weniger neutral zu beobachten, was der Pat. ausdrückt und was er bei sich selbst wahrnimmt und erkennen kann. Entscheidend trotz aller Schwierigkeiten scheint mir zu sein, daß mit der Entwicklung von absichtsloser Offenheit etwas entsteht, was man am besten als Raum bezeichnen könnte. Es ist nicht leicht, diesen Raum mit Worten zu beschreiben, weil er gerade nur dann erlebbar wird, wenn sprachliche und begriffliche Beschreibungen in den Hintergrund treten. Mit seiner absichtslosen, radikalen Offenheit leistet der Analytiker seinen Beitrag zur Entwicklung dieses Raums, der aber nur intersubjektiv lebendig wird, wenn der Pat. diesen Raum spürt und in ihn eintritt. Ich erinnere daran, daß Suzukis »Anfänger-Geist« auf der Unterscheidung von Geist und »Großem Geist« beruht und man aus dieser Sicht den »Anfänger-Geist« als ein Leben aus dem Großen Geist betrachten könnte. Dies impliziert die Entwicklung oder das Gewahrwerden von Raum, in dem Gedanken und Gefühle auf einem offenen Grund erscheinen und wieder vergehen. Bewußtsein im Sinne des »Großen Geistes« wird hier als umfassendes Bewußtsein aufgefaßt, das im wesentlichen als Raum erlebbar wird.

Anhand der Stunde lassen sich die Öffnungen und Einengungen des Raums recht gut verdeutlichen: beispielsweise war ich zu Anfang sicherlich zu sehr mit den bevorstehenden Ferien beschäftigt (als Ausdruck des »Experten-Geistes«), so daß ich die ersten Äußerungen des Pat. nicht offen genug aufnehmen konnte. Mit dem zunehmenden Druck des Pat. spürte ich unmittelbar, wie der Raum enger wurde, so daß mir das Nachdenken immer schwerer wurde. Aber auch der Pat. hatte keinen Raum mehr, denn er kreiste tatsächlich eingeengt um die Frage der Freiheit und zunehmend um die Erwartung, ich möge doch etwas dazu sagen. Die erste Intervention, die nur mit einer gewissen Anstrengung und einem Zurücktreten aus der eingezwängten Situation möglich war, verschaffte plötzlich wieder etwas Raum. Bereits die Kränkung des Pat. signalisierte dies, aber auch sein Nachdenken über den Widerspruch: Offenbar dürfe nur einer frei sein. Dadurch entstand auch für mich wieder ein größerer Raum, in dem ich relativ spontan das Trennungsthema wieder, man könnte fast sagen, neu entdeckte. Mit meiner offen gehaltenen Intervention konnte sich der Pat. nun an seine Einfälle vor der Sitzung erinnern, die schließlich zu einem Verständnis der Eingangsszene und einem Teil seines Erlebens der Trennung führte.

2. Wenn wir den durch die absichtslose Offenheit des Analytikers entstehenden Raum als Ausdruck des »Anfänger-Geistes« verstehen, so gilt die nächste Frage der häufigen Erfahrung, daß dieser Raum nicht entsteht oder wieder kollabiert. Kurz zusammengefaßt sind meine Überlegungen hier die folgenden: mit dem durch den Analytiker angebotenen Rahmen und der beschriebenen Haltung des »Anfänger-Geistes« werden die psychischen Konflikte des Pat. mobilisiert, die in Form der Übertragungswiderstände und Übertragung lebendig werden. Diese sind hochspezifisch und ziehen den Analytiker früher oder später in eine Dynamik hinein, in der auch seine eigenen psychischen Konflikte aktiviert werden können. Da mit dem psychischen Konflikt angst- und schuldgefühlerregende Wünsche verbunden sind, die die Abwehr mobilisieren, ist mit dem psychischen Konflikt immer eine Einengung und Eingrenzung des Raums verbunden. Zu starke Identifizierungen oder zu starke Distanzierungen sind Hinweise für die Aktivierung psychischer Konflikte beim Analytiker. Bleibt die Haltung des »Anfänger-Geistes« erhalten, dann werden die Identifizierungen oder Distanzierungen nicht dauerhaft, weil sie beobachtbar bleiben und den gleichen Rang wie alles übrige einnehmen. Wird diese Haltung trotz der konflikthaften Zuspitzung aufrecht erhalten, dann werden die eigenen Ängste, Wünsche und Schutzmaßnahmen in ihrer Verbindung zu allem anderen erkennbar und verstehbar. Dies ist eher möglich, wenn wir immer ein Gefühl für die Weite oder Enge des Raums haben, gleichsam im Hintergrund immer die Frage abtasten, ob Raum vorhanden ist oder ob dieser nicht mehr zur Verfügung steht.

Dann bleibt auch spürbar, ob die eigenen gedanklichen Aktivitäten aus der Weite des Raums kommen und diesen auch erhalten oder noch erweitern, oder ob es zu einer starken Fokussierung bzw. Einengung kommt. Eine wesentliche Hilfe ist zum einen die Erkenntnis, daß die Mobilisierung psychischer Konflikte auf Seiten des Analytikers sowohl durch das Raum-schaffende Setting als auch durch die Konfrontation mit den psychischen Konflikten des Pat. ein unvermeidbarer Bestandteil der analytischen Situation ist; zum anderen die Vorstellung einer Balance von thematischem Inhalt und Beziehungsprozeß, die immer aufeinander bezogen bleiben sollten.

In der dargestellten Stunde wird der Konflikt des Pat., der sich durch die bevorstehende Trennung auf das Thema Autonomie vs. Abhängigkeit fokussiert, durch die Projektionen des Pat. auch für den Analytiker als Konflikt spürbar: es ist erkennbar, wie er durch diese Identifizierung den Konflikt mit dem Pat. mitagiert, statt ihn gedanklich zu verstehen. Die beiden Interventionen, die aus einer bedrängten Lage sowohl den Inhalt als auch die Beziehungsdimension benennen, machen einen Teil des Konfliktes bewußt und als Folge davon entsteht wieder ein größerer Raum, der schließlich sogar zu einer überraschenden Deutung der Eingangsszene führt, ohne daß natürlich die ganze Dimension des Konfliktes verstanden oder bearbeitet werden konnte.

3. Die subtile Balance zwischen »Anfänger- und Experten-Geist« geht besonders dann verloren, wenn der »Experten-Geist« gegen den »Anfänger-Geist« als Abwehr und Schutz eingesetzt wird. Einfach formuliert bedeutet dies, daß das Denken und Theoretisieren zu früh einsetzt und damit das Erleben und gefühlsmäßige Verstehen blockiert. Indikatoren für diesen Prozeß sind beispielsweise: eine zu starke gedankliche Tätigkeit des Analytikers in der Sitzung bis hin zu gedanklichen Fixierungen, um nicht zu sagen fixen Ideen (Bion spricht von überwertigen Ideen); eine Neigung zum Grübeln oder zu kombinatorischem Denken; eine Neigung, aus der aktuellen Situation herauszugehen und genetische Rekonstruktionen zu versuchen, bevor die aktuelle Situation geklärt ist; einen Drang, alles Material in die Übertragungsbeziehung hineinzuzwängen; eine spürbare Schwierigkeit, das momentane Nicht-Verstehen zu ertragen oder eigene Gefühle, z. B. der Hilflosigkeit oder Angst zu spüren und auszuhalten; komplizierte und umständliche Deutungen, die man schon selbst kaum versteht und später auch nicht rekonstruieren kann; eine starke Beschäftigung mit eigenen Dingen als Ausdruck von verstärkter Selbstbezogenheit, um nur einige Beispiele zu nennen. Grundlage dieser Abwehrbewegung ist wohl die Schwierigkeit, die mit dem »Anfänger-Geist« verknüpfte Offenheit des Raumes zu ertragen, weil dies mit Gefühlen der Leere, Isolation, Schuld, Angst und Hilflosigkeit verknüpft sein kann.

Man kann diesen Aspekt in der von mir geschilderten Stunde zeigen, auch wenn das Protokoll nicht ausreicht, um diesen Punkt schlüssig zu belegen. Vor allem wurde mein eigenes Gefühl der Hilf- und Ratlosigkeit auf dem Höhepunkt der angespannten Lage partiell durch meine Überlegungen abgemildert, die allerdings nicht sehr theoretisch waren, sondern in der Aktualität blieben und den Raum nicht weiter einengten. Man kann nur vermuten, was beide Partner der analytischen Situation dennoch abwehren: wahrscheinlich die enorme Verzweiflung und Wut, die dann entstünde, wenn der Pat. wirklich seine Verlassenheit spüren würde.

4. Schließlich läßt sich die Frage des »Anfänger-Geistes« auch noch kurz am Beispiel der Deutungen ansprechen: hier ist die Versuchung besonders groß, aus der Position des »Experten-Geistes« zu sprechen, was nicht selten unbemerkt und mit unbemerkten Folgen geschieht. Die Deutungen aus dem »Experten-Geist« haben einen besonderen emotionalen Klang, sie sind zu klug, klingen allwissend, überlegen, streichen die herausgehobene Position des Analytikers heraus, machen Aussagen mit dem Ton der Gewißheit über Vergangenes oder innere Begebenheiten des Pat. Dagegen drücken die Interventionen aus der Position des »Anfänger-Geistes« immer das begrenzte Verstehen und Wissen des Analytikers aus, sie beziehen sich auf das, was unmittelbar gegeben und nachvollziebar ist, sie stellen eigentlich mehr Fragen als daß sie Antworten geben. Dadurch unterstützen sie die Autonomie des Pat. und fördern seine Selbstexploration. Vor allem aber öffnen diese Deutungen den Raum, in dem etwas Neues, Unerwartetes, Überraschendes entstehen kann. Hilfreich in diesem Zusammenhang ist immer die Frage: warum will ich jetzt deuten? Ist dies überhaupt erforderlich? Habe ich dem Pat. wirklich etwas zu sagen? Was ist das Motiv für meinen Deutungswunsch? Und hilfreich ist, wenn man sich bei seinen Deutungen zuhört, mit offenem Ohr auf »falsche« Klänge aus dem »Experten-Geist« lauscht und die Wirkungen in bezug auf die Entwicklung des Raumes beobachtet. Dies reflektiert eine jüngst mehrfach betonte Erkenntnis, daß die Deutungen nicht nur Informationen, sondern auch immer latente Suggestionen enthalten (Levine, 1994).

In dem geschilderten Fallbeispiel habe ich vor allem bei der vorletzten Intervention den Eindruck, daß sie aus dem »Anfänger-Geist« kam: sie entwikkelte sich aus dem spontan entstandenen Raum, bezog sich auf das Thema der Freiheit und stellte eine Verbindung zu den Ferien her, allerdings im Sinne einer offenen Frage: die Ferien habe der Pat. ja noch mit keinem Wort erwähnt. Auch die folgende Erinnerung des Pat. an seine Gedanken vor der Sitzung signalisiert die öffnende Funktion dieser Deutung. Als einen Indikator für die optimale Balance von »Anfänger- und Experten-Geist« bei der

Formulierung von Deutungen kann man das eigene Interesse ansehen, mit dem man seinen Formulierungen lauscht und ein wenig gespannt ist, was man wohl dem Pat. sagen wird.

Es ist schwer, in so knapper Zeit den Bogen zwischen der Psychoanalyse und dem Zen-Buddhismus zu schlagen und dies an einem konkreten klinischen Beispiel zu verdeutlichen. Wie immer dies gelungen oder mißlungen sein mag: für die eingangs erwähnte Kluft erscheinen mir die Überlegungen zum »Anfänger-Geist« wie eine Ermutigung, diese Kluft als positiven, offenen Raum zu erleben und nicht vorschnell mit Theorien zu füllen. Unser Nicht-Wissen und Nicht-Verstehen ist dann ein gleichwertiges Element der analytischen Gesamt-Situation. Jede reale analytische Situation wird dann in ihrer Faktizität anerkannt und nicht an einem meist überhöhten Standard gemessen, was den oft unbarmherzigen Maßstab des »Experten-Geistes« relativiert. Dies unterstützt auch die Beschreibung der Praxis der Psychoanalyse, wie sie ist und nicht, wie sie sein sollte. Da es sich hier aber um keine neue Theorie handeln soll, sondern um eine ganz basale, Theorie übergreifende Betrachtungsweise der analytischen Situation, sollten die Überlegungen zum »Anfänger- und Experten-Geist« ihrerseits möglichst schnell in den Hintergrund treten, um selbst nicht wieder zu schematischen Schablonen des »Experten-Geistes« zu werden, der eine wirklich lebendige analytische Situation immer dann zu blockieren droht, wenn er nicht aus dem »Anfänger-Geist« erwächst.

## Bibliographie


Baker, R.(1994): Unveröffentlichtes Manuskript.

Bion, W. R. (1977): Seven Servants. Jason Aronson, New York.

Fromm, E., Suzuki, D. T. und de Martino, R. (1971): Zen-Buddhismus und Psychoanalyse. Suhrkamp, Frankfurt/M.

Herrigel, E. (1989): Zen in der Kunst des Bogenschießens. Scherz-Verlag. Bern, München, Wien.

Hoffer, A. (1993): Asymetrie und Gegenseitigkeit. Psyche 11.

König, H. (1993): Zuviel Fühlen, zuviel Denken. In: Wege zur Deutung im psychoanalytischen Prozeß. DPV-Arbeitstagung in Bremen.

Levine, H. B. (1994): The analysts participation in the analytic process. Int. J. Psycho-Anal. 75, 665.

Modell, A. H. (1990): Other Times, Other Realities. Harvard University Press, London.

Stone, L. (1973): Die psychoanalytische Situation. Fischer, Frankfurt/M.

Suzuki, S. (1988): Zen-Geist---Anfänger-Geist. Theseus-Verlag, Zürich.

Zwiebel, R. (1992): Der Schlaf des Analytikers. Klett-Verlag, Stuttgart.

*Klaus Wilde*

# Zur Notwendigkeit von »Reparation«

Rahmen bedeutet Einfassung oder Umfassung, aber auch Stütze, tragendes Gestell (Brockhaus Enzyklopädie 1972). Ich werde mich im folgenden mit einem Aspekt des Rahmens, der Bedeutung von Stütze, das, was den psychoanalytischen Prozeß trägt, befassen.

Betty Joseph betont, daß Patienten Analyse suchen, weil sie ihr inneres Gleichgewicht verloren haben, und daß es ihr Ziel ist, ihre verlorene innere Balance mit Hilfe des Analytikers wiederzugewinnen. Damit überhaupt seelische Veränderung stattfinden kann, muß jedoch das Ziel des Analytikers ein anderes sein. Er muß – im Hintergrund seines Denkens – als Ziel so etwas wie z. B. die Vorstellung des Modells der depressiven Position oder der ödipalen Situation haben. Ein solches Ziel, so denke ich, existiert auch im Hintergrund der Motive der Patienten. Sie suchen auch Analyse, weil sie – in der Regel, ohne es zu wissen – wichtige beschädigte innere Objekte in der Beziehung mit einem anderen reparieren wollen, eine Aufgabe, an der sie bis dahin, auf sich alleine gestellt, gescheitert sind. Dazu zunächst kondensiertes klinisches Material.

Ein Patient A. berichtet relativ früh in seiner Analyse eine (Deck-)Erinnerung sowie eine Erzählung seiner Mutter über seinen toten Vater, zu einer Zeit, als er befürchtete, sein Analytiker könne ihn vielleicht nicht ertragen; dem entsprach ein Gefühl des Analytikers, durch A., mehr als ihm lieb war, in Besitz genommen worden zu sein. Im Laufe des ersten Analysejahres stellte sich heraus, daß A., ohne es zu wissen, Behandlung gesucht hatte, weil er befürchtete, seinen dreißigsten Geburtstag nicht zu überleben, er wurde damit älter, als sein Vater geworden war.

A. berichtete, seine Mutter habe ihm erzählt, sein Vater habe als etwa 10jähriger während einer Pause zwischen zwei Schulstunden wie andere auch den Kopf zwischen den Stäben des Treppengeländers durchgesteckt. Als es zum Wiederbeginn des Unterrichts schellte, habe er seinen Kopf nicht zurückziehen können. Er sei ganz alleine auf der Treppe zurückgeblieben, mit eingeklemmtem Kopf. A. fühlte sich, als sei er in gewisser Weise selber sein Vater dieser Erzählung. Er glaubte, auch eine tatsächliche Erinnerung an seinen Vater zu haben, der in seinem dritten Lebensjahr gestorben war. Kurz vor dem Tod seines Vaters müsse er mit seiner Mutter auf einer Nordseeinsel gewesen sein; der Vater sei dazu gekommen. Er berichtete von einem Tag, an dem es geregnet habe. Er sah sich, wie er durch eine halboffene Tür nach draußen geschoben wurde, ins Nasse. Er sollte dort mit einem anderen Jungen spielen. Er wollte nicht und weinte. Drinnen war es halbdunkel, draußen eher hell. In der Analyse nahm er an, er sei von seinem Vater rausgeschoben worden, weil der mit seiner Mutter habe schlafen wollen. Erzählend empfand er keinen besonders feindseligen Affekt. Er hatte jedoch sehr viel mit einer quasi verbotenen Wut sowohl seiner Mutter als auch seiner Schwester gegenüber zu tun, sowie in Situationen, in denen er Anlaß hatte, sich irgendwie eingeengt zu fühlen. Er drückte manchmal ein Gefühl aus, man könne ihm geben, was man wolle, die Wut bleibe – ein Hinweis auf seine Befürchtung, nichts könne in Ordnung gebracht werden. Er vermutete später, daß in dem von ihm angenommenen Verkehr seiner Eltern seine Schwester konzipiert worden sei, die nach dem plötzlichen Tod seines Vaters zur Welt gekommen war.

Das Halbdunkle in der erzählten Erinnerung ist m. E. ein Hinweis darauf, daß es sich zugleich um den Verkehr der Eltern in ihm handelt, von dem der Patient berichtete, den er nicht genau sehen und beschreiben kann, auf den er scheinbar mit einer erträglichen Depression reagiert; der Regen, das Nasse, die Tränen. Die Wut auf seine Mutter, die oft nicht tolerierbar erschienene Existenz seiner Schwester, das Zeugnis dieses Verkehrs, von der er annahm, sie sehe seinem Vater ähnlicher als er selbst, sprechen zugleich gegen dessen Erträglichkeit. In der berichteten Erzählung seiner Mutter befand sich sein Vater in einer Situation, in der er sich nicht mehr bewegen konnte, und der Patient fühlte sich teilweise identisch mit ihm, was wiederum ein Hinweis darauf ist, daß diese Situation in ihm stattfand. Der Patient konnte auf diese Weise seinen inneren Vater vom Verkehr mit seiner inneren Mutter abhalten. Er hielt ihn m. E., wie M. Klein das mit Hilfe eines ihrer Patienten ausdrückte, in »suspendierter Belebung« (in suspended animation = Scheintod). Sie hielt das für typisch für die von ihr (1935) postulierte manische Position. M. Klein fügte hinzu: »Das Töten entspricht dem (von der frühesten Phase beibehaltenen) Abwehrmechanismus der Zerstörung der angsterregenden Objekte, das Wiederbeleben entspricht der Wiedergutmachung am Objekt.« Und kurz vorher: »Der Maniker glaubt, daß er seine Objekte, wenn er sie beherrscht, daran hindert, ihn zu beschädigen, wie auch sich gegenseitig zu gefährden. Seine Macht über sie soll ihn vor allem dazu befähigen, den gefährlichen Koitus der verinnerlichten Eltern und ihren Tod in seinem Inneren zu verhüten.« A. schien sich genau in dieser Position zu befinden. In dem Gefühl, selber wie sein Vater eingeklemmt zu sein, teilte er jedoch zugleich eine schmerzliche Einsicht mit, nämlich seine Ahnung, zu adäquatem Verkehr mit anderen, seinem Analytiker z. B., nicht in der Lage zu sein. In Herrn A.s Mitteilung tauchen die wichtigsten drei Objekte seiner frühen Kindheit als beschädigte innere Objekte des Erwachsenen auf. Er hielt den Vater in einem gelähmten Zustand und so vom Verkehr mit seiner Mutter ab, um unter dessen Ausschluß und den seiner Schwester, die er dadurch schädigte, alleine mit seiner Mutter zu verkehren. Dieser inneren

Situation entsprach das Gefühl des Analytikers, erdrückend von Herrn A. in Besitz genommen worden zu sein und nur noch wenig Raum für die Wahrnehmung der komplizierten Übertragungssituation zu haben. A. fürchtete nicht nur die Rache seines beschädigten inneren Vaters – er könne nicht älter als dreißig werden – er fürchtete auch die Rache seines beschädigten Analytikers – der könne ihn rauswerfen, zumal er von sich selber wußte, daß er den Verkehr mit seiner Mutter für einige Jahre einfach abgebrochen hatte, ohne Rücksicht auf deren Gefühle. Die eigentliche Schädigung bestand in dem Versuch, die inneren Eltern vom fruchtbaren Verkehr miteinander abzuhalten. Diese beschädigten Eltern übertrug er auf den Analytiker. Er hatte Analyse gesucht in einer Situation, in der er sich am Ende fühlte und kurz davor war aufzugeben. Die analytische Situation war oft voller Verzweiflung, da niemand ausreichend zu wissen schien, wie diese Beschädigungen zu erkennen und zu reparieren seien.

Wiedergutmachung (Reparation) ist ein kleinianisches Konzept. Sie ist der Ausdruck des Lebenstriebes. Das Ziel des Todestriebes ist Zerstörung, innerlich und äußerlich, die Rückkehr zum anorganischen Zustand. Ein Motiv, Analytiker werden oder sein zu wollen, ist, Wiedergutmachung durchführen zu wollen. Die dem Lebenstrieb zugehörenden reparativen Aspekte im Patienten sind oft sehr schwer erkennbar. Ihre Wahrnehmung kann jedoch verhindern, daß der Analytiker aufgibt. Sie können auch oft dann noch bemerkt werden, wenn der Patient sich keineswegs in der depressiven Position zu befinden scheint, zu der das Konzept der Reparation eigentlich gehört. Beschädigte innere Objekte werden am Leben erhalten, so ein Gedanke Henri Reys, damit sie irgendwann mit Hilfe von jemandem in einer Beziehung repariert werden können. Dazu jetzt detailliertes Material aus einer Analyse, in der der Analytiker oft in Gefahr war, zumindest innerlich, aufzugeben.

Fußnote: Ich schulde Herrn Dr. M. Feldman, London, Dank, mit dem ich immer wieder über einen Zeitraum von mehreren Jahren Material dieser Analyse besprechen konnte. Ohne sein Verständnis, so fürchte ich, wäre diese Analyse vorzeitig beendet worden.

## Klinisches Material

Die Patientin B. stellte sich und mich schon in den ersten Interviews vor eine Schwierigkeit, die sich durch die weitere Analyse ziehen sollte. Im ersten Interview berichtete sie von ihrem Gefühl, nicht arbeiten zu können, und ihren schweren Verstimmungen, in denen sie sich von der Welt abgeschnitten fühlte. Im zweiten Interview war sie nahezu nicht mehr in der Lage, mir etwas mitzuteilen, sie schwieg. Ich erfuhr von ihr immerhin, daß das Gefühl von Leere im Kopf und Schweigenmüssen schon kurz, nachdem sie zum ersten Mal bei mir gewesen war, begonnen hatte, und daß diese Abfolge von Kontakt mit jemandem haben und nachfolgender Unmöglichkeit zu sprechen ihr nicht unbekannt sei. Die Patientin vermittelte zugleich aufgrund dieser Reaktionsweise eine Atmosphäre enormer Zerbrechlichkeit, was die Beziehung mit ihr betraf.

Zu ihrer Geschichte: Die Patientin kommt aus einer Familie, die große Zeitabschnitte bis zum 20. Lebensjahr der Patientin im Ausland verbrachte. Sic hat eine 1 Jahr ältere Schwester, mit der man sich nahezu nur habe streiten können und eine etwa eine halbe Stunde nach ihr geborene, ihr sehr ähnlich sehende Zwillingsschwester. Die meiste Zeit ihrer Kindheit hat die Patientin für ihr Gefühl alleine oder mit ihrer Zwillingsschwester verbracht. Die letzten zwei Schuljahre bis zum Abitur verbrachte sie zusammen mit ihrer Zwillingsschwester im Ausland, getrennt von der übrigen Familie. Aus ihrer Sicht waren diese zwei Jahre eine einzige Quälerei. Sie habe sich vor allem ungeheuer isoliert gefühlt. Beide Zwillingsschwestern beschlossen danach, in Deutschland an verschiedenen Orten zu studieren. Im Studium habe sie mehrere depressiv-gelähmte Rückzüge gehabt. Beziehungen zu Männern seien nahezu immer schwierig und unbefriedigend geblieben. Hilfe, um zumindest ihr Studium einigermaßen erfolgreich beenden zu können, habe eine Behandlung an der studentischen Beratungsstelle gebracht.

Ich werde zunächst aus einer Woche aus dem fünften Analysejahr berichten. Diese Woche, wie ein erneuter tiefer Einbruch sich darstellend, schien nicht untypisch für die Analyse bis dahin. Rückblickend erscheint es jedoch so, als habe sich die Beziehung zwischen ihr und mir danach verändert. Sie konnte mehr von sich mitteilen. Das mag daran gelegen haben, daß sie das Gefühl hatte, ihr Analytiker verstehe sie etwas besser. Dieser Woche vorausgegangen war ein Freitag, den ich ausfallen lassen mußte, so daß sie nach einem verlängerten Wochenende wiederkam.

B. war zu jeder Stunde dieser Woche fünf bis zehn Minuten zu spät. Sie schwieg in den ersten drei Stunden nahezu vollkommen; auf einen Versuch von mir, ihren Rückzug in Schweigen und die dadurch entstandene Bedeutung erdrückende Atmosphäre mit der ausgefallenen Freitagsstunde zu verbinden, schien sie nicht zu reagieren. In der ersten Stunde der Woche nahm ich etwas wie Verzweiflung in mir wahr, zugleich hatte ich mit der Vorstellung zu tun, sie werde nicht mehr wiederkommen, ihre lähmende Apathie werde dazu führen. Vor allem in der zweiten Stunde, in der ich anzusprechen versuchte, sie könne nicht mehr kommen wollen, hatte ich gegen Ende das Gefühl, daß B. sich bedroht fühlte, weil sie ein mögliches Ende meiner Geduld annehmen konnte. In der dritten Stunde teilte ich ihr etwas von dieser Überlegung mit. Ich kann nicht sagen, wie weit sie mich wirklich hörte. Gegen Ende hatte ich jedoch den Eindruck einer Klimaänderung, etwas war offener und empfänglicher geworden – vielleicht mehr bei mir als bei ihr.

Am Freitag war sie zehn Minuten zu spät und schwieg. Ich versuchte, ihr nach einer Weile die Atmosphäre, in der wir uns aus meiner Sicht befanden, zu beschreiben, nämlich, daß alles in Gleichgültigkeit zu versinken drohe. Nicht recht wissend warum, sagte ich etwas später zu der immer noch schweigenden B., es könne sein, daß sie im Moment an ihre Arbeit denke, so als ob sie noch dort sei und nicht hier. Diese Intervention entsprach einer Ahnung, auf diese Weise mit ihr in Kontakt kommen zu können. Sie antwortete darauf, daß es tatsächlich so sei. Dann fortfahrend, es gelinge ihr nichts in der letzten Woche, alles bleibe halb, nachts habe sie kaum schlafen können, die ganze linke Seite habe wehgetan, sie habe Angina und Herzschmerzen gehabt. Sie habe große Angst, das etwas Schlimmes sei. Da sie unausgesprochen zu vermuten schien, daß alles das auf eine dunkle Art mit dem Verlauf der Stunden in dieser Woche zu tun hatte, sprach ich das an. Sie stimmte zu, hinzufügend, daß ihr Kopf im Nebel sei und sie nichts denken könne. Diese Mitteilung ermöglichte mir eine Vorstellung von ihr, wie sie zu Hause sitzt, nahezu unfähig zu einer planmäßig ablaufenden Handlung wie Aufräumen, Essen abräumen etc. Es schien sich um eine Art Dämmerzustand zu handeln, in dem Gedanken nur sehr vage wahrgenommen werden konnten. Sie erschien mir wie im Griff von etwas, das ich in dem Moment eher schwer bestimmen konnte. Es konnte sich um eine tiefe Verzweiflung handeln, die sie auf eine für ihr Denken verheerende Weise beherrschte. Ein Zustand, der eintreten konnte z.B. an einem verlängerten Wochenende oder wenn ihr Analytiker drohte, sie mißzuverstehen, oder wenn er sie scheinbar nicht mehr haben wollte. Ich sprach deshalb die Vermutung aus, daß sie gemerkt haben könne, was das Schweigen in mir anrichtete, und daß sie das unterschwellig sehr verstört habe. Sie antwortete darauf, es sei nicht so, daß sie schweigen wolle, es sei einfach da, sie könne eben nichts sagen. Darauf ich, dann scheine es korrekter zu sagen, es gebe etwas, das sie schweigen mache, und das sei sehr stark, so versuchend auf etwas anzuspielen, das Verzweiflung sein könnte. Sie schien zuzustimmen. Allmählich tauchte dann bei mir die Vorstellung auf, schweigend stehe sie in Verbindung mit ihrer Zwillingsschwester E. Die Patientin hatte E. mehrmals als eine geschildert, die, so schien es mir, nicht mehr mit mir sprechen würde, wenn ich, ohne nähere Gründe anzugeben, ein verlängertes Wochenende gemacht hätte, oder später (mittwochs) ein Gefühl enormer Zurückweisung nicht mehr ertragen konnte. In den Zusammenhang dieser Überlegungen gehörte ein Traum, den sie ein paar Monate zuvor mitgeteilt hatte: Sie lebte dort in einem Provisorium, vielleicht einem Caravan. Ein junger Mann, an dem sie vor einiger Zeit sehr interessiert gewesen war, aber jedes Interesse verborgen, ja, sich nahezu verboten hatte, kam und wurde von ihr eingelassen. Plötzlich war E.

da und sollte für diesen Mann ein gutes Essen zubereiten. E. bereitete ohne Sorgfalt oder sogar mit Absicht ein ungenießbares Essen, das sie ihm vorsetzte. Im Traum begann die Patientin deshalb laut mit E. zu schimpfen. Abgesehen davon, daß sie mit Provisorium ziemlich gut ihre Beziehung zu mir beschrieb, selten wirklich ganz da seiend, den Charakter von vorübergehend fast immer beibehaltend, beschrieb sie eine verwirrende Identifikation mit E. Nämlich daß ein Teil von ihr, der mehr sie selbst darzustellen scheint, ohne daß irgendjemand es merkt, durch einen Teil von ihr, der mehr dem entspricht, wie sie E. beschreibt, in einer Beziehung zu einem Dritten in den Hintergrund gerückt wird. Sie selbst schien im Traum verborgen zu wissen, daß das geschah, ein anderer – ich z. B. – hatte es extrem schwer, diesen Austausch zu bemerken. Der Traum war ein Hinweis auf eine sehr enge Beziehung zu einem inneren Objekt, genannt E., das nahezu einer tatsächlich existierenden E. zu entsprechen schien. Soweit denkend schien es zugleich möglich, »alles ist nur halb« besser zu verstehen. Sie schien in etwas wie Verzweiflung bzw. Dämmerzustand zu geraten, wenn eine zwillingshafte, sie nahezu sprachlos verstehende andere Hälfte fehlte; wenn ich fehlte, in den sie diese Hälfte projiziert hatte. Ich teilte ihr meine Vermutung mit, daß sie schweigend in Verbindung mit E. stehe. Sie antwortete nicht, aber als sie am Ende der Stunde aufstand, sah ich ein paar Tränen. Mir schien denkbar, diese als einen Hinweis darauf aufzufassen, daß ihr ihre Abhängigkeit von einem solchen alles verstehenden Objekt schmerzlich bewußter geworden war. Schon unter der Tür sprach sie mich noch einmal an. Sie wisse jetzt nicht, ob sie vor dem Ende der nächsten Woche wegfahren werde. Wir waren in der letzten Woche vor der Weihnachtsunterbrechung, und es war verabredet, daß die Stunden bis zum Ende dieser Woche stattfinden sollten. Das klang sehr provozierend, ich mochte jedoch nicht ausschließen, daß sie relativ aggressiv auf das Erkennen eines Problems reagiert hatte, das sich am Ende der nächsten Woche einstellen würde. Es würde etwas fehlen, was einen befürchteten gräßlichen Zustand (wie z. B. am letzten Wochenende) zur Folge haben würde. Deutlich wurde ebenfalls mein Dilemma. Ich war in Gefahr, zu einem bösen verfolgenden Objekt für sie zu werden, wenn ich versuchte, diesen Mangel und ihre Verzweiflung zu interpretieren, anstatt diese sie ergänzende andere Hälfte zu sein.

Identisch sein mit E. schien für B. Reparation von E. zu bedeuten. Identisch mit E. mußte sie auf eine sehr konkrete Weise sein. Sie hatte mehrere Male davon gesprochen, wie minderwertig, häßlich, plump und neidisch sie sich in bezug auf E.s Schlankheit und Zerbrechlichkeit empfand. Ich dachte, als ob sie sich schuldig an E. fühlte, seit deren Geburt nach ihr, und daß diese Schuld zu dem Gefühl von Minderwertigkeit und Häßlichkeit geführt hatte. Sie hatte, so schien es mir, ein Stück Sicherheit und Überlegenheitsgefühl gegenüber anderen erworben in der weitgehenden Identität mit E.; einer

Beziehung, aus der jeder Dritte ausgeschlossen wurde. Da sie in E. identische Gefühle vermutete bzw. in sie projiziert hatte, bedeutete jede Bewegung von E. weg hin zu einem Dritten – dem Analytiker – eine Schädigung von E. Ich empfand ihr Verhalten mir gegenüber oft sehr entwertend. Rückblickend habe ich den Eindruck, daß B. oft dann, wenn sie etwas davon bemerkte, was sie mir tat, sich schweigend mit E. vereinte in einer verborgen hochmütigen Weise. Schuld mir gegenüber schien nicht mehr zu existieren. Ihr Schuldgefühl E. gegenüber verband sich scheinbar unauflöslich mit ihrem Neid auf eine E., die sich aus dieser Zwillingsidentität herausentwikkeln könnte. Sie hatte diesen Neid in E. projiziert, wenn sie sicher war, daß E. Entwicklung von ihr nicht ertragen können würde; sie würde E. dadurch schädigen, daß sie Neid in ihr hervorrufe. E. zuliebe dürfe sie eigentlich keine Analyse machen. Vom Zwillingsstandpunkt aus hieß Entwicklung häßlicher, kräftiger, dicker werden. E. verkörperte ein anorektisches Ideal, durch E. war ein Teil von B. repräsentiert, der sich gegen abhängige Beziehungen von elterlichen Objekten richtete. (Tatsächlich hatte B. in der späten Pubertät eine sichtbare anorektische Phase durchlaufen.) Er entsprach einerseits Rosenfelds Beschreibung eines destruktiv-narzistischen Persönlichkeitsanteils, andererseits war er ein Objekt, an dessen Reparation B. bisher gescheitert war, in dessen Schuld sie stand, wodurch er eine solche Macht über sie gewann.

Ich werde weiteres Material aus dieser Analyse mitteilen, aus dem meiner Ansicht nach ersichtlich ist, daß die Wahrnehmung ihrer heimlichen Verbindung mit E. für die Patientin belangvoll war und Fortschritt brachte. Es stammt aus einer Stunde vom Beginn der zweiten Analysewoche nach den Weihnachtsferien. B. hatte die erste Woche mit nicht allzu ausführlichen Berichten über das Renovieren ihrer neuen Wohnung gefüllt, einer Wohnung, die ihr nicht unbedingt gefiel, aber in der sie wohl länger bleiben würde. Mir schien, daß sie etwas beschrieb, das kein Provisorium mehr sein sollte und sich sehr wohl auf die Beziehung zu mir bezog. Mit entsprechenden Deutungen blieb ich sehr zurückhaltend, da ich andernfalls einen Rückzug B.s befürchtete, denn eine Atmosphäre von Zerbrechlichkeit begleitete aus meiner Sicht unsere Beziehung in der ganzen Woche. Mir schien, es bestand eine latente Verführung, mich wie die Mutter eines wenigessenden, wenig aufnehmenden Kindes zu verhalten, die aus ihrer Frustration heraus ihrem Kind mehr aufdrängt, als es in der Lage ist anzunehmen; was zu einem erneuten Rückzug des Kindes führen wird.

Sie war in dieser Dienstagsstunde etwa 15 Minuten zu spät und hatte erklärt, sie habe verschlafen trotz eines richtig eingestellten Weckers. Obwohl sie dann schwieg, hatte ich relativ schnell das Gefühl, sie würde bei mir nicht einschlafen, eher sei etwas da, das sie wachhalten würde. Ich teilte diesen Eindruck mit. Sie berichtete daraufhin, daß ihr am Wochenende etwas scheinbar Verlorenes – sie sei ja auch mit ihrer Wohnung sehr beschäftigt gewesen – wieder eingefallen sei. Es sei ihr eingefallen, als sie sich am Sonntag mit M. getroffen habe. Er sei ein Kind geschiedener Eltern, beide schon tot, voller Sehnsucht und großer Angst, er lebe wohl deshalb schon länger alleine. Es sei in der Sylvesternacht passiert. Manchmal müsse sie weinen, wenn sie mit Leuten spreche. Den ganzen Dezember über habe sie sich gräßlich gefühlt. Sie klammere sich dann an H. (ihren Freund) erst recht. Sie klammere auch, weil sie annehme, ihr Verhältnis werde bald aufgelöst sein. Sie befürchte, sie werde verlassen werden, obwohl es sie selbst sein werde, die gehen werde, wie in früheren Freundschaften auch. In den Ferien sei es besonders schlecht gegangen (sie waren in einer größeren Gruppe in einem Haus in den Bergen). Da seien zwei Frauen gewesen, die sich so verhalten hätten, daß sie sich ausgestoßen und isoliert gefühlt habe. Im Bett, H. schlief schon, habe sie sich gefühlt – es sei ein Bild – wie ein nacktes Baby in einem dunklen Bettchen und Raum, so dunkel, daß man nicht einmal die Wände habe sehen können. Sie habe weinen müssen, während H. schlief. Sie habe dann gedacht, sie klammere sich an ihn wegen dieses gräßlichen Bildes, von dem er nichts wisse, und fühle sich immer enttäuscht von seinem Verhalten. Sie berührte mich sehr mit dem, was sie erzählte, so daß ich ihr sagen konnte, mir scheine, daß dieses Bild mit einem sterbenden Zustand und großer Angst zu tun habe. Sie stimmte zu und sagte, sie habe dann blitzartig sterbende andere vor sich gesehen, Mutter und E. Etwas später fügte sie hinzu, sie könne sich nicht an eine Szene wie in ihrem Bild erinnern, habe aber gedacht, es passe zu ihrer Mutter, daß die nicht merke, wenn man in einem solchen Zustand sei – voller Angst.

Als sie ging, vermittelte sie einen Eindruck von Zugewandtheit und Offenheit – für diese Patientin bis dahin sehr ungewöhnlich.

Dieses Material erleichterte das Verständnis der Übertragungssituation. Es hatte, gemessen an weniger verletzbaren (weniger anorektischen) Patienten, gedauert, bis B. eine so deutliche Reaktion zeigte, auf ein Verständnis meinerseits, die Bedeutung von E. betreffend, und auf die »Entwöhnungssituation« in den Ferien. Sie hatte das dargestellt durch die »zwei Frauen«, die sie isoliert hatten; wie auch immer man die verstehen mag, als Darstellung der sie ausschließenden Verbindung von Mutter und E. oder als Darstellung einer abweisenden Mutter bzw. Brust, sie sind eine Repräsentation des Analytikers. Ein Aspekt des Analytikers ist offensichtlich, dargestellt durch den mit ihr im Bett liegenden, schlafenden H. Er hat trotz scheinbarer Nähe zu ihr keine Ahnung von dem, was in ihr vor sich geht, so als befinde er sich in einer völlig anderen Welt. Zugleich gibt es in der Stunde einen zweiten Aspekt des Analytikers, in dem er ihr nahe ist und etwas von der Katastrophe aufnimmt, auf die sie zusteuert, wenn alle Objekte verloren bzw. tot sind. Sie ist, um ihres Überlebens willen, entsetzlich abhängig von einem solchen

Objekt. B. weist auf eine mörderische Attacke hin, die sie permanent in Gefahr ist durchzuführen. Sie wird jeden wichtigen anderen verlassen, bevor er sie verläßt. D. h., um nicht wahrnehmen zu müssen, daß ein Objekt verloren ist – kein schmerzliches, zur Depression führendes Ereignis, sondern eine Katastrophe – bringt sie es um. Das entspricht einer sich selbst schädigenden Attacke auf die eigene Wahrnehmung. B.s quasi habituelles Zuspätkommen und Schweigen mag mit der Angst zu tun haben, einem verlorenen, toten, da wenig verstehenden Analytiker zu begegnen. Das Gefühl des Analytikers, verantwortlich für B.s Überleben zu sein, sie verstehen zu müssen und es oft nicht zu können, ist nicht leicht zu tragen. Sie überträgt einen enormen Arbeitsaufwand auf ihn. Das Fortschreiten der Arbeit mit B. hängt extrem davon ab, daß der Analytiker in die Lage kommt, über sie nachzudenken, und nicht davon, daß er das, was in ihn projiziert worden ist, deutet. Ein Punkt, den Ron Britton (1989) besonders elaboriert hat.

B. schlug nach dieser Stunde im weiteren Verlauf dieser Woche vor, die Analyse für vierzehn Tage zu unterbrechen, da sie und H. nahezu ausschließlich damit beschäftigt seien, die Wohnung einzurichten. Es werde kein Platz für irgendetwas anderes im Kopf sein. Ich erhielt, nicht ganz vierzehn Tage lang (die Dauer der Weihnachtsferien), einen durch Schweigen unterbrochenen Bericht über das Fortschreiten der Arbeit in der Wohnung. Ich begriff die Übertragungssituation für eine geraume Zeit nicht, bis der Gedanke möglich wurde, daß ich in die Situation eines Kindes hineingezwungen worden war, das isoliert und verständnislos mit der wichtigen konkreten und vernünftigen Arbeit zweier Erwachsener konfrontiert wurde. B. hatte auf diese Weise ihren sterbenden infantilen Anteil, mit dem wir vorher beide in Berührung gekommen waren, in mich projiziert. Deutungen dieser Situation schienen unmöglich, sie hätte sie als den Versuch einer Umkehrung der Situation aufgefaßt, als einen Versuch, sie umzubringen. Mir fiel jedoch – nicht zum ersten Mal – auf, wie genau, wenn auch versteckt, sie mich beobachtete. Es schien extrem wichtig für sie mitzukriegen, wie ich mit dieser Situation lebte, oder ob ich aufgegeben und mich zurückgezogen hatte. Sie schien alarmiert, wenn sie zu bemerken glaubte, ich verstünde nur noch sehr wenig oder hätte mich zurückgezogen. Es war, als versuchte sie, einen aufnehmenden, nachdenkenden Analytiker aufzunehmen und nicht etwas, das der nur hätte von sich geben können, um es loszuwerden.

Diese oft schweigende Patientin hatte so jenseits der Wörter viel von sich mitgeteilt.

## Diskussion

Beschädigte innere Objekte können nicht repariert werden, indem versucht wird, die eng mit ihnen in Verbindung stehenden äußeren Objekte zu reparieren. Versuche auf dieser äußeren konkreten Ebene sind nicht nur oft unmöglich (wie in A.s Fall), sie führen zum Stillstand der Entwicklung. In B.s Fall besonders deutlich, sie führen zur Unreparierbarkeit des beschädigten inneren Objekts. B. muß immer wieder den status quo herstellen, der Nicht-Beschädigtsein von E. bedeutet. Veränderungen, so fürchtet sie, können nur Tod bedeuten. Sie sieht Mutter und E. tot, was eine Folge des Hasses eines ausgeschlossenen Kindes ist und B. selbst mit einer Katastrophe konfrontiert – einer Welt voller toter Objekte – einschließlich des Analytikers. Durch diese drohende Katastrophe ist die Übertragungssituation gekennzeichnet. Jede Bewegung kann ihren Eintritt bedeuten. Das wird erkennbar in einer Stunde, in der es zu lebendigerem Verkehr zwischen Patientin und Analytiker kommt. Mehr Lebendigkeit bringt mehr fühlbaren Schmerz. Das gilt ebenso für den Analytiker. Wird er lebendiger – wahrnehmungsfähiger – entdeckt er, wie abweisend er gewesen ist aus Gründen, die mehr in ihm selbst liegen als in der Patientin. Es ist schmerzlich, an sich selbst wahrnehmen zu müssen, wie sehr man der Projektion der Patientin entsprochen hat und wohl öfter noch entsprechen wird.

Was treibt Patienten wie Analytiker wirklich, ein Unternehmen wie eine Analyse zu beginnen und weiterzuführen. Ein Unternehmen, bei dem man nahezu an jeder Stelle scheitern kann. Hanna Segal sagt, daß den Künstler der Wunsch zur Arbeit treibt, seine angegriffene und zerstörte innere Welt zu reparieren. Nur dann kann er leben. Ich glaube, daß es den gleichen Wunsch bei Patienten und Analytikern gibt, der sie zur Arbeit treibt. Vorzeitige Abbrüche sind bei dieser Arbeit nicht selten, sie entsprechen einem Scheitern an der immensen Arbeitsanforderung– bei beiden am Prozeß Beteiligten. Möglicherweise finden die meisten Analyseabbrüche – auch die mehr verborgenen inneren Rückzüge, sowohl vom Patienten wie vom Analytiker – an der Schwelle zur depressiven Position statt, jeweils dort, wo die Erfahrung seelischer Schmerzen beginnt. (Das gilt für jede Stunde.) Zwei typische Haltungen des Analytikers bedingen – wenn sie nicht analysiert werden – ein Scheitern. Money-Kyrle (1956) hat darauf hingewiesen, daß ein Übermaß an liebevollen oder feindseligen Gefühlen im Analytiker häufig ein Ergebnis seiner Frustration ist, wenn er nicht in der Lage ist, einen verzweifelten Patienten ausreichend zu verstehen und wirksame Deutungen zu geben. Diese Reaktionsweisen scheinen in der Regel mit eigenen unverstandenen Persönlichkeitsanteilen des Analytikers, die durch den Patienten berührt werden, zusammenzuhängen. Diese Haltungen sind damit in gewisser Weise Ausdruck der nicht gelingenden Selbstanalyse des Analytikers. Momente dieser Haltungen gibt es in jeder Stunde. Nichts läuft glatt. Wenn beide am Prozeß Beteiligten lernen, solch ein Versagen des Verstehens zu tolerieren und zu bearbeiten, leisten sie Reparation. Wir betrachten das als das Ziel einer Analyse, sie trägt wahrnehmbare Spuren von Destruktivität und läßt sich auch da mit einem Kunstwerk vergleichen, das diese Spuren ebenfalls trägt, andernfalls, Hanna Segal hat darauf hingewiesen, es einen nicht berührt. Freuds Interpretation des Moses des Michelangelo ist ein Beispiel dafür, sie zeigt Freuds Berührtheit von der dargestellten Balance zwischen Destruktivität und Reparation.

## Zusammenfassung

Ein wichtiger Grund für Patienten, Analyse zu suchen, ist der unbewußte Wunsch, beschädigte innere Objekte zu reparieren. Es wird zu zeigen versucht, daß das in der Übertragungsbeziehung möglich ist. Neben dem Wunsch des Patienten, sein verlorengegangenes seelisches Gleichgewicht mit Hilfe des Analytikers wiederherzustellen, verbindet ihn auch der Wunsch nach seelischer Veränderung mit dem Analytiker, Analysen tragen deshalb auch immer Spuren von Destruktivität, die sowohl vom Patienten als auch vom Analytiker ausgegangen ist. Wenn beide am Prozeß Beteiligten lernen, solch ein Versagen des Verstehens zu tolerieren, leisten sie Reparation.

## Literatur

Britton, R. (1989): The missing link. In: The Oedipus Complex Today. Clinical Implications. London. Karnac Books. 83–101

Freud, S. (1914): Der Moses des Michelangelo, G. W., Bd. 10. 172–201

Joseph, B. (1989): Psychic Change and the Psychoanalytic Process. In: Psychic Equilibrium and Psychic Change. London. New Library of Psychoanalysis 9. 192–202.

Klein, M. (1935): A Contribution to the Psychoanalysis of Manic-Depressive States, Int. J. Psycho.-Anal. 16 (1937)

Money-Kyrle, R. (1956): Normal Counter-transference and some of its Deviations. In: The Collected Papers of Roger Money-Kyrle. Pertshire. Clunie Press. 350–342

Rey, H. (1982): Reparation. In: Bulletin of British Psychoanal. Soc. S. 1–27

Rosenfeld, H. (1971): A clinical approach to the psychoanalytical theory of the life and death instincts: An investigation into the aggressive aspects of narcissism. In: Int. J. Psycho-Anal. 52: 167–178

Segal, H. (1952). A Psychoanalytic Approach to Aesthetics. In: The Work of Hanna Segal. Jason Aronson. New York. London. 185–206

*Alex Holder*

# Überlegungen zu Übertragung, Gegenübertragung, Sitzungsfrequenz und psychoanalytischem Prozeß

Als ich Anfang des Jahres von Frau Arp-Trojan, meiner Zimmernachbarin am Michael-Balint-Institut und Vorsitzenden der Vereinigung Analytischer Kinder- und Jugendlichen-Therapeuten, gefragt wurde, ob ich bereit wäre, das der VaKJP zum ersten Mal an einer DGPT-Tagung eingeräumte Referat zu übernehmen, fühlte ich mich sehr geehrt und ich möchte mich bei den Organisatoren dieser Tagung ganz herzlich bedanken. Ohne mir viele weitere Gedanken zu machen, nahm ich die Einladung also an. Ich war damals innerlich gerade mit einem Vortrag beschäftigt, den ich im Mai auf einer Konferenz der EFPP in Athen halten sollte, wo es um Probleme der Übertragung und Gegenübertragung in der Kindertherapie ging, und ich dachte, dieser Vortrag würde auch zu dieser Tagung passen, wo wir uns mit dem inneren und äußeren Rahmen der Psychoanalyse befassen. Schließlich hatte ich ja vor, etwas über den äußeren Rahmen, nämlich die Frequenz, zu sagen, insbesondere über gewisse Unterschiede zwischen niederfrequenten und hochfrequenten Behandlungen, was die in Gang kommenden Prozesse wie auch die Entwicklung von Übertragung und Gegenübertragung anbelangt. An den gestrigen Vortrag von Herrn Thomä anknüpfend, könnte man sagen, daß der Rahmen, das Setting, Auswirkungen auf die inneren Bilder hat, die im Verlauf einer Therapie lebendig werden.

Diejenigen unter Ihnen, die im Mai das Vergnügen hatten, Eugen Mahlers Vortrag an der DPV-Tagung in Hamburg zu hören, werden sich erinnern, daß er sich Gedanken über die Terminologie hochfrequent – niederfrequent machte, die ihn an die Sprache von Elektrikern erinnerte, die mit Hochspannungen und Niederspannungen zu tun haben. Der Vergleich hat ja durchaus auch seine Berechtigung, denn in Analysen kommt es ja wirklich hin und wieder zu recht hohen Spannungen, wenn sich in der Intensität der analytischen Beziehung die Affekte akkumulieren.

Inzwischen habe ich mich des öfteren gefragt, ob ich wirklich der richtige Referent für diesen Vortrag sei. Schließlich bin ich kein reinrassiger Kinderpsychotherapeut, sondern im Haus von Anna Freud ausgebildet worden und dort über zwanzig Jahre tätig gewesen; im Herzen also ein Kinderanalytiker, dazu auch noch Erwachsenenanalytiker. Andererseits kann ich mir zugute halten, daß ich in meinen nunmehr über elf Jahren in Hamburg fast ausschließlich *niederfrequente Therapien* mit Kindern und Jugendlichen durchgeführt oder supervidiert habe.

Die Erfahrung auf der VaKJP-Tagung in Hamburg vor einem Jahr hätte mich auch eines Besseren belehren sollen. Damals hatten wir als Hauptreferentinnen drei bunte Vögel wie mich eingeladen, das heißt also Kinder- und Erwachsenenanalytikerinnen, was auf viel Kritik unter den VaKJP-Mitgliedern stieß. Aber all diese Bedenken und Zweifel kamen erst allmählich in mir auf, und schließlich war es für einen Rückzieher zu spät, und so stehe ich nun hier und kann nicht anders.

Nach meinem Vortrag in Athen, dessen deutschen Titel Sie in Ihrem Tagungsprogramm abgedruckt finden, wurde mir klar, daß ich ihn für *diese* Tagung erheblich verändern müßte, was ich nun auch getan habe. In Athen hatte ich versucht, eine Lanze für die Kinderanalyse zu brechen, was mir den Vorwurf einbrachte, ich sei zu idealistisch oder puristisch und würde den in den verschiedenen europäischen Ländern vorherrschenden Realitäten nicht gerecht werden. Ja, man kann sich wirklich fragen, wo es denn in Europa die Kinderanalyse überhaupt noch gibt? Vielleicht noch am ehesten in England und Holland und natürlich auch in Frankreich, wo unsere französischen Kolleginnen und Kollegen die dreistündige Behandlung zur Analyse erklärt haben. Für sie gibt es eine klare Schwelle zwischen zwei und drei Sitzungen pro Woche, die sich in der Verschiedenheit der Prozesse spiegelt. Hier geht es auch um eine Frage, mit der wir uns seit einiger Zeit auseinandersetzen müssen: Was bringt eine vierte oder fünfte Stunde pro Woche?

Nach Athen wurde mir auch bewußt, wie sehr ich mich über zwanzig Jahre hinweg mit meiner Lehrmeisterin Anna Freud identifiziert hatte, der es bei Fragen der Indikationsstellung bei Kindern und Jugendlichen *a priori* um eine *Analyse*indikation oder -kontraindikation ging. Wenn sich also bei der diagnostischen Abklärung herausstellte, daß ein Kind neurotisch gestört und dadurch seine Entwicklungsfähigkeit ernsthaft bedroht war, dann stand es für sie außer Frage, daß nur die intensivste Form der Hilfe die optimale und zweckmäßige sei. Ihre Insistenz auf fünf Stunden pro Woche begründete sie wie folgt: »Der intensivste Kontakt, der sich herstellen läßt, ist vonnöten, nicht nur um die größtmögliche Menge an Material zu sammeln, sondern auch um die Deutungsarbeit in Fluß zu halten, um das analytische Material soweit wie möglich innerhalb der Grenzen der Behandlungssituation einzuschließen, um die durch es erweckten Ängste zu bekämpfen, und um die Umwelt des Kindes nicht zu sehr zu belasten. Jede Verringerung der Häufigkeit der Besuche ist aus diesen Gründen schädlich für die Wirksamkeit der Arbeit des Analytikers.« (Sandler et al. 1980, S. 17).

Man darf dabei natürlich nicht vergessen, daß das Anna Freud Zentrum in London eine privilegierte Forschungs- und Behandlungsinstitution war und ist, wo die Finanzierung einer Behandlung in der Regel durch die vorhandenen Forschungsgelder gesichert ist. Dadurch werden sowohl der Sitzungsfrequenz als auch der Dauer einer Behandlung von außen her kaum Grenzen gesetzt.

Damit lassen sich die Verhältnisse hier in Deutschland nicht vergleichen. Was hier durch die Einbindung in die kassenärztliche Versorgung in der Regel möglich ist, sind maximal 150 Stunden für Kinder und 180 für Jugendliche, die über die Kassen abgerechnet werden können, wobei man sich natürlich fragen kann, was die Richtliniengeber damals bewogen haben mag, die Regelgrenze für Kinder bei der Hälfte der Stunden für Erwachsene anzusetzen. Als ob man ganz einfach davon ausgehen könnte, daß die Bearbeitung einer neurotischen Störung bei einem Kind weniger Zeit brauche als bei einem Erwachsenen. Jedenfalls schließt ein Kontingent von 150 Stunden jeglichen Gedanken an eine hochfrequente Analyse von vorneherein weitgehend aus. Die Kassenstunden wären bereits nach einem knappen oder guten Jahr aufgebraucht, so daß entweder die Eltern eines Patienten bereit und in der Lage sein müßten, die Fortführung der Behandlung finanziell zu übernehmen oder aber der Therapeut hinreichend idealistisch, die Behandlung mehr oder weniger kostenlos weiterzuführen. Um nochmals Anna Freud zu zitieren, war sie der Meinung, »daß wirtschaftliche und finanzielle Überlegungen auf seiten des Patienten wie des Therapeuten wichtige Faktoren in dem Trend zur Reduzierung der Zahl der wöchentlichen Sitzungen und ebenso ihrer Dauer sind. Viele Therapeuten fühlten sich versucht zu behaupten, daß weniger Sitzungen pro Woche für die eigentliche psychoanalytische Arbeit ausreichend seien. Aber das ist nur eine Rationalisierung des Wunsches, die Behandlung von Patienten zu übernehmen, die es sich nicht leisten können, das Mindesthonorar des Therapeuten fünfmal wöchentlich zu zahlen« (Ibid., S. 18). Für die deutschen Verhältnisse und die Behandlung von Kindern und Jugendlichen müßte man sagen, daß die meisten Eltern es sich nicht leisten könnten, die im Fall einer Analyse auf sie zukommenden Kosten zu übernehmen.

Gegen hochfrequente Behandlungen von Kindern und Jugendlichen wird ja auch oft ins Feld geführt, daß sie dadurch zu sehr aus ihrem Alltagsleben herausgerissen würden, zu wenig Zeit für Gemeinsames mit Gleichaltrigen oder im Verfolgen eigener Interessen hätten. Denkt man jedoch an schwer gestörte Kinder und Jugendliche, dann stellt sich die Frage, inwieweit ihre Störung es ihnen zuläßt, relativ normale Beziehungen zu unterhalten oder konstruktiven Aktivitäten nachzugehen. In solchen Fällen ist wirklich zu überlegen, ob es nicht einer hochfrequenten Behandlung bedarf, um sie zu einem Punkt zu bringen, wo sie von diesen Möglichkeiten an Beziehungen und Aktivitäten vermehrten und besseren Gebrauch machen *können*.

Sicherlich kann man aber auch mit gutem Recht die Ansicht vertreten, daß nicht jedes behandlungsbedürftige Kind gleich eine Analyse braucht, daß es also durchaus auch Fälle gibt, wo die neurotische Störung nicht so gravierend ist und eine analytische Therapie mit zwei Wochenstunden vollauf genügt, um die bestehenden Konflikte zu bearbeiten und aufzulösen. Ob dafür in allen Fällen 150 oder 180 Sitzungen ausreichen, kann man allerdings bezweifeln. Andererseits kann ich mich des Eindrucks nicht erwehren, daß Analyseindikationen für Kinder und Jugendliche hier in Deutschland sehr viel weniger häufig gestellt werden, als man aufgrund der behandelten Krankheitsbilder annehmen müßte. Dabei spielt meines Erachtens die Einbindung in die Kassenregelungen mit ihrer festgesetzten Stundenbegrenzung eine nicht unbedeutende Rolle; weiterhin sicherlich auch das analysefeindliche Klima in unserer heutigen Gesellschaft. Hier kommt es oft zu einem Konflikt zwischen dem, was in einem bestimmten Fall dringend notwendig wäre (nämlich eine hochfrequente Therapie), und dem, was aufgrund der Kassenregelungen möglich ist und aufgrund allgemeiner Anschauungen als richtig erscheint. Manchmal beschleicht mich auch ein ungutes Gefühl, daß es selbst diesen Konflikt bei vielen Kolleginnen und Kollegen oft schon nicht mehr gibt.

Es wäre natürlich nicht richtig, das mehr oder weniger vollständige Verschwinden der Kinderanalyse in Deutschland der Einbindung in die kassenärztliche Versorgung anzulasten, die ja erst 1971 erfolgte. Es stellt sich also die Frage, weshalb die Kinderanalyse, die ja gerade im deutschsprachigen Raum vor dem Zweiten Weltkrieg durch Pioniere wie Hermine Hug-Hellmuth, Anna Freud, Melanie Klein, August Aichhorn oder Hans Zulliger, um nur einige zu nennen, sehr gut vertreten war, nach dem Ende des Krieges in Deutschland nicht wieder Fuß fassen konnte. Jedenfalls war die VaKJP, die 1953 unter einem anderen Namen gegründet wurde, nicht – wie zum Beispiel die DPV – in erster Linie oder überhaupt der *Psychoanalyse* von Kindern und Jugendlichen verpflichtet. Ich könnte mir vorstellen, daß ein Grund darin zu finden ist, daß die beiden Leitfiguren der Kinderanalyse, Anna Freud und Melanie Klein, aufgrund ihrer persönlichen Schicksale unter dem Nationalsozialismus nach dem Krieg keine große Motivation hatten, den Wiederaufbau der Kinderanalyse in Deutschland zu fördern. Jedenfalls wäre diese Geschichte einer eingehenden Untersuchung wert.

Ich will nun erst einmal zur Frage der Indikation bei Kindern und Jugendlichen zurückkehren, insbesondere der Frage der Differentialindikation zwischen Analyse und niederfrequenter Therapie. Vielleicht ist die Sache am einfachsten, wenn wir uns die extremen Pole des Kontinuums zwischen leichten neurotischen Störungen auf der einen und Borderline-Störungen und schwereren, schon fest strukturierten neurotischen Störungen auf der anderen Seite angucken. In den ersteren Fällen wäre eine Therapie mit ein oder zwei Wochenstunden indiziert, in den letzteren Fällen eine intensivere Form der Therapie mit drei oder vier Wochenstunden. Am schwierigsten ist wohl die Entscheidung in *den* Fällen, die irgendwo in der Mitte dieses Kontinuums liegen, wo wir dann aus den bereits genannten Gründen eher dazu neigen, eine niederfrequente Therapie zu indizieren. Ich finde dies deshalb bedauerlich, weil gerade die *hochfrequente analytische* Erfahrung mit nicht so schwer gestörten Kindern und Jugendlichen eine bereichernde Erfahrung sein kann. Jedenfalls weiß ich von den wenigen Kolleginnen in meinem Umkreis, die vierstündige Analysen mit Kindern und Jugendlichen durchgeführt haben, daß sie diese *so* erlebt haben und dabei die Unterschiede merken konnten, die sich zwischen einer Analyse und einer niederfrequenten analytischen Therapie ergeben.

Auf einige dieser Unterschiede möchte ich kurz eingehen und hoffe, damit dem Titel meines Referates doch noch gerecht zu werden.

Als erstem Unterschied wende ich mich der Bereitschaft zur Regression zu. Natürlich besitzen alle Kinder die Fähigkeit zu regredieren, zeigen in einer Behandlung aber oft einen Widerstand dagegen, wenn die Bedingungen nicht optimal sind. Dies ist meiner Ansicht nach der Fall, wenn die Sitzungen zu weit auseinander liegen, das heißt also bei einem Setting mit zwei Wochenstunden, wo dann drei oder vier Tage zwischen den Sitzungen liegen. Wenn die Sitzungen andererseits fast täglich stattfinden und ein Kind sich an die Behandlungssituation gewöhnt und Vertrauen in den Therapeuten gewonnen hat, fühlt es sich in der Regel sicher genug, regressivere Aspekte seiner inneren Objektbeziehungen, seiner Phantasien und Triebwünsche in den Sitzungen zu zeigen. Mit anderen Worten entwickelt ein Kind in einem hochfrequenten Setting in der Regel mehr Vertrauen, daß seine Ängste und andere mit regressivem Funktionieren verbundene Affekte durch den Analytiker und das Setting gehalten werden können. Gleichzeitig erlauben solche Phänomene dem Therapeuten, klarer zu unterscheiden, ob er es in der Übertragung mit der Reaktivierung vergangener Objektbeziehungen zu tun hat oder eher mit der Übertragung *aktueller* Beziehungen eines Kindes zu seinen Primärobjekten, mit denen es ja in der Regel noch zusammenlebt und von denen es abhängig ist. In meiner Erfahrung ist diese Unterscheidung in zweistündigen Therapien sehr viel schwieriger.

Lassen Sie mich Ihnen an einem klinischen Beispiel zeigen, wie ein *analytisches* Setting regressive Prozesse begünstigt. Die folgende Vignette stammt aus der fünfstündigen Analyse eines Mädchens, das ich hier Jenny nennen will. Jenny habe ich vor 30 Jahren im Anna Freud Zentrum, damals die Hampstead Clinic, behandelt. Bei Beginn der Analyse war Jenny eben 6 Jahre alt geworden. Sie litt scheinbar an einer Schulphobie, die sich jedoch als ein zwanghaftes Bedürfnis entpuppte, häufig nach Hause zurückzukehren, um sich zu vergewissern, daß sich ihre omnipotenten Todeswünsche gegen ihre Mutter nicht verwirklicht hatten. Zudem war ihr Verhalten oft provokativ, zu anderen Zeiten war sie eher depressiv, und es gab Hinweise darauf, daß sie ein überaus strenges Überich entwickelt hatte.

Die erste Phase der Behandlung zeigte, daß Jenny enorme Schwierigkeiten hatte, sich als Mädchen zu akzeptieren. Sie fühlte sich deswegen zurückgesetzt und ihr Selbstwertgefühl litt entsprechend. Nach etwa einem halben Jahr Analyse machten sich in der Übertragungsbeziehung in vermehrtem Maße anale Qualitäten bemerkbar, die sich darin zeigten, daß Jenny versuchte, mich verbal und körperlich anzugreifen, mich zu kontrollieren und zu entwerten und mich symbolisch zu kastrieren, indem sie wiederholt versuchte, meinen Schlips oder meine Haare abzuschneiden – ich hatte damals noch viel mehr als heute und sie waren auch sehr viel länger. Sie versuchte ebenfalls, mir meine Brille wegzureißen und sie zu zerbrechen.

Diese regressive Bewegung erreichte einen Höhepunkt, als sie 7 Jahre alt war und in einer Sitzung beschloß, eine Geschichte darüber zu schreiben, »How Mr. Holder was a poo« – »Wie Herr Holder eine Kackwurst war.« Sie faltete einige Bogen Papier, klammerte sie in ein kleines Heft zusammen und schrieb dann die folgende Geschichte, die sie mit bunten Bildern entsprechend illustrierte (ich übersetze so wörtlich wie möglich):

»Herr Holder stinkt seinen Hintern hinauf. Hier ist Herrn Holders Hintern und sein Penis mit seiner Piesche, die aus ihm kommt. Dies ist Herrn Holders Kacke. Guck dir doch Herrn Holders rote Kacke an. Und guck dir Herrn Holders großes, fettes, grünes Gesicht und seine lilafarbenen Augen an. Guck dir Herrn Holders braune Piesche an. Guck dir Herrn Holders doofe schwarze Haare an. Herrn Holders Regenmantel stinkt so sehr. Schau ihn dir doch an. Und guck dir Herrn Holders blöden Regenschirm an. Herr Holders Kacke kommt aus seinem Penis heraus. Guck dir Herrn Holders Piesche an, die aus seinem Hintern kommt. Und guck dir Herrn Holders blaues Blut an. Alle Sachen von Herrn Holder stinken. Das war also der Grund, weshalb Herr Holder eine Kackwurst war.«

Ich bin der Meinung, daß das Verfassen einer solchen Geschichte, mit all ihren primärprozeßhaften Elementen und Konfusionen, ohne die vorhergegangene und anhaltende Übertragungsentwicklung in einer ähnlichen Richtung und über mehrere Wochen nicht möglich gewesen wäre, eine Entwicklung, in der die Projektion von Jennys entwertetem Selbstbild und die daraus resultierende Entwertung meiner selbst eine bedeutende Rolle spielte.

Ich möchte noch hinzufügen, daß diese Geschichte auch so etwas wie ein Wendepunkt in Jennys Analyse bedeutete, markierte sie doch den Beginn einer größeren Bereitschaft ihrerseits zum Verbalisieren und Schreiben anstelle von Handeln, begleitet von einer allmählichen Bewegung zu einer phallisch-ödipalen Ebene, wo sie uns zu gemeinsamen Autoren im Verfassen von Dramen und Geschichten machte und wir auf diese Weise symbolische Babies zusammen produzierten.

Ein weiterer wichtiger Unterschied zwischen einer niederfrequenten und einer hochfrequenten Therapie besteht in der größeren Befähigung des Therapeuten bei letzterer, die unbewußte Bedeutung dessen zu verstehen, was ein Kind durch seine Aktivitäten oder Worte über seine unbewußte innere Welt vermittelt und dabei auch die möglichen Übertragungsaspekte herauszuspüren. Dies ist keine leichte Aufgabe, wenn wir uns vergegenwärtigen, welche Veränderungen und Entstellungen psychische Inhalte aufgrund vielfältiger Abwehrmanöver erfahren haben, bevor sie einen vorbewußten oder bewußten Ausdruck finden. So kann z.B. das Objekt ausgetauscht, der Affekt umgedreht, der Triebinhalt regressiv entstellt sein, ein Selbstanteil kann projektiv in jemand anderem untergebracht sein, Schuldgefühle können vermieden werden, indem andere angeklagt werden, usw. Kurzum, es gibt eine unendliche Anzahl möglicher Konstellationen, die ein Therapeut in Betracht ziehen und abwägen muß, wobei ihm seine Gegenübertragungsreaktionen für sein Verständnis eine große Hilfe sind. Man kann also sagen, daß nicht nur ein Kind Zeit braucht, um seine unbewußten Wünsche und Phantasien vermehrt preiszugeben, sondern daß auch wir als Therapeuten Zeit brauchen, um auf dem Weg unserer Empathie und Gegenübertragung einen besseren Zugang zur unbewußten inneren Welt eines Kindes zu bekommen. Johan Norman, ein Kinderanalytiker aus Stockholm, hat dies vor einem Jahr wie folgt zum Ausdruck gebracht: »Der Patient braucht die hohe Frequenz, um die Hoffnung zu schöpfen, die Illusion zu bilden, daß er den Analytiker für seine Sache gewinnen kann; der Analytiker muß wichtig für den Patienten sein, zu seiner einzigen und letzten Hoffnung werden. Der Analytiker braucht die hohe Frequenz, um in die unbewußten Phantasien des Patienten mit einbezogen zu werden und durch das Betroffensein den Weg aus der Verwicklung und dem unbewußten Spiel des Patienten herauszufinden.« (Norman 1993, S. 56).

Es geht aber nicht nur um die Frage der Zeit, die sowohl Patient als auch Therapeut brauchen, also um Behandlungen, die ihre Zeit brauchen, sondern auch um Fragen der Kontinuität und Dichte oder Intensität der therapeutischen Beziehung. Aufgrund meiner hochfrequenten analytischen Erfahrungen in London und meiner niederfrequenten in Hamburg habe ich diesbezüglich einen beträchtlichen Unterschied erlebt, was die Entwicklung eines bestimmten Themas über eine Anzahl von aufeinanderfolgenden Sitzungen anbelangt. Dies war in den Analysen sehr viel häufiger der Fall als in den niederfrequenten Therapien, was zur Folge hat, daß das Einfühlen in das Unbewußte eines Kindes und das Verstehen seiner Botschaften in den Therapien mit ein oder zwei Wochenstunden schwieriger und fragmentierter und letzten Endes begrenzter ist. Gleichzeitig bin ich auch davon überzeugt, daß eine *analytische* Erfahrung mit Kindern und Jugendlichen der niederfrequenten Arbeit mit ihnen zugute kommt, daß also hochfrequente Behandlungen unser Sensorium für unbewußte Zusammenhänge schärfen. Ähnliches trifft auch auf die Behandlung erwachsener Patienten zu. Ein Analytiker profitiert von seinen hochfrequenten Behandlungen auch für seine niederfrequenten Therapien, indem er Zusammenhänge schneller erkennt und Unbewußtem rascher auf die Spur kommt.

Nun aber wieder zurück zu den Kindern, wobei ich auch immer die Jugendlichen mit einschließe. Während ein Kind also in einer niederfrequenten Therapie weniger Raum und Zeit hat, seine Phantasien zu entwicklen und die Übertragungsbeziehungen zu vertiefen, können wir sagen, daß es auf der Seite des Therapeuten ähnliche Begrenzungen gibt, die ich mit der Vertiefung der Gegenübertragung in Zusammenhang bringen möchte, die sich auf die Entwicklung von Phantasien über das Kind, seine innere Welt und seine unbewußten Funktionsweisen beziehen. Je dichter die regelmäßigen Kontakte zwischen einem Kind und seinem Therapeuten, desto intensiver wird die emotionale Bedeutung der gegenseitigen Beziehung. Es ist nicht nur das Kind, das in einem solchen Setting den Therapeuten auch intrapsychisch stärker besetzt und ihm einen relativ breiten Raum in seinem Innenleben einräumt, sondern dasselbe gilt auch für den Therapeuten in bezug auf das Kind und dessen Präsenz in *seinem* Innenleben. In einer hochfrequenten Therapie ist also die Wahrscheinlichkeit größer, daß die Übertragungs- und Gegenübertragungsprozesse auf einer unbewußten Ebene auch *zwischen* den Sitzungen weiterlaufen, als dies bei einer niederfrequenten Therapie der Fall ist.

Abschließend noch einige Bemerkungen zum psychoanalytischen Prozeß, über den wir oft sprechen, der aber gar nicht so leicht zu definieren oder zu beschreiben ist. Klar scheint jedenfalls, daß es sich um einen Prozeß handelt, der aus dem besonderen Setting und den Bedingungen resultiert, welche die Psychoanalyse kennzeichnen. Ich denke auch, daß es sich um einen Prozeß handelt, der sich im intermediären Raum zwischen Analytiker und Patient entwickelt, zu dem also *beide* beitragen: der Patient durch die Entfaltung seiner Übertragungen und Widerstände, der Analytiker durch seine Gegenübertragungsreaktionen, sein Verständnis der unbewußten Bedeutung des Materials seines Patienten und seiner deutenden Aktivität. Es ist die Interaktion dieser verschiedenen Phänomene, die sowohl im Patienten wie auch im Analytiker Prozesse in Gang setzen, die zu einem immer tieferen Verständnis der Quellen der Konflikte, der abwehrbedingten Anpassungen, der emotionalen Ökonomie, des gesunden im Gegensatz zum pathologischen Narzißmus und der Dynamik zwischen Es, Ich und Überich in einem Patienten führen.

Ich denke, es gibt drei hauptsächliche Faktoren, die Auswirkungen auf die Entwicklung und die Qualität des psychoanalytischen Prozesses haben. Der eine kommt von der Seite des Patienten und hat mit der Stärke seiner Motivation zu tun, nicht nur, um seine Symptome loszuwerden und sich von seinem Leidensdruck zu befreien, sondern auch einem echten Wunsch, sich besser kennenzulernen und Einsicht in die unbewußten Beiträge zu seinem Funktionieren und seinen Beziehungskonstellationen zu gewinnen.

Sie wissen, daß gerade dieser Faktor der Motivation bei Kindern oft fehlt, wenigstens zu Beginn einer Behandlung oder wenn sie noch sehr jung sind. Dies wirkt sich negativ auf die Entwicklung eines effektiven psychoanalytischen Prozesses aus, auch wenn sich im Verlauf einer Behandlung oft eine stärkere Motivation bemerkbar macht und man dann feststellen kann, wie sich der analytische Prozeß beschleunigt und tiefere Ebenen des Verständnisses erreicht.

Ein zweiter Hauptfaktor kommt von seiten des Therapeuten. Er hat mit seiner Fähigkeit zu tun, seinem Patienten gegenüber eine positive Gefühlseinstellung aufrechtzuerhalten und dies trotz gelegentlicher negativer Gegenübertragungsreaktionen im Verlaufe einer Behandlung. Wenn wir einen Patienten nicht von allem Anfang an positiv besetzen können, ist die Wahrscheinlichkeit sehr groß, daß wir in Schwierigkeiten geraten, wenn wir mit den negativen Übertragungen eines Patienten konfrontiert werden, die dann vergleichbare Gegenübertragungsreaktionen in uns auslösen können.

Der dritte Faktor hat mit dem Therapeuten oder Patienten direkt nichts zu tun, sondern hängt mit dem gewählten Setting zusammen, das heißt mit der Stundenfrequenz. Obwohl es natürlich immer Ausnahmen gibt, so denke ich doch, daß bei einer hohen Frequenz die Wahrscheinlichkeit sehr viel größer ist, daß ein analytischer Prozeß in Gang kommt, der tief in das Unbewußte eines Patienten hineinreicht und verspricht, zu bleibenden inneren Veränderungen zu führen.

Letztlich möchte ich noch auf einen weiteren Faktor hinweisen, der in Betracht gezogen werden muß, wenn es um das Ineinanderwirken von Übertragung, Gegenübertragung, psychoanalytischem Prozeß und Stundenfrequenz geht, nämlich die Art der Störung, mit der wir es zu tun haben. Wie ich bereits angedeutet habe, kann eine niederfrequente Therapie immer dann in Betracht gezogen werden, wenn die Störung eines Kindes eine eindeutig neurotische ist und die Besetzungen der Objekt- und Selbstrepräsentanzen genügend gesichert sind. Aber mit schwereren Formen von Störungen, wie zum Beispiel Borderline-Pathologien, Psychosen oder autistischen Störungen ist es fraglich, ob eine niedrige Frequenz genügt, um ein Setting zu ermöglichen, das für die Entwicklung einer bedeutungsvollen Beziehung zwischen Kind und Therapeut notwendig ist, in der sich ein solches Kind gehalten fühlen kann und wo der Therapeut genügend Zeit und Raum hat, sich in die innere Welt des Kindes einzufühlen, was in solchen Fällen um so schwieriger ist, weil diese Welt so chaotisch und so weit von dem entfernt ist, was zu unseren üblichen Erfahrungen und Funktionsweisen gehört.

Wenn wir uns für eine niederfrequente Therapie entscheiden, so heißt das gleichzeitig aber auch, daß wir die Ziele dessen, was wir erreichen wollen und können, begrenzen müssen. Ich denke, es ist offensichtlich, daß die uns in einem solchen Setting zur Verfügung stehende Zeit, die gegenseitige Beziehung zwischen einem Kind und uns zu erkunden und mit der inneren Welt eines solchen Kindes vertraut zu werden, vor allem mit ihren verborgeneren unbewußten Anteilen, daß diese Begrenzungen auch gewisse Grenzen dafür setzen, was wir erreichen können, d.h. inwieweit es uns möglich sein wird, dem Kind in der Auflösung seiner Konflikte zu helfen, seine Abwehrstrukturen zu modifizieren und Veränderungen in den Beziehungen zwischen den psychischen Strukturen herbeizuführen.

Vielleicht sollte ich mir den vor etwa zwei Monaten im *Spiegel* erschienenen Artikel zu Herzen nehmen und mir vornehmen, einmal nach Palo Alto in Kalifornien zu Herrn Watzlawick zu fahren, um bei ihm die Kunst der 10stündigen Therapie zu erlernen. Dann könnte ich Ihnen, mir und meinen Patienten die Umsetzung in die Praxis von all dem ersparen, was Sie sich eben anhören mußten. Ob ich allerdings in der Lage sein würde, meine Ansicht von Magie und Omnipotenz als einer Entwicklungsphase, die zu überwinden ist, aufzugeben, daran zweifle ich sehr. Ich nehme an, daß es den meisten von Ihnen auch so gehen wird.

## Literaturverzeichnis

Norman, Johan (1993): Die Frequenz in der Kinder- und Jugendlichen-Analyse. EPF Bulletin 41: 56–59

Sandler, J., Kennedy, H., Tyson R.L. (1980): Kinderanalyse. Gespräche mit Anna Freud. Frankfurt 1982 (Fischer)

*Günther Bittner*

# Psychoanalyse im Wandel – oder: die Wandlungen eines Psychoanalytikers

1. Wer an den Entwicklungen der Psychoanalyse seit beinahe 40 Jahren Anteil genommen hat – meine erste Analyse habe ich 1957 begonnen –, der hat »Psychoanalyse im Wandel« sozusagen am eigenen Leibe – besser: an der eigenen Psyche – erfahren: die »synoptische« Analyse der Fünfziger Jahre, aus deren Geist die DGPT entstand, ihre Verdrängung durch die schulengebundene Analyse in den sogenannten »Fachgesellschaften«, die Anerkennung der Psychotherapie als Kassenleistung, welche die materielle Sicherung des Berufsstandes, zugleich aber eine erhebliche Außensteuerung der fachlichen Entwicklung im Gefolge hatte. Es gab rasch aufeinanderfolgende Theoriekonjunkturen und -moden: Leitfiguren wie Mitscherlich, Richter, Loch, Lorenzer, Kohut, Kernberg, Wurmser markieren einen Entwicklungsweg, den die Psychoanalyse in Deutschland teils eigenständig, teils im Fahrwasser internationaler Trends in den letzten Jahrzehnten genommen hat.

Was für Spuren hinterlassen diese Wandlungen im einzelnen Analytiker? Früher war ich erfüllt von einem naiven Fortschrittsdenken: ich glaubte denen, die sagten, die alte synoptische Analyse sei ein Relikt aus Nazi-Deutschland und müsse schon deshalb durch die korrekte, nach den IPV-Standards international anerkannte abgelöst werden. Ich glaubte an einen Fortschritt in den psychoanalytischen Problembeschreibungen: daß Kohuts Formulierungen »besser« – d. h. genauer, zutreffender – seien als die Freuds, daß Kernberg wiederum Kohut verbessert habe usw.

Mit der Zeit wurde ich der ständigen »Fortschritte« müde. Als die »projektive Identifikation« in aller Munde war, fing ich an zu streiken. Relativismus machte sich breit: psychoanalytische Theoriengebäude erschienen mir immer mehr als die Summe der je persönlichen Lebenserfahrung ihrer Urheber, von anderen ohne individuelle Abwandlungen kaum zu übernehmen. Der Satz von Jung wurde mir wichtig: Freud und Adler und letztlich alle Psychologen hätten insofern recht, »als sie eine Psychologie beschreiben, die der ihrigen gleicht« (Jung GW 10, S. 158). Jede psychologische Theorie sei das »Produkt der ganzen Lebenserfahrung eines Individuums« (Jung GW 16, S. 122).

Stolorow und Atwood haben in den 70er Jahren diesen Gedanken in ihrem Buch »Faces in a Cloud. Subjectivity in Personality Theory« (1979) systematisch ausgeführt. Der Mensch sei wie eine Wolke, besagt der poetisch-seltsame Titel, die fortwährend ihr Aussehen ändere – Psychologen seien Leute, die Gesichter in dieser Wolke sehen – jeder anders, jeder gemäß seinen persönlichen Voraussetzungen. Jede psychoanalytische Theorie korrespondiere mit der persönlichen Vorstellungswelt ihres Autors, mit seinen Lebenskonflikten und seinem Ringen mit dem Unbewußten.

Gleiches gilt für die analytischen Theorien ganzer Epochen: Sie spiegeln die sich wandelnden Lebensgefühle, das Ringen mit historisch wechselnden Konfliktlagen, zeitbedingte kognitive Stile und Muster, ohne je auf den archimedischen Punkt zu kommen, der die absolute Beschreibungskompetenz ermöglichte. Auch Freud hatte sie nicht; niemand kann sie nach Lage der Dinge haben. Alles was wir an psychoanalytischer Literatur zu Papier bringen, ist geprägt von Zeitströmungen und persönlichen Konfliktlagen (vgl. Zepf/Hartmann 1990; Bittner 1991). So wälzt sich der Strom der psychoanalytischen Reflexion über menschliches Innenleben durch unser zu Ende gehendes Jahrhundert und hinterläßt Berge von bedrucktem Papier, die notwendigerweise nach zehn oder zwanzig Jahren Makulatur sind. Dennoch betreiben wir ein notwendiges Geschäft, leisten eine wahre Sisyphusarbeit: die Befindlichkeit der Menschen, unsere eigene Befindlichkeit in der Welt, in der wir leben, begrifflich auf den Punkt zu bringen.

Nun hat die Psychoanalyse ihren Auftrag, sozusagen der Seismograph sich wandelnder seelischer Befindlichkeiten zu sein, immer weniger erfüllt. Schon 1966 wurde von der Amerikanischen Psychoanalytischen Vereinigung eine denkwürdige Kommission eingesetzt, die den Gründen für das Versiegen psychoanalytischer Erkenntnisse nachgehen sollte. Die Ergebnisse der Kommissionsarbeit blieben, wie zu erwarten, marginal (vgl. Kohut 1971); bemerkenswert ist allein die Tatsache, daß das Problem gesehen wurde: daß nämlich die Psychoanalyse ihren »Biß« verloren hat.

Weil sich die Psychoanalyse am Anfang unglücklicherweise für eine Natur- bzw. Tatsachenwissenschaft hielt, meinte sie, mit Freuds Problembeschreibungen etwas Festes in der Hand zu haben, auf dem sich weiterbauen ließ. Sie nährte die Phantasie, im Grunde sei bereits durch Freud alles Wesentliche geklärt. Diese Phantasie war es, die zum Stillstand führte. Das Beharren auf Freuds Positionen zog zudem eine defensiv-apologetische Tendenz nach sich: Die Psychoanalyse reagierte – und zwar zunehmend matter – auf von außen herangetragene Problemdefinitionen. An zwei Beispielen aus der aktuellen Diskussion soll diese defensive Tendenz belegt werden.

1.1 Die späten siebziger und die achtziger Jahre gehörten den sog. »Neuen Therapien« aus dem Lager der humanistischen Psychologie: den Rogers, Perls, Janov und Lowen. Für die Entwicklung der Psychoanalyse in Deutschland waren speziell die Initiativen von Moser (vgl. 1988) von großer Bedeutung, der die Körpertherapie (insbesondere die psychomotorische Therapie von Pesso) mit der Psychoanalyse zu verbinden suchte.

Ich hatte mich im DGPT-Vorstand dafür eingesetzt, die Auseinandersetzung mit Moser argumentativ zu führen, halte aber den Versuch für gescheitert.[1] Es ist bei uns Psychotherapeuten leider ähnlich wie bei den Theologen der verschiedenen Konfessionen: die Diskurse dienen nicht dazu, daß irgendwelche Problempunkte geklärt oder gar aus der Welt geschafft werden, sondern lediglich zur Explikation der je eigenen Glaubenssätze, wobei es der Darstellungskunst überlassen bleibt, diese so überzeugend zu machen, daß sich möglichst viele potentielle Anhänger angesprochen fühlen. Psychotherapeutische Systeme unterliegen dem Zwang zur »Validierung durch Anhängerschaft« (Jüttemann 1992, S. 59). In diesem Sinne verhält sich Moser absolut system- und marktgerecht, und mein Fehler war es, daß ich der Chimäre eines argumentativen Diskurses nachgerannt bin.

Moser hat richtig gesehen, daß die Psychoanalyse sich mit Settingfetischismus und Deutungsakrobatik in eine Sackgasse hineinmanövriert hat. Seine polemische Schrift »Der Psychoanalytiker als sprechende Attrappe« (Moser 1987) trifft deskriptiv genau den wunden Punkt. Doch hat er das Problem nur beschrieben, nicht wirklich analysiert. Zu schnell hat er einen Vorschlag zur Abhilfe parat: Durch Hereinnahme »des Körpers«, d. h. der modischen Körpertherapien, lautet seine Botschaft, lasse sich die Analyse verlebendigen. Anstatt zu erkennen, daß mit dem analytischen Setting und der analytischen »Technik« etwas grundsätzlich nicht stimmt, fügt er das Element »Körper« dem alten Ritual hinzu und läßt im übrigen alles so, wie es ist.

1.2 Eine weitere »falsche« Diskussion ist die um die hochfrequente Analyse. Sie kam in Gang durch die Weigerung der kassenärztlichen Vereinigungen, weiterhin die Leistungspflicht für Analysen mit mehr als drei Wochenstunden anzuerkennen (Ärzteblatt 1993).

Namhafte Psychoanalytiker der älteren Generation, die als Gutachter praktisch mit dem Problem befaßt waren, haben von einer »Potemkinschen Fassade der Maxime der Hochfrequenz« gesprochen (Cremerius 1993, S. 217); sie haben sich geweigert, die psychoanalytische »Haltung« auf »Details des Setting« zu reduzieren (Bach 1993, S. 208); sie postulieren gar ein »neues«, ein »postdogmatisches Saeculum«, in das die Psychoanalyse eingetreten sei (Thomä 1993, S. 244).

Leider ist von diesem »neuen Zeitalter« noch wenig zu verspüren. Zunächst einmal haben die Kassenregelungen bewirkt, daß die Analytiker sich angelegen sein lassen, die von Freud postulierte »strenge, tendenzlose Analyse« aufs Neue zu idealisieren und sie zugleich einengend mit der hochfrequenten Analyse von zeitlich unbegrenzter Dauer zu identifizieren. Es erscheinen wissenschaftliche Apologien der »Psychoanalysen, die ihre Zeit brauchen« (Henseler/Wegner 1993) – gewiß keine tendenzlose Forschung, um die »tendenzlose« Analyse zu retten!

2. Die Psychoanalyse hat keine großen Fragen, keine großen Kontroversen mehr: sie plätschert defensiv dahin. Der Wandel, der sie wieder in die Lage versetzen würde, Seismograph der unbewußten Konflikte und Befindlichkeiten ihrer Zeit zu sein, die unbewußten Leiden der Menschen zu artikulieren und auf den Punkt zu bringen – dieser Wandel müßte tiefgreifend ausfallen. Sie müßte sich bereit finden, ihre scheinbar gesicherten Problembeschreibungen von gestern beiseite zu stellen, im heutigen Zeithorizont noch einmal von vorn anzufangen – wie sie überhaupt, wenn sie lebendig bleiben will, in jedem Zeithorizont gewissermaßen neu erfunden werden muß.

Mit welcher Sicherheit haben wir noch vor zehn oder zwanzig Jahren unsere Standpunkte vertreten! Heute erschrecke ich immer wieder, wenn ich entdecke, wie vieles ich nur deshalb als gesichert angenommen habe, weil Freud und die psychoanalytische Lehrtradition versicherten, daß es so sei. Vor allem die Theorie der analytischen Behandlungstechnik ist mit einem Gewißheitsanspruch sondergleichen aufgetreten, als wisse man ganz genau, was förderlich und was abträglich sei für den analytischen Prozeß.

Ich will an einem Behandlungsbeispiel zeigen, wohin sich meine Gedanken derzeit bewegen. Bei der Patientin handelt es sich um eine junge Frau, eine Studentin, die mich nach einem Behandlungsplatz für ihre Mutter fragt, die seit Jahrzehnten Alkoholikerin ist. Der Vater, von der Mutter geschieden, kam bei einem Unfall ums Leben, als die Patientin 12 Jahre alt war. Sie schildert eindringlich die Symptomatik der Mutter und deren Auswirkungen auf das Familienleben, bis ich sie frage, wie sie eigentlich bei dieser Mutter habe leben können. Sie sagt spontan: »Es war die Hölle«. Dann fängt sie an, von sich zu erzählen. Es habe sie noch nie jemand gefragt, wie es *ihr* unter diesen Lebensumständen ergangen sei.

So habe ich sie gewissermaßen zur Analyse »verführt«, zu der es allerdings genügend Gründe gibt: eine wegen der schlimmen Familienverhältnisse vom 2. bis 9. Lebensjahr im Heim verbrachte Kindheit, die sie rückwirkend als die »glücklichste Zeit ihres Lebens« ansieht: denn anschließend kam sie wieder zur Mutter, und dort muß sich das gemeinsame Leben etwas grotesk abgespielt haben. Heute leidet sie an einer massiven Stottersymptomatik sowie an einer desolaten körperlichen Verfassung, mit chronischen Magen-Darm-Beschwerden, Migräne und häufig rezidivierenden Infektionen.

In der letzten Stunde vor einer Analysenpause kommt sie mit dem Wunsch heraus: sie wolle, daß wir »Du« zueinander sagen. Ich sage, ich wolle es nicht, es wäre nicht gut, wenn wir alle schützenden Grenzen aufgeben.[2]

Zum Leitsymptom Migräne hat sie einen tiefsinnigen Traum, in dem ich ihr sage, daß sie Schmerzen hätte, um das Kind in sich zu schützen. In diesem

Kontext deute ich, sie hätte es wegen ihrer schlechten Erfahrungen, u. a. wegen einer sexuellen Mißbrauchserfahrung mit 15 Jahren, vorgezogen, ein Kind zu bleiben und das Leben als erwachsene Frau auszuklammern. Eine Woche später bittet sie mich nochmals um das Du. Mit einigen Bedenken stimme ich zu.

Das »Du« ist der kritische Punkt, um dessentwegen ich diese Episode berichte. Viele werden es für einen technischen Fehler halten, werden vielleicht gar in einer Zeit, in der das Gespenst des sexuellen Mißbrauchs durch die Therapien geistert, mit Hirsch der Meinung sein, daß derartige »anfangs subtile Grenzüberschreitungen« das Vorfeld solchen Mißbrauchs bilden könnten (Hirsch 1993, S. 305).

Ich bin einer Bitte, einem dringenden Wunsch der Patientin nachgekommen, habe also ein »Bedürfnis befriedigt«, wovor unsere Technik zu warnen pflegt. Schädliche Folgen habe ich in dem Jahr seither keine feststellen können. Als ich an diesem Vortrag arbeitete, habe ich sie gefragt, was das Du eigentlich für sie bedeutete. Sie sagte: »Es war der Wunsch nach Nähe, und daß es kein Machtgefälle gibt. Wenn ich zu einem Amt gehe, dann sage ich ›Sie‹, oder wenn ich zum Professor in die Sprechstunde gehe«. Sie stutzt, lacht und meint: »Seit ich Du sage, habe ich ganz vergessen, daß Du Professor bist«.

Ich habe mich auf etwas eingelassen, weil ich intuitiv meinte, es wäre recht so. Man könnte mir freilich entgegen halten, ein solcher Schritt müsse mehr sein als eine bloße Spontanhandlung, bei der die Patientin die Erfahrung macht, »wie unheimlich menschlich ihr Analytiker ist ...«. Das ist wahr: ein solcher Schritt hat nur Sinn, wenn er Ausdruck eines bestimmten, vom klassischen abweichenden Verständnisses der analytischen Situation ist.

3. Dieses abweichende Verständnis zu explizieren, soll Aufgabe der nachfolgenden Überlegungen sein. Es ist zu erörtern,
- ob die analytischen Konzepte von Abstinenz, von Übertragung und Gegenübertragung noch tragfähig sind;
- welche Rolle der Deutung im analytischen Prozeß zukommt;
- welche Bedeutung die Rekonstruktion von Kindheitsschicksalen haben kann.

3.1 Freud hatte die psychoanalytische Situation nach Analogie eines naturwissenschaftlichen Experiments konstruiert. Die »persönliche Gleichung« des Analytikers, die nicht gänzlich ausgeschaltet werden könne, zähle zu den besonderen Erschwernissen psychoanalytischer Forschung, »die zu eliminieren wir uns bemühen müssen« (Freud GW XIV, S. 249f.). Jede Eigenbeteiligung des Analytikers, jedes Angebot von Mutualität würde die als naturwissenschaftliches Experiment stilisierte Analyse verfälschen.

Der Sozialpsychologe Hofstätter hatte schon vor Jahren die asymmetrische Konzeption der analytischen Situation als Freuds »gruppendynamischen Geniestreich« (Hofstätter 1964, S. 167) bezeichnet. Durch seine Abstinenz bringe der Therapeut den Patienten dahin, »die Uneigentlichkeit seiner Emotional-Rolle ... durchschauen zu lassen« (ebd., S. 134). Bei dieser Einschätzung ist es bis heute im wesentlichen geblieben.[3]

Ist die Abstinenz, die Ausschaltung von Mutualität und Alltagsnähe die conditio sine qua non des analytischen Prozesses? Aus Freuds eigenen zahlreichen »Verstößen« gegen die Abstinenzregel (vgl. Cremerius 1983, S. 1011) ist zu entnehmen, daß er nie auf die Idee gekommen wäre, den alltagsweltlichen Grund der analytischen Situation zu eliminieren. Freilich war er ihm so selbstverständlich, daß er ihn nicht ausdrücklich thematisiert hat. Formuliert hat er immer nur die andere Seite: die Notwendigkeit der Neutralität, der Zurückhaltung. Die Folge war, daß das von Freud ausdrücklich Verlangte fetischisiert und das stillschweigend Vorausgesetzte eliminiert wurde.

Ich meine nun, daß es der Grundfehler war, die analytische Situation puristisch und artifiziell als eine vom alltäglichen menschlichen Miteinander streng getrennte zu konstruieren (vgl. Bittner 1994). Ferenczi hat in seinem »Klinischen Tagebuch« (1932) versucht, »die falsche Trennung von Analyse und gewöhnlichem Leben« wieder aufzuheben, die »Natürlichkeit des Betragens« beim Analytiker wieder herzustellen. Was wäre natürlicher, als daß ich, wenn jemand mich um das Du bittet und bei mir nichts dagegen spricht, ich es ihm gewähre? Nach meinem Verständnis ist die analytische Situation eine alltägliche, d. h. dialogische und interaktionale, in der im Grunde alles sich ereignen kann, was sich auch sonst im Leben ereignet, wenn auch nicht alles, was sich ereignet, mit der Fortsetzung der Analyse vereinbar ist (vgl. Bittner 1992b). Aus Analysen können Freundschaften und Feindschaften entstehen, manche unserer Analysanden stehen uns näher, andere ferner, mit manchen bleiben wir lebenslang in Verbindung, manche werden Kollegen, andere verlieren wir aus den Augen.

Der Fetischisierung der Abstinenz gegenläufige Erfahrungen werden bis heute nur zaghaft artikuliert: man hat z.B. bemerkt, daß die unvermeidlichen Verstöße gegen die analytische Regel auf den Prozeß oft eine unerwartet stimulierende Wirkung ausüben. Wenn der Analytiker eine etwas fehlerhafte Deutung gibt, wirkt das oft mehr als eine rundherum korrekte Deutung. Ferenczi schrieb in seinem »Klinischen Tagebuch« (1932):

»›Man möchte beinahe sagen, je mehr Schwächen ein Analytiker hat, die ihn zu kleineren und größeren Mißgriffen und Irrtümern verleiten, die dann aufgefunden und in mutueller Analyse behandelt werden, um so mehr Aussicht hat die Analyse auf tiefe und reale Fundierung‹ (S. 55)« (zit. nach Falzeder/Haynal 1989, S. 122).

Vielen Analytikern scheint durch die Neubewertung der Gegenübertragung seit den 50er Jahren der interaktionale Charakter der analytischen Situation hinreichend thematisiert zu sein. Meiner Ansicht nach ist jedoch die Rede von Übertragung und Gegenübertragung prinzipiell ungeeignet, den realen und interaktionalen Charakter der analytischen Situation abzubilden.[4]

In Freuds Dora-Geschichte (vgl. Freud GW V, S. 163ff.), in welcher der Übertragungsbegriff eingeführt wurde, läßt sich zeigen, daß die Übertragung Teil der Situation, Aspekt der realen interaktionalen Beziehung zwischen Analytiker und Patientin ist. Freud hat sich Dora gegenüber phallisch-überfallartig benommen, nur allzu passend zu ihren Vorerfahrungen mit Herrn K. – kein Wunder, daß sie nicht nur ihren Vater, sondern auch Herrn K. auf Freud »überträgt«. Übertragung gibt es nicht pur; sie ist etwas »an« der Beziehung, ein Aspekt der Beziehung, insofern diese von Vorerfahrungen geprägt ist.

Doch auch wenn die psychoanalytische Situation als eine reale und interaktionale (vgl. Streeck 1994) aufgefaßt wird, bleibt dennoch Freuds Satz unverändert wahr, »daß man Bedürfnis und Sehnsucht als zur Arbeit und Veränderung treibende Kräfte ... bei der Kranken bestehen lassen und sich hüten muß, dieselben durch Surrogate zu beschwichtigen« (Freud GW X, S. 313). Indessen gibt es viele Alltagssituationen, die ähnlich offen sind und Sehnsucht aufkommen lassen, so daß sich aus der Offenheitsperspektive die Abstinenzforderung im analytisch-technischen Sinne, die Konstruktion der analytischen Situation als einer artifiziellen und virtuellen, gewiß nicht zwingend ableiten läßt.

Ich habe zunehmend Zweifel, ob wir den Komplex von Abstinenz, von Übertragung und Gegenübertragung, von Beziehung und Begegnung (vgl. Lang 1994; Bittner 1993) in der Analyse richtig beschreiben. Legen wir statt Freuds quasi-experimentalpsychologischer eine interaktionale und dialogische Prämisse zugrunde, kehrt sich das Problem der Abstinenz um: die analytische Situation ist dann keine wesensmäßig asymmetrische, bei der die Durchbrechungen der Asymmetrie einer Begründung bedürfen, wie bisher vertreten, sondern eine symmetrische, bei der im Grunde alles so läuft wie in andern zwischenmenschlichen Beziehungen, bei der lediglich einige Begrenzungen ins Spiel kommen, die sich aus der Notwendigkeit von Reflexion und Metakommunikation ergeben.

Die psychoanalytische Situation scheint ein soziales Gebilde zu sein, das nur paradox beschrieben werden kann: sie ist eine Alltagssituation, gründet in einer Realbeziehung, verlangt Wechselseitigkeit, um bestehen zu können – und verbietet dies alles gleichzeitig um des Bewußtmachens willen. Sie ist, wenn man will, eine Situation von »optimal verdünnter« Alltäglichkeit, Realität und Mutualität. Das Problem ist, daß wir nicht genau angeben können, was das heißt – und daß wir unser Nichtwissen gern mit puristischen Formeln bemänteln.

3.2 Der zweite Punkt, der mir zweifelhaft geworden ist, betrifft die psychoanalytische Überzeugung von der Heilung durch Einsicht.[5] Ich setze im Sinne meines interaktionalen Verständnisses dagegen: in der Analyse *geschieht* primär etwas, was die eingefahrenen Lebensmuster verändert. Ein paranoider Patient beispielsweise spürt nach einer Reihe von Stunden, die wir miteinander verbracht haben, daß ich nicht sein Feind bin. Das ist mehr als nur »Erleben«. Es ist sozusagen eine interaktionale Tatsache, aus der sekundär ein verändertes Erleben resultiert – eine Tatsache, über die wir uns gegebenenfalls auch sprachlich verständigen können: »Ich glaube, Sie haben verstanden, daß ich nicht Ihr Feind bin«. Entscheidend ist aber nicht, daß es ausgesprochen wird, sondern daß es als interaktionale Wirklichkeit so *ist*.

Die ursprüngliche Konzeption, daß die Deutung als *solche* dem Ich die Herrschaft über die ans Unbewußte verlorenen Seelenprovinzen zurückgebe, trägt nicht. Agere sequitur esse, und mehr noch: loqui sequitur esse – erst muß ein neues zwischenmenschliches Sein sich konstelliert haben, ehe es durch die Deutung bestätigt werden kann. Die Deutung bringt nur ins Offene, was *ist*, d. h. was sich zuvor im Verborgenen als interaktionale Tatsache vorbereitet hat, durch die Deutung ins Bewußtsein tritt und nun im günstigen Falle zu einer Schlüsselerfahrung werden kann.

Zur Illustration diene Balints berühmte Geschichte einer Patientin, der er nach zwei Jahren Analyse deutete, sie müsse immer den Kopf oben und die Füße fest auf dem Erdboden behalten – woraufhin sie äußerte, sie habe es seit früher Kindheit nie fertiggebracht, einen Purzelbaum zu schlagen. Balint »warf ein: ›Na, und jetzt?‹ – worauf sie von der Couch aufstand und zu ihrer eigenen größten Überraschung ohne weiteres auf dem Teppich einen tadellosen Purzelbaum schlug. – Dies erwies sich als ein wahrer Durchbruch. Es folgten Veränderungen ... in Richtung auf größere Freiheit und Elastizität« (Balint 1970, S. 157).

Meiner Patientin hatte ich gedeutet, sie wollte auf Grund ihrer schlechten Erfahrungen mit dem Begehren der Männer ein Kind bleiben und nicht das Leben einer erwachsenen Frau führen. Kurz darauf kam ihr erneuter Wunsch nach dem »Du«. Eines ist dabei so wichtig wie das andere: die Deutung ebenso wie die Realisation des neuen interaktionalen Musters. Das war sozusagen unser Balint'scher Purzelbaum. Selbst wenn wir darin ein Stück Inzest miteinander agieren – hätte ich den Wunsch verweigern sollen, auch wenn – bzw. gerade weil – sie darin ihrem Begehren nach Intimität mit mir – und das heißt eben doch auch: mit einem Mann – Ausdruck gab? Hätte ich mich dem »Du« entzogen, so hätte ich nach Freuds Worten »das Verdrängte nur zum Bewußtsein gerufen, um es erschreckt von neuem zu verdrängen« (Freud GW X, S. 312).

Drei theoretische Vorstellungen von Jung, Winnicott und Israel sind geeignet, uns von unterschiedlichen Voraussetzungen her an das Konzept der »interaktionalen Tatsachen« anzunähern. Jung hat in seiner »Psychologie der Übertragung« (1946) beschrieben, wie zwei Menschen, König und Königin genannt, zusammen in einen Brunnen hinabtauchen, zusammen einen Tod erleiden und zum neuen Leben finden. In diesem von Jung intendierten Sinn bezeichnet Dieckmann die Analyse als einen »metaphorischen Raum oder [ein] Gefäß«, »ein Feld oder ein Gewebe ..., das mit beiderseitig emotional aufgeladenen Phantasien ausgefüllt ist«. Dies ist das »analytische vas hermeticum« (Dieckmann 1979, S. 224). Die Bewegung der beteiligten Personen in diesem analytischen Raum ist das Entscheidende, nicht deren verbale Explikation.

Bei Winnicott wird dieser besondere analytische Raum zum Spiel-Raum: »Wenn der Therapeut nicht spielen kann, ist er für die Arbeit nicht geeignet. Wenn der Patient nicht spielen kann, muß etwas unternommen werden, um ihm diese Fähigkeit zu geben ...« (Winnicott 1973, S. 66). Der Therapeut stellt sich zur Verfügung als eine Art Übergangs-Objekt, zugleich Mutter und Nicht-Mutter, als »früher Nicht-Ich-Besitz«, wie Winnicott das Übergangsobjekt auch nennt, an dem und mit dem der Patient gleichsam spielend signifikante Erfahrungen machen kann. »Subjekt gebraucht Subjekt« heißt ein Aufsatz von Lore Schacht (1973). Die Deutung bekommt in diesem Kontext eine doppelte Funktion: sie hilft einerseits als Abwehrdeutung, die Hindernisse ins Auge zu fassen, die einer signifikanten Erfahrung im Wege stehen – und sie mag anderseits, wenn sich die signifikante Erfahrung ereignet hat, als sog. »Übertragungsdeutung« dazu beitragen, das Erlebte festzuhalten. Die Deutung selber gewinnt bei Winnicott Spielcharakter, d.h. interaktionalen Charakter: »Ich bin darauf hingewiesen worden, daß meine Deutung ... etwas mit Spielen zu tun hatte ...« (Winnicott 1973, S. 86).

Israel endlich sieht die analytische Situation charakterisiert als eine Begegnung im Medium des Symbolischen. »Es findet nur dann eine Begegnung statt, wenn es zu einer Veränderung des einen oder gar der beiden Handelnden kommt«. Die Psychoanalyse ist eine derart verändernde Begegnung, die sich aber *»außerdem vornimmt, zu verstehen, was sich ... zugetragen hat«* (Israel 1990, S. 27).

Es geht in der Analyse darum, daß sich signifikante interaktionale Erfahrungen (»Schlüsselerfahrungen«) konstellieren und gegebenenfalls gedeutet werden.

Was macht das Signifikante an den signifikanten Erfahrungen – dem Purzelbaum von Balints Patientin, dem Du im analytischen Sprechzimmer – aus? Signifikant sind sie, insofern sie symbolische Erfahrungen darstellen, die eine vielfältige Schlüsselfunktion besitzen. Balints Patientin, die den Purzelbaum wagte, wagte in der Folgezeit noch manches andere, eine Prüfung beispielsweise und eine Verlobung. Meine Patientin, weit davon entfernt, sich in der Analyse emotional festgehalten zu fühlen, wagte ein Auslandssemester mit Unterbrechung der Analyse und dort die erste wirkliche Beziehung mit einem Mann. Diese symbolische, über das Alltägliche ins Offene hinausweisende Funktion der signifikanten Erfahrungen des Purzelbaums ebenso wie des »Du« scheint mir das Wesentliche zu sein.

3.3 Bei Freud heißt es: »Streng genommen – und warum sollte man dies nicht so streng als möglich nehmen? – verdient die Anerkennung als korrekte Psychoanalyse nur die analytische Bemühung, der es gelungen ist, die Amnesie zu beheben, welche dem Erwachsenen die Kenntnis seines Kinderlebens vom Anfang an (das heißt etwa vom zweiten bis zum fünften Jahr) verhüllt« (Freud GW XII, S. 202).

Jede psychoanalytische Schule hat inzwischen ihre eigene Konstruktion von Kindheit: die klassische Ödipus-Kindheit, die ich-psychologische Kindheit Anna Freuds, die Melanie Klein-, die Winnicott-, die Kohut-Kindheit. Diese Kunst-Kindheiten entstehen, weil alle Psychoanalytiker sich im Bestreben, Freuds Gebot gerecht zu werden, alles müsse auf die frühe Kindheit zurückgeführt werden, jedes beliebige Lebensthema, das sie in ihren Analysen vorfinden, umstandslos in die Frühzeit zurückprojizieren, wodurch teils monströse, vor allem aber einander widersprechende und sich gegenseitig aufhebende Kindheitskonstruktionen entstehen, die der Evidenz immer mehr ermangeln.

Am problematischsten ist neuerdings die psychoanalytische Rekonstruktion der frühkindlichen Sexualität geworden. Bräutigam meint, das psychoanalytische Konstrukt einer »sexuellen Blüte in der frühen Kindheit« stünde nicht im Einklang mit den empirisch beobachtbaren Tatsachen. Zwischen der Bindungssuche des Kindes und dem sexuellen Begehren des Erwachsenen gebe es einen qualitativen Unterschied (Bräutigam 1991, S. 295). Doch ist das nicht der entscheidende Punkt, zumal die Sprache der empirischen Tatsachen so eindeutig nicht ist: in vielen Punkten scheinen z. B. die von Bräutigam herangezogenen Beobachtungsergebnisse von Bischof eher die psychoanalytische Phasenlehre zu bestätigen, als sie zu widerlegen (vgl. vor allem Bischof 1989).[6]

Ob sich die psychoanalytischen Phasen nun empirisch bestätigen lassen oder nicht – die Lehre von der frühkindlichen Sexualität hat ihren Wert als hermeneutisches Prinzip zum Verständnis menschlicher Biographien eingebüßt, »Unordnung und frühes Leid« (Mann 1991) ist kein Thema biographischer Diskurse mehr; selbst die Psychoanalytiker bedienen sich in ihren Behandlungen dieses Codes kaum noch; das Sexuelle als Diskursthema hat sich »verflüchtigt« (vgl. Göppel 1993, Parin 1987). Das hat kaum mit irgendwelcher empirischer Evidenz oder Nicht-Evidenz der behaupteten Fakten, sondern weit eher mit prävalenten kulturellen Deutungsmustern zu tun. Heute gelten eher Deutungsmuster als aufschließend, die Bindung, Geborgenheit und frühe Mutterpflege zum Inhalt haben. Von Moser z.B. werden solche patterns mit Inbrunst zelebriert, obgleich die von ihm in Szene gesetzten »Kindheiten« ebenso hypothetisch sind wie die klassische, von Freud konstruierte Kindheit mit Ödipus und Penisneid.

Ein weiteres populäres Deutungsmuster heute ist die »Kindheit unter sexuellem Mißbrauch«. Viele jungen Frauen kommen mit der ganz bestimmten Erwartung in die Analyse, da müßte doch etwas gefunden werden. Bei meiner Patientin war die Erfahrung sexuellen Mißbrauchs im Alter von 12 Jahren sicher ein hochsignifikantes Schlüsselerlebnis. Aber weiter zurück läßt sich die Linie nicht verfolgen: sie verbrachte die Zeit vom 2. bis zum 9. Lebensjahr in einem von Schwestern geleiteten Heim. Gewiß kann auch in einem solchen Heim mancherlei vorfallen, aber bisher gibt es keinerlei Hinweise in dieser Richtung. Ich lehne es ab, nur um den Meister Freud zufrieden zu stellen, zu suchen, wo ich nichts Entscheidendes zu finden erwarte.

Unmittelbar evident ist die Bedeutung der frühen Kindheit hingegen bei einer anderen jungen Frau, die in einem panischen Angstzustand geriet, als sie nach abgelegten Lehramtsprüfungen und einer durch Mutterschaft bedingten beruflichen Pause zum ersten Mal selbstverantwortlich vor einer Klasse stand. Ihr Vater war Lehrer auf einem Dorf gewesen, und sie hatte als Tochter dieses genialisch-exzentrischen Vaters mit seinen überhöhten Anforderungen an die einzige Tochter und angesichts eines Dorfes, das ehrfurchtsvoll und befremdet zugleich das Leben der Lehrersfamilie beobachtete, keinen leichten Stand gehabt. In diesem Falle deutete ich: »Fühlen Sie sich nicht jetzt wieder ebenso kritisch angeschaut von allen Seiten, ebenso auf dem Präsentierteller wie damals zu Hause?«

Das berührt den dritten Punkt, in dem ich mein psychoanalytisches Selbstverständnis meine revidieren zu sollen: die Einschätzung der frühen Kindheit. Ich hatte Analysen, in denen die frühe Kindheit eine zentrale, und andere, in der sie eine marginale Rolle spielte, ohne daß sich diese Analysen in ihrem therapeutischen Effekt merklich unterschieden. Wenn mich jemand fragt, wie ich es mit der frühen Kindheit halte, antworte ich: jede neurotische Manifestation steht in einem situativen und biographischen Kontext, der erschlossen werden muß, der manchmal(!) bis in die frühe Kindheit zurückverfolgt werden kann.

Freuds strikte Gleichsetzung von korrekter Analyse und Kindheitsrekonstruktion führt in die Irre. Dabei kann nur Krampf und analytische »Soll-Erfüllung« herauskommen. Kindheitsanalyse ereignet sich sozusagen en passant bei der Analyse der signifikanten Erfahrungen hier und heute. Das Heilende liegt nicht darin zu erkennen, daß auf der Bühne von heute das alte Stück aus der Kindheit wieder gespielt wird; nicht in dieser distanzierenden, die Kindheit wegrückenden Erkenntnis, sondern vielleicht eher so: du bist wieder an dem Punkt, an dem du schon öfter gewesen bist in deinem Leben. Und wie es dich damals nicht gebrochen hat, wird es dich auch heute nicht brechen. Du kennst dich aus mit solchen Situationen, du mußt dich nur erinnern.

4. Auch wenn die Psychoanalyse in jedem Zeithorizont neu erfunden werden muß, besteht doch die strenge Selbstverpflichtung eines Psychoanalytikers darin, die je persönlichen Auffassungen auf dem Hintergrund der von Freud begründeten Diskurstradition zu legitimieren und den anderen Psychoanalytikern zur Diskussion zu unterbreiten. In nichts anderem mehr kann heute die psychoanalytische Identität bestehen.

Freud hatte den etwas problematischen Wunsch nach Geschlossenheit der psychoanalytischen Bewegung, der sich unter anderem in den freundschaftlichen Ermahnungen an den eigenwilligen Groddeck ausdrückte, der sich zwar als Schüler Freuds betrachtete, sich aber von den psychoanalytischen Vereins- und Kongreßlöwen fern halten wollte. Ihm schrieb Freud: »Es wäre doch viel schöner, wir brüllten oder heulten miteinander im Chor und im Takt ...«, und fügt hinzu: »Es ist schwer, Psychoanalyse als Vereinzelter zu treiben« (Groddeck/Freud 1974, S. 76). Schwer ist es in der Tat. Doch die Zeit des Im-Takt-Brüllens des analytischen Löwenrudels ist wohl für immer vorbei. Gefragt ist die Individuation des Analytikers, der die Vereinzelung akzeptiert und seine eigene Sprache findet.

## Anmerkungen

1 In der Diskussion mit Moser haben sich von psychoanalytischer Seite vor allem Thomä und ich engagiert. Er hat uns diese Diskussionsbereitschaft gedankt, indem er mich als seinen »getreuen Widersacher« (Moser 1992, S. 188) und Thomä als »Theologen der Psychoanalyse« (ebd., S. 275) ironisierte. Mit solchen rhetorischen Mätzchen entzieht er sich immer wieder jeder ernsthaften Diskussion.

2 Der Lindauer Diskussion verdanke ich die Erkenntnis, daß es genau diese Intervention war, die unausweichlich auf das »Du« hinführte. Es verhält sich wie mit der verbotenen Kammer im Märchen – sobald ein Verbot ausgesprochen wird, muß es auch übertreten werden. Indessen: wie es lief, so lief es eben. Es gibt keine analytische »Technik«, die unbedingt einzuhalten wäre (vgl. Bittner 1992a, S. 99ff.), nur ein reflektiertes Sich-zur-Verfügung-Stellen des Analytikers.

3 König behauptet in seinem neuen Lehrbuch – ohne nähere Begründung –, daß »eine starke Asymmetrie in der therapeutischen Beziehung die Entwicklung und Intensivierung von Übertragung fördert« (König 1991, S. 138). Ähnlich Körner und Rosin (1985): Der Analytiker nehme die Übertragungsangebote an. Er verhalte sich aber nicht wie ein alltagsweltlicher Beziehungspartner. »Er muß es bejahen können, eine bestimmte Person zu sein, aber er darf nicht wie diese Person handeln«. Der Übertragungswunsch des Patienten wird »dadurch sichtbar, daß er unerfüllt bleibt« (Körner/Rosin 1985, S. 37f.). Differenzierter in der Argumentation, aber ähnlich im Ergebnis Thomä/Kächele (1985). Sie heben die »herausragende Bedeutung« des Neutralitätsgebots hervor, wobei sie zur Begründung die »Sicherung von Objektivität« und die »Etablierung einer psychoanalytischen Identität« anführen. Sie deuten aber an, daß bei seiner Etablierung das »empirische Wissenschaftsideal eine entscheidende Rolle« gespielt habe; sie warnen deshalb vor jeder Verabsolutierung (Thomä/Kächele 1985, S. 228).

4 Wenn Ermann (1992) sich dagegen wendet, eine Realbeziehung von der Übertragungsbeziehung in der Analyse zu unterscheiden, so führt dies von konträren Voraussetzungen her zum gleichen Ergebnis: die analytische Beziehung läßt sich nicht in eine Übertragungs- und eine Realbeziehung »aufteilen«.

5 Dabei geht es noch nicht einmal in erster Linie um die Alternative Einsicht oder Erleben (vgl. Thomä/Kächele 1985, S. 271). Der Einwand richtet sich gleichermaßen gegen die Eissler'sche Idealtechnik, bei der »das Deuten das ausschließliche bzw. das führende oder vorherrschende Mittel der Wahl darstellt« (Eissler 1960, S. 611) wie gegen das andere Extrem, z. B. Mosers Therapie. Beide gegensätzlichen Verfahren berühren sich darin, daß sie reduktiv und rekonstruktiv orientiert sind: der eine rekonstruiert die hypothetische Kindheitsszenerie mittels Interpretationen, der andere im sinnlich fühlbaren Wiederherstellen angeblicher Kindheitssituationen – reduktiv und rekonstruktiv sind beide.

6 Übrigens führt auch die mit viel methodologischem Getöse ins Werk gesetzte empirische Säuglings- und Kleinkindforschung moderner Provenienz keineswegs die früheste Lebensphase vor Augen, »wie sie wirklich ist«, sondern landet flugs in einer neuen Kindheitskonstruktion: der des »kompetenten Säuglings« (Dornes 1993).

# Literatur

Bach, H. (1993): Es ist nicht alles Gold … . Zeitschrift für Psychosomatische Medizin und Psychoanalyse 39: 205–210

Balint, M. (1968): Therapeutische Aspekte der Regression. Die Theorie der Grundstörung. Stuttgart 1970 (Klett)

Bischof, N. (1989): Phase Transitions in Psychoemotional Development. In: Haken, H./Stadler, M. (Hrsg.) (1990): Synergetics of Cognition. Berlin (Springer)

Bittner, G. (1991): Die Theorienvielfalt und die »Restneurosen« der Psychoanalytiker. Anmerkungen zu S. Zepf und S. Hartmann »Zur sozialen Funktion des psychoanalytischen Theoriepluralismus«. Forum der Psychoanalyse 7: 160–162

Bittner, G. (1992a): Die psychoanalytische Behandlung – ein »Gespräch zwischen zwei Personen«. In: Streeck, U./Werthmann, H.-V. (Hg.) (1992): Lehranalyse und psychoanalytische Ausbildung. Göttingen (Vandenhoeck & Ruprecht)

Bittner, G. (1992b): Liebe in der Analyse? Anmerkungen zu »Die Übertragungsliebe« von H. Sebastian Krutzenbichler. Forum der Psychoanalyse 8: 169–170

Bittner G. (1993): Schottlaenders Erbe und die Psychoanalyse heute. Zeitschrift für Klinische Psychologie, Psychopathologie und Psychotherapie 41: 143–158

Bittner, G. (1995): Die analytische Situation und das »gewöhnliche Leben«. Zu Ferenczis Konzept der mutuellen Analyse. In: Lang, H./Weiß, H. (Hrsg.) (1995): Psychoanalyse heute und vor 70 Jahren. Tübingen (diskord)

Bräutigam, W. (1991): Bindung und Sexualität in psychoanalytischen Theorien und in der Praxis. Zeitschrift für Psychotherapie, Psychosomatik und medizinische Psychologie 41: 295–305
Cremerius, J. (1983): »Die Sprache der Zärtlichkeit und der Leidenschaft«. Reflexionen zu Sándor Ferenczis Wiesbadener Vortrag von 1932. Psyche 37: 988–1015
Cremerius, J. (1993): Die »tendenzlose Analyse« hat es nie gegeben, sie ist eine jener »Fliegenden Holländer«, von denen wir einige konservieren. Zeitschrift für Psychosomatische Medizin und Psychoanalyse 39: 215–218
Dieckmann, H. (1979): Der Anstoß zur Individuation. Überlegungen zur therapeutischen Methode. In: Fischle-Carl, H. (Hrsg.) (1979): Zur Theorie und Praxis der Psychoanalyse. Fellbach (Bonz)
Dornes, M. (1993): Der kompetente Säugling. Frankfurt/M. (Fischer Tb)
Eissler, K. R. (1960): Variationen in der psychoanalytischen Technik. Psyche 13: 609–625
Ermann, M. (1992): Die sogenannte Realbeziehung. Forum der Psychoanalyse 8: 281–294
Falzeder, E./Haynal, A. (1989): »Heilung durch Liebe«? Ein außergewöhnlicher Dialog in der Geschichte der Psychoanalyse. Jahrbuch der Psychoanalyse 24: 109–127
Ferenczi, S. (1932): Ohne Sympathie keine Heilung. Das klinische Tagebuch von 1932. Frankfurt/M. 1988 (Fischer)
Freud, S. (1905): Bruchstück einer Hysterie-Analyse, GW V. Frankfurt/M. 1972[5] (Fischer)
Freud, S. (1912): Ratschläge für den Arzt bei der psychoanalytischen Behandlung, GW VIII. Frankfurt/M. 1973[6] (Fischer)
Freud, S. (1915): Bemerkungen über die Übertragungsliebe, GW X. Frankfurt/M. 1973[6] (Fischer)
Freud, S. (1919): »Ein Kind wird geschlagen«, GW XII. Frankfurt/M. 1972[4] (Fischer)
Freud, S. (1923 ): Die Frage der Laienanalyse, GW XIV. Frankfurt/M. 1976[5] (Fischer)
Göppel, R. (1993): Infantile Sexualität – Mythos oder Wirklichkeit?. unveröffentlicht. Manuskript. Würzburg
Groddeck, G./Freud, S. (1974): Briefe über das Es. München (Limes)
Henseler, H./Wegner, P. (1993): Psychoanalysen, die ihre Zeit brauchen. Opladen (Westdeutscher Verlag)
Hirsch, K.M. (1993): Zur narzißtischen Dynamik sexueller Beziehungen in der Therapie. Forum der Psychoanalyse 9: 303–317
Hofstätter, P.R. (1962): Gruppendynamik. Kritik der Massenpsychologie. Hamburg 1964 (Rowohlt)
Israel, L. (1990): Die symbolische Begegnung – psychoanalytische Überlegungen zum Rahmenthema. In: Lang, H. (Hrsg.) (1990): Die Wirkfaktoren der Psychotherapie. Berlin (Springer)
Jung, C.G. (1933): Die Bedeutung der Psychologie für die Gegenwart, GW 10. Olten 1974 (Walter)
Jung, C.G. (1951): Grundfragen der Psychotherapie, GW 16. Olten 1976[2] (Walter)
Jung, C.G. (1946): Die Psychologie der Übertragung, GW 16. Olten 1976[2] (Walter)
Jüttemann, G. (1992): Psyche und Subjekt. Für eine Psychologie jenseits von Dogma und Mythos. Reinbek (Rowohlt Tb)
Kohut, H. (1971): Forschung in der Amerikanischen Psychoanalytischen Vereinigung – ein Memorandum. Psyche 25: 738–757
König, K. (1991): Praxis der psychoanalytischen Therapie. Göttingen (Vandenhoeck & Ruprecht)
Körner, J./Rosin, U. (1985): Das Problem der Abstinenz in der Psychoanalyse. Forum der Psychoanalyse 1: 25–47
Lang, H. (1995): Zum Begriff der Begegnung in der Arzt-Patient-Beziehung. Würzburg (im Druck)

Mann, Th. (1991): Unordnung und frühes Leid. Erzählungen 1910–1930. Frankfurt/M. (Fischer Tb)
Moser, T. (1987): Der Psychoanalytiker als sprechende Attrappe. Eine Streitschrift. Frankfurt/M. (Suhrkamp)
Moser, T. (1988): Körpertherapie innerhalb der Psychoanalyse. In: Rechenberger, H.-G./Werthmann, H. V. (1988): Psychotherapie und Innere Medizin. München (Pfeiffer)
Moser, T. (1992): Vorsicht Berührung. Über Sexualisierung, Spaltung, NS-Erbe und Stasi-Angst. Frankfurt/M. (Suhrkamp)
Parin, P. (1987): Die Verflüchtigung des sexuellen Lebens. In: Pfäfflin, F./Schorsch, E. (1987): Sexualpolitische Kontroversen. Stuttgart (Enke)
Schacht, L. (1973): Subjekt gebraucht Subjekt. Psyche 27: 151–168
Stolorow, R. D./Atwood, G. E. (1979): Faces in a Cloud. Subjectivity in Personality Theory. London, New York (Aronson)
Streeck, U. (1994): Psychoanalyse von Angesicht zu Angesicht? Forum der Psychoanalyse 10: 25–40
Thomä, H. (1993): Über einige therapeutische und wissenschaftliche Sackgassen im Zusammenhang mit Freuds Gold-Kupfer-Metapher. Zeitschrift für Psychosomatische Medizin und Psychoanalyse 39: 238–245
Thomä, H./Kächele, H. (1985): Lehrbuch der Psychoanalytischen Therapie 1. Berlin, Heidelberg (Springer)
Winnicott, D. W. (1973): Vom Spiel zur Kreativität. Stuttgart (Klett)
Zepf, S./Hartmann, S. (1990): Zur sozialen Funktion des psychoanalytischen Theoriepluralismus. Forum der Psychoanalyse 6: 213–231

*Berthold König*

# Dynamisierung psychoanalytischer Strukturen

Das Tagungsthema »Psychoanalyse im Wandel« macht darauf aufmerksam, daß sich die Psychoanalytiker hierzulande anschicken, ihre inneren und äußeren Rahmenbedingungen infrage zu stellen. In der Tat scheint es auch an der Zeit, manche tradierten Sichtweisen zu überdenken, sie zeitgemäß umzuformulieren und neue, zunächst vielleicht fremd erscheinende Vorstellungen zu integrieren. Aus einer etwas abständigen Sicht könnte man sich aber auch fragen, weshalb sich ausgerechnet jene Seelenforscher, deren Schulen sich dem dynamischen Unbewußten als Betrachtungsgegenstand widmen, eine gesonderte Tagung zum Wandlungsmotiv ausrichten. Denn in ihrem entwicklungspsychologischen Kern steht Psychoanalyse doch für Wandel und als Wissenschaft stellt sie sich als eine Lehre vom Wandel dar. Ihr Wissen ist immer ein Deutungs-Wissen, das um die lediglich punktuelle und situative Bedeutung sowie den hypothetischen Charakter seiner Erkenntnis wissen müßte, die sich in anderen Zusammenhängen neu darstellt. Eine solch offene dynamische Betrachtung des seelischen Systems offenbart nun allerdings auch den Grund für entwicklungshemmende sichernde Tendenzen, denn ein dynamischer Wandel ist potentiell auch immer mit Angst verbunden, Angst vor Struktur- und Sicherheitsverlust, Angst aus dem Rahmen zu fallen, aber auch Angst, sich Neuem und Unbekanntem zu stellen. Diese Ängste im Wandel gehen zwangsläufig mit der Gefahr des Verharrens im Altbewährten, aber auch mit der Gefahr, sich vorschnell mit Neuem zu identifizieren, einher. Vorläufig möchte ich daher vermuten, daß die Psychoanalytiker als Experten des seelischen Wandels für diese Angst zwischen Fixierung und Neuorientierung besonders sensibel sind und daher möglicherweise gefährdet, sich aus Stabilisierungsgründen an tradierte Denkweisen zu binden, die im zeitgeschichtlichen Rahmen überholt erscheinen.

Wenn ich nun meinen Text mit »Dynamisierung psychoanalytischer Strukturen« überschrieben habe, dann rede ich damit keinem vorschnellen Abschneiden alter Zöpfe das Wort, sondern möchte versuchen, einige Aspekte des Wandels zu beschreiben, die mir in Betrachtung meiner Praxis und der analytischen Landschaft insgesamt vor Augen treten. Als äußere Rahmenbedingungen des analytischen Dialogs möchte ich das Setting, die Stundenfrequenz und die Abstinenzregel etwas näher betrachten. Als wandlungsbedürftiger innerer Rahmen steht mir der bislang noch vereinheitlicht formulierte, d. h. für Männer und Frauen noch nicht differenzierte analytische Prozeß vor Augen. Und schließlich sehe ich im Verhältnis von Psychoanalytikern und Öffentlichkeit eine äußere Rahmenbedingung, ohne deren

Wandel die Psychoanalyse vermutlich langfristig noch weiter in den Rang einer mystifizierten Geheimlehre abdriftet.

Betrachtet man die Psychoanalyse im Vergleich zu anderen Psychotherapiemethoden, so fällt sie zunächst durch ihr besonderes Setting auf, das durch die liegende Position des Analysanden sowie durch eine vergleichsweise hohe Stundenfrequenz markiert ist. Die Haltung des Psychoanalytikers ist durch eine spezielle Form der Abstinenz gekennzeichnet, die ihm durch die sitzende Position sowie eine Dialogform, die der Reflektion den Vorrang vor der Aktion einräumt, erleichtert wird. Die psychoanalytische Dialogform bietet beiden Agenten der Analyse – dem Analysanden und dem Analytiker – ausreichend Abstand und Raum, den seelischen Bewegungen zu folgen im Rahmen der sichernden Struktur dieses Settings. Dieser Einrichtung der psychoanalytischen Dialogform durch Sigmund Freud stand aber auch bereits das Motiv Pate, nicht ständig den Blicken der Analysanden ausgesetzt zu sein. Am Beginn der Psychoanalyse steht also nicht nur die Entdeckung, daß die Lösung aus dem unmittelbaren Blickkontakt den Blick auf die seelischen Räume erleichtert, sondern auch eine phobische Reaktion des ersten Analytikers. Der historische Rückblick zeigt nun, daß die strukturellen Gegebenheiten der psychoanalytischen Dialogform durch die Nachfolger Freuds nach dem Motto »mehr desselben« auch dogmatisch zementiert wurden. Reichten zunächst einige Dutzend Stunden hin, so wurde der Erfolg schließlich am Sitzungsumfang von mehreren hundert Stunden gemessen. Die liegende Position wurde zur Conditio sine qua non, auch da, wo offenkundig hätte werden können, daß Analysanden zum Be-greifen möglicherweise den Blickkontakt oder gar eine freie Bewegung im Raum benötigt hätten. Und die Abstinenz bezog sich schließlich nicht mehr nur auf Reaktionen im Rahmen einer Übertragungs- und Gegenübertragungsverstrickung, sondern generalisierte sich zu einer merkwürdigen, durch retentives Verhalten gekennzeichneten Persönlichkeitsverformung. In dieser Weise degenerierte das der Psychoanalyse immanente Wandlungsanliegen auf der Ebene der gesetzten äußeren Rahmenbedingungen in Teilen zu einem Zwang und zu einer Reglementierung, die beide Agenten fesselte. Berichte von langlaufenden erfolglosen Analysen, von Patienten, die sich besonders an Szenen erinnern, als der Analytiker einmal spontan und menschlich war, sowie von Entwicklungsschüben, die Behandlungen durch sogenanntes Agieren erfuhren, legen beredtes Zeugnis ab, wie sehr das analytische Anliegen dieser Gefahr der Einengung unterliegt. Inzwischen hat jedoch der Praxisalltag gezeigt, daß auch niedrigere Stundenfrequenzen und Sitzungsumfänge durchaus hinreichen, daß sich Patienten auch im Sitzen entwickeln, und daß sie dazu als Gegenüber das genaue Gegenteil jener sprechenden Attrappe für ihre Entfaltung benötigen, die von Zeit zu Zeit bedeutungsschwangere Interpretationen absondert. Unter Berücksichtigung aller derzeitigen Tendenzen möchte ich daher in einer dynamisierten Sicht des analytischen Tuns ganz allgemein definieren: Psychoanalyse ist, was ein Psychoanalytiker im Kontakt zu seinen Patienten tut – und zwar völlig unabhängig davon, in welchem Rahmen sich der analytische Dialog bewegt. Begreift man dabei Psychoanalyse nicht nur als Aufdeckung unbewußter Fixierungen, sondern auch als dialogischen Möglichkeitsraum der Neuorientierung, so erscheint auch das Arbeitsbündnis als wandelbar. Dies bedeutet, daß auch das Setting entsprechend der Bedeutungen, die sich daran heften, fortwährend der Reflektion unterliegt und sich möglicherweise in Abhängigkeit von den intrapsychischen und beziehungsdynamischen Bewegungen verändert. Parallel dazu bestimmt sich die psychoanalytische Haltung aus der wechselseitigen Ergänzung von Flexibilität und Struktur hinsichtlich des Arbeitsbündnisses im psychoanalytischen Wandlungsprozeß. Damit möchte ich keinen vorschnellen Settingsänderungen das Wort reden, sondern sie zunächst vor dem Hintergrund der beziehungsdynamischen Bewegungen weit mehr als bisher in den reflexiven psychoanalytischen Raum stellen.

Ich möchte nun aber mein Augenmerk von den äußeren Rahmenbedingungen weg auf zwei innere lenken, die in engem Zusammenhang zueinander stehen: der Tatsache, daß es sich bei der Analyse um die wohl elaborierteste Form der Behandlung durch Sprechen handelt, in deren Verlauf unbewußte Phantasien und Gefühle zunehmend prägnant und differenzierter ins Wort gefaßt und damit bewußter werden sowie die bislang nur in Ansätzen bewußt gewordene Tatsache, daß das Bewußtwerden durch Sprechen bei Männern und Frauen in Ankoppelung an ihre unterschiedlichen Erlebniswirklichkeiten völlig anderen Bewegungen unterliegt. Seit ich mich etwas interessierter im Geschlechterfeld bewege, ist mir bewußter geworden, daß ich im Kontakt zu Männern und Frauen unterschiedliche Formulierungen verwende und die Gewichtungen anders setze. Insbesondere ist mir deutlich geworden, daß sich vor dem Hintergrund der verschiedenen männlichen und weiblichen Erlebniswirklichkeiten im Grunde kein psychoanalytisches Theorem generalisiert anwenden läßt, es sei denn, man nimmt in Kauf, die Unterschiede in Art und Qualität nicht zu gewichten. Unter einer Dynamisierung der psychoanalytischen Binnenstruktur würde ich daher eine Lösung von der vereinheitlichenden Sichtweise der dynamischen Bewegungen im seelischen Binnen-, wie auch im Beziehungsraum von Mann und Frau verstehen bei dem gleichzeitigen Versuch, diese formulierbar und in ihrer Unterschiedlichkeit bewußter zu machen.

Über einige Erfahrungswerte dazu möchte ich nun berichten ohne den Anspruch, daraus irgendwelche Theorien abzuleiten, vor allem jedoch in dem Wissen, daß ich dies als männlicher Analytiker versuche. Zunächst möchte ich einige Phänomene und Szenen beschreiben, die mir persönlich aus der Praxis heraus bedeutsam erscheinen.

Im Unterschied zu Männern, die in ihren Formulierungen häufig klarer und pointierter wirken, vermitteln mir Frauen in der Regel unterschwellig eine Rückversicherungstendenz, ob das, was sie ausdrücken auch etwas wert, ob es wichtig und richtig ist. Es ist so, als bewegten sich Männer mit ihren Formulierungen in sicheren Bahnen, als könnten sie schneller, zielsicherer und genauer beschreiben, worum es für sie geht, während Frauen gerade da, wo es das Eigene zu pointieren gilt, verunsichert werden und sich für das ihnen chaotisch und unzusammenhängend Anmutende entschuldigen. Auf der Ebene des Schamkonflikts stellt es sich mir nicht selten so dar, daß sich das schambesetzte Eigene kaum je in Erscheinung zu treten traut, während Männer sich in ihren Haltungen selbstsicherer zeigen trotz versteckter Empfindsamkeit und Verunsicherung. So hat sich in mir die Vorstellung herauskristallisiert, daß es bei Männern in der Analyse darum geht, einerseits das Männliche zu bestätigen, aber andererseits festgefügte Vorstellungen und Haltungen durch andere Sichtweisen aufzuweichen und insbesondere die versteckten emotionalen Qualitäten des rationalen Überbaus fühlbar werden zu lassen. Für Frauen scheint zunächst ein basales Wahrgenommenwerden, Gesehenwerden sowie die Benennung und Gewichtung von manch fein, aber diffus Empfundenem von basaler Bedeutung zu sein, wobei insbesondere auch die Bestätigung des häufig heterogen, chaotisch und unzusammenhängend empfundenen Erlebens als zusammengehörig, intakt und in seinem intuitiven Wesen als wert und wichtig hervorzuheben ist. Die regressive Bewegung im psychoanalytischen Prozeß scheint mir daher für Männer und Frauen eine unterschiedliche Qualität zu besitzen: geht es bei Männern darum, aus einer mehr umrissenen rationalen Wortwelt in die inneren Bildlabyrinthe und emotionalen Tiefschichten einzutauchen und sich den dynamischen und irrationalen Raum des Unbewußten zu vergegenwärtigen, so scheint die weibliche Individuationsbewegung weit stärker dadurch gekennzeichnet, daß sie aus einem ganzheitlich-diffusen Ahnungs- und Intuitionsraum in eine eigene Bilder-, Symbol- und Identitätskonturierung führt. Die Angst und die Scham der Männer würde sich demnach um einen Struktur*verlust* mit Auflösungs- und Hilflosigkeitsbefürchtungen zentrieren, die Angst und die Scham der Frau scheint eher den Struktur*erwerb* mit einer eigenen, insbesondere aggressiven und begehrenden Kontur zu betreffen. Die emotionale Bewegung der Männer wäre durch ein Sicheinlassen gekennzeichnet, die der Frauen durch ein Sichaussichherauslassen. Wie dramatisch das In-sich-hineingehen und In-sich-hineinfühlen von Männern erlebt wird und welche Verzweiflung sich bei Frauen in Erkenntnis ihres unstrukturierten Ahnungsraums und beim Eintritt in einen eigenen Strukturraum ausbreitet, hat sich mir erst in den letzten Jahren erschlossen. Beiden Bewegungen gemeinsam ist dabei natürlich zunächst die innere Lösung von der sichernden Strukturierung der primären Sozialisation.

Stellvertretend für andere Männer möchte ich einen Patienten erwähnen, der mit einer Angstsymptomatik kam. Er brachte alle Kennzeichen einer phallischen Struktur mit, aber bereits seine Bemerkung zum Abschluß des Erstgesprächs deutete darauf hin, auf welchem Grund sein Phallus stand. Er meinte nämlich: »Ich möchte aber nicht, daß schließlich dabei herauskommt, daß ich meine Eltern hasse!« Natürlich begann er sich über sie zu ärgern je mehr ihm seine unbewußte Bindung an sie deutlich wurde, parallel dazu stand aber schon bald das Bild von seinem Bäumchen als Ausdruck eines anderen eigenen Selbstverständnisses im Raum. Wie ich heute im Rückblick bemerke, bestand meine Aufgabe nicht ausschließlich darin, die unbewußten Fixierungen aus der Übertragung heraus zu deuten, sondern auch parallel dazu das beginnende Bäumchenwachstum überall da, wo es ersichtlich wurde, zu bestätigen. So entdeckte der Patient zunächst, daß er Angst haben darf, und lernte darüber schließlich seinen zuvor disziplinierten Gefühlsraum kennen. Weil ich ihm wohl als Mann vermittelte, daß man nicht unmännlicher wird oder gar seinen Kopf verliert, wenn man sich den verborgenen emotionalen und phantastischen Schwüngen seines Unbewußten widmet, war es möglich, daß sein Bäumchen in Abgrenzung von den verinnerlichten Baumvorstellungen zunehmend Gestalt gewann. Die Sorge, wohin das alles führe und ob er darüber nicht verrückt würde, begleiteten allerdings diesen Prozeß permanent.

Dies stellt sich anders dar in der Analyse von Frauen, wo ich ganz unmittelbar einer weit größeren Emotionalität und Verzweiflung begegne. Anders als bei Männern, wo ich mich aufgefordert fühle, in etwas hineinzufühlen, sehe ich mich bei Frauen mehr aufgefordert, aus etwas herauszuhelfen. Vordergründig geht es zwar um das Gleiche, nämlich um die Analyse der unbewußten Fixierungen, aber im Hinblick auf die autonome eigene weibliche Entwicklung bin ich mit einer anderen Lage konfrontiert. Ich spreche damit auf jene Phasen in der Psychoanalyse von Frauen an, in denen sie mir die Dramatik ihrer Selbstgeburt vor Augen führen. Stellvertretend für andere dazu die plastische Bemerkung einer Patientin, die nach langer Analyse und in der tiefen Verzweiflung ihrer inneren Lösung von den mütterlichen Vorgaben sowie in Ermangelung einer väterlichen Resonanz formulierte: »Ich fühle mich wie ein schwarzes Loch, nicht greifbar, aber hoch energiereich!« Deutlicher als in diesem archaischen Bild läßt sich die so schwer zu bezeichnende weibliche Potenz und die dem Auge, dem Wort und der Erkenntnis so verborgene weibliche Geschlechtsexistenz kaum ausdrücken. Was tun als Mann, dem dieses Lochempfinden fremd ist, der seine Geschlechtslage im wahrsten Sinne des Wortes be-greifen kann, aber mit der lediglich temporären Verfügbarkeit seiner Energie zu leben hat. Natürlich begleiten und mitaushalten, aber was darüber hinaus? Aus diesen Phasen der Analyse von Frauen bleibt mir im wesentlichen ein Gefühl der Insuffizienz zurück, denn meine Begleitungsversuche machen auch auf ein grundlegendes Dilemma aufmerksam: die tiefe Verzweiflung angesichts des zwar Ahnbaren, aber nicht Aussprechbaren und Formulierbaren machten eine irgendwie geartete Präsenz meinerseits notwendig. Wurden meine Bemerkungen in Art und Inhalt während anderer Phasen der Analyse als erhellend aufgenommen und weiterentwikkelt, so war ich nun ständig damit konfrontiert, etwas nicht zu verstehen, etwas nicht ganz zu verstehen oder falsch auszudrücken, wobei die Patientinnen aber auch keine eigenen Formulierungen zur Verfügung hatten. Oder sie fühlten sich hängengelassen bzw. schlecht versorgt und gar verletzt. Es war so, als würden meine Formulierungsversuche ihre Verzweiflung noch verstärken, weil sie nie dem ganzheitlichen Empfinden dessen, was nach Ausdruck drängte, entsprachen, als sei es aber gleichzeitig genau so schlimm, einfach nichts oder wenig zu sagen und den Zustand mitauszuhalten. So schwer diese Zeiten der Verzweiflung auf Seiten der Patientinnen und des Insuffizienzgefühls auf meiner Seite waren, so sehr meine ich heute, daß sie durchlebt werden müssen. Es zeigt sich in ihnen meines Erachtens nämlich nicht nur die Begrenztheit des sprachlichen Verstehensversuchs zwischen Mann und Frau, sondern die Begrenztheit psychoanalytischen Verstehens schlechthin: identifiziere ich nämlich das beschriebene weibliche Ganzheitserleben in der zuweilen vollzogenen Gleichsetzung mit dem Unbewußten, und setze ich das zwar begrenzte, aber sprachlich konturierte männliche Erleben dem Bewußten gleich, so wird die Begrenztheit unseres Anliegens sehr anschaulich. Der Widerstand meiner Patientinnen in Zeiten ihrer tiefsten weiblichen Verzweiflung erweist sich damit auch als Protest dagegen, das vielfältig bedingte, in vielen Facetten verbundene und in seiner Gesamtheit niemals greifbare Erleben punktuell in einer Sprachschablone zu fassen. Dies zu erleben, die Verzweiflung und Begrenztheit im eigenen Geschlecht zu spüren, parallel dazu meine vergeblichen Zugangsversuche zu registrieren und sie dennoch schließlich als einzige Möglichkeit zu akzeptieren, sich darüber zumindest partiell zu konturieren, war für die Entwicklung der Patientinnen, die an diese »Dead-line« ihrer Geschlechtsexistenz vorgedrungen sind, wie ich meine, entwicklungsfördernd. Mir selbst haben diese Patientinnen nachhaltig die Begrenztheit meiner empathischen Verstehensmöglichkeiten vor Augen geführt und verdeutlicht, daß ich Frauen wegen der Begrenzung in meinem eigenen Geschlecht nur annäherungsweise im Sinne eines Sich-hinein-versetzens verstehen kann. Darüber hat sich jedoch auch mein Insuffizienzgefühl verflüchtigt, denn auch in der sicherlich begrenzten Funktion, die ich als Mann für eine Frau haben kann, scheine ich von beachtlichem Wert zu sein, wenn ich mich nur von dem in diesen Phasen massivst drängenden totalen weiblichen Verstehensbegehren nicht irritieren lasse und die Verzweiflungsphasen mit meinem begleitenden Nichtgenügen aushalte.

Um es in einer plastischeren Sprache zu benennen: mein Anteil am Gelingen des psychoanalytischen Koitus kann nur darin bestehen, zu sondieren, wann es in Berücksichtigung der Entwicklung und der Stimmung an der Zeit ist, sprachlich vorzudringen und auf diesem Wege dem weiblichen Unbewußten einen konturierenden Impuls zu geben. Wie das erlebt wird und was dabei schließlich herauskommt, bleibt zunächst ungewiß.

Meine Erfahrung mit dieser phallischen Konturierung des Weiblichen haben mich schließlich auch erkennen lassen, daß sich Frauen weit besser und schneller entwickeln, wenn ich ihnen nicht so begegne, wie dies die vereinheitlichende, von der männlichen Regressionsbewegung ausgehende psychoanalytische Behandlungstechnik vorschreibt. Ich belasse sie nicht mehr so lange und ausufernd in ihren Phantasie- und Gefühlsräumen wie früher, sondern greife frühzeitig jene Aspekte ihres Erlebens heraus, die mir im Wust der verinnerlichten Vorstellungen authentisch und eigen erscheinen und versuche sie klar zu benennen und zu bestätigen. Natürlich wird dieser direkte und zuweilen nicht gänzlich raumgebende Zugang auch mit Widerstand beantwortet – aber dann ist es in der Regel soweit, daß sich die beschriebenen Phasen des Begrenzungserlebens ankündigen. Im Unterschied dazu erscheint es mir bei Männern erforderlich, die Gefühls- und Phantasieräume hinter den Rationalisierungen zu öffnen, wobei ich meine Aufgabe darin sehe, ihnen auf diesem Weg sozusagen die Stange zu halten.

Mit meinem Erfahrungsbericht wollte ich darauf aufmerksam machen, wie sich mir die psychoanalytische Dialogform und die Gewichtung der Sprache vor dem Hintergrund der Betrachtung durch die zweigeschlechtliche Optik inzwischen völlig anders darstellt. Eine solche Betrachtungsweise würde vermutlich langfristig auch einen nachhaltigen Einfluß auf die Theoriebildung ausüben. Es wird wohl kein Weg daran vorbeiführen, zweigeschlechtliche Perspektiven der Psychoanalyse zu formulieren, in der Analytikerinnen und Analytiker ihre Vorstellungen von Frauen und Männern aus ihren dialogischen Erfahrungen heraus beschreiben. Darüber könnten sich dann einige liebgewordene Theoreme völlig anders darstellen, wenn nicht gar als untauglich erweisen. Obwohl man in ängstlicher Fixierung an die tradierten Vorstellungen befürchten könnte, daß dann das Analytische an der Psychoanalyse verloren ginge, stellt sie sich dann letztlich doch wiederum nur als jene Lehre dar, die sie von den Ansätzen her auch bestrebt ist zu sein: als Lehre vom dynamischen Unbewußten, das sich in seinen Symbolisierungen stets wandelt und differenziert. Auch wenn sie in der Außenbetrachtung als einheitliche Lehre erscheint und von Analytikern auch zuweilen gerne Konsens beschworen wird, stellt sie sich doch bei näherer Betrachtung als irritierende Vielfalt, aber auch bereichernde Fundgrube von z. T. heterogenen Sichtweisen dar.

Die Angst der Psychoanalytiker vor Wandel und Meinungsvielfalt scheint nun in einer historischen Betrachtung nicht zuletzt in der Kennzeichnung mancher Psychoanalytiker als Dissidenten auf – als gelte es in religiöser Manier eine reine Lehre hochzuhalten und als brauche man auch Andersdenkende, um sich über deren Konotation als Abtrünnige in der eigenen labilen Identität zu sichern. Der Verbarrikadierung in einem vagen psychoanalytischen Konsens im Innern entspricht nun eine generelle Ängstlichkeit der Psychoanalytiker im Kontakt zur Öffentlichkeit. Obwohl Psychoanalytiker in Anknüpfung an den Kulturanthropologen Freud manches zu den gesellschaftlichen und kulturellen Gegebenheiten zu sagen hätten, bleiben sie im öffentlichen Raum seltsam stumm und unbemerkt. So gerne sich Psychoanalytiker manchmal als subversive Wühlmäuse im Kulturgesamt verstehen, so wenig sind sie offensichtlich in der Lage, auch in verständlicher Weise zu vermitteln, was sie meinen. Das Klischee vom anonymen Therapeuten, der im Stillen Gutes tut, hat immer noch Konjunktur. Vordergründig dient dies dem Patientenschutz, obwohl man sich fragen könnte, was bei Patienten ausgelöst wird, wenn sie ein gesellschaftlich so gering beachtetes, wenn nicht gar belächeltes Anliegen verfolgen. Bei näherer Betrachtung scheint mir allerdings eine spezielle Angst verantwortlich, nämlich diejenige, daß Psychoanalytiker eben keinerlei Fakten im positivistischen Sinne zu bieten haben. Ihr Wissen ist eben dynamisch, d. h. nur begrenzt auf bestimmte Situationen und Stimmungen bezogen stimmig. Wenn ein Psychoanalytiker etwas sagt, ist er somit auch immer gleichzeitig gehalten, die Relativität seiner Aussage zu betonen, wodurch er sich natürlich in den gängigen Gesprächsformen äußerst angreifbar macht. So sind Analytiker mit einem Wissen ausgestattet, das sie in die Lage versetzt, zu allem, was Menschen bewegt, etwas bemerken zu können, aber doch nur wenig, was generalisierbar wäre. Als Konsequenz dieses Dilemmas haben sie es bislang vorgezogen, sich bedeckt zu halten und zu den Problemen im Zeitgeschehen nicht Stellung zu nehmen. Psychoanalyse wird dadurch für die Außenwelt nicht transparent, d. h. in der Folge entweder ignoriert, als wissende Geheimlehre betrachtet, angefeindet oder belächelt.

Wenn ich dies diagnostiziere, ist mir noch nicht ganz klar, wie Psychoanalytiker das Potential ihres Wissens im öffentlichen Raum auch analytisch nutzen könnten. Als Pädagogen, Missionare, Solidaritäts- oder Friedensstifter eignen sie sich aber meines Erachtens genausowenig wie als Mahner oder Betroffenheitsbekunder. Ich sehe vielmehr als Aufgabe, das Wissen aus dem analytischen Raum, das durch ein reflexives Klima und einen verstehenden Zugang zum Mitgeteilten umrissen ist, in möglichst viele Räume des öffentlichen Lebens hineinzutragen. Damit ist zugleich eine Perspektive für die Psychoanalyse aufgezeichnet, die ihr Tätigkeitsfeld aus der rein kurativen Anwendung im Rahmen der Psychotherapie in die verschiedenen Felder des zwischenmenschlichen Kontaktes erweitert. Der Bestand der Psychoanalyse wird meines Erachtens langfristig davon abhängen, inwieweit dieser Transfer gelingt, denn die Begrenztheit der Psychoanalyse als Kur ist, wie Freud es bereits ahnte, durch die Psychotherapieforschung erwiesen. Was die Psychotherapieforschung allerdings nicht erfaßt, nämlich daß die Psychoanalyse neben der Symptomkur ein umfassendes Stück Persönlichkeitsentwicklung durch Bewußtseinserweiterung leistet, das läßt sich aber nach außen nicht vermitteln, wenn die Psychoanalytiker dort lediglich im Gerangel der Psychotherapeuten um die Fleischtöpfe der Krankenkassen in Erscheinung treten. Dies kann sich nur vermitteln, wenn sich Psychoanalytiker über die Kur hinaus in verschiedenen Fragen des menschlichen Zusammenlebens als kompetent erweisen.

Das Tagungsthema hat mich angeregt, die analytischen Rahmenbedingungen gleich an mehreren Punkten zu überdenken. Ich möchte damit meinem Grundgefühl Ausdruck verleihen, daß ich in vielen Bereichen der psychoanalytischen Interessenssphäre neue Bewegungsräume sehe, ohne daß damit psychoanalytische Grundpositionen gefährdet wären.

*Ulrike und Gerd Lehmkul*

# Zur Theorieentwicklung der Individualpsychologie

## 1. Einleitung

An der Theorieentwicklung einer Psychotherapieschule lassen sich die wesentlichen Aspekte ihrer Identitätsbildung und -entwicklung ableiten (Ermann 1986; Thomä 1977, 1986). Aus diesen Gründen scheint es verständlich, daß sich die historische Aufarbeitung und Abgrenzung von Psychoanalyse und Individualpsychologie überwiegend auf die neun Jahre der Zusammenarbeit Adlers mit Freud und die 1911 erfolgte Trennung bezieht. Wenn Ellenberger (1985) Adlers Werk als einen »öffentlichen Steinbruch« bezeichnet, aus dem Psychoanalytiker einige der originellsten Ideen aufgriffen und behaupteten, sie seien implizit in Freuds Schriften enthalten gewesen, dann wiesen Individualpsychologen vehement auf diese »Ausbeutung« hin, ohne ihrerseits Anleihen bei anderen Therapieschulen zu machen oder frühe individualpsychologische Konzepte theoretisch zu erweitern und umzuformulieren (Lehmkuhl u. Lehmkuhl 1987a). Dies bedingte einen z. T. restaurativen Charakter der individualpsychologischen Theorieentwicklung, die über einen langen Zeitraum aus der Abgrenzung von der Psychoanalyse und dem Gefühl einer kollektiven Verleugnung von Adlers Schriften ihre Identität bezog. Verhaftet und steckengeblieben in der eigenen Vergangenheit konnte wenig Innovatives hinzukommen. Folgerichtig bezogen sich psychoanalytische Autoren, wenn überhaupt, höchstens auf Adler, registrierten die in den 80er Jahren einsetzenden neueren Entwicklungen in der Individualpsychologie jedoch nicht.

Die in der letzten Zeit zunehmende Intensivierung des Dialogs und die verstärkte Diskussion zwischen Psychoanalytikern und Individualpsychologen (s. Hillman 1986; Janus 1986a, b, 1987) mit ihren Auswirkungen auf die Theorieentwicklung soll an folgenden Bereichen dargestellt werden:*)

- Das verstärkte Interesse an der gemeinsamen theoretischen Entstehungsgeschichte und der Adler-Freud-Kontroverse
- Eine intensive Beschäftigung innerhalb der Individualpsychologie mit der Adler'schen Theorieentwicklung und der Beginn einer kommentierten historisch-kritischen Werkausgabe der Frühschriften Adlers
- Die Reflektion und Einbeziehung der Kenntnisse des psychoanalytischen mainstreams mit ihren Konsequenzen für die theoretische und praktische Umorientierung der heutigen Individualpsychologie

## 2. Die Adler-Freud-Kontroverse und ihre praxeologischen Auswirkungen

In den von Nunberg und Federn (1976 bis 1979) herausgegebenen Protokollen der Wiener Psychoanalytischen Vereinigung lassen sich die theoretischen Differenzen zwischen Freud und Adler bis zu ihrer Trennung mit ihren Auswirkungen auf die Behandlungstechnik nachvollziehen. Janus (1986a, b, 1987) weist nach, daß die behandlungstechnischen Schriften von Freud wesentlich auch eine Reaktion auf die von Adler und Jung eingebrachten Gesichtspunkte darstellen. Adler habe mit seinem Konzept der Neurose als einer prägenitalen, narzißtisch-aggressiven Entwicklungsstörung in therapeutischer Hinsicht das Ermutigen und eine klare menschliche und erzieherische Haltung als Wirkfaktoren betont. Aktivität und Überzeugungskraft des Therapeuten erscheinen als die Mittel zur Überwindung der narzißtisch-aggressiven Widerstände der in ihrer Beziehungsfähigkeit gestörten Patienten. Freud antwortete in seinen behandlungstechnischen Schriften mit einer Betonung der Passivität und Abstinenz. Janus arbeitete heraus, daß Freud primär von einer positiven Übertragung als der Basissituation der Behandlung ausging, indem er formulierte, »der Patient stellt ein solches (positives) Attachment von selbst her und reiht den Arzt an eine der Imagines jener Personen an, von denen er Liebes zu empfangen gewohnt war« (Freud 1913, 199), während Adler von einer negativen Übertragungsbereitschaft des Patienten ausging in der Wiederholung seiner negativen Beziehungserfahrungen und deshalb den Therapeuten in die Reihe der ihn mißgünstig gesonnenen frühen Objekte einstufte. Diese gegensätzlichen Grundannahmen bestimmten nach Janus (1986a) entscheidend das unterschiedliche therapeutische Vorgehen, wobei Cremerius Frage »Gibt es zwei psychoanalytische Techniken?« (1979) bereits im Kern vorformuliert war.

Wenn Adler in seiner 1907 erschienenen »Studie über die Minderwertigkeit von Organen« die Beziehungsbedeutung von embryonalen und frühen postnatalen Schädigungen und deren Behandlung hervorhob, ging Freud von der Deutung der ödipalen Konfliktdynamik aus (Janus 1986a, b). Zwar arbeitete Adler wichtige theoretische Einsichten bezüglich der Neurosengenese in der präödipalen Phase heraus, andererseits lassen sich nach Bruder-Bezzel (1993) beide therapeutische Haltungen bei Adler finden: die der Einsichtstherapie und die der Therapie emotionaler Erfahrungen. Diese grundsätzliche praxeologische Frage der therapeutischen Haltung und Technik stellte damit bereits in den Anfängen der Psychoanalyse ein zentrales Thema dar, führte wiederholt zu heftigen Konflikten innerhalb der psychoanalytischen Schule (s. Ferenczi-Debatte, Fortune 1994; Ermann 1994) und wird erst neuerdings nicht als sich ausschließende, sondern sich ergänzende therapeutische Beziehungsangebote verstanden (Datler 1992b; Huttanus 1992a, b; Kruttke-Rüping 1992; Langs 1989; Thomä und Kächele 1985).

Mit dem von Adler entwickelten aktiven therapeutischen Stil sollte die neurotische Leitlinie erfaßt und eine Beziehung zum Patienten hergestellt werden. Der kurative Wert liegt hierbei, so Janus (1987), darin, daß auf diese Weise die durch narzißtische Aggressivierung verhinderte Identitätsbildung des Patienten gefördert wird bzw. eine Identitätsfindung ermöglicht wird. »Das aktive Vorgehen Adlers geht davon aus, daß der in seiner Beziehungsfähigkeit zentral eingeschränkte Patient nur durch eine aktive Einflußnahme zu erreichen ist; ganz im Gegensatz zum neurotischen Patient, der an frühe, gute Objekterfahrungen anschließen kann und darüber einen »guten Rapport« zum Therapeuten herzustellen vermag«. In Polarisierung zu dem aktiven Stil Adlers habe sich in der Psychoanalyse eine Überakzentuierung der Passivität entwickelt, wobei sich die verleugnete Basisaggressivität aus dem Frühstörungsanteil bei Patient und Therapeut in der passiv-aggressiven Handhabung der Regeln und dem Bezug auf die »richtige« Analyse wieder durchsetzen konnte. Der schulenbedingte Konflikt um die hilfreiche therapeutische Haltung behinderte die Analyse der aggressiven Gegenübertragungsdimension. Theoretisch waren diese behandlungstechnischen Überlegungen Adlers mit dem Konzept des Aggressionstriebes und dem der Identifizierung eng verknüpft. Adlers Beitrag über den »Aggressionstrieb im Leben und in der Neurose« erschien in vier Fassungen und erfuhr eine deutliche Überarbeitung. Das ursprüngliche Konzept sollte einen Beitrag dazu leisten, die Genese von Sadismus und Masochismus besser zu verstehen, »die treibende Kraft stammt aber bei Gesunden, Perversen und Neurotikern offenbar aus zwei ursprünglich gesonderten Trieben, die späterhin eine Verschränkung erfahren haben, der zufolge das sadistisch-masochistische Ergebnis zwei Trieben zugleich entspricht, dem Sexualtrieb und dem Aggressionstrieb« (zit. nach der historisch-kritischen Studienausgabe, herausgegeben von Bruder-Bezzel et al. 1989). In der revidierten Fassung von 1922 fügte Adler hinzu: »Wie einer diese Aufgaben anpackt, daran kann man ihn erkennen. Diese seine Haltung hat immer etwas Angreifendes. Erst in der weiteren Entwicklung können Züge des Zuwartens oder des Ausweichens hinzutreten. Ich nannte die Summe dieser Erscheinungen den Aggressionstrieb, um zu bezeichnen, daß der Versuch einer Bemächtigung, eine Auseinandersetzung damit zur Sprache käme«. Für Adler beherrschte der Aggressionstrieb die gesamte »Motilität«. Die Person tastet die ganze Welt mit Aggressionsmöglichkeiten aus, wobei in der Aggressionshemmung eine Umkehrung gegen die eigene Person erfolgt. In diesem Zusammenhang kommt der Angst »die größte Bedeutung in der Struktur der Neurose zu. Sie stellt eine Phase des gegen die eigene Person gerichteten Aggressionstriebes dar und ist nur mit der halluzinatorischen Phase anderer Triebe zu vergleichen« (Adler 1908, 10). In der 1922 erschienenen veränderten Fassung des Aufsatzes fügte

Adler hinzu, daß der wichtigste Regulator des Aggressionstriebes das dem Menschen angeborene Gemeinschaftsgefühl sei. Durch das Zusammenwirken des Gemeinschaftsgefühles in seinen reichen Differenzierungen mit dem Aggressionstrieb käme die Stellungnahme, also eigentlich das Seelenleben des Menschen zustande. Ohne auf die begriffliche Veränderung des Aggressionstriebes bei Adler näher eingehen zu können (s. Lehmkuhl u. Lehmkuhl 1994), liegt seine Bedeutung darin, daß der Aggressionstrieb als übergeordneter Regulationsmechanismus mit dem späteren Postulat einer »einheitlichen Persönlichkeit« korrespondiert. Adler stellte zunehmend das bedrohte Selbstwertgefühl in den Mittelpunkt des Interesses. Die erlebte Minderwertigkeit muß mit aller Macht kompensiert werden, aus dem Aggressionstrieb wird im männlichen Protest das Streben nach Macht. Es ist bemerkenswert, daß das Aggressionskonzept bis auf wenige Ausnahmen in der weiteren individualpsychologischen Theorieentwicklung fast bedeutungslos und erst im Rahmen der Frühtraumatisierung und der Narzißmusdiskussion neu aufgegriffen wurde (Lehmkuhl u. Lehmkuhl 1987b).

In diesem Kontext kommt Fragen der Identität und Identifikation eine besondere Bedeutung zu, wobei eine Gegenüberstellung von individualpsychologischen und psychoanalytischen Konzepten für die weitere Diskussion lohnend erscheint. Im »Nervösen Charakter« stellte Adler die Psychodynamik eines männlichen Patienten dar, bei dem die Fiktion weiblicher Einstellungen soweit ging, daß es im »Formenwandel seiner Leitlinie zur Identifizierung der jüngeren Schwester kam« (Adler 1912, 1935). Nach Adler (1928) muß die Fähigkeit zur Identifizierung trainiert werden und dies sei nur dann möglich, »wenn einer im Zusammenhang mit anderen aufwächst und sich als Teil des Ganzen fühlt« (1928, 267). Identifizierung sei unumgänglich, um zu einem Gemeinschaftsleben zu kommen. Sie befähige zu Freundschaft, Liebe, Mitgefühl. Adler wies auf die unterschiedliche Begriffsbestimmung der Identifizierung hin: »Wir sprechen von Identifizierung, wenn ein Kind dem Vater gleich zu werden trachtet« (1928, 270). Prozesse der Identifizierung berühren nach Müller-Pozzi (1985) alle »Aspekte der Persönlichkeitsentwicklung und Organisation des Ichs und Über-Ichs ebenso wie des Selbst, der empathischen Wahrnehmung wie der Abwehr«. Meisner (1972) wies darauf hin, daß die Identifizierung eines der am ungenügensten definierten und am wenigsten verstandenen Konzepte der Psychoanalyse sei. Bei unbestrittener klinischer Relevanz käme man bald an Grenzen, »wenn es um konkrete, klinische und technische Einzelprobleme geht« (Müller-Pozzi 1985, 878). Wenn auf die Entwicklung des Lebensstils nach Adler (1933, 22) »der angeborene körperliche Bestand den größten Einfluß hat« und wenn die schöpferische Kraft des Kindes ein »unausrechenbarer Raum seiner Möglichkeiten« aus »Versuchung und Irrtum, ein Training und ein genereller Weg zu seinem Ziel der Vollkommenheit« darstellt, dann ergibt sich die Frage, wie die erlebten Einflüsse der Umgebung und Erziehung von ihm verarbeitet werden, um zu einer differenzierten Vorstellung der identifikatorischen Prozesse mit ihren praxeologischen Auswirkungen zu gelangen. Der bereits von Adler gesehene sozialpsychologische Kontext wird von Mitscherlich (1963) in diesem Zusammenhang besonders betont: »Die Identifikationen schaffen das Verhaltensrepertoire, wobei der primären Familiengruppe für die individuelle Sozialisierung die überragende Bedeutung zukommt. Die individuelle Identität des Einzelnen kann sich daher nur in der sozialen Wirklichkeit des gesellschaftlichen Systems entfalten, in der er aufwächst. Die Identität, individuell oder auch kollektiv, ist als immer neu zu gewinnendes Ergebnis einer zurückgreifenden Deutungs- und Eroberungsarbeit in unsere singuläre Herkunftsgeschichte hineinzuverstehen« (Maurer 1981, 9). Für Adler besaßen diese Schnittstellen der individuellen und kollektiven Identität eine zentrale Bedeutung, wobei Ergebnisse der empirischen Säuglingsforschung sich zunehmend auf die individualpsychologischen Konzepte der frühkindlichen Entwicklung wie Lebensstil und schöpferische Kraft auswirken (Heisterkamp 1991; Lang 1994; Lehmkuhl u. Lehmkuhl 1991).

## 3. Zur Neubewertung der individualpsychologischen Theorieentwicklung

In den letzten Jahren wurde von Individualpsychologen die historische Entwicklung der eigenen Schule zunehmend ins Blickfeld gerückt (Bruder-Bezzel 1983, 1991; Handlbauer 1984). So läßt sich mit Junker (1992) fragen, ob die Exegese der originären individualpsychologischen Begriffe bereits abgeschlossen ist und »eine sich technisch weiter entwickelte Psychoanalyse erst an den Zeugnissen interpretiert wird, die sie aus der Praxis der letzten 20 oder 30 Jahre entwickelte«. Nach Reichmayr (1990) trägt das rudimentäre Geschichtsbild der Psychoanalytiker über ihre eigene Wissenschaft dazu bei, »daß die Reflektion und Veränderung der aktuellen kulturellen, institutionellen, sozialen und politischen Bedingungen, unter denen psychoanalytisches Denken und Arbeiten stattfand und stattfindet, innerhalb der psychoanalytischen Bewegung randständig blieb«. Frühe Erkenntnisse, Einsichten und theoretische Entwicklungen werden hierdurch ihrem Bezugsrahmen entzogen und in ihrem Sinngehalt verwischt (R. Jacoby 1985). So vollzog Adler nach dem 1. Weltkrieg eine theoretische Umorientierung, »indem er das Gemeinschaftsgefühl zum neuen Zentrum aller praktischen und theoretischen Bemühungen bestimmte. Seither gibt es für Individualpsychologen das Problem, sich mit dem späten oder eher mit dem frühen Adler verbunden fühlen zu können (Wiegand 1990a, b). Ansbacher (1987, 1992) belegte, daß Adler die psychoanalytische Methode immer akzeptierte, jedoch die hieraus entwickelte Theorie als zu mechanistisch und reduktionistisch ablehnte. Indem er verschiedene Perioden der psychoanalytischen und individualpsychologischen Theorieentwicklung gegenüberstellt und miteinander vergleicht, verdeutlicht er die Annäherung der beiden Schulen, die Adler selbst wie folgt einschätzte: »Manchem wird es so erscheinen, als ob ich die Entwicklung der Psychoanalyse in den letzten 25 Jahren widerrechtlich vorausgedacht hätte. Ich bin da der Gefangene, der sie nicht losläßt« (1933/1973, 155).

In ihrem Vorwort zum ersten Teil einer kritischen Studienausgabe von Alfred Adlers Aufsätzen der Jahre 1908 bis 1911 verweisen die Herausgeber Bruder-Bezzel, Kühn und Witte (1989, 1994) darauf, daß die Ursprünge der Individualpsychologie anhand einer historisch-kritischen Ausgabe der frühen Werke erforscht und wiedergewonnen werden müßten, wobei hauptsächlich folgende Fragestellungen bisher ungeklärt erscheinen:

- »Wie ist das ursprüngliche Konzept der Aggression, des Unbewußten, der Finalität, der Fiktion, der Gegenfiktion, der Einheit der Persönlichkeit, der Regression? – Die Aufzählung erinnert daran, daß geradezu alle Grundbegriffe der Individualpsychologie in der Theorieentwicklung ihre Bedeutung und ihren Stellenwert verändert haben.
- Wie unterscheiden sich Adlers ursprüngliche psychodynamische Analysen von den späteren Lebensstilanalysen? – Schon eine Stichprobe der Falldarstellungen im praktischen Teil des »Nervösen Charakters« zeigt, daß Adler durch Textveränderungen in den späteren Auflagen seine Deutungen in großem Umfang verändert und die Behandlungen im Sinne seiner neuen Konzepte uminterpretiert hat.«

Die Behandlung von Kranken wurde von Freud (1933) als der Mutterboden der Psychoanalyse bezeichnet. Nach Thomä und Kächele (1988) hat der Analytiker nicht nur sein therapeutisches Handeln im einzelnen Fall zu rechtfertigen, sondern auch die Verpflichtung, fortlaufend die Stichhaltigkeit seiner theoretischen Vorstellungen über das Unbewußte und über das menschliche Erleben und Verhalten zu überprüfen. Das zunehmende Interesse an Adlers Falldarstellungen verdeutlicht, daß praxeologische und theoretische Entwicklungen eng verknüpft und gemeinsam zu betrachten sind (Ansbacher 1994; Wengler 1994; Witte 1994). Es sind speziell die lange Zeit vernachlässigten Fragen der Behandlungstechnik, die in der heutigen individualpsychologischen Diskussion in den Mittelpunkt rücken, wobei in Anlehnung an Cremerius (1984) Adler »bei der Arbeit über die Schulter« gesehen wird (Lehmkuhl u. Lehmkuhl 1993). Witte (1994) widerlegt anhand einer textkritischen Analyse von Adlers Redaktionsarbeit an seinem Hauptwerk »Über den nervösen Charakter« den Vorwurf, daß die Individualpsychologen sich vorwiegend um den sekundären Krankheitsgewinn kümmern würden. Adler habe ausdrücklich betont, daß die Ausweichtendenzen des

Patienten sekundär sind und das primäre Ziel darin besteht, die Unsicherheit, den erlebten Mangel, die tatsächlich gegebene oder nur empfundene Minderwertigkeit auszugleichen. Das war Adlers Position in den Frühschriften und er legte zunehmend ein stärkeres Gewicht auf den subjektiven Faktor, weil der Neurotiker fürchte, »als etwas Wertloses dazustehen; es könnte sich etwa das düstere Geheimnis entpuppen, daß er nichts wert sei« (Adler 1933; 1974, 105). Witte weist auf diesen radikalen Ansatz der Neurosenproblematik bei Adler hin, wobei es in der Therapie darauf ankommt, die unbewußten Verletzungen zu bearbeiten (Witte 1988).

James Hillman (1986) hebt in seinem Buch »Die Heilung erfinden« die grundlegende Bedeutung des Adlerschen Minderwertigkeitskonzeptes aus jungianischer Sicht hervor: »Erstens verlagere es »das Unbewußte« aus der mentalen Region in den Bereich einer erlebten und gefühlten Minderwertigkeit. Das Unbewußte sei unmittelbar das Leiden an der Unzulänglichkeit, und wir produzieren ständig Unbewußtes, indem wir uns gegen dieses Leiden wehren. Zweitens macht uns Adler auf den Wert körperlicher Symptome aufmerksam: Indem sie uns an unsere Minderwertigkeit erinnerten, erhalten sie uns den Kontakt zur Seele.« Wenn die Seele a priori bedürftig sei, so Hillman, dann ist Verlust eine ihrer ständigen Möglichkeiten. »Wir haben vielleicht am meisten Seele oder sind am meisten in der Seele (esse in anima), wenn wir ihren Verlust am meisten spüren. Das Gefühl, daß etwas fehle, das Wollen, gehört dann zur Ontologie der Seele und zu dem, was wir mit »Psychologischsein« meinen. Keine psychologische Handlung kann voll befriedigen, keine Interpretation ganz überzeugend sein, keine Beziehung von Seelen Mangel und Versagen ausräumen, die im Wesen der Seele verwurzelt sind. Es wird immer einen Fehler geben; und genau das gibt dem psychotherapeutischen Mut seinen Wert. Die Psychotherapie muß bei ihrer Minderwertigkeit bleiben, wenn sie psychotherapeutisch bleiben will«.

Die verstärkte Beschäftigung mit ihrer Entstehungsgeschichte und den sich hieraus ergebenden Konsequenzen für die Behandlungstechnik wird innerhalb der Individualpsychologie begleitet von einer allgemeinen Diskussion über die Theorie des psychoanalytischen Prozesses und der Stellung der individualpsychologischen Psychotherapien im Rahmen der psychoanalytischen Schulen. Als Rainer Schmidt (1985) auf dem 16. Internationalen Kongreß für Individualpsychologie in Montreal über neuere Entwicklungen der Individualpsychologie im deutschsprachigen Raum referierte, ernteten seine Thesen nicht nur Zustimmung. Er definierte die Individualpsychologie als eine tiefenpsychologische Schule in der Tradition der Psychoanalyse. Hierbei betonte er die Bedeutung von Regression, Übertragung und Gegenübertragung, wobei Schmidt (1986, 1987, 1989) darauf hinwies, daß diese Bereiche von der Individualpsychologie früher in sträflicher Weise vernachlässigt wurden. Schmidts richtungsweisenden Ausführungen gaben den Anstoß für eine konstruktive und kritische Auseinandersetzung innerhalb der Individualpsychologie mit ihren eigenen Wurzeln und neueren Strömungen in der Psychoanalyse. So fragt Titscher (1987), ob es noch schulspezifische Unterschiede in den analytischen Behandlungen gibt und kommt zu dem Ergebnis, daß trotz einer Annäherung Individualpsychologen eher nach einem Beziehungs- als einem Triebmodell vorgehen und die inneren Konflikte ihrer Patienten weniger stark in den Vordergrund stellen. Huttanus (1987) arbeitet heraus, daß die psychoanalytische Objektbeziehungstheorie mit der Individualpsychologie kompatibel erscheint, da sie Konzepte des frühen Adler aufgreift. Ausgehend von einem eng ausgelegten Ganzheitsbegriff der klassischen Individualpsychologie verbot es sich, intrapsychische Konflikte zwischen autochtonen Strebungen anzuerkennen, denn diese wurden als Ausfluß autonomer verdinglichter Instanzen, d.h. als freudianisch verdächtigt. Übersehen wurde dabei nach Huttanus, daß das Seelische, auch ohne Instanzen vorauszusetzen, von starken polaren Gegensätzen in konfliktvoller Spannung gehalten werden kann. Andererseits war es durch diese eingeengte Betrachtung nicht möglich, das Konzept der persönlichen Finalität als wichtiges Regulationsprinzip des unbewußten psychodynamischen Geschehens weiter zu differenzieren und auch für andere tiefenpsychologische Schulen als ein hilfreiches theoretisches Konstrukt einzuführen. So betont auch Tenbrink (1985), daß die in der klassischen Individualpsychologie übliche Auslegung des Begriffs »ganzheitliche Sichtweise« die Weiterentwicklung ihrer Theorienrichtung auf eine dringend erforderliche Mikroanalyse dynamischer Prozesse blockierte. Das Konfliktkonstrukt kann hierbei die Dynamik seelischer Störungen auch aus individualpsychologischer Sicht besser abbilden (Antoch 1980), wobei ein innerer Konflikt nicht nur zwischen einer individualspezifisch gearteten persönlichen Finalität einerseits und einem Bedürfnis nach Selbstabgrenzung/Selbstdurchsetzung andererseits denkbar ist, sondern auch eine konflikthafte intrapsychische Dynamik zwischen einer persönlichen Finalität, sofern sie auf den Erfahrungen beruht, daß man nicht abhängig, anhänglich und hingabebereit sein darf einerseits und den autochtonen Wünschen/Impulsen nach Zärtlichkeit, Anlehnung und Abhängigkeit andererseits (Tenbrink 1985).

In seiner Arbeit »Die Individualpsychologie als eigenständige Theorie und zeitgenössische psychoanalytische Praxis« stellt Antoch (1987) den Begriff des Individuums als unteilbare ganzheitliche Einheit, der große Ähnlichkeiten mit dem Begriff des Selbst aufweist, in den Mittelpunkt. Für Antoch hat Adler mit seiner Psychologie der Dialektik zwischen Individuum und Gemeinschaft eine frühe Fassung der heutigen Selbstpsychologie, der zeitgenössischen Handlungstheorie und Beziehungsanalyse vorgelegt. Deren Bewahrung und Weiterentwicklung als eigenständige Richtung im breiten tiefenpsychologischen Strom sieht er als eine Aufgabe der heutigen Individualpsychologie, die sich nicht ängstlich hinter der Autorität und den Beschränkungen der Väter zu verstecken braucht. Hier zeigen sich jedoch auch die bisherigen Defizite in der individualpsychologischen Theorie, die sich aufgrund einer fehlenden differenzierten Entwicklungstheorie ergeben und sich z.B. an der theoretischen Konzeptualisierung der persönlichen Finalität in der Neurose festmachen, und zwar in Form einer verkürzten, objektbeziehungstheoretischen Sichtweise (Tenbrink 1989). Auch in diesem Kontext erscheint ein Bezug auf Adlers ursprüngliche Lehre von der Ich-Bildung hilfreich. Für Witte (1991, 73) erfassen die Psychoanalyse und die Entwicklungspsychologie vom Prozeß der Ich-Bildung die Struktur, d. h. den Apparat, der bei der Entwicklung des Ichs aufgebaut wird. Adler gehe aber einen Schritt weiter. Er versuche, die individuelle Weite erfassen, in welcher die »normale« oder »defizitäre« Ich-Struktur sich bewegt und in Szene setzt: »Ihn interessiert die Frage: Wie kann ich individuell mit den Mängeln und Defekten leben? Das Ich Adlers ist die individuelle schöpferische Weiterentwicklung der konstitutionellen (psychoanalytischen) Ich-Struktur. Er untersucht die Verwendung des Apparates. Das Ich wird nicht als Struktur erfaßt, sondern als Apperzeption. Adler setzte das Unbewußte mit dem Begriff des Lebensstils gleich. Er schrieb ihm eine schöpferische Kraft zu, dessen Entstehung bereits am Ende des 1. Lebensjahres einsetzt. Der Lebensstil, so Witte (1991), läßt sich als eine unbewußte Bewegung verstehen, für die das Kind in seinem Frühstadium »weder eine zureichende Sprache noch zureichende Begriffe hat. Wächst es in seinem Sinne weiter, dann wächst es in einer Bewegung, die niemals in Worte gefaßt wurde, daher unangreifbar für Kritik, auch der Kritik der Erfahrung entzogen ist« (Adler 1933, 1973). Mit anderen Worten, die Ich-Entwicklung setzt bereits so früh an, daß sie ganz unmöglich unser Fühlen und Wirken kognitiv erfassen, kontrollieren oder steuern kann. Die vielschichtigen Entwicklungseinflüsse werden nach Adler gegen Ende der Säuglingszeit, »wo das Kind selbständige, zielsichere Handlungen vollbringt, die nicht bloß auf Triebbefriedigung gerichtet sind, wo es seinen Platz in der Familie einnimmt und sich in seiner Umgebung einrichtet, bereits Fertigkeiten, psychische Gesten und Bereitschaften« besitzt, in eine gemeinsame Struktur der Ich-Findung zusammengefügt. Auch wenn Adler die einzelnen Teilfunktionen, Komplexe und Subsysteme einem Einheitsprinzip unterordnet, lassen sich Selbstrepräsentanzen, Objektbeziehungen, Objektrepräsentanzen, Ich-Funktionen und Affekte in seinem Modell der Ich-Struktur differenzieren (Witte 1991). Entsprechend formuliert Huttanus (1992a), daß die je nach Indikation in der analytischen Therapie erforderliche primäre Ich-Förderung oder selbstwertstabilisierende Arbeit notwendig sein kann, aber nicht allein ausreicht, da jeder sogenannte Frühgestörte auch intrapsychische Konflikte aufweist: »Ob man nun frühe Konflikte als Ursache für Defizite, oder umgekehrt, oder beides als zwei Seiten einer Sache betrachtet, die Konflikte haben im Lebensstil eine funktionelle Autonomie erlangt und verzehren Energie. Insofern ist Konfliktbearbeitung und Trauerarbeit übrigens auch Ich-fördernd und ermutigend, indem sie gebundene Energie freisetzt«.

## 4. Die Individualpsychologie und ihre Beziehung zum psychoanalytischen Mainstream

Welche Vorstellungen entwickeln jüngere individualpsychologische Arbeiten zur Theorie des psychoanalytischen Prozesses? Datler (1987, 1991a) versucht, eine Vermittlung beider Schulen bzw. die Aufhebung ihrer theoretischen Differenzen über eine gemeinsame Theorie des therapeutischen Prozesses vorzunehmen, und bezieht sich hierbei auf das zentrale Moment des »Erinnerns«. Als wesentlichen Faktor für den analytischen Heilungsprozeß betrachtet Datler die Veränderungen von Apperzeptionstendenzen. Unter Apperzeption versteht Datler sämtliche Weisen des Wahrnehmens, Einschätzens, Empfindens, Beurteilens von Selbst und Welt. Inhalte von Apperzeptionen sind demnach Phantasien, Vorstellungen, Erinnerungen ebenso wie Gefühle, Wünsche, Prognosen etc., und zwar – wie er ausdrücklich betont – bewußter als auch unbewußter Art (Figdor 1992). Datler versteht den analytischen Prozeß als eine Veränderung dieser Apperzeptionstendenzen, bis es dem Patienten möglich wird, sein Leben in zufriedenstellender Weise auszugestalten. Notwendig hierzu ist, daß es dem Patienten durch Wohlwollen und Abstinenz gelingt, sich selbst, die analytische Beziehung sowie außeranalytische Situationen in neuer Weise wahrzunehmen, einzuschätzen und zu erleben: »Der Patient verspürt in bewußter und unbewußter Weise neue bzw. intensivere Ängste, Befürchtungen, Wünsche, Schuldgefühle, die entsprechende Abwehr und Sicherungstendenzen nach sich ziehen; gleichzeitig fühlt er sich aber auch in bewußter wie unbewußter Weise ermutigt, auf einzelne Abwehrtendenzen zu verzichten und neue Facetten seines Selbst- und Fremd-erlebens wahrzunehmen«. Analytiker und Patient erkunden im Prozeß des sogenannten »Aufdeckens von Unbewußtem«, in welchen unbewußten Apperzeptionstendenzen bestimmte manifeste Erlebnisinhalte und Handlungen wurzeln könnten. Hierbei kommt den Rückerinnerungen im analytischen Prozeß insofern eine spezifische Bedeutung zu, als sie dem Patienten zu einem evidenten Eindruck über die Art seines Gewordenseins verhelfen und ihn dazu anregen, Wünsche und Vorstellungen über mögliche künftige Veränderungen auszubilden und zu verfolgen. Nach Datler werden je nach Intensität des analytischen Prozesses neue Apperzeptionstendenzen in dreierlei Hinsicht ausgebildet: Erstens wird beständig am Neuerleben, Neueinschätzen usw. von außeranalytischen Situationen gearbeitet; zweitens werden bestimmte neue Apperzeptionen bezüglich der analytischen Situation selbst ausgebildet; und drittens findet ein ständiges Ringen um eine möglichst evidente Verknüpfung zwischen der Apperzeption außeranalytischer und der Apperzeption inneranalytischer Momente statt. Es geht Datler um dieses dichte Apperzeptionsgefüge, das zu neuen Begegnungen mit sich und der Umwelt führt und den eigentlichen Wirkfaktor in der Therapie darstellt. Hierbei hat es sich als sehr fruchtbar erwiesen, individualpsychologische Theorien der Apperzeption mit psychoanalytischen Erwägungen zum Konzept der Selbst- und Objektrepräsentanzen zu verknüpfen, und er beschreibt die Erfahrungen seiner Wiener Arbeitsgruppe wie folgt:

- »Wir begannen, die Kontroverse zwischen Freud und Adler neu zu lesen, und entdeckten vor dem Hintergrund jüngerer Theorieentwicklungen Möglichkeiten einer theoretisch haltbaren Verknüpfung zwischen Narzißmus und Objektbeziehungstheorie und denken, bald auch Anmerkungen zu einer weiteren Vermittlung mit Trieb- und Selbsttheorie vorlegen zu können.
- Wir stießen auf (uns bisher verborgen gebliebene) Möglichkeiten, die psychopathologischen Kategorien einer Neurose und der Persönlichkeitsentwicklungsstörung in eine übergreifende Rahmentheorie einzubetten.
- Wir fanden uns im Anschluß daran mit neuen Fragen der psychoanalytischen Diagnostik sowie mit einigen Versuchen konfrontiert, in unserer Theorie des psychoanalytischen therapeutischen Prozesses auf die Frage nach der Bedeutung von Einsicht mit der Frage nach dem Stellenwert zu verknüpfen, dem die erlebte Objektbeziehung zwischen Analytiker und Analysand im therapeutischen Prozeß zukommt.
- Wir begannen, im Zusammenhang mit diesen Überlegungen zur Theorie des therapeutischen Prozesses das Verhältnis zwischen Therapie und Pädagogik in neuer und differenzierterer Weise zu diskutieren, und stießen auf Thesen, die wir mit Erfolg in die augenblicklichen Bemühungen um eine österreichische Psychotherapiegesetzgebung einbringen konnten
- und wir entdeckten neue Perspektiven, als wir über die Grenzen der Psychoanalyse hinausblickten und Überlegungen zur schulübergreifenden vergleichenden Psychotherapieforschung anstellten« (Datler 1991b, 35).

In einer Antwort auf Datlers (1991b) Beitrag fragt Figdor (1992): Was kann das Konzept der Apperzeptionstendenzen der Psychoanalyse bieten? Figdor sieht hierin einen Versuch der Individualpsychologie, die Dynamik des Unbewußten wiederzugewinnen und damit eine begriffliche Brücke zur Psychoanalyse zu schlagen. Als zentraler Baustein einer psychoanalytischen Prozeßtheorie bliebe das Konzept der Apperzeptionstendenzen jedoch zu allgemein. Die Arbeiten von Datler und Figdor brachten jedoch eine für die

Individualpsychologie wichtige Diskussion um eine Theorie des analytischen Prozesses in Gang, auf die Huttanus (1992a), Lehmkuhl (1992), Presslich-Titscher (1992) und Tenbrink (1992a) antworteten.

## 5. Wie hält es die Individualpsychologie mit der Übertragung?

Adler ging – wie eingangs dargestellt – von einer negativen Beziehung bzw. Übertragung aus, wobei der Arzt hierdurch »die günstige Gelegenheit hat, auch von diesem Symptom her die Persönlichkeit seines Patienten zu begreifen« (Adler 1920). Adler lehnte den eng gefaßten klassischen Übertragungsbegriff, der von einer Wiederholung früher Triebbedürfnisse ausgeht, ab. Nach Heisterkamp (1983, 1986) stellen Begriffe wie Widerstand, Übertragung und Gegenübertragung Teilaspekte eines komplexen Beziehungsgeschehens dar, wobei es auf eine ganzheitliche Erfassung dieser interaktionalen Wirkungszusammenhänge ankommt. Für Kruttke-Rüping (1986) kann es aufgrund der unterschiedlichen psychischen Störungsmuster in der Individualpsychologie kein einseitiges Verhältnis von Übertragung, Gegenübertragung und Widerstand geben: »Es kann und sollte nicht heißen, entweder versagende oder gewährende Haltung, nicht entweder Einsicht oder korrigierende emotionale Erfahrung ... Ebenso wenig kann und sollte es eine prinzipielle Frage sein, ob man am Mangelerleben ansetzt, oder an den Irrtümern; ob man Übertragung rasch durch Deutungen auflöst, oder Übertragung anwachsen läßt, oder eine bestimmte Übertragung induziert; ob man Widerstände zu umgehen versucht, oder, der besseren Deutbarkeit wegen, verstärkt. Jede dieser therapeutischen Maßnahmen oder Haltungen kann mal angemessen, mal unangemessen und durchaus schädlich sein« (Kruttke-Rüping 1986, 22). Daß im analytischen Prozeß Einsichten vermittelt werden können, ist nur möglich, weil sich in der Übertragung zum Therapeuten ein Stück verdrängter, ödipaler Vergangenheit reinszeniert, das sich dem Erinnern entzogen hatte. Das Deuten der Widerstände ermöglicht dem Verdrängten den Zugang zum Bewußtsein und damit seine allmähliche Integration ins Selbstbild. Hierbei kommt nach neueren psychoanalytischen Therapiekonzepten der »Erfahrung« eine konstitutive Bedeutung für den analytischen Prozeß zu (Lehmkuhl 1989). Adler formulierte 1932: »Unsere Aufgabe ist es, was unbegrifflich in ihm (dem Patient) gesteckt hat, begrifflich zu machen (1932, 260)«. Tenbrink (1992b) faßt die individualpsychologische Diskussion um ein Konzept analytischer Kompetenz dahingehend zusammen, daß sie nicht primär in der Erfassung und Vermittlung von unbewußten Bedeutungen zu suchen sei: »Entscheidend ist vielmehr die Fähigkeit, die analytische Situation konsequent als ein intersubjektives Feld zu verstehen und mittels einer empathischen Wahrnehmungseinstellung immer wieder die Herstellung von intersubjektiven Einverständnissen – unter der Voraussetzung ungleicher Ausgangsbedingungen zwischen Analysand und Analytiker – zu ermöglichen« (50). Heisterkamp hatte dieses Phänomen mit dem Begriff der »Wirkungseinheit« bezeichnet und damit die klassische Sichtweise des Übertragungsbegriffs erweitert. Hier ergeben sich deutliche Konvergenzen mit einer konsequent sozialwissenschaftlichen Konzeption der Übertragung, wie sie z.B. Thomä fordert, der davon ausgeht, daß »ein Affekt oder eine Wahrnehmung stets in einem augenblicklichen Kontext entsteht, auch wenn hierbei unbewußte Schemata oder Klischees im Sinne Freuds wirksam und übertragen werden. Daraus leitet sich der Typus der aktualgenetischen Deutung ab, bei der die Auslöser der Übertragung durch den Analytiker, das Sprechzimmer und das Setting, Sitzen, Liegen etc. als plausible oder realistische Wahrnehmungen einbezogen werden« (1991, 9). Thomä's Plädoyer für ein Verständnis der Übertragung, das vom Hier und Jetzt ausgeht, findet durch die Aussage von Huttanus, »daß die Gegenübertragungsanalyse außerdem notwendig ist und Material liefert, um nicht nur das Dort und Damals von Kindheitserinnerungen, sondern das Hier und Jetzt der Beziehung als lebensstiltypische Wiederbelebung notwendig erscheinender, aber anachronistischer Bewältigungsformen zu bearbeiten« eine individualpsychologische Entsprechung. Schulenübergreifend wird mehr und mehr das interaktionelle Verständnis des Übertragungs-Gegenübertragungs-Geschehens akzeptiert, wodurch die Bedeutung der Gegenübertragungsanalyse umso schwerer wiegt, da sich die Gewißheit einer »richtigen« Deutung relativiert (Lehmkuhl 1989, Huttanus 1992b).

## 6. Zusammenfassung und Ausblick

Wie dargestellt, orientiert sich die aktuelle Weiterentwicklung der individualpsychologischen Theorie überwiegend am frühen Adler und hierbei insbesondere an Konzepten des Aggressionstriebes, des Zärtlichkeitsbedürfnisses, der Ich-Entwicklung und der Apperzeption.

Die Notwendigkeit hierzu leitet sich aus dem Bemühen ab, ein besseres Verständnis früher Störungen zu erreichen, die sich als Folge der mangelnden Entwicklung eines positiven Selbst und einer unzulänglichen Befriedigung frühkindlicher Bedürfnisse verstehen lassen. Hierbei konnte eine wichtige Brücke zwischen Individualpsychologie und Psychoanalyse hergestellt werden: Adler baute einerseits auf Freudschen triebpsychologischen Grundlagen auf, andererseits betonte er die eigenständige Bedeutung des Aggressionstriebes und strebte mit seinen Konzepten der Organminderwertigkeit und Kompensation eine Gesamttheorie des Psychischen an (Datler 1983,

1985; Günther 1993). Diesen Anspruch konnte Adler jedoch nicht verwirklichen, so daß Datlers Rahmenentwurf (1991a, 1992a) eine besondere Bedeutung zukommt.

Cremerius (1982) betrachtet es als Ironie, daß die Dissidentenbewegung z.B. von Adler eine Liberalisierung der orthodoxen Psychoanalyse proklamierte, aber »unter der Fahne von Freiheit, Humanität und Sozialismus geradezu in eine Anpassungspsychologie hineinmarschierte«. Eine solche Beurteilung verleugnet die wichtigen theoretischen Impulse, die durch die Trennung Adlers von Freud ausgingen und schafft Abgrenzung und Feindbilder (Rohde-Dachser 1990). Wenn Bräutigam (1987) einer jungen Generation von Psychoanalytikern Mut machen möchte, sich von orthodoxen Traditionen, beqemem Konformismus und Gruppenzwang im Interesse einer neuen Identität zu befreien, dann fühlen sich auch Individualpsychologen angesprochen: »Diese Identität liegt vor allem in der Aufgabe und Möglichkeit, den seelisch Leidenden mit Hilfe der Psychoanalyse nicht nur umfassender zu verstehen, als er sich selbst versteht, sondern sich mit ihm zu verständigen, mit ihm in eine therapeutische Kommunikation zu treten. Dazu gehört nach meiner Auffassung, daß die überkommenen Konstrukte wie die Libidotheorie, der Sexualitätsbegriff, der Antagoniusmus von Trieb und Kultur, der widerspruchsvolle Begriff Unbewußtes, der Übertragungsbegriff und manches andere nicht als zeitlose Wahrheiten genommen werden. Ihre neue theoretische Konzeptualisierung müßte vor dem Hintergrund der seelisch kranken Menschen unserer Zeit und mit dem Wissen sowohl der Psychoanalyse wie auch anderer benachbarter Disziplinen als eine fragwürdige Aufgabe gesehen und mit neuen Inhalten gefüllt werden«.

Abschließend sei auf Kernbergs (1994) Artikel »Der gegenwärtige Stand der Psychoanalyse« verwiesen, indem er zur Theorienvielfalt Stellung nimmt und schreibt: »Ich halte die wissenschaftliche Erforschung der Implikationen dieser Theorien für die psychoanalytische Methodologie für wichtig und glaube, daß sich langfristig, in einer Entwicklungsspirale des wissenschaftlichen Erkennens, neue Integrationen von psychoanalytischen Theorien mit neuen Fragen bezüglich dieser Integration ergeben werden«. Nach langer Zeit der Abstinenz versuchen auch Individualpsychologen hierzu ihren Beitrag zu leisten.

## Literatur:

Adler, A. (1907): Studie über die Minderwertigkeit von Organen. Frankfurt 1977 (Fischer)

Adler, A. (1908): Der Aggressionstrieb im Leben und in der Neurose. Zuerst in: Fortschritte der Medizin 26, 577–584, 1908. In: Heilen und Bilden 1914, S. 23–27. Frankfurt 1973, S. 53–62 (Fischer)

Adler, A. (1912): Über den nervösen Charakter. Frankfurt 1977 (Fischer)
Adler, A. (1920): Theorie und Praxis der Individualpsychologie. Frankfurt 1974 (Fischer)
Adler, A. (1928): Kurze Bemerkungen über Vernunft, Intelligenz und Schwachsinn. Int.Z.Individualpsychol. 6: 267–272
Adler, A. (1932): Psychotherapie und Erziehung. Bd. II. Frankfurt 1982 (Fischer)
Adler, A. (1933): Der Sinn des Lebens. Frankfurt 1973 (Fischer)
Ansbacher, H.L. (1987): Alfred Adlers Unterscheidung zwischen Psychoanalytischer Methode und Freudscher Theorie. Z.f.Individualpsychol. 12: 233–243
Ansbacher, H.L. (1992): Alfred Adler und die drei Perioden von Freuds Entwicklung. In: Ahrens, T., Lehmkuhl, U. (Hrsg.): Methoden und Prozeß individualpsychologischer Therapie und Beratung. Beiträge zur Individualpsychologie, Bd. 15, S. 121–137, München 1992 (Reinhardt)
Ansbacher, H.: (1994): Alfred Adlers Beschreibung des Falles Varslav Nijinski im Lichte gegenwärtiger diagnostischer Standards. Z.f.Individualpsychol. 19: 63–64
Antoch, R.F. (1980): Das Unbewußte und die Einheit des Lebensstils bei Adler. Z.f.Individualpsychol 5: 9–31
Antoch, R.F. (1987): Die Individualpsychologie als eigenständige Theorie und zeitgenössische psychoanalytische Praxis. Z.f.Individualpsychol. 12: 258–274
Bräutigam, W. (1987): Zur gegenwärtigen Situation der Psychoanalyse. In: Rudolf, G., Rüger, U., Studt, H.H. (Hrsg.): Psychoanalyse der Gegenwart. Göttingen 1987 (Vandenhoeck & Ruprecht)
Bruder-Bezzel, A. (1983): Alfred Adler. Die Entstehungsgeschichte einer Theorie im historischen Milieu Wiens. Göttingen 1983 (Vandenhoeck & Ruprecht)
Bruder-Bezzel, A. (1991): Die Geschichte der Individualpsychologie. Frankfurt 1991 (Fischer)
Bruder-Bezzel, A. (1993): Zur Therapie(technik) in der Frühzeit der Individualpsychologie. Vortrag 19. Intern. Kongreß für Individualpsychol. 1.–5.8.1993, Budapest
Bruder-Bezzel, A., Kühn, R., Witte, K.H. (1989): Alfred Adler. Kritische Werkausgabe. Pilotausgabe. Der Aggressionstrieb im Leben und in der Neurose. Deutsche Gesellschaft für Individualpsychologie, München 1989
Bruder-Bezzel, A., Kühn, R., Witte, K.H. (Hrsg.) (1994): Alfred Adler: Über den nervösen Charakter. Grundzüge einer vergleichenden Individual-Psychologie und Psychotherapie. Historisch-kritische Ausgabe mit Kommentar. Privatdruck München
Cremerius, J. (1979): Gibt es zwei psychoanalytische Techniken? Psyche 33: 577–599
Cremerius, J. (1982): Die Bedeutung der Dissidenten für die Psychoanalyse. (Psychoanalyse – jenseits von Orthodoxie und Dissidenz). Psyche 36: 481–514
Cremerius, J. (1984): Freud bei der Arbeit über die Schulter geschaut. – Seine Technik im Spiegel von Schulen und Patienten. In: Cremerius, J.: Vom Handwerk des Psychoanalytikers: Das Werkzeug der psychoanalytischen Technik. Bd. 2, S. 326–363, Stuttgart 1984 (Frommann-Holzboog)
Datler, W. (1985): Libido- oder Selbstwerttheorie? Z.f.Individualpsychol. 10: 106–117
Datler, W. (1987): 50 Jahre nach Adlers Tod: Die Individualpsychologie auf dem Weg zu einer allgemeinen Verständigungsbrücke zwischen verschiedenen psychotherapeutischen Schulen. Z.f.Individualpsychol. 12: 275–283
Datler, W. (1991a): Apperzeption, Wiedererinnern und Neubeginn: Auf dem Weg zu einer Theorie des psychoanalytischen Prozesses. Z.f.Individualpsychol. 16: 247–259
Datler, W. (1991b): Was wir ererbt von unser'n Vätern. Ein Plädoyer für Ambivalenz in unserer Beziehung zu Alfred Adler. Z.f.Individualpsychol. 16: 29–38
Datler, W. (1992a): Allgemeine Rahmentheorie, individualpsychologische Identität und Spezialfal im Detail: Auf dem Weg zu einer Theorie des psychoanalytischen Prozesses II. Z.f.Individualpsychol. 17: 183–197

Datler, W. (1992b): Deutung »in die Beziehung« und »Deutung der Beziehung«? Einige kritische Anmerkungen zum psychoanalytisch-therapeutischen Prozeßdenken in der Individualpsychologie. In: Ahrens, T., Lehmkuhl, U. (Hrsg.): Methoden und Prozeß individualpsychologischer Therapie und Beratung. Beiträge zur Individualpsychologie, Bd. 15. München 1992, S. 174–186 (Reinhardt)

Ellenberger, H. F. (1985): Die Entdeckung des Unbewußten (1973). Zürich 1985 (Diogenes)

Ermann, M. (1986): Identität und Geschichte. Forum Psychoanal. 2: 69–70

Ermann, M. (1994): Ferenczis Umgang mit der Regression. Psyche 48: 706–719

Figdor, H. (1992): Wie analytisch ist die »Apperzeption«? Z.f.Individualpsychol. 17: 171–182

Fortune, C. (1994): Ferenczi und »R. N.« – ein Experiment. Psyche 48: 683–705

Freud, S. (1913): Zur Einleitung der Behandlung. G. W. Bd. 8, Frankfurt 1960 (Fischer)

Freud, S. (1933): Neue Folge der Vorlesung zur Einführung in die Psychoanalyse. G. W., Bd. 15, Frankfurt 1960 (Fischer)

Günther, K. B. (1993): Die Stellung der individualpsychologischen Psychotherapien im Rahmen der psychoanalytischen Psychotherapie. Vortrag 19. Intern. Kongreß für Individualpsychol. 1.–5.8.1993, Budapest

Handlbauer, B. (1984): Die Entstehungsgeschichte der Individualpsychologie Alfred Adlers. Wien Salzburg 1984 (Geyer-Edition)

Heisterkamp, G. (1983): Psychotherapie als Beziehungsanalyse. Z.f.Individualpsychol. 8: 86–105

Heisterkamp, G. (1986): Übertragng, Gegenübertragung und Widerstand als Teilaspekte der Therapeut-Patient-Beziehung. In: Mohr, F. (Hrsg.): Zur Patient-Therapeuten-Beziehung. Beiträge zur Individualpsychologie, Bd. 7. München 1986, S. 33–43 (Reinhardt)

Heisterkamp, G. (1991): Freude und Leid frühkindlicher Lebensbewegungen. Empirische Säuglingsforschung und tiefenpsychologische Entwicklungstheorien. In: Ahrens, T., Lehmkuhl, U. (Hrsg): Beiträge zur Individualpsychologie, Bd. 14. Entwicklung und Individuation. München 1991, S. 24–41 (Reinhardt)

Hillman, J. (1986): Die Heilung erfinden. Eine Psychotherapeutische Poetik. Zürich 1986 (Schweizer Spiegel)

Huttanus, A. (1987): Zum Konflikt im Allgemeinen und zum Konflikt in der Individualpsychologie um das Konflikt-Konstrukt im Besonderen. Z.f.Individualpsychol. 12: 160–173

Huttanus, A. (1992a): Beitrag zu der aktuellen Diskussion um die IP-Identität im allgemeinen und den Wirkfaktoren in der analytischen Beziehung im besonderen. Z.f.Individualpsychol. 17: 209–214

Huttanus, A. (1992b): Grundzüge analytischen Arbeitens. In: Ahrens, T., Lehmkuhl, U. (Hrsg.): Methoden und Prozeß individualpsychologischer Therapie und Beratung. Beiträge zur Individualpsychologie, Bd. 15, München 1992, S. 34–39 (Reinhardt)

Jacoby, R. (1985): Die Verdrängung der Psychoanalyse oder Der Triumph des Konformismus. Frankfurt 1985 (Fischer)

Janus, L. (1986a): Zur Geschichte der psychoanalytischen Behandlungstechnik. Forum Psychoanal. 2: 1–19

Janus, L. (1986b): Zur verdeckten Tradition Adlers durch Schultz-Hencke. Z.f.Individualpsychol. 11: 148–160

Janus, L. (1987): Entwicklungen in der Konzeption des psychoanalytischen Prozesses im Verlauf der Geschichte der Psychoanalyse. In: Rudolf, G., Rüger, U., Studt, H. H: (Hrsg.): Psychoanalyse der Gegenwart. Göttingen 1987, S. 163–180 (Vandenhoeck & Ruprecht)

Junker, H. (1992): Zu einem erweiterten psychoanalytischen Verständnis der »Protokolle« – ein Zwischenbericht. In: Federn, E., Wittenberger, G. (Hrsg.): Aus dem Kreis um Sigmund Freud. Zu den Protokollen der Wiener Psychoanalytischen Vereinigung. Frankfurt 1992 (Fischer)

Kernberg, O. F. (1994): Der gegenwärtige Stand der Psychoanalyse. Psyche 48: 483–508

Kruttke-Rüping, M. (1986): Übertragung, Gegenübertragung, Widerstand – Versuch einer Bestandsaufnahme. In: Mohr, F. (Hrsg.): Zur Patienten-Therapeuten-Beziehung. Beiträge zur Individualpsychologie, Bd. 7, München 1986, S. 9–23 (Reinhardt)

Kruttke-Rüping, M. (1992): Methoden und Verläufe im analytischen Prozeß bei frühen, defizitären Störungen. In: Ahrens, T., Lehmkuhl, U. (Hrsg.): Methoden und Prozeß individualpsychologischer Therapie und Beratung. Beiträge zur Individualpsychologie, Bd. 15, München 1992, S. 138–160 (Reinhardt)

Lang, H.-J. (1994): Die Baby-Watcher (Teil I u. II). Z.f.Individualpsychol. 19: 83–103 u. 214–227

Langs, R. (1989): The technique of psychoanalytic psychotherapy. Vol. I. J. Arouson Inc., London

Lehmkuhl, G. (1992): Zur Theorie des psychoanalytischen Prozesses. Editorial. Z.f.Individualpsychol. 17: 169–170

Lehmkuhl, G., Gröner, H. (1994): Register der deutschsprachigen individualpsychologischen Periodika (1914–1992). München 1994 (Reinhardt)

Lehmkuhl, G., Lehmkuhl, U. (1991): Die Bedeutung neuer entwicklungspsychologischer Ergebnisse für die Individualpsychologie. In: Ahrens, T., Lehmkuhl, U. (Hrsg.): Beiträge der Individualpsychologie, Bd. 14. Entwicklung und Individuation. München 1991, S. 103–114 (Reinhardt)

Lehmkuhl, G., Lehmkuhl, U. (1993): Charakterbildung und Selbsterziehung. Zur Bedeutung der Selbstanalyse bei Freud und Adler. Z.f.Individualpsychol. 18: 179–195

Lehmkuhl, G., Lehmkuhl, U. (1994): Aggressionstrieb und Zärtlichkeitsbedürfnis. Zur Dialektik früher individualpsychologischer Konstrukte. In: Wiesse, J. (Hrsg.): Aggression am Ende des Jahrhunderts. Göttingen 1994, S. 43–61 (Vandenhoeck & Ruprecht)

Lehmkuhl, U. (1989): Wie läßt sich Einsicht vermitteln? Zur Methode und Wirkung von Deutungen. Z.f.Individualpsychol. 14: 227–233

Lehmkuhl, U., Lehmkuhl, G.(1987a): Der Beitrag der Individualpsychologie Alfred Adlers zum Verständnis der frühen Störungen. Prax.Psychother.Psychosom. 32: 119–127

Lehmkuhl, U., Lehmkuhl, G. (1987b): Editorial zum 50. Todesjahr von Alfred Adler. Prax.Psychother.Psychosom. 43: 115–118

Maurer, F. (Hrsg.) (1981): Lebensgeschichte und Identität. Frankfurt 1981 (Fischer)

Meissner, W.W. (1972): Notes on identification III. The concept of identification. Psychoanal. Quart. 41: 224–240

Mitscherlich, A. (1963): Auf dem Weg zur vaterlosen Gesellschaft. München 1963 (Piper)

Müller-Pozzi, H. (1985): Identifikation und Konflikt. Die Angst vor Liebesverlust und der Verzicht auf Individuation. Psyche 39: 877–904

Nunberg, H., Federn, E. (Hrsg.) (1976–1979): Protokolle der Wiener Psychoanalytischen Vereinigung. Bd. I: 1906–1908, Bd. II: 1908–1910, Bd. III: 1910–1911. Frankfurt 1976–1979 (Fischer)

Presslich-Titscher, E. (1992): Antwort auf die Stellungnahmen von Alwin Huttanus und Dieter Tenbrink. Z.f.Individualpsychol. 17: 198–200

Reichmayr, J. (1990): Spurensuche in der Geschichte der Psychoanalyse. Frankfurt 1990 (Nexus)

Rohde-Dachser, Ch. (1990): Feindbilder in der Psychoanalyse und in psychoanalytischen Gesellschaften. Forum Psychoanal. 6: 135–146

Schmidt, R. (1985): Neuere Entwicklungen der Individualpsychologie im deutschsprachigen Raum. Z.f.Individualpsychol. 10: 226–236

Schmidt, R. (1986): Einige Nachbemerkungen zu »Neuere Entwicklungen der Individualpsychologie im deutschsprachigen Raum«. Z.f.Individualpsychol. 11: 124–128

Schmidt, R. (1987): Die Entwicklung der Individualpsychologie im deutschsprachigen Raum nach dem Zweiten Weltkrieg. Z.f.Individualpsychol. 12: 224–257

Schmidt, R. (1989): Die Individualpsychologie Alfred Adlers und die neueren Entwicklungen der Psychoanalyse. Z.f.Individualpsychol. 14: 33–47

Tenbrink, D. (1985): Persönlichkeit als zielgerichtete Einheit und das Konzept vom intrapsychischen Konflikt. Z.f.Individualpsychol. 10: 44–56

Tenbrink, D. (1989): Zum Verständnis der persönlichen Finalität in der Neurose bei Adler und Künkel. Z.f.Individualpsychol. 14: 3–16

Tenbrink, D. (1992): Anmerkungen zu den Beiträgen von Titscher: Individualpsychologen als Psychoanalytiker: »Sind individualpsychologische Analysen Psychoanalysen?« und von Datler: »Apperzeption, Wiedererinnern und Neubeginn: Auf dem Weg zu einer Theorie des psychoanalytischen Prozesses«. Z.f.Individualpsychol. 17: 201–208

Tenbrink, D. (1992): Merkmale analytischer Kompetenz aus interaktionaler Sicht. In: Ahrens, T., Lehmkuhl, U. (Hrsg.): Methoden und Prozeß individualpsychologischer Therapie und Beratung. Beiträge zur Individualpsychologie, Bd. 15. München 1992, S. 40–53b (Reinhardt)

Thomä, H. (1977): Identität und Selbstverständnis des Psychoanalytikers. Psyche 31: 1–42

Thomä, H. (1986): Psychohistorische Hintergründe typischer Identitätsprobleme deutscher Psychoanalytiker. Forum Psychoanal. 2: 59–68

Thomä, H. (1991): Was hat sich in meinem Verständnis des psychoanalytischen Prozesses seit den 60er Jahren gewandelt? Prax.Psychother.Psychosom. 36: 2–11

Thomä, H., Kächele, H. (1985): Lehrbuch der psychoanalytischen Therapie. Bd. 1, Grundlagen. Berlin 1985 (Springer)

Titscher, E. (1987): Gibt es noch schulspezifische Unterschiede in den analytischen Behandlungen. Z.f.Individualpsychol. 12: 91–97

Wengler, B. (1994): Eine Psychotherapie Alfred Adlers: Anton Weber als Patient. Z.f.Individualpsychol. 19: 38–50

Wiegand, R. (1990a): Organisierte Menschenkenntnis. Z.f.Individualpsychol. 15: 2–16

Wiegand, R. (1990b): Alfred Adler und danach. München 1990 (Reinhardt)

Witte, K.H. (1988): Das schielende Adlerauge – oder wie Alfred Adler die Schätze seiner ursprünglichen Theorie übersah. Z.f.Individualpsychol. 13: 16–25

Witte, K.H. (1991): Wie wurde ich, der ich bin? Alfred Adlers Lehre von der Ichbildung. In: Ahrens, T., Lehmkuhl, U. (Hrsg.): Entwicklung und Individuation. Beiträge zur Individualpsychologie. Bd. 14. München 1991 (Reinhardt)

Witte, K.H. (1994): Alfred Adler als Redaktor seiner Falldarstellungen. Eine textkritische Analyse von Adlers Redaktionsarbeit bei den Neuauflagen seines Hauptwerkes »Über den nervösen Charakter«. Z.f.Individualpsychol. 19: 20–37

*) Eine systematische Literaturzusammenstellung findet sich bei Mosak, H.H., Mosak, D.: Bibliography for Adlerian Psychology. Vol. I u. II. Hemisphere Pub. Washington 1975, 1985 sowie in dem von G. Lehmkuhl und H. Gröner herausgegebenen Registerband, der die deutschsprachige individualpsychologische Periodika (1914–1922), die zeitliche Auflistung der Aufsätze der Internationalen Zeitschrift für Individualpsychologie (1914–1951), die Zeitschrift für Individualpsychologie (1976–1991) und die Beiträge zur Individualpsychologie (Band 1–15, 1978–1992) enthält.

*Ludwig Janus*

# Kreative Anregungen aus dem behandlungstechnischen Werk Otto Ranks

## Einleitung

Das behandlungstechnische Werk Otto Ranks ist in einer merkwürdig vollständigen Weise der Vergessenheit anheim gefallen, obwohl Otto Rank anerkannter Maßen einer der wichtigsten Schüler Freuds war, und entscheidende Beiträge zur Psychoanalyse geleistet hat. Es ging bei dem Konflikt mit Freud, der sein Ausscheiden aus der Mainstream-Psychoanalyse zur Folge hatte, wesentlich um die entwicklungspsychologische Bedeutung der frühen Mutterbeziehung im Vergleich zu der des ödipalen Konfliktes. Rank ist darum auch nicht im eigentlichen Sinne ein Dissident, insofern er, wie ihm auch Freud bestätigte, niemals den Boden der Grundannahmen der Psychoanalyse verlassen hat, sondern nur die eigenständige Bedeutung der vorsprachlichen Beziehungswelt artikulierte. Dies bedeutete behandlungstechnisch, daß in diesem Bereich das Erleben als Wiedererleben und zu Ende erleben im »analytischen Erlebnis« wie Ferenczi und Rank (1924) es formulierten, ins Zentrum trat, während in der damaligen Psychoanalyse das Deuten die Leitlinie war.

Nun haben sich viele Gesichtspunkte Ranks über die verschiedenen Objektbeziehungs- und Narzißmustheorien in der späteren Entwicklung der Psychoanalyse in weitem Ausmaß durchgesetzt. Doch kann die Beschäftigung mit dem Werk Ranks dennoch in mehrfacher Weise anregend sein. Das wichtigste ist wohl, daß der unbefangene Blick des Erstentdeckers eine ganzheitliche Wahrnehmung und Erfassung der verschiedenen Ebenen der frühen Muttererfahrung ermöglichte, die später im Kampf verschiedenartiger Positionen nicht mehr realisiert werden konnte. Diese vollständigere Erfassung der frühen Muttersituation ermöglichte es ihm, auch die Wiederholung der frühen Erfahrung in der analytischen Situation als »analytisches Erlebnis« in einer ganzheitlichen Weise zu erfassen und zu beschreiben, wie er es in seinen drei Bänden »Technik der Psychoanalyse« (1926, 1929a, 1931) getan hat.

Rank entwickelte seine Konzeption, daß der psychoanalytische Prozeß wesentlich auch durch eine Regression in die vorsprachliche Mutterbeziehung determiniert ist, in seiner Arbeit »Zum Verständnis der Libidoentwicklung im Heilungsvorgang« (1923). Eine praktische Illustration gab er in seiner Falldarstellung »Eine Neurosenanalyse in Träumen« (1924a). Die theoretischen Voraussetzungen der beobachteten Regressionstendenzen in die Realität der Mutterleibserfahrung und der Bedeutung der primären Trennungs- und Individuationserfahrung der Geburt gab er in seinem Buch »Das Trauma der Geburt« (1924b). Die heftige Reaktion auf dieses Buch (s. a. Freud 1926 und Rank 1926b) war wohl der Anlaß, die neuen Gesichtspunkte noch einmal grundlegend darzustellen. Dies tat er in seinem Buch »Die analytische Situation« (Band I der Technik der Psychoanalyse, 1926), wo er in einem ersten Teil die Auffassung der analytischen Situation als Wiederbelebung frühester Muttererfahrung systematisch erläutert und im zweiten Teil dann ausführliche kasuistische Beispiele und Illustrationen gibt.

Es war jedoch deutlich, daß die neuen Gesichtspunkte auch eine erweiternde Ergänzung der Entwicklungspsychologie zur Voraussetzung hatten, die er dann in »Grundzüge einer genetischen Psychologie« (1927) lieferte. Die Korrektur zu Freud ist in folgenden Sätzen zusammengefaßt: »Normalerweise kommt die Ödipussituation so zu stande, daß das Kind in dieser vorbereitenden Übergangsphase das Bild der versagenden, störenden Mutter auf den Vater verschiebt, wodurch die Mutter wieder ihre ursprüngliche Rolle als Libidoobjekt bekommt, während der Vater zum ausschließlichen Repräsentanten der sozialen Einschränkungen der Außenwelt wird. Freud hat im Sinne der Ödipusstufe in der Mutter immer nur das begehrenswerte Sexualobjekt gesehen, um dessen Besitz man mit dem Vater kämpft. Die »schlechte Mutter« hat er nie gesehen, sondern nur die spätere Verschiebung auf den Vater, der darum eine so überragende Rolle in seiner Theorie spielt« (Rank 1927, S. 44). Dieses von Rank meines Erachtens richtig gesehene Tabu Freuds um die frühe Mutter ist meiner Vermutung nach der Grund für die Unvollständigkeit der verschiedenen Narzißmustheorien von mit Freud und damit auch seiner Abwehr identifizierten Analytikern, die zwar in ihren Theorien den Bereich der vorsprachlichen Mutterbeziehung anvisieren, ihn jedoch dann immer nur in abstrahierenden Theoremen fassen können. Das fatale einer solchen Einengung der Sicht besteht darin, daß die kreativen und wandelnden Möglichkeiten gelebter Beziehung unzureichend gesehen sind.

Um theoretische und praktische Gesichtspunkte nicht miteinander zu vermischen, gibt er in »Wahrheit und Wirklichkeit – Entwurf einer Philosophie des Seelischen« (1929b) und »Seelenglaube und Psychologie« (1930) eine Darstellung seiner theoretischen und kulturpsychologischen Voraussetzungen. Eine besondere Bedeutung hat darin eine Konzeption des Willens als »bewußtgewordenere Repräsentanz des biologischen Lebenstriebes«. Eine Störung und Behinderung des ursprünglichen lebendigen Willens führt dann »schließlich durch Verleugnung des Eigenwillens zum Schuldbewußtsein« und zur Neurose. Die Psychoanalyse Freuds kritisiert er hier als widersprüchlich: »Als Therapie ist die Analyse optimistisch, glaubt sozusagen an das Gute im Menschen und an irgendeine Art von Erlösungsfähigkeit und -möglichkeit. In der Theorie ist sie pessimistisch: Der Mensch hat keinen Willen und keine Schöpferkraft, er wird vom Es getrieben und von den Über-Ich-Autoritäten gehemmt. Er ist unfrei und doch schuldig« (Rank 1929a, S. 36).

Direkt auf den ersten Seiten des »Traumas der Geburt« überfällt Rank den Leser mit seinen zentralen Einsichten: »Die »Wiedergeburtsphantasie« des Patienten erwies sich einfach als Wiederholung seiner Geburt in der Analyse, wobei die Lösung vom Libidoobjekt des Analytikers einer genauen Reproduktion der ersten Lösung vom ersten Libidoobjekt des Neugeborenen von der Mutter zu entsprechen schien ... der Patient wiederholt sozusagen biologisch in der analytischen Situation die Schwangerschaftsperiode und im Abschluß der Analyse, der neuerlichen Trennung vom Ersatzobjekt, den Geburtsakt meist in allen Einzelheiten getreu. Die Analyse erweist sich so letzten Endes als nachträgliche Erledigung des unvollkommen bewältigten Geburtstraumas« (Rank 1924b, S. 26).

Er glaubte, in seinen Analysen beobachtet zu haben, daß »... die theoretisch und therapeutisch noch gänzlich unbeeinflußten Analysanden von Anfang an die gleiche Tendenz zeigten, die analytische Situation vom ersten Augenblick mit der intrauterinen zu identifizieren. In einigen gleichzeitig begonnenen Fällen von ganz verschiedenem Charakter- bzw. Neurosentypus haben die Analysanden – gleicherweise Männer und Frauen – den Analytiker gleich zu Beginn in der unzweideutigsten Weise mit der Mutter identifiziert und sich selbst in ihren Träumen und sonstigen Reaktionen in die Situation des Ungeborenen zurückversetzt. Daraus ergibt sich, daß die eigentliche Übertragungslibido, die wir bei beiden Geschlechtern analytisch aufzulösen haben, die mütterliche ist, wie sie in der pränatal-physiologischen Bindung zwischen Mutter und Kind gegeben war« (Rank 1924b, S. 27f.). Mit diesem argumentativen Paukenschlag gewinnt Rank den Schub für die rasanten klinischen und kulturpsychologischen Ableitungen über die vielfältigen Erscheinungsweisen und Reproduktionen perinatalen Erlebens.

Sehr viel behutsamer gibt er sich in dem in der gleichen Zeit gemeinsam mit Ferenczi geschriebenen Buch über die »Entwicklungsziele der Psychoanalyse« (1924). Aus heutiger Sicht vorsichtig, aber für die damaligen Psychoanalytiker doch schon herausfordernd, vermittelt er, wie es in der Übertragung um die regressive Wiederbelebung vorsprachlicher Beziehungserfahrung geht, »um die Reproduktion von Situationen, die meist gar nie bewußt gewesen waren, sondern jenen Tendenzen und Impulsen entsprangen, die in der infantilen Entwicklung teilweise erlebt, aber sofort verdrängt wurden. Durch die Analyse der Übertragung gelingt es nun, diese in der Kindheit sozusagen kupierten Wunschregungen, die im Unbewußten weiter nach Erfüllung streben, während das Ich sie längst verworfen hat (neurotischer Konflikt) zum ersten Mal intensiv erleben zu lassen ...« (Ferenczi und Rank 1924, S. 13). Entsprechend der Vorsprachlichkeit der frühen Fixierungen kommt es in der therapeutischen Situation auf das »Erlebnismoment« an. Mit einiger Vehemenz kritisieren Ferenczi und Rank bei ihren damaligen Kollegen einen »Deutungsfantatismus«.

Die doch sehr heftige Reaktion auf die beiden Bücher verlangte nach weiteren Klärungen, die Rank in seinem Buch »Die analytische Situation« (1926) zu geben versuchte. Er schreibt: »So ist also die Übertragung das Kernproblem der analytischen Therapie ... Freud erkannte sie als Wiederholung ... wobei er dem Analytiker im wesentlichen die Rolle des Vaters zuteilt. Diese Auffassung Freuds vernachlässigt aber die prinzipielle Bedeutung der analytischen Situation ... Führt man nämlich die Übertragung der Frau im wesentlichen auf die Bedeutung des Analytikers als Vater zurück, so unterstreicht man damit zugleich die heterosexuelle Bindung der Patientin. Analysiert man die Übertragung des Mannes auf der Vaterstufe, so unterstreicht man damit die homosexuelle Bindung des Patienten. Beides führt zum Widerstand, der nur durch die Analyse in tieferen Schichten zu überwinden ist ... die analytische Situation ist im wesentlichen für die Libido des Patienten eine Muttersituation. Der Analytiker muß sie durch Analyse erst zu einer Vateranpassung erheben und schließlich darüber hinausgehend den Patienten auf sein eigenes Ich führen. Allgemeiner gesagt, bildet den Inhalt der von mir sogenannten »analytischen Situation« alles, im Verhältnis zur Person des Analytikers aktuell reproduzierte, im besonderen auf der präödipalen Mutterstufe ... Im allgemeinen beschränke man sich auf ein Minimum von Erklärungen ... sondern lasse den Patienten affektiv erleben und das Erleben verstehen ... Der Unterschied zwischen dem Abreagieren in der Katharsis und im »psychoanalytischen Erlebnis« in unserem Sinne ist der, daß man bei der Katharsis bestrebt war, die Affektabfuhr in unmittelbarem Zusammenhang mit der Auffrischung pathogener Erinnerungsspuren zu provozieren, während die analytische Technik die pathogen wirksamen Affekte in der analytischen Situation ablaufen läßt, und erst diese aktuellen Affektäußerungen dazu benutzt, um mit ihrer Hilfe die dramatisch wirksamen Momente der Vergangenheit zur spontanen Reproduktion und Erinnerung zu bringen« (Rank 1926, S. 2ff.).

## Entwicklungspsychologischer Einschub

Es ist deutlich, daß die neuen Gesichtspunkte, um verständlich zu sein, nach einer Erweiterung der analytischen Entwicklungspsychologie verlangten, die Rank, wie schon erwähnt, mit seiner »Genetischen Psychologie« (1927) erarbeitete. Entscheidend neu ist der Gesichtspunkt der primären Beziehungshaftigkeit: »Auch ist diese ursprüngliche Objektbeziehung nicht eine doppelseitige, wie in der Ödipussituation, sondern bezieht sich ausschließlich auf die Mutter, die für den Säugling nicht nur ein Objekt zur Befriedigung biologischer Bedürfnisse, sondern zugleich einen Repräsentanten der Einschränkungen von seiten der Außenwelt darstellt, also das Soziale in einem primitiven Sinne. Geht man noch weiter in die pränatalen Anfänge dieser Beziehung zurück, so sieht man, daß die Mutter für das Kind ursprünglich weniger als Objekt im eigentlichen Sinne des Wortes, denn als Teil des eigenen Ich perzipiert wird und nur allmählich, mit fortschreitender Versagung, als Objekt der Außenwelt akzeptiert wird ... Während so die Mutter mit fortschreitender Anpassung an die Realität, sozusagen aus dem Ich ausgestoßen (projiziert) wird, kann der Vater allmählich als wirkliches Objekt der Außenwelt ins Ich aufgenommen werden ... So führt die genetische Betrachtungsweise zum Verständnis des Aufbaus des Ich aus der Objektbeziehung und weiterhin zur Betonung der Motive, Tendenzen und Triebe im Ich ...« (Rank 1927, S. 43ff.).

Für die damalige Zeit neu war der Gesichtspunkt, die theoretisch so wichtige Kastrationsangst als Kastrationswunsch durch den Sohn, »also als Rachehandlung im Sinne einer Trennung von der Mutter« zu sehen: »Bei unvoreingenommener Beobachtung des Materials kann kein Zweifel sein, daß die Kastrationsphantasie ursprünglich einen sadistischen Racheimpuls darstellt ... Wieder ist hier die analytische Betrachtungsweise in den Fehler der falschen Projektion verfallen, indem sie aus der analytischen Situation, wo der sadistische Wunsch zu kastrieren, aus Angst vor dem Analytiker (oder ihm zuliebe) unterdrückt wird und daher als »Kastrationsangst« zum Vorschein kommt, umgekehrt verallgemeinert, weil sie auf den Inhalt und nicht auf die Triebtendenz achtete ... So scheint auch von diesem Standpunkt die Kastrationsangsttheorie Freuds unhaltbar, indem eine weitere genetische Verfolgung der Entwicklung des Angstaffektes zeigt, daß er schon auf früher Stufe zur Hemmung sadistisch-aggressiver Impulse dient, ja vielleicht sogar aus ihrer Hemmung neue Zuschüsse bekommt. Ja, es ist nicht unwahrscheinlich, daß schon im Geburtsakt selbst ein Teil der Angst aus gehemmten Wutregungen resultiert, die das Kind in dieser hilflosen Situation zum Teil unterdrücken muß (ohnmächtige Wut)« (Rank 1927, S. 50). Entscheidend ist also der Gesichtspunkt, daß das »eigentlich Soziale, nämlich die Objektliebe und Objektbeziehung im allgemeinen, zwar auf dem biologischen Mutterverhältnis beruht, aber doch auch in der eigenen Ich-Hemmung wurzelt, die sich psychologisch als Schuldgefühl manifestiert« (Rank 1927, S. 65).

Unklar muß bleiben, wieviel Melanie Klein von Rank übernommen hat (Grosskurth 1987, S. 127). Jedenfalls sind ihre grundlegenden Beobachtungen und Gedanken bei Rank in gleicher Weise formuliert: »Dies weist darauf hin, daß das Kind die Mutterbrust als Organ zur Lustgewinnung deutlich erkannt hat und in den immer größer werdenden Stillintervallen libidinös vermißt. Erst auf dieser Stufe scheint der Entzug der Mutterbrust für das Kind den Charakter einer »Versagung« anzunehmen.

Als Reaktion darauf tritt die – wie ich glaube, durch das Geburtstrauma bereits präformierte – Ambivalenz gegen die Mutter zum ersten Mal deutlich in Erscheinung. Die als unlustvoll empfundene Versagung wird unter Protest akzeptiert (schreien, weinen, strampeln), Reaktionen, in welchen die unbefriedigte oral-sadistische Libido als Wut, Ärger, Haß (gegen die Mutter) teilweise abreagiert wird, zum anderen Teil wird sie im Ich gestaut und führt so zur Aufrichtung von Hemmungen (innerer Versagung) ... So bildet die »strenge Mutter« den eigentlichen Kern des Über-Ich oder besser gesagt, die frühe Über-Ich-Bildung aufgrund der durch die mütterlichen Versagungen gesetzten Hemmungen wird im Bilde der strengen, strafenden Mutter objektiviert und späterhin als masochistische Befriedigung gesucht. Wenn Freud kürzlich der Frau ein Über-Ich (im Sinne des männlichen) absprechen konnte, so hat er dabei übersehen, daß der Kern auch des männlichen Über-Ich von der Frau stammt, im Sinne der Psychoanalyse als »Identifizierung« mit der versagenden Mutter ... Das Schuldgefühl können wir mit Rücksicht auf seine Genese als eine Art »negativen Narzißmus« betrachten. Denn auch der Narzißmus (oder was wir als Symptom desselben finden), hat sich analytisch ... als ein Niederschlag der Beziehung von Mutter und Kind erwiesen, wobei das Ich sich so liebt und bewundert, wie die gute Mutter es einst getan hatte, oder wie es sich die ideale Mutter wünschte. Andererseits äußert sich die Identifizierung mit der schlechten Mutter als die Betonung der hemmenden und strafenden Tendenzen im Ich als Schuldgefühl. Die Einstellung zu diesen beiden Urtypen der Mutter ... bestimmt aber nicht nur den Aufbau des Ich und damit den ganzen Charaktertypus des Menschen, sondern auch sein Verhalten zu anderen im allgemeinen, wie zu den Liebesobjekten im besonderen« (Rank 1927, S. 93ff.).

Entscheidend ist die Analyse der negativen Mutterbeziehung: »Es ist dann die Aufgabe der analytischen Therapie, den Patienten zur Anerkennung dieses Urbildes der schlechten Mutter zu bringen, die er dadurch zu verleugnen suchte, daß er selbst die ideale gute Mutter spielte. Dies gelingt zumeist nur, wenn er die unterdrückte Rache an der »strengen« Mutter in der analytischen Situation ausleben kann anstatt im realen Verhältnis zur Frau (Don Juan, Impotenz, Homosexualität). Diese Enttäuschung an der Mutter ist ein wesentlicher Faktor auch für das Verständnis der späteren negativen Einstellung des Knaben zum Vater und des Mädchens zum Mann. Sie beruht auf allen Versagungen, von der Geburt und Entwöhnung, über die Reinlichkeitserziehung bis zur Ödipussituation und wird wesentlich verstärkt durch das Hinzukommen neuer Geschwister, welche das Verhältnis zur Mutter stören ... Es zeigt sich dann, daß man im Liebesobjekt, das ja immer narzißtisch gewählt wird, nicht nur je nachdem die ideale Mutter oder das ideale Ich sucht oder zu finden hofft, sondern daß die Affektbeziehungen im allgemeinen eine Art Ablagerungsstätte für überwundene und aufgegebene Phasen der eigenen Ich-Entwicklung sind ... Dieser Mechanismus der Projektion oder Ablagerung von aufgegebenen oder idealisierten Ich-Teilen im Objekt ist am besten zu studieren im Traum, bei dessen Deutung wir ja gewohnt sind, alle Figuren letzten Endes als Repräsentanten des eigenen Ich oder Personifikationen von Ich-Abspaltungen zu betrachten. Der gleiche Mechanismus bestimmt aber auch in der Realität unsere affektiven Beziehungen zu Objekten ... Dabei ist die Identifizierung genetisch verstanden ein biologisch begründeter Mechanismus zur Wiederherstellung der pränatalen Mutter-Kind-Beziehung, die Über-Ich-Bildung der väterliche Überbau über diesen biologisch gegründeten und psychologisch verwendeten Identifizierungsmechanismus im Sinne der sozialen Anpassung. Die Identifizierung, von der wir psychologisch sprechen, ist eigentlich immer sekundär, sozusagen Rückidentifizierung mit einem Stück Ich, das ehemals ein Stück Mutter war oder geworden ist.« (Rank 1927, S. 127ff.).

Den basalen Abwehrvorgang sieht Rank nicht in der Verdrängung, sondern in der Verleugnung. In der Analyse geht es durch das reale Wiedererleben in der Reproduktion der Vergangenheit in der Gegenwart um eine Aufhebung primärer Verleugnungen. Rank schreibt: »Der Erfolg der Verleugnung ist so ein Trost, daß die Lust auch unabhängig vom Objekt gewonnen werden kann, zugleich aber bringt dies notwendiger Weise die Anerkennung des eigenen Ich als Schmerzquelle mit sich. Die sekundäre Erledigung dieses unerwünschten und peinlichen Resultats ist, daß der innere Schmerz als Haß auf das Objekt geworfen wird, was aber den Schmerz nicht wegschafft, denn Hassen selbst ist weiter schmerzhaft. Das Hassen des ehemals geliebten Objektes ist und bleibt schmerzlich. Der Haß verursacht aber nicht den Schmerz, sondern ist selbst schon ein Entlastungsversuch für inneren Schmerz« (Rank 1927, S. 150). Auf den zweiten Teil seiner »Genetischen Psychologie«, nämlich seine Charakterologie unter dem Titel »Gestaltung und Ausdruck der Persönlichkeit« (1928) kann in diesem Zusammenhang nur hingewiesen werden.

## Weitere Anregungen aus den behandlungstechnischen Schriften

Der zweite Band der Technik der Psychoanalyse »Die analytische Reaktion in ihren konstruktiven Elementen« (1929a) gibt die Einsichten aus den entwicklungspsychologischen Konzepten. Wenn menschliche Identität in Beziehung begründet ist, dann ist auch menschliche Beziehung das Milieu eines Heilungsprozesses. In diesem Sinne schreibt Rank, »daß das einzige Heilmittel, das die Analyse uns anwenden gelehrt hat, selbst ein Mensch, nämlich der Psychotherapeut ist, dessen eigene Psychologie einen entscheidenen Einfluß auf die Behandlung und deren Ausgang haben muß« (Rank 1929a, S. 3).

Dieses in der analytischen Situation realisierte Beziehungsfeld ist die »neue Situation«, die das »eigentlich konstruktive therapeutische Agens« darstellt. Nicht die Wiederholungsaspekte sind wichtig, sondern »das Neue, das allein konstruktiv ist«. Daraus folgt, daß es keine therapeutischen Regeln geben kann: »Es ist dies, in jedem einzelnen Fall sozusagen, eine ad hoc geschaffene Theorie und Technik zu bilden, ohne sich zu bemühen, diese individuelle Lösung auf den nächsten Fall zu übertragen ... aber das wesentliche bleibt immer die Fähigkeit, das Individuum aus sich heraus zu verstehen ... ebenso muß man das aus seinem allgemeinen und individuellen gemischte Wesen seiner Persönlichkeit erkennen und im therapeutischen Erlebnisse konstruktiv auszuwerten verstehen. Alles kommt auf das Verständnis und die richtige Handhabung der therapeutischen Situation an, welche im wesentlichen Verständnis und Lenkung der Reaktion der Persönlichkeit des Leidenden ist ... Meine Technik läßt ... die Reaktionen unmittelbar aus dem therapeutischen Erlebnis entstehen und erklärt sie als Projektionen und Entlastungsversuche eigener Ich-Konflikte des Patienten. Dies rückt den Patienten selbst in konstruktiver Weise als Handelnden in den Mittelpunkt ... « (Rank 1929a, S. 8).

Wichtig ist nach Rank, in den Widerständen die Willensäußerungen des Patienten zu eruieren und zu stärken. Es geht darum, den unproduktiv verinnerlichten Willenskonflikt des Patienten in der analytischen Situation wieder zugänglich zu machen. So kann Rank davon sprechen, daß man »jede Sprechstunde als eine Herausforderung zu einem Willenskampfe betrachten könne«. Ein an Widerstandsdeutungen orientiertes Vorgehen kann in der Gefahr sein, pädagogisch zu werden und Widerstände zu verewigen. Dem setzt Rank sein konstruktives, selbstbildendes Vorgehen entgegen: »Das Ziel der konstruktiven Therapie ist nicht Beseitigung der Widerstände, sondern die Verwandlung der ihnen zugrunde liegenden negativen Willensäußerung (Gegenwille) in eine positive, evtl. schöpferische Willensdurchsetzung« (Rank 1929a, S. 30).

In ähnlichem Sinne betont er einen Gegensatz zwischen »Bewußtmachen«, das eigentlich ein Erklären, ein Deuten sei, »und dem Bewußtwerden, als einem im Individuum selbst sich vollziehenden Prozeß, der mittels der Verbalisierung erfolgt. Diese Verbalisierung, nicht die Erklärung oder Deutung, ist das eigentlich therapeutische Agens in der Bewußtseinsphäre, wie die Aufhebung der Verleugnung das therapeutische Agens in der Willensphäre ist« (Rank 1929a, S. 34).

Dem Konstrukt eines tief verdrängten Unbewußten setzt er die Erfahrung der Erlebnispräsenz vorsprachlichen Erlebens im hic and nunc entgegen: »Die unerledigten oder traumatischen Erlebnisse werden nicht ins Unbewußte verdrängt und dort aufbewahrt, sondern sie werden im aktuellen Erleben fortwährend fortgesetzt, entgegengesetzt, zu Ende erlebt und auch zu ganz neuen Erlebnissen verarbeitet. Denn im wirklichen Erleben, wie es sich auch in der therapeutischen Aktion abspielt, ist nicht nur die ganze Gegenwart, sondern auch die ganze Vergangenheit enthalten, und nur hier, im Gegenwärtigen, ist psychologisches Verständnis und therapeutische Wirkung zu erzielen ... Die therapeutische Beziehung stellt ein aktuelles Gefühlserlebnis dar, auf das der Patient ohnehin mit seinem Reaktionsmodus reagiert. Wir brauchen also nicht in die Vergangenheit zurückzugehen, um seinen Reaktionsmodus zu verstehen. Täten wir es doch, wie es die Freudsche Technik vorschreibt, so verstünden wir erst nur die damalige Reaktion des Individuums, nicht aber seine heutige. Im gegenwärtigen Erlebnisse haben wir dagegen seinen gesamten Reaktionsmodus, alle seine frühen Reaktionsweisen plus der Gegenwärtigen« (Rank 1929a, S. 41).

Entscheidend ist für Rank das Neuerleben in der neuen Beziehung. So können wir »Individuen, die schwersten traumatische Erlebnisse durch Neuerleben überwinden sehen. Ein solches Neuerleben – und nicht eine Wiederholung des Infantilen – stellt aber die therapeutische Situation in meinem Sinne dar. Die konstruktive Auswertung dieses Erlebnisses besteht in der Aufhebung der aktuellen Gefühlsverleugnung und der zugleich damit erreichten Realverknüpfung mit dem aktuellen Erleben selbst. Dies überzeugt den Patienten sozusagen gegen seinen Krankheitswillen, daß er in der Gegenwart leben kann, wenn er nur will, wenn er nur wollen darf – ohne Schuldgefühl zu empfinden« (Rank 1929a, S. 55).

Wenn die primäre Beziehungshaftigkeit menschlichen Selbsterlebens so im Vordergrund steht, dann ist verständlich, daß die Beendigung der Therapie einen besonderen Stellenwert gewinnt, da sich an ihr das ganze Trennungs- und Schuldproblem menschlicher Identität noch einmal artikuliert und sie gewissermaßen die Probe auf die erreichte Besserung ist: »Die eigentliche therapeutische Lösung erfolgt nun im Erlebnisse der Trennung, das symbolisch für das ganze Problem der Vergangenheit und Verschiedenheit, d.h. aber der individuellen Entwicklung und des daraus folgenden Schuldproblemes steht ... Denn der ganze therapeutische Prozeß bis zur Trennung besteht im Versuch des Patienten, mit dem anderen – dem Therapeuten – eine Einheit herzustellen: Sowohl, indem er ihn im Sinne seines Willens umzuschaffen versucht, als auch, indem er seinen Willen dem anderen anzupassen sucht, also mittels Projektion und Identifizierung. Beide Versuche bringen neue Schuldreaktionen und können nur im Erlebnis der Trennung überwunden werden, das Projektion und Identifizierung ins Individuum zurückwirft und damit dieses auf sich selbst, auf seinen eigenen Willen und seine eigene Verantwortung stellt, ohne die Willensrechtfertigung in der Projektion oder die Abwälzung der Verantwortung in der Identifizierung zuzulassen ... Nur mit dem Abschneiden all dieser Möglichkeiten wird das eigene Ich real, d. h. aber, erkennt und akzeptiert das Individuum sich selbst als unabhängig vom anderen. Auf dieses Realmachen des eigenen Ich reagiert das Individuum im eigentlichen Trennungserlebnis mit Angst, die aber nicht einer ursprünglich biologischen Reaktion im Sinne der Todesangst entspricht, sondern im Gegenteil, Lebensangst, d. h. Angst vor der Realisierung des eigenen Ich als einer unabhängigen Individualität ist ... Dieser Wille zur Trennung ist nämlich genauso ein biologisches und menschliches Lebensprinzip wie der Wille zur Vereinigung ... Im Neurotiker ist aus seiner starken Individualentwicklung und der Verleugnung des ihr zugrundeliegenden Eigenwillens, die Trennung, Isolierung in negativer, destruktiver Weise erfolgt und gleichzeitig die Tendenz zur Verneinung in kompensatorischer Weise als Schuldgefühl hypertrophiert ... Im psychologischen Verständnis und der gefühlsmäßigen Anerkennung des Willens zur Trennung gipfelt die Leistung der konstruktiven Therapie ... Im therapeutischen Erlebnis muß nun das Individuum zum ersten Male eine solche notwendige Trennung als eine selbstgewollte empfinden und auch durchführen lassen, was einem Willenssieg entspricht, wie ihn sonst nur der schöpferische Mensch zu erleben fähig ist ... Im konstruktiven Erlebnis der Trennung soll das in der analytischen Situation auf zwei Rollen verteilte Willensproblem wieder vereinheitlicht werden, indem das Individuum in den Stand gesetzt wird, die schöpferische Rolle des sich selbst und sein Schicksal schaffenden Ich zu übernehmen und zu bejahen ... Im therapeutischen Erlebnis ist nun das Individuum nicht nur Geschöpf, das seine Schöpferrolle im anderen personifiziert, sondern es wird auch im Verlaufe des Prozesses und namentlich im Trennungserlebnis zum Schöpfer, der nur seine Rolle am Therapeuten anstatt an sich selbst betätigen will. Aber der Therapeut muß sich vor der Versuchung hüten, Schicksal spielen oder gar machen zu wollen, wozu ihn der Patient mit seiner Vergöttlichungstendenz so gerne verleiten möchte, und wozu seine Position ohnehin neigt« (Rank 1929a, S. 110f.).

Die letzte Bemerkung leitet über zum Thema des dritten Bandes der Technik der Psychoanalyse von Rank »Die Analyse des Analytikers und seine Rolle in der Gesamtsituation« (1931). Neuartig ist das Konzept des »Total-Ich« und »Partial-Ich«. Dies soll ein längeres Zitat erläutern: »Wenn es ein Symbol für den Ganzheitszustand, für die Totalität gibt, so ist es zweifellos der Embryonalzustand, in dem das Individuum nicht nur selbst ein unteilbares Ganzes bildet, sondern auch noch mit einer größeren Ganzheit untrennbar verbunden scheint. Bei der Geburt wird nicht nur diese Verbundenheit mit der Mutter gewaltsam gelöst, sondern das Kind erfährt noch ein zweites Trauma, das ebenso schwer, aber viel nachhaltiger wirkt: es ist dies die Partialisierung, zu der es durch die Anpassung an die Außenwelt gezwungen wird. In den ersten Entwicklungsstadien nach der Geburt hat das Kind nicht nur das Zusammenhangsgefühl (mit der Mutter), sondern auch das Ganzheitsgefühl (seines Ich) verloren. Es ist im Verhältnis zur Außenwelt sukzessive Mund, Hand, Auge, Ohr, Beine usw. und bleibt noch lange – in gewissem Sinne zeitlebens – partial zur Welt eingestellt, bis es im Ich-Gefühl wieder etwas der ursprünglichen Totalität ähnliches herstellen kann ... Die allmähliche Entwicklung der eigenen Ganzheit im Ich-Gefühl ist ein individueller Ersatz der verlorenen Gesamttotalität und schützt das Kind vor der Urangst, wenngleich diese bei erreichbarer Ich-Einheitlichkeit durch die Angst vor dem möglichen Verlust derselben abgelöst wird. Diese Angst heftet sich dann bei Kenntnis des Todes an dieses universale Symbol der Ich-Auflösung, ist aber konkreter Weise an die ständige Bedrohung des Total-Ichs durch die Außenwelt, das Leben selbst, gebunden. Denn das Leben fordert ständige Partialisierung und der gut angepaßte Mensch wird imstande sein müssen, durch ständige Partialzahlungen zu leben ...« (Rank 1931, S. 54).

Rank unterscheidet den »narzißtischen« Typus, der Angst habe, sich sowohl »partial als auch total zu verlieren« und den »neurotischen« Typus, der sich nur »ganz oder gar nicht geben« kann. Rank formuliert, daß beim Neurotiker, das »Partiale« immer gleich die Dimension des Totalen und damit der Finalität »annimmt«: »Ihm geht es daher immer um Leben und Tod, um ein Ausweichen vor dem Leben, das ihn an die Schwelle des Todes führt und einer Angst vor dem Tode, die ihn am Leben hindert ... Da aber das Leben doch ständig partielle Reaktionen fordert, so führt die überstarke Totalisierungstendenz notwendig zur inneren Spaltung als einem Versuch der Lebensanpassung ...« (Rank 1931, S. 61).

Für den Heilungsprozeß ist das wichtig, was Rank die »autotherapeutische Reaktion der Neurose« nennt. In diesem Sinne sieht er im neurotisch Kranken eher den »mißglückten Künstler« (Produktiven) als einen nicht zur normalen Entwicklung gelangten Durchschnittsmenschen. Die trotz allen Verständnisses immer noch verächtliche Einstellung, die auch der Therapeutentypus für den Neurotiker hat, kommt im Grunde wohl daher, daß er in ihm sein eigenes destruktives Selbst erblickt, ähnlich wie der Patient im Analytiker sein schöpferisches Ich mittels Identifizierung zu finden sucht« (Rank 1931, S. 83).

Rank meint also, daß »der Neurotiker entgegen der landläufigen Auffassung den willensstarken Typus repräsentiert, der allerdings seinen Willen nur am eigenen Ich, und zwar vorwiegend hemmend, betätigen kann« (Rank 1931, S. 85). Diese schöpferische Willensstärke gilt es also in der Therapie durch schöpferische Inszenierung wieder freizusetzen: »Denn der Patient weist dem Therapeuten abwechselnd die Rolle eines Ich-Teils zu, sei es nun die des Trieb-Ich, des Willens-Ich oder des hemmenden Angst-Ich ... mit anderen Worten, der erste therapeutische Effekt, der sich auch in der Regel bald nach Beginn der Behandlung einzustellen pflegt, ist eine projektive Entlastung vom Konflikt der inneren Ich-Spaltung, die nach außen verlegt und konkretisiert wird ... In der dynamischen Therapie, die auf dem Verständnis der Rolle des Analytikers basiert, wird der Patient aber gerade dadurch, daß der Therapeut die ihm jeweils zugewiesene Ich-Rolle akzeptiert, zur Veränderung genötigt, weil mit der Objektivierung eines Ich-Teils eine neue dynamische Situation in seinem Leben entsteht ...« (Rank 1931, S. 85).

Das therapeutische Erlebnis soll ein »potentielles Ausleben der bisher unterdrückten oder verleugneten Seite der Persöhnlichkeit« ermöglichen: »Dieses potentielle Heraufkommenlassen des bisher verhinderten Ich-Erlebnisses wird zwar vom Patienten als Schutz vor dem wirklichen Erleben verwendet, aber es hat doch zugleich auch die Wirkung eines Entwicklungsschubes ... Hier zeigt sich, daß alle »Technik« nichts weiter ist und sein kann, als eine geschickte Balancierung der therapeutischen Spielebene mit der wirklichen Lebensebene ...« (Rank 1931, S. 89).

Am Ende geht es um die wirkliche Auflösung der fötalen Fixierung, die über den Typus des Neurotikers hinaus ein allgemeines Menschheitsproblem darstellt, wie die verschiedenen pränatale Sicherheit suggerierenden Heilslehren und Heilsräume belegen. Darum geht es für Rank in der Abschlußphase um »die Akzeptierung der Trennung in einer konstruktiven Weise ... (dadurch), daß die dynamische Therapie das immer noch totale »Embryonal-Selbst«, als das sich der Neurotiker präsentiert, in ein höher differenziertes Ich verwandelt hat, das auf dieses Trauma konstruktiv und nicht mit Hilflosigkeit reagiert. Diese konstruktive Reaktion besteht darin, daß die Trennung nicht mehr als Ich-Verlust empfunden, sondern zur Ich-Bereicherung verwendet wird ...« (Rank 1931, S. 111).

Im Sinne der von ihm angestrebten Willensbejahung und Willensförderung zitiert Rank Goethe mit der Aussage: »Unser Wollen ist ein Vorausverkünden, was wir unter allen Umständen tun werden«.

## Abschließende Bemerkungen

Wenn man sich einige Zeit mit dem Werk Ranks beschäftigt hat, wird es immer mehr zum Rätsel, wie dieses eigenständige und originelle psychoanalytische Werk im analytischen Kreis so der totalen Vergessenheit anheim fallen konnte. Ein Teilgrund ist wahrscheinlich die Zweisprachigkeit, in dem Sinne, daß die Bücher der ersten Lebenshälfte nur in deutsch vorliegen, die Bücher der zweiten Lebenshälfte zu einem wesentlichen Teil nur in englisch, so daß die englischsprachigen Analytiker gewissermaßen die Basis des Rankschen Denkens nicht kennen und die deutschsprachigen mit dem kulturpsychologischen Hauptwerk »Art and Artist« (1932) ganz unvertraut sind (s. Janus 1995), wie ebenso mit seinem letzten Buch »Beyond Psychology«, das posthum 1941 erschien. Eine geistesgeschichtliche Würdigung der Kulturpsychologie Ranks hat Ernest Becker (1976) versucht, der dafür den Putlitzer-Preis erhielt.

Meine Einschätzung geht dahin, daß ein wirkliches Wahrnehmen der wissenschaftlichen Leistung von Rank eine Neubewertung der psychoanalytischen Tradition und psychoanalytischer Zentralgehalte bedeuten würde. Ansätze dazu finden sich bei Menaker (1982), Lieberman (1985, 1994) und Sloterdijk (1993). Eine Auseinandersetzung mit der Substanz des Konfliktes, den Rank mit Freud austrug, birgt meines Erachtens kreative Wachstumspotentiale für die weitere Entwicklung der Psychoanalyse, die durch eine letztlich immer noch an Jones orientierte Tradition eher verstellt werden.

Äußerlich erklärt sich sein Vergessen dadurch, daß seine großen Rivalen – Jones und Brill – alles taten, um seinen Einfluß aktiv zu unterdrücken. Dadurch kam es zu einer Art Politisierung des Sachkonfliktes zwischen Freud und Rank, die meiner Vermutung nach die Ursache dafür war, Wurzeln eigener Anschauungen bei Rank zu verleugnen, wie dies etwa bei Melanie Klein (Grosskurth 1986, S. 127) und bei Kohut (Menaker 1982, S. 126) nur zu offensichtlich ist, aber auch bei anderen von mir vermutet wird. Nur relative Außenseiter wie Clara Thompson (1952, S. 180ff.) wagten, dieses gruppenpolitische Tabu nicht zu beachten. Dadurch wurde aber der historische Zusammenhang zerrissen, Ranks Einsichten problematisch verkürzt und eine wirkliche Auseinandersetzung unmöglich gemacht. Durch die breiten Bestätigungen Rankscher Einsichten durch die sogenannten »Erlebnistherapien«, die mit einem nichtsprachlichen Setting arbeiten, scheint die Zeit reif für einen Wiederanschluß an eine verleugnete eigene Tradition in der Psychoanalyse (Janus 1990). Dann wäre die Psychoanalyse nicht überholt, wie manche meinen, sondern müßte sich in gewissem Sinne erst in den Potentialen die Rank freigelegt hat, einholen. Neugierig darauf kann vielleicht ein Zitat von Ellenberger machen: »Ranks Theorie brachte ein neues System der Traumdeutung mit sich, einen neuen Kode universeller Symbole, eine Neuformulierung des Lustprinzips als des Wunsches, in den Mutterleib zurückzukehren, und eine neue Interpretation des normalen und abnormalen Sexualleben, der Neurose, der Psychose und des gesamten kulturellen Lebens« (Ellenberger 1973, S. 1137). Vielleicht kann sich ja Freuds erste Reaktion auf Ranks »Trauma der Geburt« »Non omnis moriar« (Ich werde nicht ganz sterben) (Gay 1989, S. 533) in einem ganz aktuellen Sinn als prophetisch erweisen. Und noch 1930 hat Freud in einer Sitzung der Wiener Psychoanalytischen Vereingigung gesagt: »Rank ist ein hochbegabter Mensch, der tüchtigste und begabteste von allen Leuten« (Sterba 1985, S. 119).

# Literaturliste

Becker, E. (1976): Dynamik des Todes. Die Überwindung der Todesfurcht – Ursprung und Kultur. Walter, Freiburg.

Ellenberger, H. (1973): Die Entdeckung des Unbewußten. Huber, Bern.

Ferenczi, S., Rank, O. (1924): Entwicklungsziele der Psychoanalyse. Internationaler Psychoanalytischer Verlag Leipzig, Wien, Zürich.

Freud, S. (1918): Aus der Geschichte einer infantilen Neurose. In: Freud, S., GW XII. Fischer Frankfurt 1947.

Freud, S. (1926): Hemmung, Symptom, Angst. In: Freud, S., GW XIV.

Gay, P. (1989): Freud. Fischer, Frankfurt.

Grosskurth, P. (1986): Melanie Klein. Harvard Univ. Press, Cambridge, Massachusetts.

Janus, L. (1990): Die Psychoanalyse der vorgeburtlichen Lebenszeit und der Geburt. Centaurus, Pfaffenweiler.

Janus, L. (1991): Prä- und perinatale Aspekte in Freuds Krankengeschichten des Kindes- und Jugendlichenalters. In: C. Büttner, D. Elschenbroich, A. Ende (Hrsg.): Aller Anfang ist schwer. Beltz, Weinheim.

Janus, L. (1995): Der Beitrag Ranks zur Psychohistorie. In: L. Janus (Hrsg.): Psychohistorie – Ansätze und Perspektiven. Textstudio Gross, Brahmsstraße 1, 69118 Heidelberg.

Lieberman, J. (1985): Acts of Will – The Life and Work of Otto Rank. Univ. of Massachusetts Press, Amherst 1993.

Lieberman, J. (1994): Trennung und Selbsterschaffung – Leben und Werk von Otto Rank. Widerspruch 12: 56–64.

Menaker, E. (1982): Otto Rank – A Rediscovered Legacy. Columbia Univ. Press, New York.

Rank, O. (1923): Zum Verständnis der Libidoentwicklung im Heilungsvorgang. In: Sexualität und Schuldgefühl. Int. Psychoanal. Verlag, Leipzig, Wien 1926.

Rank, O. (1924a): Eine Neurosenanalyse in Traumen. Int. Psychoanal. Verlag, Leipzig, Wien.

Rank, O. (1924b): Das Trauma der Geburt. Fischer, Frankfurt 1989

Rank, O. (1926a): Die analytische Situation. Technik der Psychoanalyse. Band I. Deuticke Leipzig, Wien.

Rank, O. (1926b): Bookreview of S. Freud's »Hemmung, Symptom und Angst«. Int. J. for Prenatal and Perinatal Psychology and Medicine 6: 111–117.

Rank, O. (1927): Grundzüge einer genetischen Psychologie I. und II. Deuticke Leipzig, Wien.

Rank, O. (1928): Gestaltung und Ausdruck der Persönlichkeit. Deuticke, Wien.

Rank, O. (1929a): Technik der Psychoanalyse, Band II. Deuticke Leipzig, Wien.

Rank, O. (1929b): Wahrheit und Wirklichkeit. Deuticke, Leipzig, Wien.

Rank, O. (1930): Seelenglaube und Psychologie. Deuticke, Wien.

Rank, O. (1931): Technik der Psychoanalyse, Band III. Deuticke Leipzig, Wien.

Rank, O. (1932): Art and Artist. W. W. Norton, New York 1989.

Rank, O. (1941): Beyond Psychology. Dover, New York 1958.

Sloterdijk, P. (1993): Weltfremdheit. Suhrkamp, Frankfurt.

Sterba, R. (1985): Erinnerungen eines Wiener Psychoanalytikers. Fischer, Frankfurt.

Thompson, C. (1952): Die Psychoanalyse. Pan, Zürich.

Nachbemerkung: Die behandlungstechnischen Schriften Otto Ranks können in Kopien über das Textstudio Gross, Brahmsstraße 1, 69118 Heidelberg, bezogen werden.

*Hans-Joachim Maaz*

# Analytische Psychotherapie in Ostdeutschland – vor und nach der Wende

Die Geschichte der Psychotherapie der DDR ist noch nicht geschrieben. Ich will und kann dies hier natürlich auch nicht leisten, nicht nur weil ich vieles noch nicht weiß und nicht überschaue, sondern weil ich aus der persönlichen Beteiligung an den Entwicklungen und Veränderungen emotional noch zu befangen bin. Die Wende in der DDR hatte in mir eine euphorische Aufbruchstimmung mit Gefühlen von Genugtuung und Gerechtigkeit ausgelöst, ich bin wie die meisten anderen neugierig ausgeströmt, habe mich umgeschaut, um neues kennenzulernen und auszuprobieren, dabei gab es auch Phasen von Verwirrung und Beunruhigung durch die Fülle und Vielfalt. Dann gab es auch bei mir eine Ernüchterung über den »Preis der Freiheit« mit der Nötigung zur Umstellung und Neuorientierung über die eigenen Wünsche und Bedürfnisse hinaus. Projizierte Hoffnungen und Wünsche mußten natürlich enttäuscht werden und dazu kam auch bald eine Empörung über die neue Vormundschaftlichkeit der deutsch-deutschen Vereinigung. Das neue Macht- und Konkurrenzdenken hat mich auf eine andere Art als es durch den Staatssicherheitsdienst in der DDR notwendig war, Vorsicht und Mißtrauen gelehrt. Dabei spüre ich bei mir und vielen anderen Freunden und Kollegen zeitweise auch eine tiefe Trauer als Ausdruck der noch nicht bewältigten vielfachen Verluste hinsichtlich unseres Lebens in der DDR. Für mich war dieses Geschehen Anlaß, eine Verlusterfahrung meiner frühen Kindheit (Vertreibung aus der ehemaligen Heimat) emotional durchzuarbeiten. Dies war für mich bis dahin in der DDR kein zu bearbeitendes Thema gewesen.

Die vormundschaftliche Vereinigung und die nötigende Herausforderung zur existentiellen Neuorientierung und sozialen Lebenssicherung schafft insgesamt kein gutes Klima für Trauer, Offenheit und Schulderfahrung.

Die meisten von uns Psychotherapeuten sind der Anpassung schuldig, ganz wenige waren Verräter und Denunzianten, für viele war Psychotherapie eine Nische in der Gesellschaft, und es gab auch das redliche Bemühen, Psychotherapie vor staatlicher Bevormundung zu schützen und emanzipatorische Freiräume zu schaffen.

Ich bin seit 1968 an dem Prozeß der Psychotherapie-Entwicklung in der DDR beteiligt. Meine Darstellung hier ist in erster Linie subjektiv und teilweise auch repräsentativ für eine Gruppe der 2. Therapeuten-Generation, die etwa seit 1980 zunehmend Einfluß gewonnen hatte.

Um die verworrenen Zusammenhänge hinsichtlich der Entwicklung »analytischer Therapie« im Osten Deutschlands etwas zu ordnen, seien einige Eckpunkte genannt: (s.auch Höck 1978, 1979)

- von den aus Deutschland emigrierten Analytikern kam keiner in den Osten zurück
- die anfänglichen Bemühungen von Schultz-Hencke, Kemper, Schwidder, Mette, in Ostberlin ein Lehrinstitut zu gründen, scheiterten
- mit der Pawlow- Konferenz 1950 in Moskau sollte den anthropologisch-geisteswissenschaftlichen Konzeptionen in den USA und Westeuropa mit dem Begriff der korticoviszeralen Pathologie eine materialistische Auffassung psychosomatischer Beziehungen entgegengesetzt werden und damit kam es zu einer Bevorzugung der Psychotherapiemethoden wie Autogenes Training und Hypnose auf der Basis von bedingt-reflektorischen Vorgängen
- in der Folgezeit gab es heftige Auseinandersetzungen, welche Art von Psychotherapie in der sozialistischen Gesellschaft Platz finden kann und welche Rolle in der Medizin und Gesellschaft Psychotherapie haben soll.

Dabei kam es meines Erachtens zu einer Verquickung von politisch-ideologischer Einflußnahme und persönlichem Macht- und Karrieredenken der damaligen führenden Fachvertreter, die sich offenbar darin (unbewußt) einig waren, keine Lehre zu fördern, die sich sowohl mit unbewußten Motiven menschlichen Handelns als auch mit gesellschaftskritischen Aussagen beschäftigt. Es gab niemals ein offizielles Verbot der Psychoanalyse, sie war vielmehr tabuisiert. Ich habe noch keine kritische Analyse der damaligen Verhältnisse im Fachgebiet gefunden. Ich erinnere aber sehr wohl die einseitigen Abwertungen und polemischen Abgrenzungen der meisten Vertreter der ersten Psychotherapeutengeneration in der DDR gegenüber der Psychoanalyse (z. B. Mette, Kleinsorge, Müller-Hegemann, Klumbies, Marchand, Katzenstein, Seidel, Weise). Später wurde diese mehr persönliche Abwehr zunehmend von marxistisch-leninistischen Autoren unterstützt (z.B. U. Geisler, H. Seidel 1969, W. Hollitscher 1969, 1970, 1972, S. Kätzel 1977, L. Sève 1973, 1977), die Freuds Arbeiten als biologistische und psychologistische bürgerliche Irrlehren denunzierten.

Für meine Generation war diese Phalanx der fachlichen Lehrer und demagogisch-ideologisierenden Theoretiker einschüchternd und eine Herausforderung zugleich. Die wichtigsten Auseinandersetzungen mit strengen und rigiden Vater-Objekten habe ich vor allem mit den damaligen Autoritäten der Medizin und Psychologie ausgetragen. Diese Verschiebung von den realen Eltern und inneren Objekt-Repräsentanzen auf die Vertreter der äußeren Macht, die im Fachgebiet ja zumeist auch Mitglieder der sozialistischen

Einheitspartei waren, entsprach dem in der Bevölkerung der DDR weitverbreiteten Abwehrmechanismus, die so offenbar repressive, starre und verlogene Obrigkeit in Staat und Partei als die einzigen Verursacher psychosozialen Leides zu verkennen.

Daß bei diesem politischen und berufsständischen Ausagieren innerseelischer Konflikte kaum Mutter-Objekte zur Verfügung standen, hat unserer Entwicklung auch spezifische Prägungen gegeben. (Unter den Psychotherapeuten der ersten Generation hat nur eine Frau vorübergehend an Bedeutung gewinnen können, die aber bald durch psychische Erkrankung wieder ausfiel). Diese »Mutterlosigkeit« unserer Entwicklung und die angstbesetzte Abwehr der Mutter-Sehnsucht hat wohl auch dazu beigetragen, einerseits zunächst rationale, suggestive und konfrontative Therapiemethoden und -stile zu bevorzugen und andererseits Schutz, Geborgenheit und Zugehörigkeit im Wir-Gefühl »weiblicher« Strukturen zu suchen: so bekam *die* Gruppe in der Psychotherapie für viele Psychotherapeuten eine ähnliche Bedeutung, wie dies für andere *die* Partei oder *die* Kirche wurde.

Heute müssen wir aus der unerwarteten Häufigkeit sogenannter »früher Störungen«, die erst nach der Wende in der DDR aufgebrochen sind, nachdem also die schützende Enge und fürsorgliche Bevormundung des politischen Systems weggefallen sind, erkennen, daß es offenbar viel häufiger defizitäre frühe Mutter-Kind-Beziehungen mit defekten Selbststrukturen und tiefreichenden Selbstwertstörungen gibt, als wir wahrnehmen wollten. Wir hatten allerdings die fundamentale Bedeutung einer bergenden, versorgenden, Sicherheit und Vertrauen gebenden Beziehung für viele Therapien unmittelbar zu spüren bekommen. In diesem Zusammenhang läßt sich vielleicht auch erklären, weshalb sich die Gesprächspsychotherapie nach Rogers und Tausch (Helm J. 1978) sehr breit in der DDR entwickeln konnte: um einen Raum herstellen zu helfen, in dem Einfühlen, Verstehen und vorbehaltlose Akzeptanz als vertrauensbildende Maßnahme möglich werden. Fast jeder von uns hat die Therapeutenvariablen der GT trainiert und als Basisverhalten für die Psychotherapie kennengelernt, jedoch ist dann von den Vertretern eines psychodynamischen Verständnisses die Einseitigkeit dieses Konzeptes überwunden worden in Richtung einer »hilfreichen Allianz« (Luborsky 1984), in der es vor allem um die je einmalige inter-subjektive Beziehungsform geht, in der ein Patient sich sicher und verstanden fühlt, um sich auf schmerzliche Erkenntnisse und ängstigende Entwicklungen einzulassen.

Von der auf die frühe Kindheit zurückzuführenden tiefen existentiellen Verunsicherung bei vielen Menschen hat offenbar auch die Stasi profitiert. Der Staatssicherheitsdienst war sozusagen der projektive Spiegel für die tiefe

Bedrohung, die viele Menschen schon längst erfahren hatten, aber sie brauchten eine reale, äußere Bedrohung, um diese existentielle Angst faßbar zu machen. Das Angstgefühl war häufig deutlich stärker als die reale Bedrohung und bereits kleine Erpressungsversuche der Stasi haben offenbar immer ausreichend viele Menschen zu Spitzeln werden lassen, wie auch andererseits das Angebot einer schützenden Gemeinschaft, das SED und Stasi gerne offerierten, für viele Mitläufer eine verlockende Versuchung gewesen ist.

Die DDR-typischen Bewältigungsversuche der nationalsozialistischen Vergangenheit lassen fast alle klassischen Abwehrmechanismen auch in der Psychotherapieentwicklung wiederfinden. Mit dem Aufbau des Sozialismus war den Menschen eine neue, fast religiöse Hoffnung eröffnet worden, um Leid, Tod, Schmach und Schuld möglichst schnell vergessen zu können und dafür war die Verdrängung der schuldigen Mittäterschaft, der belastenden Erinnerungen und überfordernden Emotionen die gängigste Einstellung und eine Wissenschaft von unbewußten Motiven menschlichen Handelns wäre bei dieser Verleugnung nur hinderlich gewesen. Mit Hilfe der Propaganda des »kalten Krieges« wurde alles Böse und Destruktive abgespaltet und projiziert – alle Nazis und Kriegsverbrecher lebten dann nur noch im Westen und die DDR-Bevölkerung wurde im Sinne des Ungeschehenmachens in die antifaschistische Tradition gestellt, an die nun endlich wieder angeknüpft werden konnte. Dies war die Lehrmeinung, in der wir in der Schule erzogen wurden. In Form einer Reaktionsbildung kam es zur Überbetonung und ritualisierten Einschwörung auf Frieden und soziale Gerechtigkeit, sowie internationale Solidarität. In der familiären und schulischen Erziehung dominierte erneut die Isolierung von Affekten: die Kinder wurden gefühlsunterdrückend auf Gehorsam und zwanghafte Disziplin und Ordnung gedrillt. Die Enge des Systems hat expansive Entwicklungen gehindert und im Sinne der Wendung gegen das Selbst vor allem zwanghafte und depressive Strukturen gefördert, mit einer der höchsten Suizidraten auf der Welt, mit dem Wuchern kleinbürgerlicher Enge, neuer Militanz und repressiver Ängstigung, Bespitzelung und Denunziation.

Es entfaltete sich erneut in Deutschland ein verhängnisvolles und beschämendes Zusammenspiel des machtneurotischen Anspruchs und dem Untertanengeist, der Unterwerfungsbereitschaft der meisten Menschen, die durch autoritär-repressive Erziehung und frühe Trennungserfahrungen auf Anpassung und Führung angewiesen waren, um nicht ihre seelische Not erleiden zu müssen. »Aufbau des Sozialismus« war eine Verheißung und neue Nötigung zugleich.

Der Sozialismus hatte Menschen an die Macht gebracht, die in diesen

Abwehrvorgängen am besten ausagieren konnten. So wurde am Ende das kleinbürgerliche, rigide, autoritäre, gefühlsblockierte und rationale Leben in neuen Formen gegossen – und zwar in allen Bereichen der Gesellschaft, auch in der Medizin und Psychologie, auch in den Kirchen und in der Kultur. (Maaz 1990) So ist die Tabuisierung der Psychoanalyse mehr den persönlichen Motiven der an die Macht gekommenen Charakterstrukturen zuzuschreiben und die vorherrschende Tendenz der Anpassung und Verdrängung wurde auch in den offiziell geförderten Methoden der Psychotherapie umgesetzt. Es ging dabei um die Vermeidung von Gefühlen, die Betonung der Rationalität, Interesse an Möglichkeiten zur Beeinflussung und zur konfliktvermeidenden Entspannung. So entwickelte sich zunächst die »rationale Psychotherapie« (Müller-Hegemann 1957), das autogene Training und die Hypnose. (Klumbies 1974, Marchand 1961, Katzenstein 1971), später auch die Gesprächspsychotherapie als einfühlende, konfliktdämpfende Methode.

Das medizinisch-psychologische Grundverständnis war vor allem Beratung, das heißt Hinweise, Empfehlungen und Appelle an das »richtige« Verhalten, damit ein autoritäres Gefälle zwischen Arzt und Patient gesichert blieb.

Ende der 60er Jahre – als stark abgeschwächte Ausläufer der 68er Bewegung in Westeuropa und vor allem des »Prager Frühling« mit der großen Hoffnung auf eine Liberalisierung und Demokratisierung des Sozialismus – begann der Kampf um eine emanzipatorische Psychotherapie. Hier sind vor allem drei Namen zu nennen: Jürgen Ott, Kurt Höck, Harro Wendt, die sich um die Etablierung und Integration tiefenpsychologisch/analytischer Therapiekonzeptionen bemühten. Das Aufregende daran war die von Anfang an bestehende politische Dimension dieser Bewegung, die unvermeidbare Vernetzung von gesellschafspolitischen Verhältnissen, der Berufspolitik und dem Ausagieren individueller Neurosen. In diesem mehrdimensionalen Konfliktfeld wurde die Psychoanalyse einerseits bekämpft und diffamiert und andererseits wurde um sie mit großem Engagement, mit Idealismus und vielfältigen Tricks gerungen. So gesehen ist die Geschichte um die Psychoanalyse in Ostdeutschland ein Stück deutsche Kulturgeschichte, in der massive kollektive Abwehrprozesse ebenso erkennbar werden, wie das Benutzen eines Sachthemas, um pseudowissenschaftlich-rationalisierend analen Trotz, phallischen Neid und pubertären Protest auszuagieren – und auch, wie nach schmerzlichen Erfahrungsprozessen (außerhalb einer geschützten Lehranalyse) auch eigenständige und kreative Leistungen möglich werden. So haben sich schließlich viele interessante Varianten analytischer Psychotherapie entwickelt, die – so hoffe ich – durch den Anpassungsdruck an westdeutsche Verhältnisse nicht so schnell aufgegeben oder »plattgemacht« werden.

Die Klassiker der Psychoanalyse wurden damals meist illegal eingeführt, heimlich gelesen und in kleinen Gruppen diskutiert – es war die Zeit der ersten »wilden Selbsterfahrungsgruppen« – bis Anfang der 70er Jahre Kurt Höck und Jürgen Ott die Gruppenselbsterfahrung offiziell organisierten und institutionalisierten. Da es aber zunächst keine Weiterbildungspflicht in dieser Hinsicht gab, war die Teilnahme an Gruppenselbsterfahrung ein Abbild ganz anderer Motivationen, von denen ich vor allem

- Selbstheilungsversuche
- persönliche Auseinandersetzung mit dem repressiven System (Familie, Medizin, Psychotherapie, Staat)
- Verbesserung der Arbeit durch Verminderung der behandlungstechnischen Nöte

nennen möchte.

An der Einstellung der Psychotherapeuten zu der Frage, Selbsterfahrung wieder zu einem notwendigen Bestandteil der Aus- und Weiterbildung zu machen, hat sich damals die berufsständische Front aufgemacht, die zugleich aber auch von gesellschaftspolitischer Relevanz war, weil mit der Anerkennung unbewußter seelischer Vorgänge ein prinzipiell anderes Verständnis der Persönlichkeit und ihrer Entwicklung und von Therapie etabliert wurde als dem sozialistischen Menschenbild und der Vorstellung von einer Erziehung zum »richtigen Bewußtsein« entsprach. Unter den Ärzten und Psychologen, die eine mehrjährige Selbsterfahrung für sich in Anspruch nahmen, wuchs schließlich eine Generation heran, die immer mehr Einfluß gewann, auch Verantwortung für die weitere Gestaltung der Psychotherapie übernahm und sich immer mehr für die Etablierung analytischer Psychotherapie auf verschiedenen Wegen engagierte.

Die Form der Weiterbildung in Selbsterfahrungsgruppen hat zunächst dazu geführt, daß die Gruppenpsychotherapie und die stationäre Psychotherapie eindeutig bevorzugt wurden. In Form der »intendiert dynamischen Gruppenpsychotherapie« (Höck 1981) wurde vor allem die Auseinandersetzung mit den Problemen des Autoritarismus: mit Abhängigkeit und Gehemmtheit in den Mittelpunkt gerückt. Der sogenannte »Kippvorgang« (Höck 1984, Maaz 1988) in der Gruppenentwicklung bekam eine hohe Bedeutung – damit war die relative Ablösung der Gruppe von der Führung durch den Therapeuten gemeint und die für DDR-Verhältnisse ungewohnte Erfahrung von Autonomie, von selbstbestimmter Aktivität und selbstverantwortlicher Kritikfähigkeit. Damit entstanden aber zwei wesentliche Probleme:

- außerhalb der Gruppentherapie galten diese Fähigkeiten, die sehr zum subjektiven Wohlbefinden oder gar zur Heilung beigetragen hatten als politisch subversive Einstellungen

– wie konnte dieser Therapieerfolg in der Gruppe, dann auch individuell gesichert werden?

(Wie läßt sich gesündere Sozialisation mit Individuation verbinden?).

Die Berufsausübung des Psychotherapeuten bekam eine immens politische Bedeutung. Es war uns schnell klar, daß wir mit unserer Arbeit dazu beitragen konnten, daß Patienten für ein Leben in der DDR nicht mehr gut geeignet waren oder auch, daß wir in Gefahr kamen, die eigenen subversiven Tendenzen heimlich auszuagieren oder auch angstvoll abzuwehren. Wir mußten uns dieser Herausforderung stellen,ohne daß dies breit und offen hätte diskutiert werden können, daß es aber dennoch halbwegs funktionierte, kann als ein Ergebnis der Gruppenselbsterfahrung gewertet werden, in der wir nach heftigen Auseinandersetzungen einen großen Grad an Offenheit, Nähe und Verständigung erreicht hatten. So waren wir auch schnell darin einig, daß wir Verbündete brauchten und ein breites Wirkungsfeld.

Nachdem 1960 die »Gesellschaft für ärztliche Psychotherapie der DDR« gegründet und bereits seit 1962 Fortbildungslehrgänge für Neurosenlehre und Psychotherapie für alle interessierten Ärzte organisiert werden konnten, war in den 70er Jahren vor allem durch die Selbsterfahrungskommunitäten mit der zweiten Therapeutengeneration ein Potential von Ärzten und Psychologen herangereift, so daß in den einzelnen Bezirken Regionalgesellschaften gegründet und überall Balint-Gruppen organisiert werden konnten. Damit hatten dann das autogene Training und die Hypnose endgültig an der übermäßigen Bedeutung verloren und es wurden im breiteren Umfang Gesprächspsychotherapie, Verhaltenstherapie und kathathymes Bilderleben etabliert. Die Weiterbildung der Kollegen wurde durch Kurse der Fachgesellschaft organisiert und ansonsten berufsbegleitend, praxisbezogen durchgeführt.

Die analytische Einzel-Psychotherapie konnte unter dem Begriff der »psychodynamischen Einzeltherapie« durch die Arbeitskreise von Harro Wendt und Hans Joachim Maaz 1984 mit der Gründung einer eigenständigen Sektion innerhalb unserer Fachgesellschaft etabliert werden. Damit wurde offiziell wieder dyadische Lehrerfahrung möglich und die praktische Arbeit mit einer analytischen Therapiekonzeption, die der Krankheitsentstehung ein dynamisches Unbewußtes zugrunde legte mit intrapsychischen Konflikten, die mit Hilfe der Widerstandsanalyse und der Übertragungs- und Gegenübertragungsanalyse bewußt gemacht werden können.

Das Besondere daran war die Entwicklung »von unten«, von der Praxis her wurde die analytische Behandlungstechnik integriert. Praktisch fallbezogen wurde der therapeutische Prozeß diskutiert und supervidiert und dabei wesentliche theoretische Grundlagen der allgemeinen Neurosenlehre, sowie der psychoanalytischen Entwicklungs- und Persönlichkeitslehre in die Diskussion gebracht. Die Verlagerung dieser Weiterbildung und der Auseinandersetzung in kleine Arbeitsgruppen, fallbezogen, und in die Sektionen der Fachgesellschaft, praktisch unterhalb einer offiziellen Theoriediskussion mit der unerfüllbaren Nötigung, unser Denken und Handeln marxistisch-materialistisch definieren zu können, war empirisch-experimentell, ein »Abenteuer«, sehr kreativ, das hat die Kolleginnen und Kollegen »zusammengeschweißt« – und es ist sicher auch verständlich, daß bei diesem autodidaktischem Vorgehen vieles unsystematisch blieb und manches auch dilettantisch. Es wäre zu dieser Zeit noch nicht möglich gewesen, unsere Arbeit »analytisch« zu nennen, sonder wir mußten neutralere Begriffe finden, wie z. B. »psychodynamisch«, und bei der Übernahme psychoanalytischer Begriffe der Behandlungstechnik war es am günstigsten, die Quelle einfach nicht zu erwähnen und darüber nicht theoretisch, sondern praxis- und fallbezogen zu diskutieren.

Es war damals nicht möglich, die Freudsche Triebtheorie zu integrieren. Eine monokausale, quasi mechanistische Vorstellung für eine umfassende Motivationstheorie menschlichen Verhaltens stand im diametralen Widerspruch zur marxistisch-dialektischen These von der primär-sozialen Determination des Menschen. Von daher boten die objekbeziehungs-theoretischen Konfliktmodelle eher eine Chance, nicht in totalen Widerspruch zur Gesellschaftslehre zu geraten und dennoch tieferreichende Erklärungen menschlichen Verhaltens zu eröffnen, also zum Beispiel die Bedeutung der frühen Kindheit und unbewußter Vorgänge entsprechend zu würdigen. Eine grundsätzlich interaktionelle Perspektive entsprach ja sowieso unserem Selbstverständnis von einer mehr empirisch-intuitiven Erfassung unserer tatsächlichen Arbeit als einer theoriegeleiteten Interpretation. So hatten wir zum Beispiel auch nie Probleme mit den Konflikten, die wir bei manchen westdeutschen Psychoanalytikern zu erkennen glauben, nämlich dem Widerspruch zwischen ihren theoretischen Postulaten und den qualitativen Merkmalen der therapeutischen Beziehung und ihren tatsächlichen Techniken. Unser Ausgangspunkt war immer die kritische fallbezogene Erörterung und damit die Anerkennung einer je einzigartigen Beziehung zwischen Therapeut und Patient in einer spezifisch zu beschreibenden sozialen Situation. Wenn man so will, war dies für uns eine hohe Stufe an subjektiver Freiheit und individueller Verantwortung in einem ansonsten umfassend autoritären System. Dies war für mich nicht nur eine Möglichkeit, in der DDR bleiben zu können, sondern nahezu eine sinnstiftende Chance und Aufgabe.

Der aufgedrängte politische Personenkult hat wohl auch so starke »Allergien« gegen jede Verehrung von Führern erzeugt, daß auch deshalb kein mythischer Kult um die Person und Behandlungstechnik Freuds entstehen konnte. Psychoanalytisches Gedankengut ist so nicht in der Auseinandersetzung um die »reine Lehre« und ihre Abweichungen rezipiert worden, sondern im praktischen Experimentieren, so daß es für uns selbstverständlich war, daß jeder einzelne Psychotherapeut eine eigene Konzeption entwickelt und sich nicht auf einen »Meister« oder ein geschlossenes Theoriegebäude berufen kann oder will.

So kommt es mir heute ausgesprochen komisch vor, wenn Kollegen gegenüber ihrer wissenschaftlichen Gesellschaft oder angepaßt an die Richtlinien-Psychotherapie verbergen, wie sie tatsächlich behandeln, statt ihre praktischen Erfahrungen zur kritischen Auseinandersetzung zu machen. Im Osten Deuschlands haben sich sektenähnliche Abgrenzungen bis Feindseligkeiten gegen »Andersdenkende« nicht so ausprägen können, weil wir einen Kampf um Kassenzulassung von Methoden, letztlich einen Kampf ums Geld nicht kannten und damit auch neurotische Geltungs- und Machtansprüche nicht so wuchern und ausagiert werden konnten, wie ich es auf dem westlichen Psychomarkt erlebe. Unser Problem dagegen war mehr die Gefahr des Dilettantismus oder eines inkompetenten und unerkannten Ausagierens der eigenen Neurose an den Patienten. Allerdings hätte dies gesamtgesellschaftlich eher der Norm und Erwartung ent-sprochen: Anpassung und Abhängigkeit zu unterstützen und wirkliche Hintergründe verschleiern zu helfen.

Die Chronifizierung psychosozialer Störungen war systemerhaltend, wie es im Westen offenbar der Wettbewerb um die »beste Methode« ist, wodurch am Ende auch viele Patienten von einer wirklichen und effektiven Veränderung abgehalten werden, weil jeder vor allem sein eigenes Angebot verkaufen will. Wie sehr die Geldwirtschaft die optimale Indikation, die effektive Behandlungspraxis und rechtzeitige Überweisung negativ beeinflußt, kann man im Moment im Osten wie in einem Experimentierfeld beobachten und erfahren. Der politischen Unterdrückung wissenschaftlicher Freiheit steht heute ein bürokratisches und berufsständisches Reglement gegenüber und ein Irrgarten vielfältigster Angebote, wodurch kompetente und effektive Psychotherapie durchaus vergleichbar behindert werden kann. Die ganzheitliche Perspektive in der Medizin sehe ich durch privatwirtschaftliche Konkurrenz und die suggestiven Verheißungen der Medizintechnik und der Pharmakoindustrie noch wirkungsvoller gefährdet und zerstört als durch ideologische Enge. Gegen eine solche Indoktrinierung aufzubegehren, war für viele Kollegen im Osten ein starkes Motiv, das erheblich geschwächt wird, wenn man an der Chronifizierung oder Rationalisierung von Störungen gut verdienen kann. Das Gesamtgebäude der Psychoanalyse wurde also selektv rezipiert (s. Geyer 1983), wobei auch zufällige Kontakte und individuelle

Vorlieben Einfluß gewannen, aber insgesamt doch der Praxisbezug und die Auseinandersetzung mit den gesellschaftlichen Verhältnissen bestimmende Größen blieben. So wurden wir von den sogenannten Abweichlern und auch kritischen Zeitgenossen stärker beeinflußt als von den Klassikern der Psychoanalyse: zum Beispiel Alexander, Schulz-Hencke, Balint, Kohut, Wilhelm Reich, Erich Fromm, Alexander Mitzscherlich, Alice Miller, Horst-Eberhard Richter, Hanscarl Launer.

Ein schwieriges Problem blieb der therapeutische Umgang mit politischen Themen. Das Leiden an den Verhältnissen der DDR konnte ebenso real wie auch eine neurotische Verschiebung sein. Alles Übel – Behinderung, Einengung, Hemmung, Ängstigung – konnte mit Leichtigkeit auf das ja auch real einengende und ängstigende politische System geschoben werden und war doch meistens vor allem innerseelisch begründet (wenn auch da natürlich ätiologisch nicht unabhängig von den gesellschaftlichen Einflüssen, wie sie sich über die frühen Objektbeziehungen dann auch familiär und individuell umsetzen).

Eine persönlichkeitsorientierte Therapie mit Ausreisewilligen aus der DDR war praktisch nicht mehr möglich, weil die therapeutisch mögliche Erkenntnis, daß ein gestellter Ausreiseantrag im Dienste des Ausagierens steht, erhebliche reale soziale Belastungen bedeutet hätte, weil ein Mensch, der einen Ausreiseantrag gestellt hatte, von den Vertretern der sozialistischen Macht geächtet und ausgegrenzt wurde. Man konnte diesen Menschen therapeutisch lediglich Halt, Schutz, Beratung geben, aber mit ihnen in aller Regel nicht mehr tiefenpsychologisch-analytisch arbeiten. Ein anderes, ständig präsentes Problem, war die dumpfe Gewißheit, daß in allen Therapiegruppen auch Stasi-Spitzel sein konnten. Ich habe dabei die Erfahrung gemacht, daß es bereits sehr hilfreich war, dieses Problem überhaupt anzusprechen, damit praktisch ein Tabu zu brechen und eine Haltung zu vertreten, daß die Staatssicherheit das Interesse an einzelnen Menschen verliert, wenn diese sich nicht mehr sonderlich ängstigen lassen und nichts mehr vor sich oder anderen verbergen müssen. Das therapeutische Anliegen von größerer Bewußtheit, Offenheit, Ehrlichkeit und Authentizität sah ich auch als den besten Schutz, Erpressungsversuchen durch den Staatssicherheitsdienst zu entgehen. Es gab andererseits aber auch immer das Problem, daß die eigene, nie ganz offen geklärte Beziehung des Therapeuten zu den politischen Verhältnissen und Wertmaßstäben, in die Gegenübertragung eingeflossen ist, zum Beispiel auch im Sinne eines heimlichen Bündnisses mit dem Patienten gegen den Staat oder die Partei, ohne den Gegner genau zu benennen, wodurch natürlich auch vielfache Projektionen geschehen sind.

In der dann von mir geleiteten Weiterbildung in »Psychodynamischer Einzeltherapie« bekam die Gruppensupervision eine zentrale Bedeutung, um die Beziehungsstrukturen zwischen Therapeut und Patient, um das ganz individuelle Erleben des Therapeuten im Kontakt mit seinem Patienten zu erfassen, zu verstehen und auch durchzuarbeiten. Wir haben die Ausbildungskandidaten nicht auf ein Theoriegebäude verpflichtet, sondern auf die Frage: was kann ich als Therapeut (mit meinen spezifischen Möglichkeiten und Grenzen) mit diesem Patienten (und dessen Möglichkeiten und Grenzen) in dieser Situation therapeutisch sinnvolles und erfolgreiches tun?

Wir stellten nicht so sehr die Frage in den Vordergrund, wie das gegenwärtige Verhalten des Patienten lebensgeschichtlich und theoretisch zu klären wäre, sondern wie ich es als Therapeut in der Beziehung erfahre und erlebe und wie es therapeutisch veränderbar ist. Übertragung und Gegenübertragung werden also interaktionell als von beiden Seiten determiniert verstanden und ein Therapeut als »neutraler Spiegel« oder eine »strenge, tendenzlose Analyse«, haben wir als nicht sehr realistisch erlebt – weder was die Realität des Therapeuten, noch was die gesellschaftliche und behandlungstechnische Realität anbetrifft. So halte ich auch eine Einstellung, ein Patient sei therapiert oder ein Kollege sei analysiert bzw. habe eine Lehranalyse abgeschlossen für eine unsinnige Behauptung, weil damit die nie endende konflikthafte Dynamik individuellen und gesellschaftlichen Lebens verleugnet würde.

Der Arbeitskreis um Heinz Hennig (Hennig 1982) hat das KB nach Leuner in ein tiefenpsychologisch-analytisches Setting integriert, in dem durch Tagträume ein anderer Zugang zu unbewußtem Material eröffnet wird, zugleich aber auch die Widerstandsanalyse, sowie die Analyse von Übertragung und Gegenübertragung lebensgeschichtlich und in der Therapeut-Patient-Beziehung geschieht und nicht nur auf dem Projektionsschirm des Symboltraumes. Auch hier war unter dem Begriff »Imaginationsverfahren« die Möglichkeit genutzt, analytisches Denken und Handeln verdeckt einzuführen und vor allem auch den praktischen Umgang mit unbewußter Symbolik zu vermittteln.

Heute hat sich mit dieser analytischen Imaginationstherapie ein eigener besonderer Einstieg in analytische Prozesse über das ursprüngliche KB hinaus entwickelt, der vielfältige Möglichkeiten für multimodale Ansätze im Rahmen analytischer Psychotherapie verspricht.

So hatten wir über die Jahre ein ansehnliches Angebot für analytisch orientierte Verfahren organisiert. Die Selbsterfahrung der Weiterbildungskandidaten geschah also im wesentlichen über drei verschiedene Wege: über Gruppenselbsterfahrung, KB-Selbsterfahrung und die dyadische Selbsterfahrung. Dem Mangel an einer damals noch nicht möglichen Langzeitanalyse versuchten wir durch intensive Selbsterfahrung in Form einer »Therapie für Therapeuten« unter stationären Klausurbedingungen zu begegnen. Dabei konnten zum Beispiel innerhalb von 4 Wochen etwa 200 Stunden Selbsterfahrung, auch unter Nutzung erlebniszentrierter und körperorientierter Techniken, durchlebt werden, wobei auch tiefe Regressionen ermöglicht und auch präödipale Konflikte und Defizite emotional zu aktivieren und durchzuarbeiten waren. (Maaz 1989)

Auf diesen verschiedenen praktischen, aber Tatsachen schaffenden Wegen, wurde es in den letzten Jahren der DDR schließlich auch immer leichter, theoretische Weiterbildung zu betreiben und weniger Rücksicht dabei auf marxistische Positionen zu nehmen. Es war inzwischen ja auch eine neue Generation von Psychotherapeuten herangewachsen, die über ihren Beruf eine indirekte Auseinandersetzung mit der sozialistischen Gesellschaft gefunden hatte und nun wichtige berufsständische und leitende Funktionen in der Psychotherapiepraxis besetzten. Die Beschaffung von psychoanalytischer Literatur war kaum noch ein Problem und die ersten intensiven Kontakte mit Psychoanalytikern aus Westeuropa begannen. In der Psychologie und Soziologie wurde es möglich, medizinhistorische, philosophische und wissenschaftstheoretische Analysen über die Positionen der sogenannten orthodoxen Freud'schen Psychoanalyse zu erstellen.

So etwa war die Situation bis 1989. Mit der deutschen Vereinigung stand die Frage zu klären, wie wir mit dieser Entwicklung in die Richtlinien-Psychotherapie hineinpassen. Dabei haben wir viel kollegiales Verständnis und auch Unterstützung erfahren, aber natürlich auch Mißtrauen und arrogante Überheblichkeit erleben müssen.

Was also bringen wir mit? Da mag es zunächst paradox klingen, wenn ich sage, vor allem eine methodische Vielfalt und Unabhängigkeit, eine Einstellung zur therapeutischen Arbeit, die patientenzentriert, situationsbezogen und gesellschaftskritisch eine integrative und die fallbezogen die intersubjektive Verantwortlichkeit über Theorie, Lehre und Bürokratie stellt. Wir sind nicht schulenabhängig, nicht dogmatisch, nicht theoriegeleitet und beantworten behandlungstechnische Fragen nicht mit einem Reglement, sondern versuchen variabel nach der je einmaligen Beziehung und den realen Bedingungen zu entscheiden. Für uns sind Fragen der Macht und Abhängigkeit in Therapie und Ausbildung von großer Wichtigkeit. Wir sind in unserem Verständnis gesellschaftskritisch eingestellt und daran interessiert, den Konflikt zwischen therapeutischem Anliegen und sozialer Realität nicht zu vertuschen. Wir stellen die Therapeut-Patient-Beziehung in den Mittelpunkt, glauben an eine Heilung durch Beziehung, wobei emotionale Bewegtheit sicher ebenso wichtig ist wie das Bewußtwerden. Wir sind vermutlich konfrontativer und direkter und als Therapeuten erkennbar.

Die relative Unabhängigkeit gegenüber Dogmen, Regeln und theoretischen Spekulationen macht uns den integrativen Gedanken besonders wertvoll: zum Beispiel auch die Integration struktureller und dynamischer Gesichtspunkte. Wenn ich auf die behandlungstechnischen Unterschiede schaue, die zum Beispiel zwischen der Frustrationstheorie Freud's, unbewußte infantile Wunschbefriedigung in der Therapie zu verhindern, damit die Wünsche selbst ins Bewußtsein treten können oder einer Beziehungsform besteht, die im Sinne Kohut's (Kohut 1974) die Behebung eines frühkindlichen Entwicklungsstillstandes ermöglicht oder wie bei Weiss und Sampson (Weiss und Sampson 1982 und 1984) in dem Bemühen sich ausdrückt, dem Patienten die Bedingungen in der therapeutischen Situation herzustellen, die ihm eine Meisterung der Konflikte und Ängste an Ort und Stelle ermöglichen – dann fühle ich mich in allen drei Orientierungen aufgehoben.

Die eigentliche psychotherapeutische Kunst besteht dann in der Klärung, welche Haltung wann die geeignetste ist und warum ich jetzt diese Haltung einnehme oder so interveniere und warum nicht anders.

Diese unabhängige, emanzipatorische, gesellschaftskritische und individuell verantwortliche Position möchte ich auch im vereinten Deutschland nicht aufgeben müssen, sehe mich allerdings durch Richtlinien, Bürokratie, Konkurrenzkampf und Abhängigkeit vom Geld dabei bedroht und erfahre eine ganz neue Art von Anpassungsdruck. In einer durchorganisierten, an klaren Richtlinien organisierten Weiterbildung nach Stunden und Fallzahlen erfahren wir eine ganz neue Problematik: wir lernen Ausbildungskandidaten kennen, die vor allem Zertifikate machen und eine Kassenzulassung erreichen wollen, was auch eine völlig andere Einstellung zur Weiterbildung bedeuten kann als aus Selbstheilungsversuchen, zur Verbesserung der eigenen Berufspraxis zu kommen und sinnvolle Antworten gegen gesellschaftlichen Anpassungsdruck zu finden.

Der Vereinigungsprozeß der Psychotherapeuten, der ja praktisch noch kaum stattgefunden hat, verläuft so gesehen wesentlich positiver als in anderen gesellschaftlichen Bereichen, denn die Vormundschaftlichkeit hält sich dabei durchaus in Grenzen und wir hoffen, mit unseren eigenen Erfahrungen moderne Entwicklungen der Psychotherapie und auch der Psychoanalyse bereichern zu können. Wir haben dafür im Wesentlichen zwei Plattformen: die »Gesellschaft für Psychotherapie, Psychosomatik und Medizinische Psychologie« als die wissenschaftliche Gesellschaft, die für den integrativen Ansatz der psychotherapeutischen Methoden, Theorien und Berufswege steht und die »Deutsche Gesellschaft für analytische Psychotherapie und

Tiefenpsychologie«, die den multimodalen Ansatz der analytischen Psychotherapie in Theorie und Praxis, und in der Ausbildung vertritt und weiter untersuchen und begründen will.

Mit der Gründung von Ausbildungsinstituten für tiefenpsychologische und analytische Psychotherapie und der Verpflichtung, die KBV-Richtlinien zu erfüllen, sehen wir uns in einer besonderen Herausforderung, das Spannungsfeld zwischen Bürokratie, Wissenschaft und Kunst kreativ aushalten zu lernen. Wenn es nicht gelingt, zwischen Richtlinien, Geld und Theorie einen breiten Raum für die Liebe offenzuhalten, in dem wir als Menschen präsent sind, mit unseren Gefühlen und mit einer nicht veräußerbaren Verantwortlichkeit, mit Leidenschaft und Mitgefühl, mit Demut und Respekt, dann hätten wir unseren Auftrag verfehlt. Und für mich lautet dieser Auftrag, Chancen eröffnen zu helfen, daß sich Menschen so tief mit ihrer je einmaligen Art, ihr Leben zu leben, verstehen, daß sie im Spannungsfeld zwischen Leid und Lust ihr persönliches und gesellschaftliches Leben verantwortlich gestalten können.

In den nun nach der Wende auch offiziell möglichen Langzeitanalysen sammeln wir Erfahrungen, welche besonderen Wirkungen das klassische Setting und Reglement hervorrufen. Daß wir dabei mit unseren bisherigen Erfahrungen vergleichen können, wie sich Varianten des Settings, der Spannungsbogen zwischen Fokussieren und Übertragungsanalyse, zwischen gewähren lassen und konfrontieren, zwischen projektiver und realer Beziehung, zwischen Theorie und gesellschaftlicher Realität auf den Therapieprozeß auswirken, halte ich für eine spannende und kreative Chance, die eigene Praxis und Haltung zu überprüfen und zu erweitern, aber auch gegen neue Einschränkungen (z.B. orthodoxes Reglement) zu verteidigen.

## Literatur

Geisler, U., Seidel, M. (1969): Die romantischeKapitalismuskritik und der utopische Sozialismusbegriff Herbert Marcuses in: DZfPh Heft 4, S. 409–421.

Geyer, M. (1989): Neuere Entwicklungen der Psychoanalyse und ihr Einfluß auf die Behandlungspraxis. Wiss. Z. Karl-Marx-Univ. Leipzig. Math.-nat. wiss. Reihe 38 (1989),4, 394–407.

Helm, J.(1978): Gesprächspsychotherapie. VEB Deutscher Verlag der Wissenschaft. Berlin 1978.

Hennig, H. et.al. (1992): Tiefenpsychologisch fundierte Psychotherapie mit dem katathymen Bilderleben. M.-Luther-Uni. Halle-Wittenberg. Wissenschaftl. Beiträge 1992/2 (R 120) Halle(Saale) 1992.

Höck, K. (1978): »Berliner Psychotherapie-Entwicklung und Perspektive«. Psychotherapieberichte Haus der Gesundheit Berlin 31/85 (S. 78–94)

Höck, K.(1979): Psychotherapie in der DDR. Entwicklung-Bedeutung-Ausbildung. Psychotherapieberichte Haus der Gesundheit Berlin 31/85 (S. 95–106)
Höck, K. (1981): Konzeption der intendierten dynamischen Psychotherapie in Psychotherapie und Grenzgebiete 1, S. 13–33, Barth-Verlag Leipzig 1981.
Höck, K. (1984): Zur Situation und Zielstellung des Kippprozesses in der intendierten dynamischen Gruppenpsychotherapie in: Psychotherapie-Berichte Haus der Gesundheit Berlin 22 (1984)
Hollitscher, W. (1969): Der Mensch im Weltbild der Wissenschaft. Wien 1969.
Hollitscher, W. (1970): Aggression im Menschenbild. Marx, Freud, Lorenz. Frankfurt/M. 1970.
Hollitscher, W. (1972): Kain oder Prometheus? Zur Kritik des zeitgenössischen Biologismus. Berlin 1972.
Kätzel, S. (1977): Zur Kritik der Psychoanalyse aus psychologischer Sicht, in: Kritik der Psychoanalyse und biologistischer Konzeptionen, hrsg. v. W. Friedrich Berlin 1977, S. 66–121.
Katzenstein, A. (1971): (Hrsg.) Hypnose, Jena 1971.
Klumbies, G. (1974): Psychotherapie in der Inneren- und Allgemeinmedizin. Hirzel-Verlag Leipzig 1974.
Kohut, M. (1979): Die Heilung des Selbst. Frankfurt/M. Suhrkamp 1979.
Luborsky (1984): Principles of psychoanalytic psychotherapy – A manuel for supportie-expressive treatment New York: Basic Books 1984.
Maaz, H.-J. (1988): Grupppendynamischer und intrapsychischer »Kippvorgang«, in: Psychotherapie-Berichte Haus der Gesundheit Berlin 40 (1988).
Maaz, H.-J. (1989): Zum Konzept der körperorientierten dynamischen Gruppenpsychotherapie. Wissenschaftl. Z. d. Humboldt-Uni. Berlin. Reihe Medizin 39 (1990)1, S. 35–38.
Maaz, H.-J. (1990): Der Gefühlsstau, Argon Berlin 1990.
Müller-Hegemann, D. (1957): Psychotherapie, Berlin 1957.
Sampson, H. (1984): The psychotherapeutic process. New York Guilford 1984.
Sève, L. (1973): Marxismus und Theorie der Persönlichkeit. Berlin 1973.
Sève, L. (1977): Psychoanalyse und historischer Materialismus, in: Kritik der Psychoanalyse und biologistischer Konzeptionen, S. 11–65, hrsp. v. W. Friedrich, Berlin 1977.
Weiss, J. (1982): Psychotherapy research: Theory and finding, theoretical introduction. Mount Zion Hospital and Mediecl Center, Bulletin No. 5/1982.

# Zeitschrift ■ psychosozial

**Hans-Jürgen Wirth (Hg.):**

## Ossis und Wessis:

**Psychogramm deutscher Befindlichkeiten**

Originalausgabe März 1995
144Seiten, 32.-DM
ISBN 3-930096-39-0

**Aus dem Inhalt:**

Elmar Brähler & Horst-Eberhard Richter: Deutsche Befindlichkeiten im Ost-West-Vergleich

Horst-Eberhard Richter: Zur Sache: Deutschland

Tilmann Moser: Politik, Familie und seelischer Untergrund

Martin Teising: Die deutsche Vereinigung und die deutsche Vergangenheit - kommentiert von den Träumen eines Analysanden-

Hans-Jürgen Wirth: Szenen einer Ehe. Beziehungsdynamische Anmerkungen zu einem Fall von Wiedervereinigung

Heinz Hennig: Der Mensch im Spannungsfeld zwischen Mangel und Konsum

Elmar Brähler & Michael Geyer: Bibliographie „Folgen der Wende und Ost-West-Vergleich im Bereich der psychosozialen Medizin"

**Psychosozial-Verlag Dr. H.-J. Wirth**
Friedrichstr. 35 • 35392 Gießen,
Tel: 0641/77819 • Fax: 0641/77742